KB074352

뮤지'컬·

기획·제작·공연의 모든 것

스티븐 시트론 | 정재왈·정명주 옮김

미메시스

THE MUSICAL FROM THE INSIDE OUT
by STEPHEN CITRON

인생 자체가 한 편의 뮤지컬이었던 나의 할머니 말케를 추억하며

감사의 말

뮤지컬 제작에 있어 기획 아이디어에서부터 작품을 구성하고, 수정·보완하고, 캐스팅과 재수정을 거쳐 완성될 때까지 수많은 예술가들의 공동 작업이 필요하듯, 그 제작 과정을 설명하는 이 책 역시 수많은 사람들의 도움으로 완성되었다. 개인적으로 오랜 친분이 있었던 친구들과 동료들, 그리고 맘씨 좋게 현관문을 열어 주고 수많은 질문에 성의 있는 답변을 하며 소중한 경험과 회고담을 들려준 여러 공연계 인사들이 있었기에 가능한 일이었다. 그들은 모두 실제 작업에 있어서는 서로 의견이 맞지 않아 충돌할 때도 있고, 자가당착에 빠지는 약한 인간적 모습을 보이기도 하지만, 바로 그런 의견 차이와 불일치야말로 독자들이 뮤지컬 현장의 참모습을 깨닫게 하는 단서가 된다. 공연 예술, 특히 세상에서 가장 창의적인 예술 양식이라 할 수 있는 뮤지컬은 불일치 속의 일치를, 부조화 속의 조화를 이루어 내는 작업이기 때문이다.

수많은 시간과 고민을 투자하여 예술적 창조의 불가사의한 미스터리를 탐구해 준 소중한 분들의 이름을 여기 밝히고자 한다. 그 모든 분들에게 이름이 적힌 순서와 상관없이 똑같은 감사를 표하는 바이다.

연극계의 최신 정보와 풍문들을 제공해 주신 데이비드 르바인David LeVine, 극작가협회 회장님, 아버지 오스카 해머스타인Oscar Hammerstein의 가사 작업 방식과 무대 감독으로서의 자신의 경험을 상세히 구술해 주신 윌리엄 해머스타인William Hammerstein, 그리고 녹음 제작상의 문제점과 창의적인 작곡가가 되는 방법에 대한 좋은 의견을 주신 토머스 Z. 셰퍼드Thomas Z. Shepard, 대본 작가의 어려움을 설명해 주신 제롬 로렌스Jerome Lawrence, 편곡, 관현악 편성과 지휘에 대한 모든 질문에 답해 주신 루더 헨더슨Luther Henderson, 제작사agent와 연계하는 방법과 제작 방식에 대해 알려 주신 미치 더글러스Mitch Douglas, 영국 제작사와의 작업에 대한 값진 충고를 해주신 예술가들, 힐러리 루벤스타인Hilary Rubenstein, 스티븐 더브리지Stephen Durbridge, 로드 홀Rod Hall, 공연 평론가로서의 견해와 함께, 영국 웨스트 엔드와 미국 브로드웨이의 뮤지컬 전반에 대한 권위 있는 총론을 해주신 셰리던 몰리Sheridan Morley와 마크 스타인Mark Steyn. 특히 이 두 분은 영국과 미국의 뮤지컬 경향에 대해 심도 있는 이야기를 나누면서, 다른 평론가들과는 달리 뮤지컬을 연극과 동등한 수준의 예술로 평가해 준 고마운 분들이었다.

그리고 잭, 메델린, 조, 리사, 샘, 이 모든 길포드Gilford 가(家)의 사람들은 여러 뮤지컬 작업에서 왕성하세 활동해 온 너무도 유명한 연극 가족으로서 제작, 연기, 연출에 대한 귀중한 정보들을 제공해 주었다. 또한 탁월한 재능으로 성공을 거둔 작사가, 돈 블랙Don Black은 현재 바스카(BASCA: 영국 작곡가, 극작가 협회) 회장으로서 많은 뮤지컬 작품들에 대한 자세한 분석과 설명을 해주셨다.

뮤지컬 제작 과정을 세밀히 조명하려면 기존 명작들을 분석하는 것이 제일 좋은 방법이다. 그런 의미에서 이 책은 대가들의 작품과 그들의 경험에 근거한 구체적인 예를 풍부하게 담고자 노력했다. 친절하게 자료를 제공하고 인용을 허락해 주신 제작사와 출판사 여러분들, 즉 로저 해머스타인 에스테이트The Rogers and Hammerstein Estate, 콜 포터 트러스트The Cole Porter Trust, 워너 브라더스 뮤직Warner Brothers Music, 채펠 뮤직Chappell Music, Inc., 칼린 뮤직Carlin Music, 할 레너드 출판사Hal Leonard Publications, 리얼리 유스풀 뮤직 컴퍼니The Really Useful Music Company, 윌리엄슨 뮤직Williamson Music, 워너 채펠 뮤직Warner Chappell Music Limited 모두에게 심심한 감사를 표한다.

그리고 작품 인용을 허락해 주신 많은 예술가분들께도 진심으로 감사드린다. 또한 공개 토론회 내용을 인용하게 해주신 극작가 조합Dramatists' Guild 회원들, 사회 조사 연구소The New School for Social Reserch 그리고 옥스퍼드 대학교 관련자 모두에게 감사의 마음을 전한다.

이 책의 내용 정리와 구성을 도와준 힐러리 루벤스타인, 클라리사 루시디Clarissa Rushdie, 엘렌 르바인Ellen Levine, 미치 더글러스에게도 고마움을 전하며, 편집을 맡았던 시몬 모거Simone Mauger와 편집장 이온 트레윈Ion Trewin에게도 감사의 말을 전하고 싶다. 특히 이온 트레윈이 출력해 준 수많은 연극 정보는 그 가치를 따질 수 없을 만큼 소중한 것

이었다. 이온은 처음부터 이 작업을 믿어 주었고 각종 스크랩 자료를 보내 주며 전 세계에 통용될 수 있는 저서로 만들라는 충고도 아끼지 않았다. 그리고 복잡하기 이를 데 없는 뮤지컬 역사를 정리할 수 있도록 해준 장본인이기도 하다.

　　마지막으로, 나의 아내 앤 에드워즈Anne Edwards에게 깊은 사랑과 감사의 마음을 전한다. 나와 함께 뮤지컬 작품을 만들기도 했던 내 아내는 지금 쓰고 있는 자서전 일을 접어 두고 끝도 없는 나의 뮤지컬 이야기를 참을성 있게 들어 주었다. 위대한 명작도 있었고 그렇지 못한 졸작들도 많았지만 언제나 성공보다는 실패를 통해 더 많은 것을 배울 수 있다는 것을 믿으며 작업했다. 기존 작품의 분석과 함께 미래의 뮤지컬의 방향에 대한 논의도 많이 하였다. 이 책에서 다룬 범위와 내용에 대해 많은 이야기를 나누며 내 원고를 읽고 교정해 주는 아내를 보면서, 진정으로 상호 협조적인 결혼 생활이 얼마나 멋진 것인지 새삼 깨닫게 되었다.

머리말

1970년대 초까지는 뮤지컬이라고 하면 대개 미국 뮤지컬을 떠올렸다. 음악과 가사, 대본, 작곡, 안무, 무대 디자인, 의상, 무대 제작, 연기, 연출 그리고 홍보까지 이 수많은 분야의 예술적 집합체인 뮤지컬은 물론 미국에서 시작되었고, 1950~1960년에 이르러서는 〈황금 시대〉라 일컬어질 만큼 큰 발전을 거듭했다. 다른 어떤 나라에서도 유례를 찾아볼 수 없는 비약적인 발전이었다. 사실 영국이나 프랑스에서 시작한 작품들은 브로드웨이와 비교하면 실패작에 불과한 경우가 많았다. 그러나 뮤지컬은 다른 예술 분야와는 달리 끊임없이 발전을 거듭하는 양식이다. 섣부른 단정은 불경기만큼이나 위험한 예술의 적이다.

　　요즘에 와서는 누구도 뮤지컬을 분류하여 〈이것은 미국 것이다〉, 〈이 뮤지컬은 영국 것이다〉라고 단언할 수 없게 되었다. 그저 〈뮤지컬〉일 뿐이다. 미국에서 제작되어 런던에서 빅 히트를 기록한 작품으로는 「카르멘 존스Carmen Jones」, 「조지와 함께 공원에서 일요일을Sunday in the Park with George」, 「브리게이둔Brigadoon」, 「키스 미 케이트Kiss Me Kate」, 「천사의 도시City of Angels」 등을 꼽을 수 있겠다. 반대로 미국 이외의 지역에서 만들어져 브로드웨이에서 크게 성공을 거둔 작품으로는 「캐츠Cats」, 「나와 내 여자Me and My Girl」, 「레미제라블Les Misérables」, 「오페라의 유령 Phantom of the Opera」, 「미스 사이공Miss Saigon」 등을 쉽게 떠올릴 수 있다. 영국 연출가와 안무가들이 브로드웨이에서 작업을 하는 경우도 많으며 그 반대의 경우도 상당하다. 이러한 교류 덕분에 최근 몇 년간 영국은 뮤지컬 공연의 기술적인 면에서 미국을 많이 따라잡았다. 두 나라 모두 아이디어 면에서 특출함을 보여 왔고, 일본이나 독일, 프랑스, 폴란드, 러시아 등은 앞을 다투어 이 두 나라 작품의 번역극을 만들어 내고 있다.

　　이 예술 양식의 열렬한 애호가들이 20세기 관객의 대다수를 이루게 된 것이다. 누군가가 과연 무엇이 그토록 굉장한 영국 뮤지컬이나 미국의 입석 티켓(SRO)을 만들어 내는 힘인가 하고 묻는다면 이 책이 바로 그 질문에 대한 대답을 해줄 수 있을 것이다.

나는 운 좋게도 나만큼이나 뮤지컬의 보편성을 굳게 믿어 준 두 군데의 훌륭한 출판사를 영국과 미국에서 모두 만나게 되었다. 이 책은 이 양 대륙의 최근 경향을 섭렵하도록 구성되었다. 미국 독자들은 이 책을 보면서 뽐내는 듯한 영국식 용어를 발견할 수도 있겠지만, 뮤지컬의 용어나 스케일, 음악 언어나 가사에 관한 미국식 명칭도 함께 수록했다.

영국에서 〈퀘이버 *quaver*〉라고 하는 여덟 번째 음은 미국에서 〈에이스 노트 *eighth note*〉라고 하며, 런던 웨스트 엔드에서 〈스윙 베이스 *swing bass*〉라 부르는 악기를 브로드웨이에서는 〈스트라이드 *stride*〉라고 하며 런던에서의 〈프로듀서〉를 뉴욕에서는 〈디렉터〉라 부르는 등 몇 가지 기술적 용어상의 차이가 있기도 하다. 미국과 영국에서 출판된 각각의 판본에서 이를 명확하게 밝혀 혼란을 막았다.

언젠가는 이렇게 별로 중요하지 않은 특수 용어들은 사라지리라고 믿는다. 아마도 그때까지는 뮤지컬이 풍성하게 발전하여 세계의 모든 나라의 작곡가, 작사가, 음악극 대본 작가에게 그 문이 활짝 열릴 것이다.

뮤지컬은 이제 세상에서 가장 대중적인 오락거리가 되었다. 앞으로 더욱 발전을 거듭하여 더욱 다양하고, 흥미롭고, 사색적인 예술로 자리잡을 것이며 이전의 〈황금 시대〉 못지않은 〈백금 시대〉를 맞이하게 될 것이라고 믿어 의심치 않는다.

뮤지컬의 기본 지식

뮤지컬은 어떻게 만들어지는가. 뮤지컬의 종류: 뮤지컬 퍼레이드 / 전기 뮤지컬, 원맨쇼,
보드빌 / 버라이어티, 벌레스크, 엑스트라버간자, 팬터마임, 익살 풍자극 레뷔, 오페레타, 뮤지컬 코미디,
뮤지컬 연극, 컨셉 뮤지컬, 오페라극

〈뮤지컬!〉 하면 이 세상에서 가장 신명 나고 다채로운 라이브 공연이 떠오른다. 화려한 코러스, 환상적인 무대, 멋진 주인공, 가슴 벅찬 솔로 턴, 탭 댄스, 발레, 오케스트라, 눈부신 조명, 서곡에서 커튼콜까지. 스타를 꿈꾸는 두 시간 반 동안의 멋진 무대. 영화계에서도 이 독특한 예술 양식을 부러워하며 스크린에 담아 보려 애써 왔지만 스크린이 아무리 크더라도 이 모든 환상적인 효과를 동시에 표현하기에는 역부족임을 깨닫고 결국은 포기하고 말았다. 할리우드조차 뮤지컬 배우들이 무대에 쏟아 놓는 그 강렬함만은 빼앗아갈 수 없다는 사실을 깨끗이 인정하고 말았던 것이다.

그러면 도저히 이어 붙일 수 없을 것 같은 이 모든 조각들을 과연 어떻게 매끄럽게 끼워 맞추어 하나의 연극적인 양식으로 완성시킬 수 있을까? 브로드웨이든, 영국의 웨스트 엔드든 간에 요즘 성공을 기록한 뮤지컬들은 모두 자연스럽고 매끄러워 어느 곳에서도 억지를 찾아볼 수가 없다. 한 작품의 막이 올라갈 때까지, 그것이 잘되든 망하든, 한 사람이 대본, 연출, 제작을 다 하든, 한 팀이 모여서 하든지 간에, 그 모든 과정이 전문성 없이는 불가능하다. 뮤지컬은 처음부터 딱 맞춰서 써지는 것이 아니라 처음에는 일반적인 소설이나 연극처럼 논리에 따라 써진다. 그다음에 전체 아웃라인을 따라가며 다양한 전문가들과 함께 한 뜸 한 뜸 바느질을 하여 조각보를 만들어 나가듯 우리 시대의 독특한 노래와 춤으로 짜맞춰 나가는 모험을 시작하는 것이다.

초보자들에게 충고 한마디. 배론의 주식 투자 안내서나 경제 타임지를 잘 읽는다고 주식 투자가 잘 되는 것이 아니듯이 이 책의 안내에 따라서 뮤지컬을 만드는 것이 곧 성공을 의미하는 것은 아니다. 많은 전문가들이 여기 써진 방법으로 작업을 하지만 성공한 뮤지컬보다는 망한 뮤지컬이 훨씬 많은 것이 사실이다. 이유는 간단하다. 언제나 처음에는 창의적인 아이디어로 시작한다. 그러나 그것이 참신하고, 정직하고, 조화롭고 지적인 멜로디를 만나게 되는 경우에만 성공이 눈앞에 다가올 수 있다. 일단 창의적이기가 쉽지 않고, 참신한 아이디어로 시작하더라도 우리가 이미 경험한 기존 뮤지컬의 모방으로 얼룩지기가 쉽다.

알 수 없는 일이지만, 내로라 하는 전문가들도 이러한 실수를 저지르는 경우가 종종 있다. 왜 그럴까? 자기가 힘겹게 낳은 〈자식〉들의 실수를 알아차리기에는 너무 가까운 위치에 있기 때문이다. 대부분은 캐스팅이나 대본, 악보 상에 필연적으로 존재하는 문제점들을 알고 있으면서도 좋은 노래 몇 곡으로 그 모든 것이 만회되기를 바란다. 그렇게 해서 성공한 경우가 있기는 하다. 「사랑의 유람선 Show Boat」 같은 경우는 1927년에 초연된 후 아직까지도 세대를 거듭하며 남녀노소에 관계없이 변함 없는 사랑을 받는 명작이 되었다.

물론 그렇지 않은 경우도 있다. 창의력이 넘쳐 나는 사람들. 스티븐 손드하임 Stephen Sondheim과 앤드루 로이드 웨버 Andrew Lloyd Webber는 일단 한 번 써먹은 소재는 절대로 다시 손대지 않았다. 쇤베르그 Gerard Schonberg와 부블릴 Alain Boublil은 손에 닿는 것이면 무엇이든지 극화했다. 때로는 지나칠 정도로 말이다. 캔더 John Kander, 에브 Fred Ebb, 콜먼 Cy Coleman, 햄리쉬 Marvin Hamlisch와 스타인 Jule Styne은 모든 노래에 상투적인 상업적 선율을 이용했으며 스트라우즈 Charles Strouse, 샤넌 Martin Charnin, 러슬 Russell, 슈워츠 Schwartz는 작품의 상업화를 고려하지 않고 록 음악을 삽입하는 실험성을 보이기도 했다. 컨 Jerome Kern, 로저스 Richard Rodgers, 카워드 Coward, 노벨로 Novello, 하트 Hart, 해머스타인 Hammerstein, 하버그 Harburg, 스튜어트 Michael Stewart, 필즈 Joseph Fields, 레인 Rane, 러너 Alan Jay Lerner, 로웨 Frederick Loewe는 독특한 자신만의 스타일을 추구했다.

뮤지컬이 단순한 악보나 음악이나 가사가 아닌 까닭에, 물론 음악과 가사의 질적 수준이 성공에 지대한 영향을 미치기는 하지만, 넌 Trevor Nunn과 같은 탁월한 연출가들이 필요하고, 로빈스 Jerome Robbins, 포스 Bob Fosse, 드 밀 Agnes de Mille과 같은 안무가들이 있어야 하고, 의상 디자이너와 무대 디자이너들이 필수적이다. 하나의 뮤지컬이 성공하기 위해서는 그 모든 분야의 사람들이 다 함께 창의력을 발휘해야 한다. 그래야만 진정 세계적으로 위대한 공연으로 자리 잡을 수 있는 것이다!

그렇다면, 위에 언급한 창의적인 아이디어들은 모두 어디에서 얻어 낸 것인지 궁금해질 것이다. 「헬로, 돌리 Hello, Dolly」와 「바넘 Barnum」, 「42번가 42nd Street」의 작사가 마이클 스튜어트의 말처럼 그저 〈공립 도서관〉에서 찾아낸 것은 아니다. 엘리엇 T. S. Eliot의 잘 알려지지 않은 시를 뮤지컬로 만들어 「캐츠」와 같은 명작을 탄생시킨 탁월한 아이디어도

동네의 작은 독서실에서 나온 것은 아닐 터이다. 전설적인 작사 작곡 파트너인 래파인 James Lapine과 손드하임이 쇠라의 그림 속 인물이나 그림 형제 동화 속의 인물들을 끌어내어 개성 있고 살아 숨쉬는 생명체로 재창조해 보자는 기가 막힌 생각을 떠올리고, 「조지와 함께 공원에서 일요일을」, 「숲속으로Into the Woods」와 같은 명작을 만들어 낼 수 있었던 것은 바로 〈만약에〉라고 하는 창의적 호기심에서 비롯된 것이다. (이렇게 기상천외한 창의력이 발휘되는 협동 작업 과정을 통하면 어떤 아이디어라도 흥미롭게 재구성되게 마련이다.) 스코틀랜드의 한 마을을 1백 년에 한 번씩 깨어나게 하자는 놀라운 아이디어는 앨

**「숲속으로Into the Woods」(1987). 버나뎃 피터스와 출연진들.

런 제이 러너의 창조적인 음악 정신을 만나 「브리게이둔」이라는 명작을 탄생시켰다 .

미국, 영국 뮤지컬을 세계 최고로 만든 요인은 다름 아닌 바로 창의성이다. 시나친 애국주의로 들릴 수도 있겠지만, 이 두 나라를 제외한 다른 나라들에서는 어디에서도 이러한 아이디어들이 활발하게 펼쳐지지 못하는 것 같다. 「레미제라블」과 「미스 사이공」을 만들어 낸 알랭 부블릴과 제라르 쉔베르그의 경우도 고향 프랑스를 떠나 영국에 와서야 창의력을 발휘했다. 부블릴의 말처럼, 〈프랑스는 아직도 1930년대의 옛날 음악극 전통에서 벗어나지 못하고 있기〉 때문이었다.

결과적으로 성공적인 뮤지컬을 만들어 내려면 이전에 시도하지 않았던 것을 시도해 볼 수 있는 과감한 열정이 필요하다. 그것이 성공작을 만들어 내는 유일한 방법이다.

브로드웨이나 웨스트 엔드 뮤지컬은 대개 전문적인 제작팀에 의해 만들어진다. 그렇다고 그 팀원이 늘 같은 사람들로만 구성되는 것은 아니다. 어느 예술 양식이든지 새로운 생명력을 이끌어 내지 못하면 곧 시들고 생명력을 잃게 마련이다. 높은 경쟁력을 뚫고 새로운 멤버들이 계속해서 팀에 합류된다. 어떤 대가 밑에서 연극을 배우다가 홀로 서기를 하게 된 창의력 넘치는 조연출일 수도 있고, 공연 연습 때 창의적인 상상력을 발휘하여 〈댄스 뮤직〉을 한 번 편곡해 봤다가 작곡가에게 실력을 인정받게 된 리허설 피아니스트일 수도 있고, 오케스트라 지휘자[1]일 수도 있다. 현대 뮤지컬이 수백만 달러를 걸고 감행하는 모험에 한몫을 단단히 하고 있는 의상이나, 무대 디자이너들도 다들 대를 이을 후계자들을 키우고 있다.

연극 분야에 경험이 없다고 해도 뮤지컬의 성격에 따라 훌륭한 인재로 맹활약을 하게 되는 경우도 있다. 괴짜 삽화가 에드워드 고리 Edward Gorey가 「드라큘라Dracula」 팀에

---

[1] 「헤어드 맨The Haired Man」과 「걸프렌즈Girlfriends」, 두 편의 뮤지컬을 만들어 낸 하워드 구덜Howard Goodall은 런던 웨스트 엔드의 오케스트라 지휘자로 시작했다.

합류하여 무대를 꾸미게 되었듯이 타 분야의 사람들이 초빙되어 이 특별한 예술 양식을 만들어 내는 데 동참하기도 한다.[2] 그러나, 어떤 한 분야의 예술 양식에 성공했다고 해서 다른 양식의 예술에서도 늘 성공을 하라는 법은 없다. 뮤지컬 전문가들은 아무리 뛰어난 재능을 가진 인재라고 해도 그 많은 연극적 방법론을 일일이 가르치면서 작업을 할 만큼 시간도 인내심도 많지 않기 때문이다.

아마도 새로운 뮤지컬의 창세기를 이해하는 가장 쉬운 방법은 한 작품을 모델로 해서 작품의 아이디어에서 막이 오르는 순간까지의 과정을 가정해 보는 것이 아닐까 싶다.

필자는 임의의 한 작품을 예로 들어 그 제작 과정을 짚어 나가면서, 더불어 대표적인 성공작에 관여했던 사람들의 경험담을 주로 이야기할 것이다. 그러나 그런 성공작의 경우에도 모든 것이 늘 계획대로 잘 되지는 않더라는 말로 서론을 대신하고 싶다. 연극은 불연속선 상에 있는 연속선이다. 그래서인지 요즈음 뮤지컬은 대개 작품의 가능성을 미리 점쳐 보는 워크숍을 통해 조심스럽게 시작한다. 제작자들은 공연을 놓고 도박을 할 만큼 돈이 많지 않으니까. 그래서 이렇게들 말한다. 이렇게 하면 어쩌면 성공할 수도 있을 거라고…….

:: 뮤지컬은 어떻게 만들어지는가

〈새로운〉 뮤지컬은 언제나 〈기존〉 작품을 작업하고 있는 과정에서 시작된다. 이제부터 우리가 가정하는 일련의 사람들은 바로 그 〈기존〉 작품을 만들고 있는 중이다. 제작 작업은 임대 공간에서 이루어진다. 여러 개의 작은 연습실이 연이어 있는 공간이되, 적어도 그중 하나는 꽤 넓어야 한다. 우리가 가상하는 〈새로운〉 뮤지컬은 여러 그룹이 나뉘어 혹독한

---

[2] 하비 피어스타인Harvey Fierstein은 아서 로렌츠Arthur Laurents와 제리 허먼Jerry Herman의 탁월한 선택에 의해 첫 번째 작품을 쓸 기회를 얻었다. 남프랑스의 한 나이트클럽에서 우아한 댄스쇼를 하는 게이 커플의 이야기를 다룬 「미치광이의 우리La Cage aux Folles」에서 유감 없이 발휘된 피어스타인의 탁월한 필치는 동성애를 솔직하게 다룬 「횃불의 노래 삼부작Torch Song Trilogy」으로 토니상을 수상하기도 했다.

연습을 하고 있는 바로 이 공간에서 시작하는 것이다. 제일 큰 연습실은 극장 무대와 같은 크기의 공간으로, 실제 공연은 이 연습 공간에서 블로킹한 대로 진행될 것이다. 작은 스튜디오에는 피아노와 바, 거울이 있다. 배우들은 한참 후에야 극장 무대에 서보게 될 것이다.

오후쯤이면 음악 부감독이 남성 사중창의 각 파트를 화음 연습시키느라 지휘봉을 두드리는 것을 볼 수 있을 테고, 옆방에서는 수석 무용수가 여자 아이들과 함께 어디서 많이 본 듯한 스텝을 연습하는 것도 볼 수 있을 것이다. 또 한 명의 음악 부감독은 주인공과 함께 그 공연에서 가장 히트송이 되기를 바라는 곡(혹은 별로 시원찮아서 새로 작곡해서 끼워 넣은 곡)을 연습하면서 까다로운 소절과 씨름을 하고 있을 것이고, 연출가는 연극 규칙들을 감안해 각 장면의 블로킹을 긋고 있을 것이다. 여러 그룹으로 나뉘어 연습을 하기도 하고 전 스태프가 한 자리에 모여 밤 연습에 들어가기도 한다. 이 과정이 끝나고 나면 바야흐로 신경이 곤두서기 시작하고 모두가 바람이라도 쐬러 밖으로 도망가고 싶어지는 순간이 온다.

바로 이 순간 뮤지컬이 탄생하는 것이다.

하루 종일 연습실에서 골머리를 썩혀 온 연출가, 안무가, 작곡가, 작사가들은 연습을 마치고 나오면서 연습실에서 있었던 일은 훌훌 다 털어 버린다. 다 같이 모여 한잔 술이라도 기울이면서 각자 요즘 머릿속에 구상하고 있는 새로운 아이디어들을 이야기하기 시작한다. 속으로 몰래 생각해 놓았던 미래를 위한 그림들을 꺼내 놓는 것이다. 늘 뮤지컬로 한 번 만들어 봤으면 했던 줄거리, 한 번 연구해 보고 싶었던 문제, 아직까지 뮤지컬로 공연된 적이 없지만 자기가 생각하기에 물건이 될 것 같은 연극, 시각적으로 약간만 손질하면 입석까지 꽉 채울 것 같은 리바이벌 작품의 아이디어들.

이제 바야흐로 우리들의 가상 뮤지컬의 핵심 부분이 형성된다.

연출가 D를 상상해 보자. 이 사람은 늘 「시라노 드 베르주라크Cyrano de Bergerac」를 뮤지컬로 만들고 싶어 했다(여러 번 시도하긴 했었지만 매번 참패를 거듭했거나 스토리 전개, 연출 등이 D의 마음에 차지 않았었다). 그는[*3] 연습이 끝난 후 술자리나 전화 통화를 통해서 마침 「시라노」 제작에 대한 몇 가지 훌륭한 아이디어를 가지고 있는 안무가 C를 만나게 된다. 점찍어 놓은 작곡가나 작사가는 이미 다른 잘나가는 공연에 참가하고 있는 중이거나 이번 「시라노」 작업에 별 흥미를 보이지 않는다. 결국 C와 D는 연극 비평가나 연극 신문 기자의 도움을 얻어 「시라노」 공연을 위해 길을 닦을 것이고 가사와 음악을 만들어 줄 작곡 - 작사팀과 대본가를 소개해 줄 사람이 누군가 나설 것이다.

　　이제까지 작업해 오던 〈기존〉 공연은 바야흐로 완성이 되고 막이 올라가 유례 없는 대성공을 거둘 수도 있고, 관객 반응 조사 결과에 따라 몇 회만에 막을 내릴 수도 있다. D와 C는 대본을 쓰기 시작한 L과 작사가 W, 음악 감독 M과 음악에 책임을 질 음악팀을 만나 이 새로운 공연에 대해 토론을 할 것이다. 첫 번째 난관은 이 작품에 돈을 대줄 제작자의 관심을 불러일으키는 것이다. 몇 년 전만 해도 브로드웨이나 웨스트 엔드의 제작비는 제법 감당할 만한 수준이었는데 요즘에 와서는 가장 단순한 뮤지컬 한 편을 만들더라도 수백만 달러나 파운드가 든다. D는 창의성을 가진 제작자를 찾아 관심을 끌려고 노력하면서 뮤지컬의 기본 예산에 대해 이야기를 시작해야 할 것이다. 비용을 줄이기 위해 그는 현대 의상을 입은 「시라노」 공연을 생각해 내고 L과 제작자 P와 이에 대해 토론을 시작한다. 이번 작품에서는 정신적인 미보다는 물질적인 미를 선호하는 병든 사회상을 기본으로 하고 싶다. 다들 이 의견에 동의를 하고, 이 가상의 D는 이미 여러 차례 〈기존〉 공연으로 히트를 기록했기 때문에(혹은 계속 참패를 해서 제작비도 충당하지 못했고, 이 때문에 그의 연출에 대해 혹독한 비난만 받게 될 수도 있다), 제작자로부터 신임을 받을 수 있을 것이다. (제작자는 제법 괜찮아 보이는 이번 새 작품에 들 엄청난 예산을 마련하기 위해서, 대기업의 관심을 유도하거나 오리지널 캐스트가 녹음한 레코드 판권을 레코드 회사에 팔 수도 있을 것이다.)[*4]

[*3] 이 책에는 〈그〉라고 하는 남성 대명사가 계속 사용된다. 이는 〈그 또는 그녀〉라고 표기하는 번거로움을 피하기 위한 편의상의 선택에 불과하며 남성과 여성을 구분하지 않는 통칭이다. 연극계의 훌륭한 음악극 대본 작가, 작사가, 작곡가, 안무가들 중에 많은 사람들이 여성이며 이런 의미에서 여성을 배제하려는 의도는 추호도 없음을 밝힌다.

[*4] 많은 뮤지컬을 제작하고 또 직접 쓰기도 했던 로저스와 해머스타인 같은 팀은 상당한 모험을 감행하는 편이며, 〈신〉이 도와 투자가들에게 확실한 이익을 보장하며 투자를 하도록 적극 권유를 해주었다.

L은 돈이 좀 있는 음악극 대본 작가여야 한다. 이전 공연의 히트로 돈을 좀 벌었거나, 지금 히트작이 공연 중에 있는 사람이어서, 이번 작품의 대본을 쓰기 위해 잠깐 쉴 수 있어야 한다. 이 사람의 수입을 대략 계산해 보면 약 6개월간에 걸친 로스탕의 회곡을 개작하는 데 약 5천 달러(로열티 제외)[5] 정도로, 작가 계약 기준에 따라 보장된다.[6]

이쯤에서 L에 대한 설명이 좀 더 필요할 것 같다. 공연의 성패를 좌우하는 중요한 역할을 뮤지컬 대본 작가들이 하고 있긴 하지만 대본 작가들은 환상적인 아이디어를 별로 허용하지 않는다.[7] 대본 작가들의 공헌이 큰 만큼 그들의 명성을 과소평가해서 하는 이야기는 아니다. 어쨌든 대본 작가들 스스로, 대다수의 대중들도 마찬가지겠지만 자신들의 작품을 예술보다는 기예로 생각하고 있다. 희곡 작가가 희곡을 완성하고 무대에 올릴 때 그 대본은 타자기에서 나온 상태 그대로를 유지한다. 그러나 뮤지컬에서는 이야기가 다르다. 전체 뮤지컬 넘버를 위해 한 장면이 통째로 들어내지거나 다른 것으로 대체되기도 한다. 작곡가와 작사가는 폭력적이기까지 한 수정 작업을 통해 자신들의 언어를 음악화할 수도 있고, 새로 씌어진 노래가 그 언어를 오히려 장황하게 만들기도 한다. 대본 작가는 자신의 대본에 융통성을 허용하고 시연회를 거치면서 새로 삽입된 노래를 매끄럽

---

[5] 2003년 현재 영국 극작가 조합의 요율을 기준으로 할 때 신규 대본 의뢰 최저 작가료는 3,696파운드로, 한화로 하면 약 700만 원 정도이다 — 역주.

[6] 「닥터 재즈Doctor Jazz」(1975), 「로저스와 하트Rodgers and Hart」(1975), 「멋대로 굴지 마라A'int Misbehavin'」(1978) 등을 편곡했던 루더 헨더슨Luther Henderson의 말에 따르면 〈브라보, 조반니Bravo Giovanni」(1962, 이 작품도 헨더슨이 편곡했다)와 같은 훌륭한 작품을 썼던 밀트 섀퍼Milt Schaffer 같은 사람도 적은 보수에 실망하여 무의미한 경쟁을 그만두고 교직을 택했다〉고 한다. 마크 스타인Mark Steyn에 따르면, 앞서 말한 하워드 구덜과 같이 영국 뮤지컬의 미래를 약속하던 예술가도 「걸프렌즈」의 실패 이후 무대를 떠났다. 〈작품에 관한 그의 시각이 문제였다기보다는 공동 작업자들을 잘못 선택했기 때문이었어요……이제 그는 영화와 텔레비전 음악을 하면서 멋진 생활을 누리고 있습니다.〉 스타인은 덧붙인다. 〈잘 아시겠지만 텔레비전 시리즈를 하게 되면 사람들이 그 음악을 싫어한다고 해도 어쨌든 계속 방영은 되고 월급도 받아요…… 《누가 그런 걸 원하느냐?》고 생각하겠지요……. 이제 뮤지컬을 하는 건 자기가 정말 원해서 하는 거예요, 뮤지컬을 제외하고 다른 대중 음악의 판로는 점점 수입도 좋아지고 매력적으로 되고 있는데…… 참 슬픈 일이에요.〉

[7] 페렌치 몰나르Ferenc Molnar가 푸치니로부터 자신의 「릴리옴Liliom」을 오페라 공연으로 각색해 달라는 요청을 받았을 때 그는 그 제안을 거부했다. 〈나는 「릴리옴」이 푸치니의 오페라가 아닌 몰나르의 희곡으로 기억되기를 바랍니다〉(이 저작권은 후에 오스카 해머스타인에게 돌아갔고 「릴리옴」은 뉴잉글랜드로 배경을 옮겨 미국의 명작 뮤지컬, 「회전목마Carousel」(1945)가 되었다).

게 포함시킬 새로운 장면들을 급하게 써내야 하고, 가장 훌륭하다고 생각하는 대사도 웃으면서 잘라 낼 수 있어야 한다. 연극계 사람이라면 누구나 성공적인 뮤지컬 대본 작가에겐 책임과 재능이 필요하다는 사실을 익히 알고 있겠지만, 뮤지컬 대본 작가는 흔히 음악가나 작사가, 안무가나 희곡 작가와 같은 의미의 예술가는 아니라고 여겨진다. 연극 관객이 아닌 대부분의 사람에게 뮤지컬 대본 작가는 한낱 기술자로 보일 뿐이다.

L이 대본을 완성한 후 D와 제작자 P가 이를 승인을 하면, 공연의 비용과 규모가 드러나고 무대 장치와 의상 디자이너가 선정된다. 앞에서도 언급했듯이, 우리는 이러한 과정이 전문적인 뮤지컬 작업이라고 가정하는 것이다. 전문 연극인들은 대개 전에 함께 일했던 사람들을 선택하게 마련이다. 무대 디자이너는 보조 인력과 함께 무대 장치를 디자인하고 그것을 만들 개인 스튜디오를 가지고 있다. 의상 디자이너는 대개 의상을 디자인할 조그만 스튜디오를 가지고 있을 뿐이어서 제작을 대행할 마음 좋은 의상 제작자를 골라 천을 고르고 재단하고 재봉하는 것을 의뢰한다.

이제 우리의 가상 뮤지컬 작업에서 L이 영감으로 가득 찬 「시라노」 대본을 끝내고 D에게 보여 줄 차례라고 가정하자. 이것이 초고이며 제작자와 연출가가 승인을 하면, W와 M이 여기에 노래를 만들어 붙이는 영원히 끝날 것 같지 않은 어려운 작업을 시작하게 된다. 이것을 〈스파팅 spotting〉이라고 한다. 이 단어는 음악극 대본 작가가 의도했던 정서를 표현하는 데 있어 언어로만은 충분히 표현되지 못한 부분들을 가리키는 것일 뿐이다. 이 노래들은 어쩌면 극장에서 관객들이 듣게 되는 노래가 아닐 수도 있다. 하비 슈미트Harvey Schmidt와 톰 존스Tom Jones는 「110 인 더 셰이드110 In the Shade」(1963)를 위해 100곡이 넘는 노래를 작곡했고, 리처드 로저스는 「남태평양South Pacific」(1949)을 위해 무려 60곡을 작곡했다고 한다.

작곡가 M은 아마도 컨이나 해머스타인이 그랬던 것처럼, 그리고 요즘 대부분의 음악 작업팀들이 선호하는 것처럼, 음악을 먼저 작곡하고 가사를 나중에 붙일 것이다. 비록 이것이 꼭 지켜져야 하는 원칙은 아니더라도 말이다. 이렇게 악보를 완성하는 데 약 6개월이 소요된다. 현대 작곡가들은 대부분 피아노 악보를 먼저 만들고 거기에다 전체 오케스트라를 위한 기본적인 제안들을 써나간다. 이는 오케스트라 편곡자에게 작곡가의 음악에 대한 통찰력을 제공하고 전체를 구성하면서 배우들이 부르거나 연기할 하나하나의 음표를 일일이 그려 나가는 거대한 작업을 시작하기 위한 발판을 마련해 준다.

그리고 나면 후원자 오디션이라는 것이 시작된다. 모든 제작자들은 오디션에 초청할 투자 가능자의 명단을 가지고 있다. 화려한 오디션 룸에 이들을 초청해서 뮤지컬 대본 작가의 시놉시스(줄거리)와 작곡가(대개 투덜대는 작사가가 함께 참석하여)의 주요 곡들을 들려준다. 음료가 제공되고 제작자들이 목소리를 높이면서(작품에서 스타가 될 만한 배역들을 발표하기도 한다), 이번 공연에 후원을 해줄 잠재 투자가들을 설득한다.[*8] 영리한 제작자들은 입장 수익이 저조할 경우에 대비하여 공연을 계속할 수 있도록 제작 단가를 실제보다 부풀려 발표하기도 한다. 「시라노」제작 계획은 조금씩 진행이 되어 가겠지만 자본금이 필요한 만큼 모이기 전까지는 거의 진전이 없기가 쉽다. 공연을 만드는 사람들은 필요한 돈이 눈에 보이기 전까지는 수많은 밤들을 눈치만 살피며 보내야 하는 것이다.

이 즈음에 작곡가와 작사가는 전문 가수들이 부른 데모 테이프를 만들어서 안무가와 오케스트라, 무용 음악 피아니스트, 음향 감독, 심지어 무대와 의상 디자이너에게까지 전해 줄 것이다. 무대와 의상 디자이너들도 공연 분위기에 맞게 디자인을 하기 위해서는 음악을 알아야 하기 때문이다. (보리스 아론슨Boris Aronson의 너절한 무대와 패트리샤 지프롯Patricia Zipprodt의 천박한 의상이 없는 「카바레」 공연을 상상할 수 있겠는가. 이 디자이너들은 존 캔더의 촌스러운 분위기를 잘 살린 음악을 듣고서야 전체 공연 분위기에 걸맞은 적절한 시각적 효과를 창조해 낼 수 있었다고 한다.)

개막 일자와 연습 일정, 주인공 역에 어울릴 만한 스타, 무엇보다 스케줄이 가능한

[*8] 1988년에 공연된 「래그즈Rags」에는 자그마치 7백만 달러가 투자자들에 의해 마련되었으나 공연은 완전히 실패로 끝났다. 각 투자자들이 3만 2천 달러씩을 투자해, 그 대가로 리허설에 참석하고, 스타들을 만나 보고, 개막 공연에 두 장의 초대권을 받고 공연 후 파티에 참석했다(이 파티조차 지루하기 짝이 없었다). 이것을 제외하고는 투자 원금을 한 푼도 건지지 못했다. 반대의 경우로. 1960년도부터 오프 브로드웨이에서 계속 공연되고 있는 「판타스틱스The Fantasticks」에 투자했던 사람들은 1천 달러씩을 투자하고 거의 1백만 달러씩을 챙겨 갔으며 현재까지도 그 이익은 계속 늘어나고 있다(1960년에 미화 1만 6,500달러를 투자했던 총 44명의 투자자들은 2002년 1월 「판타스틱스」가 막을 내릴 때까지 각자 투자금의 1만 9,456%에 달하는 수익을 배당받았다 — 역주).

스타 선정(주인공 역인 시라노와 록산은 기독교인이면 금상첨화일 듯) 등이 1주일에 두어 번씩 열리는 제작 회의에서 거론될 것이다. 시기에 따라서, 뮤지컬 공연이 별로 없을 때에는 최고 극장을 예약하는 것이 쉽지만, 1989~1990년도 브로드웨이에서처럼 공연이 쏟아져 나올 때는 극장 구하기가 하늘에 별 따기다. 어떤 때는 시내 공연장이 없어서 몇 달씩 개막이 지연되거나 시내 공연장을 구할 때까지 지방에서 전전하는 경우도 없지 않다. 공연이 잘 돼 가고 있는데도 다음 공연이 이미 예약되어 있어서 아쉽게 막을 내리거나 다른 극장으로 옮겨 재공연을 하는 경우도 종종 있다. 연습실도 예약해야 할 것이고 바로 이 연습실에서부터 가장 중요한 역할을 할 사람인 제작 감독^{production manager}이 합류하게 된다. 이 제작 감독이 앞으로 공연 연습과 관련한 모든 예약과 변경, 일정 등 수많은 일들을 선두에 서서 지휘하게 된다.

이제 시라노의 음악, 가사, 대본이 윗사람들(연출가, 안무가, 제작자, 그리고 극장주에 이르기까지 — 브로드웨이의 대부분의 극장을 소유한 슈버트 형제_{Shuberts}나 영국 웨스트 엔드의 주요 극장주인 스톨_{Stoll}과 모스_{Moss} 같은 사람들은 자기 극장에 엉터리 작품이 올라가는 것을 절대로 용납하지 않을 테니까)의 마음에 들었다고 가정해 보자. 이제 한 11월 초순쯤 되었다. 제작자는 4월 초 즈음에 첫 시연회를 갖기로 하고 6주일의 연습 일정을 잡았다. 대개 6주일 정도가 평균 연습 기간이며 비평가들을 초대하는 개막 전까지 한 달여의 시연회를 갖는 것이 보통이다.

오케스트라와 음악 감독, 여러 조감독들, 무용 음악 피아니스트, 리허설 피아니스트, 여러 기술 스태프들이 일을 시작하느라 분주해지고 이때쯤 캐스팅이 시작된다. 주요 스타 배역들은 이미 정해졌을 것이고, 아직 못 했다면 서둘러야 할 것이다. 아무리 유명한 스타라 해도 오디션은 거쳐야 한다. 주요 배역들이 정해지면 계약서를 쓰고(제작자들은 최소한 1년 계약을 맺으려고들 하지만 로버트 드 니로나 메릴 스트립, 조너선 프라이스_{Jonathan Pryce}나 버나뎃 피터스_{Bernadette Peters} 같은 대스타들은 보통 6개월 정도만 계약하려고 한다), 그다음에 나머지 배역들을 뽑고, 코러스와 대역 배우들이 결정된다. 예전에는 노래만 하는 코러스와 춤만 추는 무용수들이 따로 있었지만, 요즘은 작은 배역들이라도 모두 노래와 춤, 연기를 다 잘해야 한다. (가끔 특별한 경우들도 있다. 「리틀 나이트 뮤직」에서는 스티븐 손드하임이 코러스로 진짜 가수만을 고집했고 「멋대로 굴지 마라」에서는 다섯 명의 배우 중 네 명이 가수였고 한 명은 유명한 무용수여서 다른 배역들은 그 어려운 춤을 좇아가느라고 아주 애를 먹었다.)[9]

이제 6월 중순에 막을 올리게 될 「시라노」는 20명의 배역진이 필요하니까 약 7백만 달러의 예산이 소요될 것이다. 2월 중순경에 연습이 시작되면 대개 전체 공연의 혼성곡이 되는 무용곡이, 이 작품의 경우에는 발레가 되겠지만, 안무가와 리허설 피아니스트에 의해서 만들어진다.[10] 작곡가들은 새 노래를 작곡하느라 바빠서 직접 무용곡까지 만드는 일은 거의 없고, 대개는 무용곡 작곡 작업을 감독하는 역할 정도만 하게 된다. 더구나 대부분의 무용곡은 공연이 최종 완성 단계에 이를 때까지 수많은 변화를 거듭해야 한다는 사실을 모두 알고 있기 때문에 더욱 그러하다. 아그네스 드 밀[11]의 경우는 연습이 들어가기 전에 안무할 발레 음악의 구상이 모두 끝나야 된다고 고집했었고, 밥 포스[12]

[9] 리처드 몰트비 주니어Richard Maltby Jr.와 머리 호비츠Murray Horwitz와 같이 일했던 루더 헨더슨은 「멋대로 굴지 마라」에 영향력을 미친 주요 인물로서 모든 배역은 음색이나 목소리로 뽑는 것이 아니라 개성의 표현력을 보고 뽑아야 한다 주장했다. 〈어릿광대도 마임 배우도 개성을 표현해 내듯이 개성 표현의 추상성, 이것이야말로 사람들이 브로드웨이를 찾는 이유다.〉

[10] 전문가들이 귀띔해 준 바로는 「제롬 로빈스의 브로드웨이Jerome Robbins' Broadway」(1989) 공연의 음악은 대부분 그가 브로드웨이에서 30년간 안무해 왔던 무용들로 만들어졌는데 사실 유명한 리허설 피아니스트인 트루드 리트먼Trude Rittman에게 그 공로가 돌아가야 한다고 했다. 리트먼이 로저스, 복, 스타인 등의 주제 음악을 이용한 여러 발레곡들을 모아서 그 음악을 완성한 장본인이었다.

[11] 미국의 유명한 연극 집안에서 태어났지만 아그네스 드 밀은 콜 포터Cole Porter의 「님프 에런트Nimph Errant」(1933) 안무로 런던에서 첫 번째 성공을 거두었다. 고향으로 돌아와서는 아론 코플랜드Aaron Copland의 발레 「로데오Rodeo」(1942) 이전까지는 별다른 성공을 거두지 못하다가 이 작품에서 전형적인 서부 시대를 훌륭하게 그려 냄으로써, 로저스와 해머스타인에게 스카우트되어 무용극 「오클라호마Oklahoma!」(1943)를 안무하게 되었다. 이후에 「블루머 걸Bloomer Girl」(1944), 「회전목마」(1945), 「브리게이둔」(1947) 등의 대히트 작품들을 연이어 안무하게 된다.

[12] 안무가로서 빈틈없는 자세로 잘 알려진 로버트 포스는 무용극에서 손가락으로 딱딱 소리를 내거나 소리를 지르는 동작들을 처음으로 시도했다. 그의 공연들은 느슨하고 자유로운, 재즈를 연상케 하는 구상을 주 테마로 한 듯이 보인다. 「파자마 게임The Pajama Game」(1954)을 시작으로 하여 「뉴 걸 인 타운New Girl in Town」(1957), 「레드헤드Redhead」(1959), 「스위트 채러티Sweet Charity」(1966), 「피핀Pippin」(1972), 「시카고Chicago」(1975), 「댄싱 Dancin'」(1978) 등 많은 역작들을 안무했다.

같은 경우에는 집시처럼 무대에서 즉흥적으로 안무하는 것을 선호했다.

대사 중에 분위기를 살리기 위해 오케스트라가 연주하는 배경 음악도 일반적으로 리허설 피아니스트가 작곡한다. 요즘은 막강한 영향력을 행사하는 연출가들이 직접 곡을 제안하기도 한다.

3월 중순이 되면 모든 배우들이 연습실을 나와 실제로 공연할 극장에서 무대 연습에 들어가고 모두들 신경이 날카로워지기 시작한다. 연습 때와 똑같은 것은 아무것도 없다. 아름답던 노랫소리도 동굴처럼 텅 빈 무대 위에서는 삭막하기 짝이 없다. 연습실에서는 우렁차기만 하던 목소리가 거의 속삭임으로 전락하고 스타들은 〈무선 마이크〉를 찾기 시작하고 〈도대체 날 보고 뭘 어쩌라는 건데?〉 하는 짜증난 목소리가 터져 나온다. 연습 시간은 날마다 길어지고, 머리카락 한 올에 매달린 다모클레스의 검[*13]처럼 7백만 달러라는 엄청난 돈이 단 하룻밤에 걸려 있다는 부담이 모든 사람들을 짓누르기 시작한다.

편곡은 대개가 늦어지게 마련이고 의상은 지나치게 화려하거나, 몸에 맞지 않아 다시 디자인을 해야 할 판이고, 어느 날 갑자기 완전히 새로운 장면이 하나 생기고, 거기에 맞는 무대가 허겁지겁 급조된다. 스타들도 제 역할을 제대로 소화해 내지 못하는 것만 같고, 주인공은 히트송이 될 만한 걸 하나 내놓으라고 난리고(실제로 에슬 머먼Ethel Merman은 「애니여 총을 잡아라Annie Get Your Gun」 공연 당시 〈쇼처럼 즐거운 인생은 없다 There's No Business Like Show Business〉라는 곡을 부르겠다고 고집을 부리기도 했다), 누구나 「시라노」의 막이 올라가기 전까지 한 번쯤은 그만두라는 협박을 받게 마련이다.

드디어 시연회가 열리고 관객들은 뭐가 그리 재미나게 만들어졌을까 하며 훔쳐보는 기회를 갖게 된다. 시라노와 록산이 감미로운 러브송을 부르는데 뒤척이는 소리, 팸플릿 넘기는 소리가 들리면 지루하다는 신호다. 최악의 경우는 거기에서 공연을 중단하는 수도 있다.[*14]

[*13] 시라쿠사의 왕인 디오니소스의 신하 다모클레스 머리 위의 검으로 신변에 따라다니는 위험을 뜻함. 왕위의 행복을 칭송하는 다모클레스를 왕좌에 앉히고, 그 머리 위에 머리카락 한 올로 칼을 매달아 지배자의 신변의 위험을 가르친 고사에서 비롯된 비유 — 역주.

이 다음부터는 무슨 일이 일어날지 나로서도 말해 줄 수가 없다. 아마 아수라장이 벌어질 거라고 추측할 수 있을 뿐이다. 어디까지나 가정이긴 하지만 이제 「시라노」가 뉴욕 신문의 격찬을 받고 뮤지컬 고전의 하나로 자리 잡게 될 거라고 상상하며 위안을 삼자.

:: 뮤지컬의 종류

뉴욕 시 교통청에서 42번가 근처 그레이트 화이트 웨이의 길가에 현판을 하나 설치한 적이 있다. 〈여기에 주차할《생각》도 하지 마시오!〉 나는 이 말을 빌려 이 책을 집어 든 초보자들에게 긴급한 경고를 하나 하고 싶다. 당신 능력으로 창작할 수 있는 뮤지컬이 어떤 종류가 될지, 당신의 예술 작품이 어떤 장르로 분류될지도 모르면서 섣불리 뮤지컬을 하나 써보려고는 감히 〈생각〉도 하지 말라고. 당신의 제작자나 일반 대중은 자기들이 후원하게 될, 혹은 관람하게 될 작품이 어떠한 양식인지 당연히 알고 싶어 할 것이다. 실제 공연으로 제작되기 어려운 형식도 있고, 너무 많은 노력을 요구하는 형식도 있을 수 있다. 그러므로 당신이 쓰려고 하는 뮤지컬이 단순히 연습용이 아니라면(나는 이것도 별로 추천하고 싶지 않지만) 형식의 선택에 주의를 기울여야 할 것이다.

그렇다고 해서 완전한 작품을 쓰기 전에 연습용으로 쉬운 형식을 한번 시도해 보는 것이 전혀 쓸데없는 헛수고라는 말은 아니다. 스티븐 손드하임이 십대 때 이웃에 살던 오스카 해머스타인에게 찾아가 스승이 되어 달라고 요청했을 때 적어도 네 편의 뮤지컬을 연습용으로 써서 경험을 쌓으라고 지시를 받았다. 결국 손드하임은 장편 뮤지컬 네 편을 제출했지만, 나는 항상 초보자들에게 보다 간결한 뮤지컬 코미디인 레뷔*revue*를 추천한

---

*14 입장권 예매 현황은 뮤지컬의 성공을 점치는 주요 요인이다. 제작자들은 대중이 히트할 예감이 드는 작품을 보기 위해 미리 지불을 서슴지 않은 상당한 양의 입장 수익금을 은행에 예치해 두고 그 이자로 운영을 하는 법을 터득하고 있다. 마케팅이 중요해짐에 따라 영리한 제작자들은 전면 광고를 감행하고, 관객들이 예매를 위해 신용 카드를 용감하게 긋도록 현혹한다. 이러한 과대 광고를 통해 1년에서 8개월 전에 이미 예약을 유도하기 시작한다.

다. 이 형식은[15] 간단한 토막극 *sketch*과 연극적인 노래로 구성되어 있어 뮤지컬 연극에 처음 발을 들여놓기에는 한결 쉬운 길이다. 전막(全幕)의 뮤지컬은 경솔하게 덤벼들기에는 너무나 많은 함정과 위험을 내포하고 있기 때문에, 일단 먼저 기교를 배우고 난 후 무대에 몇 번 올려 보면서 가능성을 검토해 볼 필요가 있다. 레뷔는 공연되지 않은 지 벌써 오래된 옛날 형식이긴 하지만 근래에 와서 새로운 생명력을 가지고 여러 사람들의 공동 작업을 통해 무대에 올려지기도 한다. 그러나, 해머스타인 식으로 엄청난 독학과 연습을 통해 연극계에 발을 들여놓는 방법도 손드하임에게는 별로 나쁘지 않았던 것 같다.

　　이제 앞으로 설명할 여러 뮤지컬 형식의 종류에 대해, 발생 시기별 서술을 피하고 창작의 난이도 순으로 배열해 보았다. 물론 가장 단순한 형식일지라도 열정과 위트, 감수성, 참신함이 한껏 용해되어 있어야만 공연으로 제작될 일말의 가능성이라도 가지게 되며 성공을 거둔다는 것이 더욱더 어렵다는 것은 두말할 나위도 없다.

뮤지컬 퍼레이드 / 전기 뮤지컬

이 용어는 내가 임의로 만든 것으로 특정 시대의 작품이나 어떤 작품의 특정 부분을 소재로 한 레뷔의 한 종류를 가리키는 것이다. 토머스 패츠 월러Thomas Fats Waller가 「멋대로 굴지 마라」라는 곡을 썼듯이 이 형식은 한 작곡가의 노래 속에 담긴 자서전적인 이야기가 될 수도 있다. 이런 경우 작곡가의 원곡들을 메들리 형식으로 사용하면서 약간의 자서전적인 이야기를 곁들여 주인공이 사는 시대를 표현해 낼 수도 있다. 이런 종류의 공연은 플롯이 없는 경우가 많다(아니면 아주 간단한 상황 설정만이 있다). 이것은 「에비타Evita」나 「피요렐로 Fiorello」, 「퍼니 걸Funny Girl」처럼 일대기를 다룬 전기 뮤지컬이 아니라 대개 오리지널 악보도 없는 경우가 많다. 백인 몇 명이 할렘에 사는 흑인들의 도움으로 전설적인 할렘의 나이트클럽을 구경하게 된다는 짧은 에피소드를 다룬 「버블링 브라운 슈거Bubbling Brown Sugar」 같은 작품에서처럼, 하나의 짧은 플롯만을 가지고 있는 경우도 있다. 이런 작품은 대개 훌륭한

---

[15] 38～39페이지 〈익살 풍자극 레뷔〉 참조.

노래나 가사로 구성되어 있지만 세인들에게 무시되어 왔던 작품들을 사랑하는(거의 미쳐 있는) 사람들이 다시 한 번 그 작품의 진가를 확인시키기 위해 제작하기도 한다. 이들의 애정에 재치와 지혜가 녹아들어 한 예술가의 삶을 조명하는 기회를 제공하는 공연이 되는 것이다. 이런 공연은 대개 제작 경비도 적게 들고 무대 장치도 적어서 순회 공연을 하기에 적합하다. 그러나 여기에도 위험은 있다. 이미 세상을 떠난 예술가들의 작품이지만 자전적인 요소 때문에 상당한 부담이 될 만큼의 저작권료를 지불해야 하는 경우도 있다.

이런 공연이 성공을 거두는 것은 대개 단순한 콘서트나 뮤지컬 메들리가 아니라는 데 있을 것이다. 메들리라면 강당에서 공연하거나 아예 레코드로 만드는 것이 더 나을 것이다. 이런 작품에서는 노래가 보다 연극화되고, 확실한 시점이 주어지고, 한 인물이 노래되고, 가사는 참신하게 재구성된다. 대사는 없을지라도 그 곡에 연극적으로 접근할 수 있는 상상력이 풍부한 연출가와 안무가가 필요하다. 대부분 특정한 작곡가나 작사가의 작품 모음으로 만들어지는 이런 뮤지컬 퍼레이드cavalcade나 전기 뮤지컬의 성공적인 예는 대단히 많다. 「로저스와 하트」(1975), 제롬 컨의 영화 음악 모음인 「제리가 할리우드에 가다Jerry Goes to Hollywood」(1985), 자크 브렐Jacques Brel의 곡을 번안한 「자크 브렐은 파리에서 잘 살고 있다Jacques Brel is Alive and Well and Living in Paris」(1968), 「콤든과 그린의 파티A Party With Comden & Green」(1958), 미첼 패리쉬 Mitchell Parrish의 가사 모음인 「스타더스트 Stardust」(1987), 유비 블레이크Eubie Blake의 노래 모음 「유비Eubie」(1979), 「사이드 바이 사이드 바이 손드하임 Side by Side by Sondheim」(1977), 오그든 내쉬Ogden Nash가 가사를 쓴 노래, 시 모음인 「아홉시의 내쉬 Nash at Nine」(1973), 노엘 카워드의 노래와 희곡 모음인 「오, 카워드Oh, Coward」(1972), 「쿠르트 바일과 베를린에서 브로드웨이로Berlin To Broadway With Kurt Weill」(1972), 토머스 패츠 월러의 노래 모음인 「멋대로 굴지 마라」(1978), 듀크 엘링턴 Duke Ellington의 노래 모음인 「세련된 여인들Sophisticated Ladies」(1983), 엘비스 프레슬리Elvis Presley의 노래 모음인 「엘비스Elvis」(1988), 제롬 로빈스의 안무와 연출 모음 공연인 「제롬 로빈스의 브로드웨이Jerome Robbins' Broadway」(1989), 노엘 카워드와 거트루드 로렌스Gertrude Lawrence의 편지, 노래, 연설 모음 공연인 「노엘과 거티 Noël and Gertie」(1990),

「버디 홀리 스토리The Buddy Holly Story」(1990) 등이 있다.

원맨쇼

이 형식은 플롯이 없다는 점에서 뮤지컬 퍼레이드와 공통점을 가진다. 일반적으로 슈퍼스타들이 과거의 유명 공연 중에서 선곡하여 〈앙코르의 밤〉으로 꾸미게 되는 이 공연 형식은 새로 만들어질 게 없을 것처럼 보인다. 아마도 그저 독자들의 이해를 돕기 위해 이 원맨쇼를 뮤지컬 형식의 분류에 넣은 것이 아닐까 하고 추측할 사람도 있겠지만, 이 일인 공연을 한 편의 연극으로 만들기 위해서는 뛰어난 대본가와 영리한 연출가가 연극적인 이야기 구조를 만들고 상당한 독창성을 발휘해야만 한다는 점을 과소 평가해서는 안 된다. 두 시간 동안 관객을 객석에 붙잡아 놓는다는 것은 관객에게도 예술가에게도 매우 진이 빠지는 일이다. 정말 뛰어난 연극적 마인드를 가지고 선곡에서부터 공연의 속도와 균형까지 두루 살필 수 있는 위대한 예술가만이 이를 훌륭하게 해낼 수 있다.

　　흥미진진한 레퍼토리를 가지고 있기에 혼자서도 관객을 사로잡을 수 있었던 예술가들로는 「베아트리스 릴리와 함께하는 밤An Evening with Beatrice Lillie」(1952)의 베아트리스 릴리, 「코미디 인 뮤직Comedy in Music」(1953)의 빅터 보르게Victor Borge, 「안나 러슬의 작은 공연Anna Russell's Little Show」(1953)에서의 안나 러슬, 모리스 슈발리에Maurice Chevalier, 조세핀 베이커Josephine Baker(1967년과 1974년), 「클램즈 온 더 하프 쉘」(1975)의 베티 미들러Bette Midler, 릴리 톰린Lily Tomlin(1985), 「바바라 쿡과의 콘서트」(1987)의 바바라 쿡, 「재키 메이슨이 본 세상The World According to Jackie Mason」(1987)의 재키 메이슨, 「편한 옷차림의 콘서트에서In Concert: Dress Casual」(1989)의 맨디 패틴킨Mandy Patinkin, 「원우먼쇼One-Woman Show」(1989)의 패트리샤 루틀리지Patricia Routledge 등을 꼽을 수 있을 것이다.

보드빌 / 버라이어티

보드빌vaudeville은 뮤지컬, 서커스, 마술, 텀블링, 진기함을 모아 놓은 공연으로 영화 이전 시대에 큰 인기를 누렸던 오락 공연 형식으로 1930년대 후반까지도 남아 있었다. 미국에

서는 지난 50년간 거의 소멸되다시피 했지만, 외국에서는 다채로운 버라이어티 *variety* 공연
으로 알려져 있어 대도시 한가운데는 아니더라도 아직까지 꽤 인기를 누리면서 공연되고
있다. 텔레비전에 많이 밀리고 있는 것이 사실이지만 1960년대 초반 이후 런던이나 파리
에서조차 가끔 이브 몽탕 Yves Montand이나 배리 험프리 Barry Humphries 같은 거물들이 나오는
보드빌 공연이 일반 대중의 관심을 불러 모으는 것을 볼 수 있었다. 강아지 쇼나 저글러 곡
예로 분위기를 띄우고 나면 이런 거물들이 나와서 40~50분 정도의 공연을 하게 된다.

옛날 보드빌 식 공연을 하던 사람들로 「헬자포핀 Helzappoppin」(1938)과 그 속편인
「재미의 아들들 Sons o' Fun」(1941)이라는 어릿광대 익살로 시들어 가던 명성을 되찾은 올
슨 Olsen과 존슨 Johnson이 있다. 이 쇼는 라디오 시티 뮤직 홀과 라스베이거스의 카지노 등
에서 매년 공연되었고, 심하게 과장되기는 했지만 미국에서 볼 수 있었던 공연 중 가장
보드빌에 가까운 공연으로 간주될 수 있을 것이다. 1980년에 미키 루니 Mickey Rooney와
앤 밀러 Ann Miller는 「슈거 베이비즈 Sugar Babies」라는 보드빌 벌레스크를 리바이벌하여 큰
성공을 거두기도 했다. 이러한 맥이 계속 이어져 아직도 순회 공연이 되고 있고 아마 다
음 세기에 이르러서도 어디선가 몇 주에 한 번씩은 계속 막이 올라갈 거라고 믿는다.

벌레스크

벌레스크 *burlesque*는 보드빌의 한 형태로 보드빌보다는 격이 조금 낮게 평가되어 왔지만 그
재미는 더하다. 원래 벌레스크는 옷도 벗기고 때로 검열관이 바람직하다고 생각하는 수준을
넘는 경우도 많았다(그렇다고 경찰이 공연을 중단시킬 정도로 심하지는 않았다). 벌레스크
를 올리는 극장들은 대개 남자 관객이 주를 이루는 좀 지저분한 동네에 많았다. 요즘 사람들
생각에는 너무 야하고 여자의 품위를 떨어뜨리는 것이 아닌가 싶겠지만 벌레스크가 포르노
는 아니었다. 웃음을 자아내는 가장 큰 요소는 풍자였으며 그 당시 사회의 관습으로는 금기
시되었던 성에 대한 이야기들 때문에 조심스러운 낄낄거림이 극장 안에 퍼지곤 했다.

우리가 레뷔 *revue*라고 부르는 대부분의 예술 형식은 토막극 *sketch*에서 발전한 것이
며 이 토막극은 벌레스크 형식을 통해서도 많이 발전했다. 이 방식은 많은 사람들이 시도

했었다. 풍자 촌극인 스킷 *skit* 형식은 유명한 코미디 배우들이 후에 보다 합법적인 유명 극장에서 공연을 올려 성공을 거두기도 했는데 후에 스트립 공연으로 맥이 이어졌다고 말할 수 있다. 예쁜 아가씨 한 명이 한 10분 정도에 걸쳐 옷을 예술적으로 하나씩 하나씩 벗어 나가면서(때로 관객이나 연주자들에게 던지는 경우도 있었다), 부채나, 비치 볼, 비누 방울 등 상상할 수 있는 온갖 소품을 가지고 춤을 춘다. 「앤 코리오의 벌레스크의 역사 Ann Corio's History of Burlesque」는 브로드웨이에서 막을 올렸는데 앤은 자신의 공연이 〈역사〉 라는 제목에서부터 드러나듯이 전반적으로 교육적이라고 주장함으로써 검열에 맞서 싸 위 이겼다. 민스키 Minsky의 공연들도 관객을 끌어 모아 샐리 랜드 Sally Land, 집시 로즈 리 Rose Lee [16]와 같은 코리오 Miss Corio에 못지않은 스타들을 제조해 냈다.

엑스트라버간자

이 용어는 제작자들이 공연 광고를 하면서 막대한 *extravagant* 경비를 들여 만든 공연을 직 접 목격할 기회를 놓치지 말라고 현혹할 때 흔히 쓰이곤 한다. 어떤 면에서 이런 공연들 은 보드빌이라기보다는 우아한 벌레스크에 가깝고 사람들이 흔히 부르는 것과 달리 풍자 익살극인 레뷔라고 하기에는 무리가 있다. 플로렌즈 지그필드 Florenz Ziegfeld의 「폴리스 Follies」(1907~1931), 얼 캐럴 Earl Carroll의 「배니티즈 Vanities」와 「스케치북 Sketchbooks」, 레 이먼드 히치콕 Raymond Hitchcock의 「히치쿠즈 Hitchy-Koos」 등이 1900년대 초부터 1950년대 까지 매년 올려졌던 공연이다. 모두 현란한 음악적 아름다움과 사치스럽고 야한 의상을 뽐냈던 작품들이다. 관객들은 적당히 떨어져 앉아 있고, 조명은 교묘하게 어두워지고, 쇼 걸들이 살색 보디 스타킹을 교묘하게 감추면, 관객들은 그걸 보면서 실제로 보이는 것보 다 더한 것을 보고 있다고 상상했다. 유성 영화의 도래와 함께 수백 명의 엑스트라들이

---

[16] 〈집시〉 로즈 리의 자전적 공연 *biography*은 자유로운 형식으로 구성되어 가장 성공적이며 가장 우수하게 구성된 뮤지컬의 본보기로 평가받았다. 아마도 이러한 성공은 스트립 공연의 면모와 「집시」(아서 로렌츠 원작, 줄 스타인 음 악, 스티븐 손드하임 가사)라고 하는 벌레스크의 뒷 무대를 보여 주었기 때문에 가능했을 것이다.

출연했고, 그것이 실제로는 버스비 버클리Busby Berkeley와 다른 몇몇에 의해 모두 안무된
것이기는 했지만, 후에 컬러 영화가 나오기 시작하자 대중들은 이제 무대의 풍성함에 대
해 감명받는 일이 적어져 갔다. 이로 인해 익살 풍자극인 레뷔가 생겨나게 되었고 버라이
어티쇼에서 시작하여 시사 풍자로 바뀌어 갔다.

팬터마임

팬터마임pantomime은 영국에서 크리스마스 시즌에 주로 즐기던 화려한 오락 공연의 형식
으로 이제는 아이들이 좋아하는 장르가 되었다. 팬터마임은 원래 할리퀸이라는 어릿광대

** 「지그필드 폴리스Ziegfeld Follies」(1918). 펠즈, 윌 로저스, 에디 캔터, 해리 켈리가 릴리언 로렐라인에게 세레나
데를 불러 주고 있다.

의 마임을 지칭하던 단어였으며 몇 개의 시리즈로 되어 있는 이 마임 공연은 재치 있는 주인공 할리퀸과, 콜롬바인이라고 하는 여주인공, 판탈룬이라고 하는 늙은 바보 등 몇 세기 이전의 이탈리아의 코미디 형식인 코메디아 델 아르테에서 빌려 온 전형적인 인물들이 그 주인공이다. 빅토리아 시대의 기업가였던 오거스터스 해리스가 크리스마스 시즌에 초호화쇼와 포복절도 코미디를 혼합한 버라이어티쇼를 기획하면서 스타들을 기용하기 시작했다. 주인공 소년 역할을 여자 배우가 하게 하고 귀부인 역할을 남자 배우가 연기하게 한 것은 그의 아이디어였다. 어떤 이유에서인지 남자 역할을 맡은 여배우는 언제나 관객들에게 어색하게 느껴졌고, 여자 옷을 입은 남자는 대중들에게, 특히 영국인에게는 유쾌하게 받아들여졌다. 남장을 한 여자는 결국 이 공연에서 영원히 사라지게 되었고, 오늘날에 와서 자존심이 없어진 팬터마임은 면도도 거의 하지 않은 누더기 옷의 남자 역할 중 한두 가지를 잃어버리게 되었다.

　　1950년대에는 코미디가 확산되어 관객의 참여까지 유도하기에 이르렀다. 샌디 파웰Sandy Powell은 몇 가지의 기발한 관객 참여 방법을 개발한 것으로 인정을 받았는데, 악당이 몰래 관객의 뒤로 숨으면, 〈뒤를 조심해요!〉라고 관객에게 소리를 지른다든지, 주인공이 무대 한 귀퉁이에 우산을 놓아 두면서 혹시 누가 훔쳐 갈지 모르니까 관객에게 잘 지켜보고 있으라고 부탁을 한다든지 하는 아이디어를 활용했다.

　　커다란 스크린을 이용해 비춰 주는 코러스 노래 가사를 보면서 관객들이 다 함께 자신감을 가지고 노래를 따라 부르는 것도 팬터마임을 보러 가는 재미 중의 하나다. 공감의 폭이 넓은 농담과 익숙한 일상이 있고, 악당에게 큰 소리로 우우 하고 야유를 보내는 재미가 있다. 악당은 관객의 야유를 받지 못하면 실패자로 낙인이 찍힌다.

　　팬터마임은 동화에서 만들어진 것이 많다. 그렇지만 그 서술적인 구조 안에 줄거리와 아무 상관 없는 노래를 위해 자리를 비워 두기도 하고 한 편의 시를 넣기도 한다. 적절한 분류에 따르자면 동화극book shows에 해당하지만, 관습적으로는 보드빌과 엑스트라버간자의 중간 어디쯤에 위치한다. 「신데렐라」, 「피터팬」, 「숲속의 아기들Babes in the Wood」, 「알라딘」, 「장화 신은 고양이Puss in Boots」 등이 영국 관객들이 가장 좋아하는 작품으로 손꼽힌다.

익살 풍자극 레뷔

레뷔 *revue*라는 용어는 그 독특한 향취를 살리고자, 원래 오랫동안 남녀 간의 도덕적인 통념을 뜻하던 프랑스어 단어에서 스펠링을 빌려 왔다. 보드빌과 엑스트라버간자, 벌레스크를 훌륭하게 혼합한 형식이라 할 수 있는데 옛날만큼 그 인기가 높지는 않지만, 사라졌다고 잘라 말할 수는 없다. 레뷔는 1920년대 초에서 1960년대까지 극장의 주요 공연물 중의 하나로 자리 잡았었고, 특히 1930~1940년대에는 오페레타나 뮤지컬 코미디만큼이나 흔히 볼 수 있는 익숙한 공연 양식으로 현대적인, 혹은 이색적인 춤과 정치 풍자, 단색 조명과 기괴한 무대로 실험적인 연극 경험을 제공하는 독특한 양식이었다. 문학적으로 비유하자면 책 한 권을 토대로 한 뮤지컬을 〈장편 소설〉이라 한다면 레뷔는 흔히 〈단편 소설집〉에 비유되곤 했고, 그렇기에 초기의 레뷔는 특정한 주제가 필요 없었다. 슈퍼스타들을 위해 특별히 쓰였고 직접 출연까지 했던 작품들을 소재로 이용하는 데 만족했으며 어찌 보면 여러 장면들의 기교적인 잡탕이 되어 버렸다고 할 수 있다. 그러나 이 양식이 발전을 계속해 나가면서 어떤 결집력이 필요하다는 생각들을 하게 되었다. 미국에서는 「핀과 바늘Pins and Needles」과 같은 레뷔들이 노동자 계층을 상대로 연출되었고 「워킹Working」같은 작품은 또 다른 계층의 심금을 울리기도 했다. 영국에서는 「오! 사랑스러운 전쟁Oh, What A Lovely War」, 「옛날 같지가 않아Fings Ain't Wot They Used T' Be」 등이 전쟁과 현대의 진보를 풍자적으로 잘 다룬 작품으로 꼽힌다. 「새로운 얼굴들New Faces」의 경우 주제는 없지만 재능 있는 젊은이들을 끌어 모아 데뷔를 시키는 좋은 무대가 되기도 했다.

전설적인 레뷔로는 어빙 벌린Irving Berlin의 곡들을 위주로 만든 「뮤직 박스 레뷔The Music Box Revues」나 「복도의 두 사람Two on the Aisle」, 「코크란의 레뷔Cochran's Revue」, 노엘 카워드와 거트루드 로렌스를 소재로 한 「샬롯의 레뷔Charlot's Revue」, 레너드 실먼Leonard Silman의 「새로운 얼굴들」과 오프 브로드웨이의 「구두끈 레뷔Shoestring Revues」 등이 매년 새로 개작되어 팬들의 가슴을 따뜻하게 하고 있다.

레뷔의 전성기는 1925년에서 1960년 사이였다. 그 이후로는 각종 버라이어티쇼가 텔레비전을 통해 방영되면서 주춤해지기 시작했다. 이런 양식의 오락 공연은 언제나 세련된 도시의 관객들에게 크게 어필했으며 이를 통해 1940년에 이르는 기간 동안 대부분의 정통 팝 뮤직들이 소개되기도 했다. 레뷔는 아직도 오프 브로드웨이와 런던의 웨스트 엔드 변두리에서 활발히 공연되고 있다. 이 책을 집필 중이던 1989년에는 군대의 말썽군 이야기인 「행군 중의 병사Privates on Parade」, 마틴 샤닌Martin Charnin이 만든 「웃기는 사건들Laughing Matters」, 공동 창작 작품인 「오, 캘커타Oh, Calcutta」, 「장기 자랑Showing Off」 등이 공연되었다. 오랫동안 롱런을 했던 작품들로는 「제롬 로빈스의 브로드웨이」(이미 앞에서 전기 뮤지컬로 분류된 바 있지만 분명한 무용 레뷔의 특징들을 가지고 있다)가 있다. 또한 브로드웨이 뮤지컬이라고 광고했던 「블랙 앤드 블루Black and Blue」도 사실 블루스 음악을 위주로 한 레뷔에 불과하다.

오페레타

오페레타operatta와 그 친척이라 할 수 있는 뮤지컬 연극은 오늘날 뮤지컬 극장들을 점령한 주요 양식이다. 다른 어떤 형태의 혼합 양식보다도 이 두 양식의 공연이 세계적으로 가장 많이 무대화되고 있다. 여기에 대해서는 좀 더 자세하게 그 기원에서부터 설명할 필요가 있으므로 이제 1990년대로 넘어가 영국과 프랑스에서 주도되어 온 오페레타의 부활을 살펴보도록 하자.

프랑스 오페레타

빙빙 도는 왈츠와 왕자님, 농부가 있는 오페레타는 흔히들 빈에서 유래된 것이라고 생각하는데 사실은 그렇지 않다. 도니제티가 자신의 오페라에 대사를 삽입하면서 이것은 19세기 초 이탈리아에서 대유행을 하기 시작했고, 이를 오페라 희극opera buffa이라고 불렀다. 이 유행이 프랑스에까지 번져 오페라 코미디opéra comique나 오페라 희가극opéra bouffe으로 자리를 잡았다. 1840년 파리에서 최고의 히트를 기록했던 작품으로는 도니제티의 「대령의 딸The Daughter of the Regiment」이 있다. 이 작품은 열렬한 갈채를 불러일으킨 감동적인 멜로디로 많은 사랑을 받았다.

이어 보다 가벼운 작품에 대한 수요가 생겨나면서 일반적으로 일인극 양상을 띠게 되었고, 프랑수아 부알디외François Boieldieu, 다니엘 오베르Daniel Auber, 페르디낭 에롤드Ferdinand Hérold, 아돌프 아당Adolphe Adam, 자크 오펜바흐Jacques Offenbach와 같은 일련의 작곡가들이 프랑스의 주요 극장을 석권했던 단편들을 써냈다. 오펜바흐는 후에 완편 작품을 시도하기로 결심하고 첫 번째 오페레타로 「지옥의 오르페우스Orphée aux Enfers」를 완성했다. 1세기 이전에는 글룩Gluck의 심각한 오페라였던 고전적인 이야기를 다시 만들면서 그는 오페레타의 여러 관습들을 만들었다(이것들은 오늘날까지 남아 있다). 비극적인 아리아나 고상한 체하는 연극은 더 짤막하고 재치 있고 미사여구가 덜한 노래들로 대체되면서 사라져 가고 생동감 넘치는 춤(특히 그 유명한 캉캉춤과 같은)이 예술성을 과시하던 발레를 대신하게 되었다.

빈 오페레타

오스트리아의 티롤 지방의 전통 무용인 렌틀러Ländler는 한 시간이 좀 못 되게 펼쳐지는 춤으로 특별히 우아하지는 않다. 오스트리아의 지방 출신인 요제프 라너Joseph Lanner라는 젊은이가 빈으로 건너와 이 춤을 변형하여 신나는 춤과 왈츠가 있는 공연으로 바꾸어 놓았다. 라너의 펜 끝과 그 친구들에게서(특히 가장 절친한 친구가 바로 지휘자 겸 작곡가인 요한 슈트라우스Johann Strauss였다) 수많은 왈츠가 쏟아져 나왔다. 슈트라우스는 이 들끓는 도시를 완전히 압도해 버렸고 후에 그보다 더 재능이 뛰어난 음악가였던 그의 친아들에게 그 자리를 내주었다.

요한 슈트라우스 2세는 자기의 관현악단을 이끌면서 이미 수백 곡의 왈츠를 작곡했고, 오펜바흐가 그에게 오페레타를 한 번 해보라고 종용하게 된다. 그의 첫 번째 오페레타는 「인디고와 40인의 도적Indigo and the Forty Thieves」으로, 이제 잊혀져 버렸지만 당시에는 엄청난 성공을 거두며 그를 오페레타에 관한 한 교주의 경지에 이르게 만든 작품이었다. 그는 열한 편의 명곡 오페레타를 작곡했는데, 그중에는 앨런 러너(이 사람은 오페레타 작곡가는 아니었다)가 〈두말할 나위 없는 사상 최고의 오페레타〉라고 격찬했던 「박쥐 Die Fledermaus」도 있다.

슈트라우스의 성공은 많은 사람들로 하여금 푸른 도나우 강에 뛰어들도록 유도했다. 칼 밀뢰커Karl Millöcker의 「뒤바리 백작 부인Countess Du Barry」과 칼 치러Karl Ziehrer의 「키스 왈츠The Kiss Waltz」는 전 유럽과 미국을 휩쓰는 성공을 거두었다. 빅터 허버트Victor Herbert, 지그문드 롬버그Sigmund Romberg, 루돌프 프리믈Rudolph Friml(프리믈에 대해서는 미국 오페레타에서 더 자세히 다루어질 것이다) 등은 미국에서 명성을 날리긴 했지만 오페레타의 전통을 지키면서 유럽에서도 크게 성공했다.

영국 오페레타

영국은 중세에까지 거슬러 올라가는 길고 화려한 시(詩)의 역사를 가지고 있다. 초서, 존던과 셰익스피어에 이르기까지 큰 발전을 거듭했다. 이는 왕권을 가진 섬나라에서 태어난 많은 천재들과 게르만어에서 앵글로색슨어, 어떠한 표현이든 실용적으로 적용할 수 있는 라틴어에 이르기까지 방대한 어휘를 가진 영어의 풍성함 덕분이었다.

1840년까지 『펀Fun』(후에 『펀치Punch』라고 개명)이라는 잡지 덕분에 가벼운 운문이 급격히 발전했다. 주제는 별로 심각하지 않은 편이었으나 그 각운이 매우 창의적이었다. 『펀』은 토머스 인골스비Thomas Ingoldsby의 영특한 시와, 길버트W. S. Gilbert라는 이름의 변호사 출신 시인의 작품을 게재하였다. 길버트의 경우 시인으로서의 타고난 재능을 바탕으로 하여 이 잡지에 시가 게재된 것을 계기로 적성에도 맞지 않던 변호사 일을 그만두고 직업을 아예 바꿔 버리기도 했다. 리처드 도일리 카트Richard D'Oyly Carte는 자신이 직접 운영하던 극장에 「템페스트The Tempest」의 괴기판을 올리기도 했다. 이 작품은 아서 설리반Arthur Sullivan이 음악을 맡았고 그의 예상대로 그의 스타일을 잘 살려 준 길버트의 가사와 잘 어우러져 성공을 거두었다. 이 두 사람의 공동 작업은 이후 18년간이나 계속되었고, 불화의 나날들이 없었던 것은 아니지만(대부분의 불화는 길버트의 뛰어난 가사에 묻혀 자기는 음이나 붙여 주는 작곡가 나부랭이로밖에 인정을 못 받는다는 설리반의 푸념으로 시작했다), 둘은 영어로 써진 가장 훌륭한 오페레타들은 탄생시켰다. 우드하우스P. G.

** 「미카도The Mikado」(1885). 아가씨로 출연한 시빌 그레이, 레오노라 브래험. 제시 본드.

Wodehouse, 로렌즈 하트Lorenz Hart, 콜 포터, 아이라 거쉰Ira Gershwin, 오스카 해머스타인 등 후대의 작사가들은 모두 독창적인 천재였던 길버트에게 큰 영향을 받은 사람들이다.

영어는 번역하기가 쉽지 않다. 무엇보다도 다른 언어보다 거의 두 배에 가까운 어휘를 가지고 있기 때문에 더욱 그러하다. 그래서 길버트의 경우에도 난해하고 중의적이며, 내재적이고 독창적인 각운 때문에 번역된 그의 오페레타들은 사실 유럽에서는 크게 성공을 거두지 못했지만[17] 쉽게 대서양을 건너가 무대에 오르곤 했다. 또 다른 주요 작품으로는 작가 겸 배우이자 극단 대표였던 아서 애쉬Arthur Ashe의 「추친쵸Chu Chin Chow」가 있다. 최초의 영국 뮤지컬 코미디로 인정받은 「추진쵸」는 꼭 짚고 넘어가야 할 작품이다. 팬터마임 「알라딘」에 기초한 이 작품은 쉽게 따라 부를 수 있는 노래와 이국적인 분위기로. 빈풍에는 식상했으나 「미카도」의 지성은 따라가기 힘든 관객들에게 크게 어필하여 크게 성공을 거두면서 근래까지도 계속해서 영국 등지에서 공연되는 장수 공연으로 남아 있다. 2,238회 공연이라는 획기적인 기록을 세우며 버스나 광고 게시판에까지 포스터를 부착하는 대중 마케팅 뮤지컬의 효시가 되었다(재정적인 성공에 있어서도 「오페라의 유령」과 비교할 때 막간에 안내원이 나와 티셔츠와 머그를 소리치며 판다는 것을 제외하곤 별 다른 게 없다). 그 작품은 성공을 안고 대서양을 건너가 미대륙에서도 영국에서만큼이나 오랫동안 무대에 올려졌다.

미국 오페레타
수많은 인종과 다양한 문화의 용광로로 통하는 미국은 뉴욕을 중심으로 아주 일찍부터 연극의 중심지가 되었다. 프랑스나 빈의 번역 오페레타는 본토와의 유대감을 그리워하는 수많은 이민자들에게 인기 높은 오락거리였다. 미국은 저작권법도 다른 나라에 비해 늦게 발전했고,[18] 저작권 남용을 단속할 경찰력도 느슨했기에 누구나 쉽게 길버트나 설리

---

[17] 1885년에 제작된 「미카도The Mikado」는 예외였다. 영국적인 것은 무엇이든 신랄하게 풍자했지만 작품의 배경이 일본이었기에 영국 사람들조차 이 작품을 일본 것이라고 생각할 정도였다. 런던에서도 2년이 넘게 공연되었고 주요 외국어로도 많이 번역되었다. 흑인 배우들을 기용한 재즈판으로 리바이벌되어 아직까지도 가장 사랑받는 작품으로 남아 있다.

반의 오페레타를 해적판으로 만들어 낼 수 있었다. 주요 도시를 순회하며 공연을 하고 있는 극단이 항상 두 군데 이상은 있을 정도였다. 엑스트라버간자나 보드빌, 벌레스크 등이 가벼운 오락물에 굶주린 후원자들의 도움으로 이류 극장들을 채우는 동안 오페레타는 고급 취향의 관객들의 입맛을 맞추어 주었다. 중소 도시의 대중들은 유머 감각도 좀 더 폭넓어지고, 어디서나 들을 수 있는 좀 지나치다 싶은 센티멘털한 노래나 애드리브도 좀 더 현대적으로 바뀌기를 바랐다. 이렇게 오락을 위한 온갖 잡다한 공연들이 드디어 악극 공연 minstrel show으로 진화했던 것이다.[19]

남쪽 뉴올리언스에서는 재즈가 생겨났다. 이 모든 현상들이 미국 뮤지컬에 지대한 영향을 끼쳤다.

그러나 뉴욕, 시카고, 샌프란시스코와 같은 대도시의 세련된 미국인들은 아직도 레하르Lehar, 칼만Kalman, 로베르트 슈톨츠Robert Stolz, 오스카 슈트라우스Oscar Straus(이들 모두 오펜바흐와 요한 슈트라우스의 후계자들이다)의 마지막 오페레타를 보기 위해 몰려들었다. 애국심이 가득한 코미디를 직접 쓰고 작곡, 연출, 출연까지 했던 조지 M. 코핸

---

[18] 스위스의 베른에서 열린 14개국의 국제 회의의 결과로 최초의 저작권법이 1887년에 만들어졌지만 미국은 이 회의에 참석하지 않았다. 이 유럽 국제법은 저자와 그 후계자가 저자의 사후 15년 동안 작품에 대한 권리를 갖도록 규정했다. 미국에서는 저자만이 28년간 저작권을 보유할 수 있으며 그 이후에 저작권 갱신을 하도록 되어 있었고, 그렇지 않으면 그때부터 그 작품의 권리는 대중에게 공개되었다. 그 이후 저작권은 56년이 지나면 보호받을 방법이 없게 되었고 안타깝게도 많은 작가들이 저작권 보호 기간보다는 더 오래 살았다. 1978년에 이르러서야 미국은 유럽과 같이 작가의 권리가 보호될 수 있도록 저작권법을 개정하였다. 영국과 프랑스는 이미 훨씬 전에 작가의 일생 동안, 그리고 사후 70년간 저작권이 보호될 수 있도록 기간을 연장하였다.

[19] 원래 악극은 밴조 연주자, 가수, 무용수로 이루어진 그룹이 공연을 했는데 양끝에 흑인으로 분장한 광대 악사들이 있고 가운데에는 사회자가 앉아 있었다. 〈미스터 탬보〉 혹은 〈미스터 본즈〉를 부르면 광대 악사들이 때맞춰 등장해 노래나 춤을 곁들인 이야기나 수수께끼들을 들려주었다. 초기의 악극은 백인들만 공연을 했었는데 남부 지방에 공연을 다니면서 흑인들의 놀라운 유머 감각과 리듬, 노래, 춤의 진가를 알게 되었다. 아프리카 토착 무용 운동이 쟁걸음으로 발을 끌며 추는 셔플 춤으로 발전하였고 이것이 다시 징을 박지 않고 추는 탭 댄스 〈소프트 슈soft shoe〉로 발전하여 악극에서 널리 이용되기 시작했다. 나중에는 배우들이 얼굴을 시커멓게 칠하고 흰색 도란으로 입을 두껍게 바르는 지경에까지 이르렀다.(남북 전쟁이 끝나고 링컨이 노예 해방 선언을 하게 되자 흑인 배우들이 악극 공연단에 유입되기 시작했으나 통일된 분위기를 유지하기 위해 흑인 배우들도 입술에 도란을 바르고 검은 칠을 계속했다.) 되풀이되는 똑같은 농담이 지루해지기 시작하면서 악극은 20세기 초부터 인기를 잃게 되었고 아마추어들이나 재미로 공연을 하곤 했다. 1940년대가 되자 얼굴에 검은 칠을 한 공연은 흑인들에게나 백인들에게나 비난을 받게 되었다.

George M. Cohan을 제외하고 성공을 거둔 공연들은 모두 외국 작품이었다. 레하르의 「메리 위도우The Merry Widow」, 칼만의 「마리차 백작 부인Countess Maritza」, 오스카 슈트라우스의 「초콜릿 병정The Chocolate Soldier」은 어디에서나 공연되었다. 그러나 곧 다른 이름들이 이 오페레타의 계급에 합류하기 시작했다. 미국을 고향으로 삼고 1920년대까지 화려한 명성을 날렸던 아일랜드인 빅터 허버트가 바로 그중의 한 사람이다.

사실 이미 이때부터 오페레타는 새로운 세력들에 의해 위협을 받으며 무너지기 시작했다. 악극의 〈셔플shuffle〉 음악은 이미 재즈의 일종인 〈래그타임〉에게 자리를 내어 주었다. 긴 오페레타의 노래들은 32마디의 팝송으로 바뀌었고 12마디의 블루스가 시카고와 뉴올리언스로부터 상경했다. 오페레타의 변함 없는 주제였던 충성과 로맨스, 배경이 되었던 이국적인 나라들은 이제 너무 현실과 동떨어진 과장으로만 느껴지고 더 이상 환상적인 동경을 가져다주지 못했다. 사람들은 절박하게 춤을 추고 싶어 했다. 구식 왈츠가 아닌 새로운 래그타임 음악에 맞추어. 대부분의 여성 가수들이 아직도 소프라노나 지금은 〈레지legit〉라고 하는 고음으로 노래를 하고 있었지만, 중간음이나 저음의 가수들이 급격히 늘어났다. 보통의 자연스러운 음역에서 가슴 소리로(현대 연극에서는 벨트belt라고 한다) 노래를 했고 노래 가사에는 더 이상 〈님께서thou〉나 〈님의thy〉 같은 단어 대신에 쉽게 알아들을 수 있는 일상적인 말투가 쓰이게 되었다. 성량이 풍부한 테너가 필요할 때 남자 가수들은 메가폰을(더 이후에는 마이크를) 사용하게 되었다. 관객과 친밀한, 거의 성적으로 일체가 되는 분위기까지 만들어졌다. 어빙 벌린이 「알렉산더 래그타임 밴드」를 무대에 올리면서 거의 광적인 유행이 일어났고 덕분에 레뷔나 엑스트라버간자 같은 공연 양식들까지 모두 오페레타의 수준으로 격상되었다. 이 막강한 버라이어티쇼들이 뮤지컬 극장들을 점유하면서 미국의 1950년대를 향유했다.

1960년대에 들어서면서 오페레타가 록 비트로 무장하고 다시 몰려오기 시작했다 (특히 「오페라의 유령」, 「리틀 나이트 뮤직」, 「사랑의 모습Aspects of Love」과 같은 영국 작품들이 대성공을 거두었다). 수백만 달러의 투자가 한순간에 물거품이 될지도 모른다는 신작 제작의 위험성 때문에 이미 성공을 거두었던 옛날 작품들을 리바이벌하는 것이 통례가 되었다.

연출가이자 제작자인 윌리엄 해머스타인은 아직도 오페레타는 절대로 〈사라지지〉 않을 것이라고 믿는다. 그 옛날 레하르와 칼만이 왈츠와 마주르카로 그들 시대의 작품을 써냈듯이 현대의 작곡가와 작사가들은 록을 자신들의 음악 언어로 이용해 이 시대의 작품을 써내고 있다는 것이다.

뮤지컬 코미디

뮤지컬 연극 용어 중에서 〈뮤지컬 코미디〉는 가장 잘못 이해되고 있는 용어라고 할 수 있다. 오늘날 미국인들이 〈뮤지컬〉이라고 부르는 것이 이전의 〈뮤지컬 코미디〉인데 영국에서는 아직도 〈뮤지컬 코미디〉라고 하며 프랑스에서는 〈오페레타〉라고 한다. 사실 이 용어는 클리넥스가 화장지를 대표하는 말이 되었듯이 음악이 있는 공연에 대한 일반적인 통칭으로 사용되고 있으며, 나라마다 용어에 차이가 있다.

뮤지컬 코미디는 1866년 「블랙 크룩The Black Crook」이라는 공연에서 시작되었다고 알려져 있다. 이 공연은 다섯 시간 반에 걸친 대작으로 한 프랑스 발레단이 뉴욕 14번가의 음악 아카데미 극장을 대여해 놓고 돌아갈 배편도 예약해 두었는데 극장이 불타 버리자 오도 가도 못 하게 되어 버린 우연한 사건에 유래를 두고 있다. 발레단장은 근처의 대형 극장인 니블로 가든의 매니저인 윌리엄 휘틀리William Wheatley를 설득해, 거대한 숲을 무대 배경으로 하여 진흙 요정들이 대거 출연하는 작품에 프랑스 발레리나 전원이 출연할 수 있도록 주선했다. 휘틀리는 당시 멜로드라마 한 편을 연습 중이었는데 실패할 것 같은 예감이 들어 걱정하던 차였으므로 흔쾌히 노래 몇 곡을 덧붙이고 코미디와 무용을 곁들여 새 작품을 만드는 것을 수락했다. 이 공연은 세상을 떠들썩하게 만들었다. 5만 달러라는 어마어마한 제작비를 들이기는 했지만 1년이 넘게 공연이 계속되면서 화려한 웨딩송, 코미디와 무용이 엄청난 돈을 벌게 해준다는 것을 제작자들에게 일깨워 주었다.

뮤지컬 코미디의 주요 요소를 정의하자면 「블랙 크룩」의 시대와 크게 달라진 것이 없다. 지금까지도 뮤지컬 코미디는 가벼운 플롯과 노래와 춤이 어우러진 대사로 구성된 뮤지컬 연극임에 변함이 없다. 그러나 언어의 현대화가 필수가 되었고(「코네티컷 양키 Connecticut Yankee」같은 작품은 옛날 이야기를 다루었지만 이 작품에서도 현대성은 필수 조건이다. 유명한 히트송 〈다우 스웰 Thou Swell〉을 잘 들어 보라), 노래도 오페라 아리아 식의 고루함을 벗어나야 한다. 노래의 서정적인 메시지는 스토리를 앞서가 복선을 제공해야 하며, 「나의 단 하나뿐인 My One And Only」에서 〈원더풀 S'Wonderful〉과 같은 환상적인 노래처럼 순수한 재미와 함께 다양한 이야기를 전하는 확실한 시제가 있어야 한다. 춤은 이제 거의 부수적인 요소가 되었다.

뮤지컬 코미디의 최근 성공작을 들자면 「42번가」, 「바넘」, 「리틀 숍 오브 호러 Little Shop of Horrors」,[20] 「그들이 우리 노래를 연주해요 They're Playing our Song」 등을 꼽을 수 있다. 콜 포터가 만든 「애니싱 고우즈 Anything Goes」도 1989년 후반에 대서양을 횡단하며 큰 성공을 거두었다.

뮤지컬 연극

뮤지컬 연극 musical play[21]은 진지한 목적 의식을 가졌다는 점에서 뮤지컬 코미디와 구분된다. 뮤지컬 연극의 노래는 언제나 무대 상황을 앞서 가는 복선을 제공하며 인물의 성격을 드러내는 역할을 한다. 뮤지컬 연극의 춤은 「웨스트 사이드 스토리」의 〈럼블〉이나 〈체육관 춤〉처럼 보다 사실성을 지향하게 되었다.[22] 순수한 초기 뮤지컬 연극으로는 진지한 작가인 모스 하트 Moss Hart 작의 정신 분석극 「어둠 속의 여인」이 있다. 전쟁 전의 독일을 그린 「카바레」, 주인공의 죽음을 다룬 「라만차의 사나이 Man of La Mancha」, 살인이 일어나

---

[20] 한국 번역 명 「오드리」 — 역주.

[21] 일반적으로 뮤지컬 연극의 효시는 1941년 공연된 「어둠 속의 여인 Lady in the Dark」으로 여겨지고 있으나, 윌리엄 해머스타인은 최초의 뮤지컬 연극, 혹은 음악과 함께 공연된 연극으로 「뮤직 인 디 에어 Music in the Air」를 꼽는다.

[22] 1940년대 초부터 1960년대 초까지 20여 년간 아그네스 드 밀이 창안한 고전 무용극인 「오클라호마!」의 시작 부분은 거의 모든 뮤지컬의 2막에서 모방되었다. 이로 인해 극의 템포가 늘어지는 경우도 있었다. 다행히도 이 유행은 끝이 났다.

는 「웨스트 사이드 스토리」 등과 같이 뮤지컬 〈코미디〉라는 용어가 어울리지 않는 심각한 주제를 다룬 뮤지컬 연극들도 있고 「칼The Knife」처럼 성전환 수술이라는 심각한 현대 사회의 문제를 파헤친 작품도 있다.

또 다른 최근 뮤지컬 연극으로는 「올해의 여인Woman of the Year」, 「에비타」, 「우리는 즐겁게 간다」, 「나인Nine」, 「미치광이의 우리」, 「링크The Rink」, 「체스Chess」, 「빅 리버」, 「레미제라블」, 「숲속으로」, 「미스 사이공」, 「그랜드 호텔」, 「천사의 도시」, 「폴스토랜드Falsettoland」 등이 있다.

컨셉 뮤지컬

컨셉concept 뮤지컬은 뮤지컬 연극계의 새로운 식구이다. 시사적인 문제를 다룬 레뷔의 일종으로 대부분 심각한 주제를 담고 있다. 대개 플롯이 거의 없으며 아주 간단한 상황만을 가지고 있다. 이 장르의 첫 번째 작품 중 하나인 「컴퍼니Company」는 결혼을 탐구한 작품이다. 그러나 관객이나 이 연극을 만든 사람들이나 주인공 로버트가 마지막 장면에서 결국 결혼을 결심할 것인가에 대해서는 「캐츠」에 나오는 고양이들의 운명이 어떻게 될 것인가 하는 것보다도 더 관심을 두지 않는다. 이와 다른 예로 「코러스 라인」의 경우에는 등장인물들이 뮤지컬 공연의 배역을 따내려고 부단한 노력을 기울이는 문제에 대해서 관객들은 큰 관심을 보이며 배우들에게 무슨 일이 생길지 걱정하기도 한다. 이 작품도 역시 매우 단순한 줄거리로 구성되어 있으며 연출가와 별로 중요하지 않은 배역인 무용수와의 관계를 보여 주는 등 지엽적인 사건들이 많이 다루어진다.

최근 성공을 거둔 컨셉 뮤지컬로는 「1776」, 「스타라이트 익스프레스」, 「드림걸즈」, 「베이비」, 「암살자Assassins」, 「스텀프Stomp」, 「라이프The Life」 등이 있다.

오페라극

오페라는 서정 연극의 원형으로 뮤지컬과 함께 나란히 무대에 올려져 왔다. 「카르멘 존즈」(「카르멘」의 번안 각색)나 「마이 달링 아이다」(「아이다」의 번안 각색)와 같은 극처럼

오페라 극장보다는 브로드웨이나 웨스트 엔드의 무대에 더 잘 어울리는 공연들도 있었다. 그러나 성공을 거두었던 오페라극들은 단순한 번안 각색에 그치지 않고 심오한 감정을 내포한 연극성이 강한 대본과 이해하기 쉬운 음악으로 다시 써진 작품들이었다. 초기에는 크게 성공하지 못했지만 시대를 초월하는 오페라극의 역작은 역시 「포기와 베스 Porgy and Bess」이다. (거쉰은 이 작품을 소심하게 〈포크 오페라〉라고 불렀지만.) 잔 카를로 메노티 Gian Carlo Menotti나 벤저민 브리튼 Benjamin Britten의 오페라들은 브로드웨이에서 장기 공연을 기록하기도 했다. 오페라극은 노래에 중점을 두고 있고 오페라는 (록 콘서트처럼) 가수에 중점을 두고 있다고 구분을 해두면 헷갈리지 않을 것이다. 파바로티의 「사랑

** 「스타라이트 익스프레스 Starlight Express」(1984)

의 묘약L'Elisir d'Amore」이나 마리아 칼라스의 「루치아Lucia」가 바로 후자에 해당한다.

　　스티븐 손드하임은 오페라가 지루하다고 고백한다. 〈나는 인간의 목소리에 별로 열광하지 않습니다. 내가 뮤지컬을 좋아하는 것은 스토리와 그 스토리가 주는 긴장감 때문이죠. …… 오페라의 주안점은 순간을 포착해서 길게 늘이는 것입니다.《안녕하세요》라는 말을 집어내 한 5분 동안 계속 안녕하냐고 노래를 부르지요. 그러나 뮤지컬에서는《안녕하세요》하고 간단하게 인사하고 나서 그다음부터 스토리가 어떻게 전개될지 가슴 두근거리며 기대할 수 있지요.〉

　　제작자들은 아직까지도 〈뮤지컬 연극〉이라고 광고를 하지만, 오페라극은 이제 더 이상 대중들에게 친밀감을 주지 못한다. 요란한 선전의 목소리가 높아지고 제작 규모가 대형화되는 한 더욱 목이 터지도록 부르는 노래를 더 듣고 싶어 하는 청중이 존재하는 것 같다.

　　오페라극들은 일반적으로 뮤지컬 연극과 마찬가지로 진지한 주제를 가지고 있는데, 그러한 주제는 솔로보다는 듀엣이나 트리오, 혹은 화음이 어우러진 곡들을 통해 보다 쉽게 설명될 수 있다. 오페라극은 대개 무용이 매우 취약하다.[23] 거의 모든 경우 가수들이 전달하는 음악과 감정이 가사보다 더 강조되는 경향이 있다. 음악이 작가의 주 의도이기 때문에 음악을 가지고 〈승부하려는〉 경우가 더 많다. 한 노래에서 다음 노래로 넘어감으로써 대사가 아니라 노래로 말하는 배우의 부자연스러움을 관객들이 잊어버리게 만드는 것 같다. 그러나 이는 노래에서 노래로 이어지는 플롯의 연속선상에서 공허하게 들릴 위험성을 내재하고 있다.[24] 기술적인 문제이기는 하지만 꼭 밝혀 두고 싶은 점은 대부분의 오페라극들은 대사를 내포하고 있다는 점에서 사실 오페라 희극opéra comique에 가깝다고 할 수 있다.

---

[23] 비평가 마크 스타인은 〈말로써 다 표현하지 못하는 것은 자연스럽게 노래로 시도될 것이고 노래로도 안 되면 무용으로 표현하려 할 것이다〉라고 말함으로써 뮤지컬의 표현에 대한 흥미로운 전제를 제시했다.

[24] 비평가 프랭크 리치Frank Rich는 앤드루 로이드 웨버가 대본을 모두 노래로 연결하기 위해 최근 작품 「사랑의 모습들」에서 〈커피를 드시겠어요, 카푸치노를 드시겠어요?〉라는 대사까지 노래로 만들려고 애쓰는 데 대해 동정을 느낄 정도라고 했다.

공연 분류에 관한 노트

브로드웨이와 웨스트 엔드에서 모두 성공을 거둔 가장 활동적인 제작자이자 연출가인 할 프린스Hal Prince는 뮤지컬을 분류할 때 진부한 판단으로 오류를 범할 수 있음을 경고했다. 그는 다음과 같이 말했다. 〈죽은 것은 아무것도 없다. 북 뮤지컬Book Musical(책의 이야기를 소재로 만든 뮤지컬)은 온갖 양식을 한 덩어리로 만들었지만 컨셉 뮤지컬이라고는 할 수 없다. 사실 북 뮤지컬이란 용어는 아무런 의미도 가지고 있지 않다.〉

〈좀 더 분명히 말하자면, 연극계는 이전과 달리 다른 미디어들과 경쟁을 하는 시대에 이르렀다. 이제 손쉽게 만들 수 있는 뮤지컬을 거부하는 것이 이를 반영한다. 극장에서만 얻을 수 있는 것, 관객과 살아 있는 배우들 사이에서만 얻을 수 있는 것을 보여 주는, 인생보다 더 큰 흥분을 제공하는 작품들이 존재하는 것이다.〉

스티븐 손드하임 역시 명칭이 중요한 것이 아니라는 데 동의한다. 그는 〈연극에서 새롭고 색다른 것은 언제나 가능한 모든 양식을 다 시도하고 있게 마련이다. 이것이 작품을 훌륭하게 만드는 이유인 것이다〉라고 피력한다.

뮤지컬에 명칭을 붙이는 데 반대하는 스티븐 손드하임이나 할 프린스의 의견은 뮤지컬을 만들려고 하는 사람들에게 어떠한 형식이든 그것을 구현하는 데 융통성이 필요하다는 점을 확인시켜 준다. 어떤 형식을 만들 거냐고 누가 묻는다면 당신이 가장 노력을 기울이고 있는 형식을 하나 골라서 대답하라. 그러고 나면 너무 좁은 틀에 갇힌 글쓰기의 굴레로부터 당신을 해방시켜 주고 있는 이 책에 당신이 만든 그 새로운 명칭이 곧 삽입될 것이라는 걸 깨닫게 될 것이다. 당신이 시도하는 형식이 당신 뮤지컬에 적합하든 않든 언제나 창의적이려고 노력하라. 혹 기존의 형식을 사용하게 되었다면 그것에 모험적인 시도를 해보라. 순수한 오페레타, 순수한 엑스트라버간자, 순수한 레뷔 등은 어떤 면에서는 순수하겠지만 어떤 면에서는 실패작이 될 수도 있다.

❶ ——— 기본 훈련

대본 작가. 희곡과 대본의 차이점: 서론, 정직, 길이, 영역, 긴장, 감상, 절정, 대단원.
작사가: 대중 가요와 연극적 노래 간의 차이점에 대한 이해, AABA(대중 가요 형식), ABAC(공연곡 형식), 독창부 코러스 형식, 기타 형식, 자유 형식, 간주곡과 확장, 분석,
곡명, 언어, 각운, 피해야 할 것들. 작곡가: 형식, 형식의 변환, 자유 형식곡, 작업 방식,
악절의 길이, 음역, 대위 선율, 조 옮김, 연극성, 음폭의 간격, 단어의 억양.
관련 분야들. 연출가. 제작자. 세 명의 주요 작업자들을 위한 마지막 한마디

대본 작가

희곡과 대본의 차이점: 서론, 정직, 길이, 영역, 긴장, 감상, 절정, 대단원

작사가

대중 가요와 연극적인 노래 간의 차이점에 대한 이해, AABA(대중 가요 형식), ABAC(공연곡 형식), 독창부 코러스 형식, 기타 형식, 자유 형식, 간주곡과 확장, 분석, 곡명, 언어, 각운, 피해야 할 것들

작곡가

형식, 형식의 변화, 자유 형식곡, 작업 방식, 악절의 길이, 음역, 대위 선율, 조 옮김, 연극성, 음폭의 간격, 단어의 억양

관련 분야들

연출가

제작자

세 명의 주요 작업자들을 위한 마지막 한마디

뮤지컬을 만들기 전에 각 분야의 작업자들이 스스로에게 의문을 던져야 할 몇 가지 사항이 있다. 이 작품에 오랜 시간을 투자할 만큼 충분히 매력을 느끼고 있는가?[*1] 만약에 이 질문에 그렇다고 대답할 수 있다면, 다음 질문으로 넘어가야 할 것이다. 이 작품을 만들

[*1] 「그랜드 투어The Grand Tour」를 썼던 제리 허먼Jerry Herman은 이 작품이 1979년에 61회밖에 공연을 하지 않았지만 이 작품을 시작한 것부터가 실수였다고 말한다. 〈정말로 그것을 하고 싶은 생각은 없었다. 사랑스러운 작품이라고 생각은 했지만 내 취향이 아니었다. 나치 이야기로 시작하는 것은 도무지 제리 허먼과 어울리지 않았다. 단지 별달리 하고 싶은 작품을 찾을 수가 없어서 이 작품을 시작했는데 그것은 옳지 못한 이유였다……. 그것은 내 상상력을 펼친 작품 중에서 졸작에 속했다. 큰 히트를 할 만한 작품이 아니었다고 생각한다……. 그건 실수였다. 그렇지만 그 경험을 통해서 나는 정당치 못한 이유로 작품을 시작해서는 안 된다는 것을 배웠다.〉

자질을 갖추고 있는가?

　　모든 전문적인 기술 분야(여러 기술을 동시에 가진 사람들도 있지만)에는 필수적인 특정 기술을 계승한 사람들이 있다. 이 사람들에 대해서는 다음 장에 리스트를 만들어 놓았다. 만약 그런 전문가들을 알지 못하면서도(그런 사람들을 알아야 작품을 위해 고용할 수 있을 테니까) 계속해서 뮤지컬을 만들고 싶다면 먼저 밖으로 나가서 그 사람들을 찾아내야 할 것이다. 이것이 어떠한 공연을 만들기 전에 먼저 알아 두어야 할 사항이다. (대본 작가, 작사가, 작곡가, 이 세 명의 주요 작업자에 대한 개별 정보는 이 책 말미에 실린 자세한 〈참고 서적〉을 통해 찾아볼 수 있을 것이다.)

:: 대본 작가[2]

오늘날의 뮤지컬은 연극 학교에서 공부하는 잘 구성된 연극과는 큰 차이가 있다. 5막짜리 셰익스피어나 그보다는 짧지만 그 못지않게 복잡한 구성을 가진 왕정 복고 시대 코미디나, 입센, 오닐, 와일드, 윌리엄스Tennessee Williams, 카워드, 밀러Arthur Miller의 작품처럼 구성이 잘 짜여진 희곡들은, 현악 사중주가 쇼 리듬과 다르듯이, 현대 뮤지컬과는 커다란 차이를 보인다. 그러나 많은 유사성도 또한 가지고 있다. 현악 사중주를 잘 이해할수록 화려한 쇼의 선율도 잘 이해할 수 있다. 덧붙여 말하면, 위대한 고전 극작가들의 원칙들

---

[2] 이 책에서 나는 상당한 노력을 요구하는 복잡한 예술이라 할 수 있는 뮤지컬의 뼈대를 만드는 일을 하는 특별한 전문가를 지칭하기 위해서 〈음악극 대본 작가librettist〉라는 단어를 사용했다. 대본 작가들 대부분은 〈작가bookwriter〉라고 불리고 싶어 하지만 거기에 반대하는 사람들도 있다. 앨런 제이 러너는 여기에 대해 이렇게 이야기한다. 〈나는 음악극 대본 작가이다. 하지만 가끔 직업란에 내 직업을 써넣을 일이 생기면 절대로 음악극 대본 작가라고 쓰지 않는다. 희곡 작가 겸 작사가라고 기입한다. 내가 음악극 대본 작가라는 말을 싫어하는 이유 중의 하나는 뉴욕의 그 유명한 말 라프롭 여사의 일화에 기인한다. 몇 년 전에 누군가 그녀에게 전날 밤에 무엇을 하셨느냐고 묻자, 그녀는 《오페라를 봤어요》라고 대답했다. 무슨 오페라를 봤느냐고 묻자 그녀는 《대본Libretto》이라고 하는 이탈리아 작품인가 뭐 그랬어요》라고 대답했단다. 음악극 대본 작가라는 말은 언제나 나에게 오페라나 오페레타와 관련된 지성이 좀 모자라는 무명의 작가라는 인상을 준다. 그럼에도 불구하고 나는 역시……음악극 대본 작가이다.〉

을 파악한다면 고상한 뮤지컬을 위해 무엇이 필요한가도 더 잘 이해하게 될 것이다.

:: 희곡과 대본의 차이점

서론

일반 희곡의 저자들은 대개 1장을 등장인물을 소개하는 데 할애한다. 그러나, 뮤지컬에
서는 이러한 여유 만만한 태도는 금기 사항이다. 공연 시작부터 관객의 주의를 사로잡을
수 있어야 한다. 「회전목마」의 도입 부분에서 관객들은 캐리와 줄리, 빌리를 처음 만나면

**「레미제라블Les Misérables」(1980). 1985년 팰리스 극장 공연.

서(스노 씨에 대해 얘기하고 있을 때), 그들의 인생과 사랑과 바람들 속에 빠져 들게 된다. 수천 마디의 말보다 그림 한 장이 낫다는 말이 있듯이 뮤지컬 무대에 펼쳐지는 장면 (그 장면이 등장인물을 정확하게 그려 내 주기만 한다면)과 노래는 백만 마디 말보다 더 많은 것을 얘기해 준다. 로저스와 해머스타인의 이국적인 뮤지컬, 「왕과 나」에서도 안나의 대사와 노래를 통해 그녀가 어떤 여자인지를 금방 알 수 있다. 첫 번째 노래를 통해서 불안감을 이겨 내는 강인함을 보여 주고 왕에게 두 번씩이나 대드는 용감성을 보여 준다 (1막 마지막 부분과 2막 중간의 절정 부분에서). 손드하임의 「컴퍼니」에서도 첫 노래를 통해 주인공 바비와 친구들이 잘 소개되고 있으며 「레미제라블」의 장 발장의 성격도 〈아래를 봐 Look down!〉라는 첫 대사를 통해 명확하게 드러나고 있다.

정직

현대 연극, 특히 테네시 윌리엄스나 아서 밀러의 작품에서는 등장인물의 본모습이 처음 우리가 그들을 만났을 때 받았던 인상과는 사뭇 다르다. 관객들은 그들의 대사나 다른 인물들이 해주는 이야기들을 통해 차츰 그 인물들에게 거짓이 있음을 알아차리게 된다. 뮤지컬에서는 대개 주인공이 자기 자신에 대한 노래를 부르기 때문에 이런 식의 속임수는 거의 불가능하다. 도입부에서 보이는 인물의 성격이 바로 진실한 모습이 되어야 한다. 물론 거기에서 출발해 줄거리상의 여러 사건들을 거치면서 성격이 더욱 발전할 수는 있을 것이다. 그러나 뮤지컬 대본 작가는 인물의 본모습을 가리기 위한 거짓 단서를 제공해서는 안 되며, 노래 속에 인물의 본래 성격이 그대로 드러나도록 해야 한다.

　　위대한 뮤지컬 연출가 중의 한 사람인 레먼 엥겔Lehman Engel [3]은 여기에 대해 간단명료하게 설명한다. 〈일반 연극과 뮤지컬 사이의 커다란 차이점 중의 하나는……일반 연극에서 등장인물은 흔히 보이는 그대로가 아니지만, 뮤지컬의 인물들은 변함 없이 보이

[3] 레먼 엥겔(1909~1970)은 지난 반세기 동안 브로드웨이에서 가장 능력 있는 뮤지컬 지휘자였다. 사실 BMI 뮤지컬 워크숍의 인정 많은 대표로 더 많이 기억되고 있다. 이 워크숍은 이제 불야성을 이룬 뮤지컬계의 우수한 지도자들을 수없이 양성해 배출했다.

는 그대로의 모습이어야 한다.〉

길이

현대 서정극 분야에 있어서 뮤지컬이 가진 확실한 차이점은 공연이 2막으로 나뉘어져 있다는 것이다. 1977년 「라만차의 사나이」가 중간 휴식 *intermission*이 없는 1막 뮤지컬을 시도한 후 몇몇 다른 작품들도 시도는 했지만 도중하차하고 말았다. 극작가 조합의 이사인 데이비드 르바인은 「라만차의 사나이」도 사실 독창성을 위해 1막짜리 공연을 시도했던 것은 아니었다고 밝힌다.

원래 이 작품은 웨스트 4번가 쪽에 건축 중이던 뷰몽 극장이 다 지어질 때까지 임시로 극장가의 한 가건물에서 공연을 올렸다. 「라만차의 사나이」 공연은 원래 중간 휴식 시간이 있는 2막 공연이었는데 극장 내부가 너무 복잡하게 생겨서 사람들이 자기 자리로 돌아오는 데 시간이 너무 지체되어 11시 30분이 넘어서야 공연이 끝나곤 했다. 그래서 관객들을 11시 30분 이전에 다 내보낼 수 있도록 중간 휴식 시간을 없애기로 했던 것이다. 1~2년 후에는 비평가들이 중간 휴식 시간이 없는 뮤지컬의 선구자로서 또한 성공적인 선례로서 이 작품을 칭찬하기도 했지만…… 사실 선구라고 할 것도 없는…… 난센스에 불과한 것이었다. 중간 휴식 시간을 없앤 이유는 단지 11시 30분이 넘으면 지불해야 하는 초과 임대료를 아끼기 위해서였으니까!

간결함을 유지하기 위해서는 시와 마찬가지로 뮤지컬 대본에서도 모든 마디가 계산되어야 한다. 평균 뮤지컬 대본은 90페이지 정도인데(오스카 해머스타인은 75페이지를 넘어가면 안 된다고 주장했다), 이에 비해 일반 연극의 평균 길이는 이 두 배가 넘는다. 연극은 더 늘릴 수도 있지만 뮤지컬은 절대로 길어져선 안 된다.

그렇게 짧은 시간에 전체 줄거리를 어떻게 다 펼쳐 나갈 수 있는지에 대해서 아서 로렌츠(「웨스트 사이드 스토리」, 「집시」, 「누구나 휘파람은 불지요Anyone Can Whistle」, 「제가 왈츠를 듣고 있나요Do I Hear a Waltz?」의 대본 작가)는 〈한 줄 한 줄을 모두 계산해야 한다. 빨간 펜을 잘 사용하라. 빠르게 진행되도록 하라. 뮤지컬에는 잡담할 시간이 없다〉고 이야기한다. 또한 조셉 스타인Joseph Stein(「평범함과 화려함Plain and Fancy」, 「테이크 미 어롱Take Me Along」, 「지붕 위의 바이올린Fiddler on the Roof」의 대본 작가)은 〈전개가 빠르다고 느껴져서는 안 된다. 완벽하고 편안한 속도로 진행하되 최대로 경제적일 수 있어야 한다〉고 충고했다.

　　스티븐 손드하임은 이에 덧붙여서 다음과 같이 말했다. 〈좋은 뮤지컬 대본을 쓰기 위해서는 희곡에서 펼쳐지는 모든 사건을 그 절반의 시간 안에 모두 전개해야 한다. 물론 노래를 통해서도(작품에 잘 어울리는 곡이라면) 상당한 양의 내용과 풍성한 분위기가 전달될 것이다. 뮤지컬 사상 가장 플롯 구성이 잘된 작품 중의 하나로 손꼽히는 「웨스트 사이드 스토리」에서조차 아서 로렌츠가 사용한 총 단어 수는 매우 적었으며, 「폴리스」 다음으로 가장 대본 길이가 짧은 작품으로 기록되기도 했다.

　　「레미제라블」이나 「오페라의 유령」도 3시간이 넘게 공연되기는 하지만 사실 대본의 길이는 길지 않다. 노래와 무대 효과를 위해 많은 시간이 할애되었다. 하지만 연극 공연과 비교한다면, 특히 피카레스크(악한이 등장하는 모험 이야기) 연극이나 서사극과 비교한다면 이 두 작품의 길이도 매우 짧은 편에 속한다. 유진 오닐의 「신기한 막간극Strange Interlude」은 5시간짜리 공연이었고 디킨스Dickens의 「니콜라스 니클비Nicholas Nickleby」를 각색한 최근의 로열 셰익스피어 극단 공연은 6시간짜리 대작이었다. 이런 경우는 뮤지컬에서 상상도 할 수 없는 일이다.[4]

　　이 말이 창의성을 억누르는 너무 뻔한 소리로 들릴 수 있겠지만, 뮤지컬의 구성은 최적의 길이를 필요로 한다. 대부분의 뮤지컬 성공작들은 아무리 재미있는 공연이라도 몇 시간씩 앉아 있기에는 참을성이 부족한 현대 관객들의 성향을 파악하여 적절한 공연

---

[4] 영국에서는 짧은 단막극 공연이 극장주에게 호감을 주지 못한다. 대관료를 많이 받지 못하니까.

시간을 택했고, 그랬기에 성공을 거둘 수 있었다. 1막이 올라가면 1시간 15분가량이 흐른 후에 반드시 막이 내려와야 하고, 그때까지 줄거리상으로 부분적인 사건 해결이 이루어지되 결말은 아직 모호하게 숨겨져야 한다. 이것은 고전극의 3막이나 현대 연극의 2막의 막이 내려오는 순간에 해당한다고 할 수 있다. 15분간의 중간 휴식이 있은 후 2막이 45분에서 50분 정도 이어진다. 이렇게 해서 대부분의 뮤지컬 공연 시간은 2시간 45분 정도이다. 천문학적인 숫자의 입장료를 낸 관객들이 돈이 아깝다고는 생각하지 않을 만큼 충분한 시간이다. 하지만 안절부절못하는 참을성 없는 관객들에게는, 특히 뮤지컬 한 편 보러 가는 것을 〈저녁에 놀러 나가는〉 것쯤으로 생각하고 빨리 연극을 보고 나서 저녁 먹으러 가거나, 춤추러 가고 싶어 안달이 난 관객에게는 결코 짧지 않은 시간이다.

영역

등장인물 전체가 부르는 합창곡production number은 일반 연극에서 쓰이면 혼란만을 야기할 뿐이지만 이 덕분에 뮤지컬 공간은 영화의 영역만큼 개방적일 수 있다. 「나의 누이 아일린My Sister Eileen」이 「원더풀 타운Wonderful Town」이라는 제목으로 개작되었을 때 원작의 배경이 되었던 그리니치빌리지의 아파트 지하의 작은 월세방이라는 공간은 확장을 거듭했다. 오하이오의 갑갑한 생활에서 뛰쳐나온 루스와 아일린이 함께 살던 이 공간은 원래 3막 내내 변함 없이 작품 배경이 되는 유일한 공간이었다. 그러나 제롬 초도로프Jerome Chodorov와 조셉 필즈가 이 원작을 뮤지컬 대본으로 각색하면서 아파트 앞의 거리나, 편집자의 사무실, 지하철, 브루클린 해군 광장, 경찰서, 나이트클럽 등으로 공간을 확장시켜 나갔다. 이러한 확장이 일반 연극의 각색 작품과 뮤지컬 대본과의 주요한 차이점 중의 하나이다.

　　확장이란 작가의 원래 의도에 살을 붙여 나가는 단순한 것이 될 수도 있다. 앨런 러너가 프레데릭 로웨와 함께 버나드 쇼의 「피그말리온Pygmalion」을 1954년 각색하다가 〈이 작품은 뮤지컬로 만들 수가 없다〉고 결론지었다. 〈이 희곡의 원작을 손상하지 않고서 대규모 뮤지컬로 확장시킬 방법을 찾을 수가 없었습니다. 일단 작품에 손을 대고 나서 다시 한 번 훑어보다 보니…… 기가 막히더군요. 플롯이 하나도 확장되지를 않았더라고요. 그저 버나드 쇼가 무대 뒤에서 일어나게 했던 일을 무대 앞으로 끄집어 낸 것 이외에는 달라진 게 없더라니까요.〉

윌리엄 깁슨William Gibson 원작인 2인극 「시소의 두 사람Two For the Seesaw」을 마이클 베넷Michael Bennett이 약간 현란하고 발랄한 뮤지컬로 각색을 하면서 두 주인공의 친구들을 만들어 내어 등장인물도 늘리고 코러스 무용수들도 활용한 적이 있다. 물론 두 주인공이 전체 16곡 중에서 13곡을 부르기는 했지만 솔로곡이 합창곡으로 자연스럽게 이어지면서 앙상블을 이루어 내기도 했다. 이러한 방법으로 베넷은 작품에 친밀함을 구성하고 뮤지컬을 보러 가면서 기대하게 되는 움직임과 색상을 창조해 냈다. 원작 「시소의 두 사람」과 뮤지컬 「시소Seesaw」는 일반 연극의 각색과 뮤지컬 대본의 각색 사이의 주요 차이점이라 할 수 있는 확장의 기술을 습득하려는 뮤지컬 대본 작가들이 연구해 볼 만한 좋은 본보기이다.

긴장

매춘부 마농이 경찰에 쫓겨 급히 집으로 돌아와 헐떡이는 목소리로 노래를 부르면서 자기 보석들을 챙기기 시작하면 관객들은 의자 모서리로 나앉으면서 마음을 졸이기 시작한다. 이제 그녀가 감옥에 가게 될 것을 모두 알고 있기에 무대를 향해 〈빨리 거기서 도망쳐요!〉라고 소리치고 싶은 심정이 된다. 베르디의 오페라 「일 트로바토레」를 보면서도 같은 심정을 경험할 수 있다. 어머니가 장작불에 화형을 당하게 되었다는 사실을 알게 된 만리코는 그녀를 구하기 위해 달려가면서 5분 동안을 〈디 쿠엘라 피라Di Quella Pira〉를 노래하느라고 지체하게 된다. (간혹 테너가 한 번에 끝내지 않고 두 번까지 이 노래를 부르면 저러다가 어머니가 다 타서 재가 될 때쯤에야 도착하겠다는 생각도 든다.) 죽음을 맞는 것으로 끝이 날 것이 뻔한데도 카르멘이 투우장에서 투우를 보겠다고 남아 있는 경우도 마찬가지다.

오페라의 대본 작가들은 등장인물에 감정 이입을 유도하기 위해서 이러한 방법을 택했다. 관객의 마음이 바싹바싹 타 들어가 속으로 〈그러지 마〉, 〈서둘러〉, 〈거기에 가면 큰일 나〉라고 말하면서 조급해 하기를 원하는 것이다.

뮤지컬 대본 작가도 긴장감을 조성하고 싶다면 이렇게 영리해야 한다. 다음 행동이 지연되더라도 그것이 사실적이기만 하다면 노래를 삽입해 긴장을 늘이는 것은 문제가 되지 않는다. 가장 극적인 요소는 역시 관객으로부터 반응을 이끌어 내는 것이다.

「웨스트 사이드 스토리」의 마지막 장면에서도 토니가 치노를 쫓아다니면 관객들은 그를 말리고 싶어진다. 「카바레」에서 클리프가 나치와 싸움을 하려 할 때도 우리는 그 결과가 「오페라의 유령」에서 크리스틴이 거울 속으로 들어가는 것과 마찬가지로 끔찍할 것이라는 것을 알고 있다. 이러한 종류의 긴장은 주로 1막의 마지막에 가서야 생겨난다. 이는 영화에서 자동차 추격 장면이나 범인의 추격 장면을 이용해 관객들을 흥분하게 하는 절정 부분과 마찬가지이다.

이것과 성격이 다른 긴장도 있다. 전체 줄거리상에 흐르는 감정, 이는 잔인할 필요가 없다. 바로 코믹한 혹은 낭만적인 긴장감이 그것이다. 인물들이 민중 최대의 적과 함께 항해 중인 정기선에 갇히게 된다는 코믹한(좀 불충분하기는 하지만 그래도 꽤 긴장감이 넘친다) 설정이 「애니싱 고우즈」의 전체 플롯을 구성하고 있다. 「마이 페어 레이디 My Fair Lady」에서 일라이자를 과연 상류 사회의 일원으로 만들어 낼 수 있을까 하는 염려, 「헬로, 돌리」에서 돌리 레비가 과연 호러스 밴더겔더를 낚아챌 수 있을까 하는 기대감, 「판타스틱스」에서 그 남녀 주인공이 과연 아버지의 바람대로 서로 사랑하게 될까 하는 호기심. 이 모두 긍정적인 쪽으로 결말이 나지만 그렇다고 해서 긴장이 덜해지는 것은 아니다.

낭만적인 긴장은 강렬한 힘이 될 수도 있다. 「왕과 나」에서 왕에게 대항하는 안나의 대담함, 「남태평양」에서 넬리 포버쉬에게 매혹당한 에밀 드 베크의 연정, 「그녀는 나를 사랑해 She Loves Me」에서 보이는 조지와 아말리아의 애증 관계는 모두 긴장감을 조성하여 관객으로 하여금 이야기 속으로 푹 빠져 들게 만드는 요소들이다.

「마이 페어 레이디My Fair Lady」(1956). 로버트 쿠테, 줄리 앤드루스, 렉스 해리슨.
「남태평양South Pacific」(1949). 윌리엄 타버트와 베타 세인트 존.

감상

지나치게 감상적이지 않게 적절한 감상을 만들어 내는 것은 글쓰기에 있어 가장 어려운 부분이다. 관객들은 감동을 받아 눈물 흘리는 것을 즐기고, 모든 배우들은 자기의 주제곡이 발갛게 충혈된 눈으로 코를 훌쩍이는[5] 관객들로부터 우레와 같은 박수를 받으며 마지막을 장식하기를 꿈꾼다. 그러나 우선 어디서 감상을 끝내고 사랑을 시작해야 할지 결정해야 한다. 일반적으로 연극에서 감상sentiment이라고 하는 것은 단순한 남자와 여자 사이의 관계 이상이다. 사랑이나 러브송은 쉽게 진부해질 수 있지만 아버지와 자식 간의 감상, 나이가 훨씬 많은 연장자와 젊은이 사이나 서로 다른 세계의 사람들(「왕과 나」의 샴 왕과 안나처럼) 간의 감상은 훨씬 신선해서 지나치게 감상적이 되는 것을 막을 수가 있다.

　　「라만차의 사나이」의 마지막 장면은 위험스럽게도 진부한 감상으로 끝이 나지만 대본 작가인 데일 워서먼Dale Wasserman의 교묘한 구성은 관객들이 눈물을 흘리는 그 장면에 진실함이 배어 나오도록 함으로써 진정한 감정의 카타르시스를 가능하게 만들었다. 〈불가능한 꿈〉이 배경 음악으로 조용하게 울려 퍼지는 가운데, 〈나의 여인 둘시네아〉가 되어 버린 일개 하녀 알돈자는 죽어 가는 돈키호테 앞에서 당신의 영웅적인 이상을 버리지 말라고 애걸한다. 자신에게 용기와 영광을 불어넣어 주었던 몇 마디 말(리프라이즈reprise의 훌륭한 예이다)을 돈키호테에게 이렇게 다시 들려주면서. 〈하지만, 주인님, 당신이 말씀하셨잖아요…… 꿈은……불가능한 적과…… 싸우는…… 불가능한 꿈은…… 당신의 팔에 힘이 빠졌을 때…… 힘을 내어……〉 이것은 기술 용어로 〈인식 장면recognition scene〉이라고 알려져 있다. 이 인식은 사람에 대한 것이 될 수도 있고 이상이나 어떠한 개념에 대한 것이 될 수도 있다.

　　「파니Fanny」에서는 마리우스가 아들에게 느끼는 헌신적인 사랑이 훌륭한 감상으로 구성되어 있다. (이들 사이의 따뜻한 정은 아버지가 아들을 자신의 자식이라고 추호도

---

[5] 독설적이기로 이름이 난 영국의 한 배우가 동료에게 망신을 주기 위해 한마디를 했다고 하는데 이 말이 정말 일리가 있다. 〈무대 위에서 네가 좀 덜 울면 관객들이 훨씬 많이 울게 될 거야.〉

의심하지 않음으로써 더욱 진하게 느껴진다.) 「회전목마」에서는 빌리가 그의 딸을 다시 초청하자는 데 동의하는 순간 감동적인 장면이 연출된다. 「메임」에서 진정한 감상이 구현되는 순간은 〈마이 베스트 걸 *My Best Girl*〉을 부르는 순간이다. 메임 숙모가 절친한 친구인 베라 찰스의 연극 공연을 망쳐 버리고 절망에 빠져 있을 때 조카 패트릭은 이 노래를 숙모를 위해 불러 준다.[*6] 뮤지컬 대본 작가는 이런 종류의 감상을 러브송이나 에로틱한 혹은 강렬한 감정처럼, 역시 감동적이기는 하지만 전혀 다른 종류에 속하는 감정과 혼돈해서는 안 될 것이다.

절정

전문적인 뮤지컬 대본 작가들은 흔히 뮤지컬이 두 번에 걸쳐 절정으로 치달아야 한다고 사뭇 차갑게 공식적으로 이야기하곤 한다. 먼저 1막의 3분의 2 지점에서 절정이 한 번 있어야 하고 다음에 2막의 중간 지점, 〈밤 11시 정각의 노래〉[*7]에서 다시 한 번 절정에 다다라야 한다고 한다.

대단원

〈잘 짜여진 연극〉을 선호하는 연극 학교 방침에 따르자면 공연의 마지막 부분에선 액션이 점차 줄어들어야 한다. 이것이 전문적인 용어로는 바로 대단원 *falling down(dénouement)* 이다. 본질적으로 이는 현실로의 예술적인 귀환으로 시작한다. 교향악의 종결부와 유사

[*6] 대본 작가인 제리 로렌스Jerry Lawrence와 로버트 리Robert Lee, 작곡가 제리 허먼은 이 작품에서 메임 숙모의 진실한 감상은 연극적 기교의 하나인 서브텍스트(글 뒤에 숨은 의미)에 의해 가능해질 수 있다는 것을 깨달았다. 그 숨은 의미로 인해 메임 숙모가 〈우리에겐 작은 크리스마스가 필요해요〉를 부를 때 관객이 눈물을 자아내게 되는 것이다.

[*7] 〈밤 11시 정각의 노래〉는 8시 30분에 공연이 시작하던 시절의 유산이다. 뮤지컬의 1막이 당시에는 지금보다 좀 더 길어서 10시 즈음하여 끝나고 20분간의 중간 휴식이 있은 후 관객들이 다시 2막을 보기 시작했다. 그래서 플롯상의 절정은 가능하면 11시쯤에 맞추어 전개되도록 의도했다. 요즘은 공연 시간도 많이 바뀌었고 공식도 깨져 버렸지만, 옛 전통이 가졌던 지혜로움이 가끔 보이기도 한다. 〈밤 11시 정각의 노래〉에 대해서는 〈대본 쓰기〉 장에서 더 본격적으로 설명할 것이다.

한 마무리라고 할 수 있다. 뮤지컬의 종결곡도 이제까지 진행된 주제를 긴장감 넘치게 한데 모을 수 있어야 하는 것은 분명하지만 사실 대단원은 고대 그리스나 로마 연극의 이상을 선호하는 일반 연극의 요소이다. 관객들이 있는 그대로의 세상을 대면하기에 앞서 땅에 발을 딛게 하기 위해서 이 단계가 요구되며 때로 메시지나 도덕적 교훈을 위한 여백이 되기도 한다. 오늘날에 와서는 말하기 좋아하는(대사가 많아지니까) 현대 작가들이 계속 사용하고는 있지만, 뮤지컬에서는 대단원을 위한 자리가 없다. 간혹 관객들이 신발을 찾아 신거나 잃어버린 장갑 한 짝을 찾는 시간이 되어 주기는 한다. 그러나 사실 결론을 이끌어 내는 동안에는 전혀 반대의 것이 필요하다. 속도감을 계속 지키면서 아무리 우아하고 여유 있는 뮤지컬이라 하더라도 막이 내리는 강렬한 목표에 이르기 위해 질주를 계속해야 하는 것이다.

:: 작사가

대중 가요와 연극적 노래 간의 차이점에 대한 이해

옛날에는 대중 가요와 공연 노래가 같은 길을 걸어왔다. 요즘의 가요 〈톱 40〉에 해당한다고 할 수 있는 1930~1940년대의 〈히트곡 퍼레이드〉에 담긴 노래들은 모두 극장에서 처음 불려지기 시작한 것들이다. 그러나 마이크 기술의 도래와 리듬 앤 블루스와 록 음악의 부활(이 둘은 모두 연극적인 노래에서는 금기시되는 적나라한 감정과 반복, 리듬이 만들어 내는 강렬한 힘을 가지고 있다)로 인해, 부분적으로는 극의 흐름에 맞게 잘 짜맞추어야만 하는 뮤지컬의 특성 때문에 두 길이 갈라지기 시작했다.

지금에 이르기까지 30년 동안 그 골은 더욱 깊어져 1990년대를 지나면서는 더 이상 차이를 만회할 수 없는 지경에 이른 것 같다. 육중한 음의 증폭*amplification*으로 인해 앨범 재킷에 가사를 써주지 않는 한 무슨 소린지 알아들을 수 없게 되었고 이로 인해 하드록의 가사는 더욱 강렬해지고 단순해진 진부한 문구로 가득 차게 되었다. 아직도 젊은이들은 하드록을 들으며 자라고 있지만, 이런 음악이 극장에 발을 들여놓기는 힘들게 되었다. 그러나 많은 프로 연극인들이 연극은 공동 작업을 필요로 하는 것이며 연극을 위한 노래는 공연과 배우들에게 적합한 것이어야 한다는 사실을 망각한 채 하드록을 연극에 응용해서 성공을 거둘 수 있을 것이라고 착각한다. 현재 로저스 해머스타인 재단의 이사인 시어도어 채핀Theodore Chapin은 「폴리스」의 제작팀에 참여했던 때를 회상하며 이렇게 이야기한다.

스티븐 손드하임이 〈나는 아직도 여기에 *I'm Still Here*〉라는 곡을 쓴 것은 이본 드 카를로Yvonne De Carlo가 먼저 만들었던 노래를 소화해 내지 못했기 때문이었다. 손드하임은 매우 눈치가 빨라서 이본이라는 배우 자신이 연기하는 인물이 하나의 인간이라는 사실을 절대로 이해할 수 없다는 점을 간파했다. 그래서 그는 이본 드 카를로가 실제로 겪었던 일에 대한 노래를 만들어 냈던 것이다. 이와 마찬가지로 그는 긴 악절을 소화하지 못하는 글리니스 존스Glynis Johns를 위해 〈센드 인 더 클라운즈 *Send In the Clowns*〉라는 곡을 만들었다. 이 곡은 짧은 악절들이 계속해서 이어져 있는 것이었다.

폴 매카트니나 랜디 뉴먼Randy Newman이 뮤지컬을 써야 한다고 말하는 사람들은 연극적인 노래를 만든다는 것이 고치고, 다듬고, 쓰고, 오려 내고 다시 처음부터 다시 시작하는 데 얼마나 많은 시간과 노력을 필요로 하는 것인지를 모르는 사람들이다. 내가 함께 일한 연출가 중에 폴 사이먼의 뮤지컬 테이프를 가지고 있는 사람이 있었다. 글쎄, 폴 사이먼은 뮤지컬을 쓰고 싶다고 했다지만, 내 생각엔 그 사람은 뮤지컬의 과정이 어떤 것이라는 걸 이해하고 있지 못하는 것 같다.

폴 사이먼은 정말 훌륭한 가수이다. 하지만 그 사람은 내 눈에도 마크 스타인의 눈에도 성공적인 뮤지컬을 만들 사람으로는 보이지 않는 것 같다. 스타인은 다음과 같이 덧붙인다.

폴 사이먼의 가사는 너무 어려워서 한참을 생각하게 만든다. 한번은 내가 그의 노래 중에 〈방황하는 유대인 하나와 반이……〉라고 시작하는 노래에 대해 물어본 적이 있다. 사이먼은 〈아, 그거는요, 제가 유대인이고 제 아내 캐리 피셔가 반유대인이거든요. 장인 어른이 에디 피셔고 장모님은 데비 레이놀즈예요……〉라고 대답했다. 이제 여러분은 폴 사이먼이 만든 뮤지컬을 보러 가게 될 경우 아침 11시쯤에 극장에 미리 가서 프로그램에 설명된 주석을 열심히 공부해야만 할 것이라는 걸 깨닫게 되었을 것이다.

노래 가사가 젊은이들에게는 별로 중요한 의미가 되지 못하는 것은 그들이 마이크와 앰프, 변조된 음을 들으면서 자란 세대이기 때문이다. 그들은 레코드 재킷에 써진 가사를 뒤적거리곤 하는데 대부분이 알아들을 수 없는 소리이기 때문이다. 소리를 놓고 두 패가 전쟁을 벌인다. 그 전쟁은 1960년대 이후 마이크가 뮤지컬에 사용되기 시작하면서부터 시작되었다. 아직도 남아 있는 옛 뮤지컬 팬들은 앰프가 사용되지 않던 시절에 배우가 노래하는 것이 3층 좌석 맨 끝에서도 토씨 하나까지 다 들렸었다고 증언하고 있다. 그때는 가수와 관객 사이에 아무런 장애물도 없는 친밀감이 존재하던 시절이었다. 1989년 맨디 패틴킨은 브로드웨이의 헬렌 헤이스 극장에 올렸던 「편한 옷차림의 콘서트에서」라는 일인극에서 마이크를 사용하지 않고 공연을 함으로써 옛날의 그 친밀감을 되찾아 보려 했었다. 이에 대해 루더 헨더슨은 〈맨디의 공연 같은 소규모 공연은 예외지요. 그는 엄청난 에너지와 개성을 쏟아 내면서 간격을 메우려고 노력했지만, 관객들은 일반적으로 스피커를 통해 나오는 소리에 이미 익숙해져 있어서 소리가 들리지 않으면 작품의 메시지를 느끼지 못하는 것 같아요〉라고 이야기한다. 이에 대한 화해로서 세미 록의 접근도 몇 작품 속에서 보인다. 이러한 시도는 주로 앤드루 로이드 웨버의 작품을 통해 시작되었다. 레코드판으로 먼저 뮤지컬이 출시되고 그 후 CD로 제작한 다음, 대부분 젊은 층으로 구성된 대규모 관객들을 극장으로 끌어들였는데, 이 공연은 이미 노래를 많이 들었던 팬들이 록 스타들의 노래를 다시 듣기 위해 스타디움에 몰려오는 것과 유사했다. 록 콘서트는 조명과 관객의 참여로 흥분을 자아낸다. 흔히 말하는 〈록 오페라〉는 화려한 무대와 의상을 통해 같은 효과를 이끌어 낸다고 할 수 있다.

　　록 오페라든 레뷔든 오페레타든 간에 훌륭한 연출가와 함께 더 자유로워지고 더 잘 이해되는 것이 아니라 연극적 가사들이 수세기 동안을 거쳐 온 〈양식〉을 겨우 유지하고 있을 뿐이다. 그러나 대본과 자연스럽게 섞여 들어야 하고 대본에 기초해야 하는 뮤지컬의 가사는 그 중요성이 계속 증대되고 있으며, 이제 대중들은 더 이상 고풍스런 언어와 케케묵은 리듬으로 치장한 아름다운 선율을 받아들이려고 하지 않는다. 비용이 무서울 정도로 증가하고 있고 제작자들은 아마추어 티가 나는 작품은 무대에 올리기를 거부한다. 뮤지컬을 쓰려고 하는 작사가라면 먼저 다음 필수 사항들에 통달하는 것이 좋을 것이다. 연극적인 노래는 일반적으로 지금부터 설명할 세 가지 형태로 나눌 수 있다. 흥미진진한 뮤지컬이라면 이 세 가지 양식을 다양하게 활용할 것이며 거기에 더욱 자유롭고 창조적인 양식을 하나쯤 더할 수도 있어야 할 것이다.

AABA(대중 가요 형식)

이것이 요즘 뮤지컬에 사용되는 가장 강하고 일반적인 형식이다. 1930년대까지는 이것이 실제로 사용되는 유일한 형식이었다. AABA 형식은 일반적으로 32마디[8]의 코러스[9]로 이루어지며 각 8마디가 한 악절로 나누어진다. 컨과 해머스타인의 〈그 남자를 사랑할 수밖에 *Can't Help Lovin' dat Man*〉(「사랑의 유람선」, 1927)와 웨버와 라이스Tim Rice의 〈나는 그

---

[8] 노래의 마디를 셀 때 미국에서 가장 일반적으로 사용하는 용어는 〈Bar〉이며 영국에서는 〈Measure〉라고 한다.

[9] AABA 형식의 코러스는(ABAC 형식의 연극적인 노래는 다음에 이야기될 것이다) 대개 독창부*verse* 직전에 사용된다. 이 독창부는 일단 분위기를 고정시킨 후에는 다시 불려지지 않으며, 이어지는 코러스 부분이 시작되면 반복되지 않는다. 초기 오페레타에서는 이 독창 부분이 매우 길어서 성가시기까지 했으나 거쉰 형제나 로저스와 하트가 전성기를 맞이할 즈음에 와서는 독창부가 10행 정도로 짧아졌고(4행짜리 2연*stanza*과 2행 연구*couplet* 하나가 가장 흔히 사용된다) 지난 50여 년 동안 많이 변화했다. 헷갈릴지도 모르지만 이 반복되지 않는 독창부와 코러스 독창부*verse-chorus song*의 독창부를 혼동하지 말기 바란다. 전자의 독창부는(매우 신경 써서 작곡해야 하지만) 단순한 도입부로써 대사에서 노래로 바뀌는 부분에 필요하며 후자는 노래의 한 부분이다.

를 어떻게 사랑해야 할지 몰라*I don't Know How to Love Him*〉(「지저스 크라이스트 슈퍼스타」, 1971)를 잘 비교해서 들어 보면 이 두 양식이 다르지만(후자의 곡에서는 각 악절이 8마디를 훨씬 넘는다), 그 둘 모두 한 남자에게 온 마음을 다 바치는 여자의 마음을 노래하고 있으며 시대적으로 반세기라는 차이에도 불구하고 같은 형식을 사용하고 있음을 알 수 있다. 이 두 곡 모두 주제 선율이 하나이고 그 주제가 반복되었다가 대비되는 새로운 주제 선율(브리지 *bridge* 혹은 릴리즈*release*라고도 한다)로 넘어가고 다시 첫 번째 주제로 되돌아간다.

　　이것은 우연이 아니다. 이 형식을 사용하는 것은 이것이 가장 강렬한 예술적 기본 형식 중의 하나임을 재확인시켜 주기 때문이다. 매우 효과적이며 기본적인 형식으로 미술, 조각, 문학에까지 널리 사용되고 있다. 즉, (A)강한 주제 제시, (A)반복, (B)새로운 주제를 이용한 대비, (A)원래 주제로의 복귀. 실제로 수천 곡의 노래들이, 쇼 음악, 팝송, 재즈, 록을 막론하고 이 형식으로 써져 왔다. 그러나 현대 뮤지컬에서 현재까지 탁월한 작곡가로 활동하고 있는 손드하임과 웨버의 경우에는 이 형식을 별로 선호하지 않는다는 점을 덧붙이고 싶다. 그럼에도 불구하고 아래에 적은 뮤지컬 노래들은 이 기본 형식을 선택한 작사가들이 이 형식을 통해 얼마나 굉장한 위력을 발휘했는지 잘 보여 준다.

- Ol' Man River, 「Show Boat」
- Wouldn't Be Luverly?, 「My Fair Lady」
- Lover, Come Back to Me, 「New Moon」
- The Sound of Music, 「The Sound of Music」
- Tomorrow, 「Annie」
- What I Did For Love, 「A Chorus Line」
- Memory, 「Cats」
- On the Sunny Side of the Street, 「The International Revue」
- So In Love, 「Kiss Me, Kate」

- What Did I have That I Don't Have?, 「On a Clear Day」
- Some Enchanted Evening, 「South Pacific」
- Strike Up the Band, 「Strike Up the Band」
- I Could Have Danced All Night, 「My Fair Lady」
- If Love Were All, 「Bitter Sweet」
- Bewitched, 「Pal Joey」
- If Ever I Would Leave You, 「Camelot」
- The Lady is a Tramp, 「Girl Crazy」
- Get Me to the Church on Time, 「My Fair Lady」
- The Best of Times, 「La Cage Aux Folles」
- Being Alive, 「Company」
- The Man I Love, 「Strike up the Band」
- Think of Me, 「The Phantom of the Opera」
- The Point of No Return, 「The Phantom of the Opera」

ABAC(공연곡 형식)

이것은 전형적인 공연곡 *show tune* 형식이다. 이 역시 32마디를 채택하긴 했지만 이 형식은 상당한 힘을 가지고 있으며 AABA 형식보다 좀 더 세련된 형식이라고 할 수 있다. 마지막 악절이 절정을 만들면서 더욱 강도 높은 긴장을 만들어 낸다. 이 형식의 노래들은 대개 〈반으로 쪼개져〉 자연스럽게 16마디씩으로 나눌 수 있다. 이 형식에 해당하는 뮤지컬 곡도 수천 곡에 달하지만 여기에는 몇 가지의 예만 들어 보았다.

- But Not For Me, 「Girl Crazy」
- If They Could See Me Now, 「Sweet Charity」
- Come Rain or Come Shine, 「St. Louis Woman」

- I Love a Piano, 「Stop! Look! Listen!」
- Here's That Rainy Day, 「Carnival in Flanders」
- Limehouse Blues, 「Charlot's Revue」
- Hey, Look Me Over, 「Wildcat」
- Hello, Dolly, 「Hello, Dolly」
- I Still Get Jealous, 「High Button Shoes」
- Getting To Know You, 「The King and I」
- I'll See You Again, 「Bitter Sweet」
- Someday I'll Find You, 「Private Lives」
- Rock-a-Bye Your Baby, 「Sinbad」
- Autumn in New York, 「Thumbs Up」
- Bill, 「Show Boat」

독창부 코러스 형식

이 형식은 연극에서 가장 많이 사용되는 형식이다. 짧은 코러스나 후렴구가 자주 끼어드는 이야기를 전달하는 데 적절하다. 이 독창부는(흔히들 리스트 송 *list song*이라고 한다) 대개 8행으로 이루어지는데 매번 거의 똑같이 반복되는(반복될 때마다 핵심 부분 몇 마디 가사는 바뀌는 경우가 많다) 코러스 부분은 4행을 넘어서는 안 된다. 내가 좋아하는 곡들을 아래에 적어 보았다. 이 곡들을 분석해 보면 명확히 이해가 될 것이다. 제목만 슬쩍 보아도 알겠지만 이 형태가 코미디 송으로는 최선의 선택이다.

- A Little Tin Box, 「Fiorello」
- Dear Officer Krupke, 「West Side Story」
- Meeskite, 「Cabaret」
- Friendship, 「Dubarry Was a Lady」

- I Get Carried Away, 「On The Town」

- Where is the Life That Late I Led, 「Kiss Me Kate」

- The Ballad of Jennie, 「Lady in the Dark」

- Look to the Rainbow, 「Brigadoon」

- Sue Me, 「Guys and Dolls」

- There is Nothing Like a Dame, 「South Pacific」

- With a Little Bit of Luck, 「My Fair Lady」

- Wishing You Were Somehow Here Again, 「Phantom of the Opera」

기타 형식

형식은 감옥이 아니다. 형식은 통일성과 균형을 창조하기 위해 작곡, 작사가가 사용하는 하나의 도구일 뿐이다. 서정적인 아이디어는 그 경계를 뛰어넘어야 할 때도 있고 날카롭게 압축되어야 할 때도 있다. 스티븐 손드하임의 〈센드 인 더 클라운즈〉는 「리틀 나이트 뮤직 Little Night Music」에서 말 많은 데지레가 부르게 되면서 AABA 형식에서 감당할 수 있는 것보다 훨씬 말이 많아졌다. 결국 작곡 작사가는 A부분을 하나 더 붙여서 무대에서 공연되는 노래는 거의 슈베르트 식에 가까운 AABAA 형식[10]이 되었다. 캔더와 에브의 〈빌콤멘 Willkommen〉은 AABA 형식을 압축한 ABA 형식으로 만들어지기도 했다. 이 삼각 구도 형식은 그 나이트클럽 신에 소개된 이래 「카바레」 첫 부분에서 난봉꾼 사회자가 부르는 노래에도 적용되었는데 더 축약되면 더욱 이용하기 쉬운 형식이 될 것이다. ABA 형식은 거쉰 형제의 「걸 크레이지」에서도 잘 활용되어 〈나의 시대를 기다리며 Bidin' My Time〉에

---

[10] 「가스펠」, 「피핀」, 「매직 쇼」를 작곡, 작사한 스티븐 슈워츠는 완성된 음악이 작사가에게 제약을 줄 수도 있다고 경고했다. 〈나는 언제나 가능한 한 가사의 아이디어를 최대한으로 뽑아 냅니다. 음악은 가사보다 훨씬 쉽다고 생각합니다. 가사는 기술적인 것이며 음악은 어떠한 상황이나 특별한 감정에 대한 정서적 반응이기 때문입니다. 그래서 나는 가사를 먼저 씁니다. 가사를 가능한 한 다양하게 써두는 것이 중요합니다. 음악은 한 번 써지고 나면 그것이 끝이니까요. 그 형식에 갇히게 되고 맙니다.〉

서 느릿느릿하고 인습을 타파하는 분위기를 창조해 내었다. 「스위니 토드Sweeney Todd」에서는 토비가 조심스런 대담성을 가지고 로벳 부인에게 같은 형식의 노래인 〈내가 없는 동안에 Not While I'm Around〉를 불러 주었다.

자유 형식

많은 초보자들이 자유 형식은 아무 제약이 없을 거라고, 작사 작곡가는 원하는 것은 무엇이든 시도할 수 있는 자유를 가지고 있다고 생각하기 쉽다. 그러나 자유 형식은 A나 B 악절을 버릴 수는 있겠지만 그러기 위해서는 멜로디의 동기를 사용함에 있어서 다른 대안이 반드시 있어야 한다.

스티븐 손드하임의 후기 뮤지컬은 자유 형식을 여러 가지로 확장하여 이용하였다. 그 중에 「퍼시픽 오버처Pacific Overtures」와 「숲속으로」를 분석해 보는 것이 좋을 것 같다. 이 두 작품에는 모두 윤곽이 뚜렷한 탁월한 자유 형식의 노래가 두 곡씩 들어 있다. 전자에는 〈나무 위의 누군가Someone In A Tree〉와 〈귀여운 여인 Pretty Lady〉이 있고 후자에는 〈혼자가 아니에요No One Is Alone〉와 〈더 이상은No More〉이 들어 있다. 각 노래는 모두 하나의 기본적인 멜로디를 놀랍도록 다양한 형태로 변형시켜 각각 잊을 수 없는 독특한 면을 갖게 되었다. 자유 형식의 기술은 클래식이나 교향곡 형식과 가깝다고 할 수 있다(교향곡의 〈전개〉 부분은 한 개나 두 개의 모티프를 이용한다). 한편으로는 하나의 주 멜로디나 베이스 선율로 반복을 통해 절정에 도달하는 효과를 주는 하드 록과도 유사하다고 할 수 있겠다.[11]

간주곡과 확장

연극 작사가들에게 크게 사랑받는 독창부의 전주 부분과 마찬가지로 간주곡도 작품에 보다 잘 어울리는 노래를 제공하기 위해 삽입되곤 한다. 세심하게 잘 다듬어진 뮤지컬을 만

---

[11] 곡을 쓸 때는 한 편의 뮤지컬에서 자유 형식의 노래가 두세 곡을 넘어가면 작품이 난잡하게 된다는 점에 주의해야 한다.

들어 내기 위해서 작곡가들이 제안을 하는 경우도 많다. 확장은 절정을 하나 더 만들어 내기 위한 방책으로 자주 쓰이는데 발라드나 전체 합창곡에 자주 사용하는 기법이다. 형식을 분석하면서 잊지 말아야 할 것은 확장도 간주곡도 노래의 기본적인 형식에 영향을 미치지 않아야 한다는 사실이다.

분석

뮤지컬에 사용되는 다양한 형식들을 분류하기 위해 다음 두 편의 고전과 한 편의 현대 뮤지컬을 분석하였다.[12]

「마이 페어 레이디」(앨런 제이 러너, 프레데릭 로웨 음악)

- Why Can't The English   (자유 형식)
- Wouldn't It Be Luverly   (AABA)
- I'm an Ordinary Man   (독창부 코러스)
- With a Little Bit of Luck   (독창부 코러스)
- Just You Wait   (AABA)
- The Rain In Spain   (자유 형식 독창부; 자유 형식 코러스)
- I Could Have Danced All Night   (전주 독창부; 코러스 AABA)
- On the Street Where You Live   (AABA)
- Ascot Gavotte   (AABCAA–클래식 가보트)

[12] 거슈윈이나 컨, 카워드, 하트, 알렌, 해머스타인 등과 마찬가지로 러너와 로웨도 AABA 형식을 절대적으로 많이 사용했다. 캔더와 에브, 제리 허먼, 애덤스Lee Adams, 스트라우즈, 존스Johns, 슈미트Schmidt 등 더 젊고 흥행 위주인 작곡, 작사가들은 일반적으로 ABAC 형식으로 구성된 공연 선율을 많이 사용했다. 형식의 대가라고 할 수 있는 콜 포터는 손드하임의 초기 작품에서와 마찬가지로 반반씩 사용했다. 더 이후의 작품들은 자유 형식을 사용하는 일이 더 많았다. 대중 가요에서나 뮤지컬에서나 록은 원래 독창부 코러스 형식을 취하며, 아마도 이 때문에 대부분의 앤드루 로이드 웨버의 작품들이 아직도 계속 그 형식을 취하고 있는 것일 게다.

• You Did It	(자유 형식)
• Show Me	(전주 독창부, 코러스 AABA)
• Get Me to the Church	(AABA와 확장)
• A Hymn to Him	(자유 형식)
• Without You	(AABA)
• I've Grown Accustomed to Her Face	(ABAC와 간주곡)

「카바레」(존 캔더, 프레드 에브 음악)

• Willkommen	(ABA)
• So What	(독창부 코러스)
• Don't Tell Mama	(전주 독창부, 코러스 AABA)
• Telephone Song	(독창부 코러스)
• Perfectly Marvellous	(ABAC)
• Two Ladies	(독창부 코러스)
• Pineapple Song	(AABA)
• Tomorrow Belongs to Me	(4행 성가 스탄자)
• Married	(AABA)
• Meeskite	(독창부 코러스)
• If You Could See Her	(ABAC)
• What Would You Do?	(독창부 코러스)
• Cabaret	(AABA : 간주곡과 확장)

「오페라의 유령」(앤드루 로이드 웨버, 찰스 하트, 리처드 스틸고 음악)

• Think of Me	(AABA)
• Angel of Music	(AABB)

- The Phantom of the Opera   (AABC)
- The Music of the Night   (AABC)
- Prima Donna   (ABAC)
- All I Ask of You   (독창부: AA; 코러스: ABAC와 확장)
- Masquerade   (자유 형식)
- Wishing You Were Somehow
  Here Again   (독창부: AA; 코러스: AABC)
- The Point of No Return   (AABA)

곡명

뮤지컬 곡의 제목은 많은 것을 이야기해 줄 수 있어야 한다. 그래야만 작사가에게나 작곡가에게나 다 수수께끼처럼 들리는 일을 막을 수 있다. 〈마법에 걸려 괴롭고 미치겠다 *Bewitched, Bothered and Bewildered*〉처럼 긴 제목을 생각해 냈다면 요즘 취향에 너무 지루하고 길다는 것을 금방 깨달을 수 있다. 그러나 이런 제목들이 과거에는 필요했었고, 아직도 어느 정도까지는 필요하다. 〈마법에 걸려……〉 같은 경우는 「팔 조이」에서 여섯 명의 코러스가 부르는 명랑한 코미디 송으로 만들어졌는데 이 긴 제목은 관객들에게 웃음을 제공하여 다음 구절의 농담을 쉽게 받아들이게 하기 위해 던져진 〈화두〉였다.[13] 웃음이 언제 나올지 작곡가들은 잘 모르는 경우가 많지만, 연출가나 작사가는 웃음이 터지는 순간을 점칠 수 있다. 작곡가들은 「집시」에서 줄 스타인이 그랬던 것처럼 가사에 맞추어 작업을 해야 한다. 스티븐 손드하임은 무시무시한 연극적 감각으로 간주곡 *bridge* 다음에 바로

---

[13] 제목이 너무 길면 지루한 느낌을 준다. 너무 흔하거나 별로 웃기지도 않은 농담을 사용하면 웃음을 유발할 수가 없다. 캔더와 에브의 「링크」에 나오는 〈사과가 나무에서 그리 멀지 않은 곳에 떨어졌어요〉를 생각해 보라. 해머스타인의 〈당신이 아름답기에 사랑하는 걸까요, 아니면 당신을 사랑하기에 아름다운 걸까요〉라는 노래는 제목이 가장 길기로 유명하다. 다행스럽게도 작사가가 이 가사를 코러스 합창곡에서 단 한 번밖에 사용하지 않았기에 지루함은 면할 수 있었다. 이건 필요 이상의 제목이다.

이어지는 〈엄마가 결혼을 했다면 If Mamma Was Married〉에서 큰 웃음이 터질 거라고 감지했다고 한다. 여기에 대해 스타인은 이렇게 증언한다. 〈손드하임은 관객이 웃을 시간을 줄 수 있도록 두 마디를 늘여 달라고 저를 설득했지요……. 내 생전에 작사가한테 《두 마디를 더 만들어 주게. 여기에서 웃음이 터질 거야》라는 말을 듣는 건 정말 처음이었지요. 그런데 막상 공연을 하고 보니 정말로 거기에서 제일 크게 웃음이 터지더라니까요.〉

제목의 선택은 가장 간과하기 쉬운 부분이지만 사실 가사를 쓰는 데 가장 중요한 요소이다. 거기에서부터 곡의 형식이 결정되기 때문이다. 형식은 작사가가 가사 중에서 제목으로 사용할 부분을 고를 때 이미 결정된다. 가장 확실한 곳은 역시 처음 부분과 첫 번째 연 4행의 마지막 부분이다. 〈헬로, 돌리〉, 〈어떤 사람들 Some People〉, 〈빈 탁자의 빈 의자 Empty Chairs at Empty Tables〉, 〈매혹된 저녁 Some Enchanted Evening〉, 〈나는 나 I Am What I Am〉에서처럼 제목이 노래 첫 부분에 나오면 훨씬 인상적이다. 반면 4행 구절의 마지막 부분에 가사가 나오면 서정적이고 미묘한 맛이 난다. 〈사랑스럽지 않나요 Wouldn't It Be Luverly〉, 〈이게 내가 바라는 전부예요 This Is All I Ask of You〉, 〈그렇게 사랑에 빠져 So In Love〉, 〈당신 눈에 연기가 Smoke Gets in Your Eyes〉 등의 노래를 떠올려 보라.[14] 또한 〈자연스럽게 행동하면서 Doin' What Comes Naturally〉, 〈나는 넋을 잃었네 I Get Carried Away〉, 〈우정 Friendship〉, 〈그게 남자를 잃는 좋은 방법 That's a Good Way to Lose a Man〉, 〈그는 세련미가 있어 He Had Refinement〉 등과 같이 코믹하거나 허를 찌르는 제목들도 있다.

작사가는 제목을 정할 때 극의 상황에 대한 개념을 먼저 확실히 하고, 가능한 한 간결하게 이야기하고 있는지를 검토해야 한다.[15] 「회전목마」의 〈내가 당신을 사랑했다

---

[14] 제목을 시작 부분과 처음 4행 구절의 마지막에 넣지 않고도 훌륭한 노래들 만들어 낸 예외의 경우도 얼마든지 있다. 〈당신은 절대 혼자 걷지 않을 거예요 You'll Never Walk Alone〉 같은 경우에도 마지막 한 번밖에 제목을 사용하지 않았고(〈걷는다〉는 말은 여러 번 사용되었지만), 〈작은 세상 Small World〉이나 〈난 책을 쓸 수 있어요 I Could Write a Book〉에서는 제목이 가사 속에 묻혀져 버렸으며, 〈모래 위의 노래 Song on the Sand〉나 〈천장에서의 춤 Dancing On the Ceiling〉의 경우에는 아예 제목이 한 번도 가사 속에 나타나지 않았다.

[15] 불필요하고 반복적인 단어는 피하는 것이 좋은 가사 쓰기의 기본이다. 제목에서는 이 점이 철칙이다. 「오페라의 유령」의 노래인 〈당신이 혹시 여기 있다면 Wishing You Were Somehow Here〉에서 〈혹시 Somehow〉는 재치 없고 어

면 *If I Loved You*〉 같은 경우는 그 인물의 바람을 분명하게 말해 주고 미래의 모습을 비춰 준다. 〈어떤 사람들은 *Some People*〉이란 제목은 집에만 갇힌 생활과 대비되는 로즈(「집시」에서 어머니)의 야망에 찬 세계를 살짝 보여 주며, 「퍼니 걸」에서의 〈사람들 *People*〉이란 제목은 다른 사람들에게 늘 의존하는 파니 브라이스가 무엇을 〈필요〉로 하는지를 말해 주고 있다.

뮤지컬에서 타이틀곡을 만든다는 것은 매우 바람직한 것이며 때론 필수적인 일이 되기도 한다. 타이틀곡의 존재 이유는 모든 사람의 입에 그 뮤지컬의 제목이 오르내리게 되리라는 바람 때문이기도 하고 사람들이 흥얼거리는 그 선율이 엄청난 상업적 힘이 될 수 있기 때문이기도 하다. 하나 시도해 보는 것도 좋은 생각일 듯하다. 작곡가와 작사가가 영감을 받으면 고객들도 〈누구나 휘파람은 불지요 *Anyone Can Whistle*〉, 〈그녀는 나를 사랑해〉, 〈맑은 날에 *On a Clear Day*〉, 〈오클라호마!〉[16]에서처럼 특히 제리 허먼의 뮤지컬인 「우유와 꿀 *Milk and Honey*」, 「헬로, 돌리」, 「메임」, 「디어 월드 *Dear World*」, 「미치광이의 우리」에서처럼 뒤이어 영감을 받아 줄을 서게 된다. 「키스 미 케이트」, 「노 스트링스 No Strings」, 「당신의 발톱에 *On Your Toes*」, 「약속 또 약속 *Promises, Promises*」, 「실크 스타킹」과 같이 그저 의무적으로 타이틀곡을 만들 경우에는 방해만 되고 성가실 뿐이며, 텔레비전 광고처럼 금세 잊혀지고 마는 것이 되는 것이다.

언어

대부분의 뮤지컬 대본과 가사는 각각 다른 사람에 의해 씌어지며 공연 또한 또 다른 사람들에 의해 이루어진다. 대사에서 노래로 이어지는 부분은 특히 매우 까다로워서 작곡을 할 때 인위성이 느껴지지 않도록 조심해야 할 부분이다. 작사가는 늘 신경을 곤두세우고 대사

색한 제목이 어떤 것인지 너무나 잘 보여 주고 있다.

[16] 이 뮤지컬의 원래 제목은 〈어웨이 위 고 *Away We Go*〉였으나 타이틀곡은 없었다. 뉴헤이븐에서 시험 공연을 하면서 그저 그런 반응을 얻고 나서야 이 제목을 버리고 「오클라호마!」로 개명을 하게 되었다(느낌표를 붙여서 급박한 느낌과 함께 아마도 비평을 위한 안전 보증을 얻기 위해서 그랬을 듯).

와 노래의 이음새 부분의 틈을 없애려고 노력한다. 노래 가사에 고풍스러운 단어가 사용되기라도 하면 이러한 틈은 때로 홍해처럼 갈라지기도 한다. 오늘날에 와서는 가장 낭만적인 오페레타조차 구식의 틀에 박힌 가사는 사용할 수 없게 되었다. 그렇다고 시대물까지도 반드시 현대적인 언어만을 사용해야 한다는 뜻은 아니다. 단지 〈시적 파격poetic license〉이라는 미명 하에 용인되던 과거의 그릇된 글쓰기는 이제 금기가 되었다는 뜻이다.[17]

전문 작사가들이 모두 잘 알고 있는 상상과 은유, 비유 등의 시적 용어는 작곡에 있어 필수적인 요소들이다. 그러나 이 모든 요소들을 〈솔직함〉이라는 또 다른 처방과 함께 효과를 상쇄시키면서 사용해야 한다. 작사가들은 대개가 영리한 기술자들이지만 때로 과시적인 태도(무의식적으로 그럴 때도 많다)로 비난을 받기도 한다. 작사가가 스스로의 재주에 너무 빠져 버리면 관객들은 무대 위의 인물들에게 다가갈 수 없게 된다. 아이라 거쉰은 가끔 관객들에게 자기가 좋아하는 역사적 관심거리나 속어들을 불쑥불쑥 들이밀기도 했고, 로렌즈 하트는 어지러운 각운으로 자신의 재주를 과시하다가 등장인물들의 생명력을 앗아 가는 결과를 초래하기도 했다. 마크 스타인은 이렇게 〈각운에 지나치게 집착하는 것은 범죄에 가까운 허세〉일 뿐이라고 지적하면서 〈사람들을 바보로 만들면서까지 각운만을 예찬하는〉 동료들을 비난했다. 아마도 비평가들은 이해력이 떨어지지만 훨씬 더 감성적인 일반인들을 도외시하면서 이런 작사가들을 칭찬할지도 모르지만 말이다.

각운

요즘의 록 음악은 20여 년 전의 대중 음악에 비해서 각운을 별로 중요하게 여기지 않는다. 그러나 연극계의 작사가들은 아직까지도 노래가 기억에 남도록 우아하게 들릴 수 있

---

[17] 크리스토퍼 본드Christopher Bond의 희곡인 「스위니 토드」가 휴 윌러Hugh Wheeler에 의해 각색되었을 때 손드하임은, 그의 표현대로 말하자면, 원작의 〈우아하게 쓰인 언어, 흥미진진함은 없지만 걸쭉하고 풍성한 언어〉가 각색되어 대본과 가사의 거의 완벽한 조화를 이루어 내는 것을 확인하는 순간 자신의 귀를 의심했다고 했다. 이러한 조화는 대본과 가사를 한 사람이 모두 쓰는 경우에 더욱 달성하기 쉽다. 그 예로, 앨런 제이 러너는 자신이 직접 쓴 「마이 페어 레이디」의 대본을 매끄럽게 가사로 옮겨 놓는 데 성공했고, 「캐멀롯」에서도 고풍스러운 아서 왕 시대의 언어를 사용하면서도 완전히 현대적인 메시지를 전달하기도 했다.

게끔 각운을 고려해서 작업을 한다. 그래서 옛날과 마찬가지로 각운을 자주 사용한다. 앞서 지나친 각운은 피하는 것이 좋다고 말하기는 했지만, 요즘의 작사가들도 각운에 대해 정확하게 알고 있을 필요는 있다. 각운은 여러 가지 형태가 있다. 일반적으로 단운 *one-rhyme*(單韻), 이중운 *two-rhyme*, 삼중운 *three-rhyme* 등으로 나뉜다. 각운의 이름은 행의 맨 끝에 강세가 오는 부분에 따라서 달라진다. 단운은 첫 번째 음절에 강세가 오고 이중운은 마지막에서 두 번째 음절에 강세가 온다. 이런 식으로 계속된다.

재미있는 곡들은 대개 한 가지 이상의 각운을 사용한다. 계속 같은 각운만 사용하면 노래가 답답하고 지루하게 들린다.[18] (여러 가지 각운의 예를 아래에 적어 보았다.)

thirst	
worst	단운
thirsting	
bursting	이중운
first of all	
worst of all	삼중운
first of the lot	
worst of the lot	사중운

그러나 각운과 재치가 의미 전달에 방해가 되어서는 안 된다. 훌륭한 가사는 글로 읽었을 때 별로 인상적이지 않지만 노래로 부를 때 간결한 효과를 낸다. 오늘날의 연극에서는 각운이 별로 중요하지 않지만 늘 염두에 두고 있어야 하는 부분임에는 틀림없다.

---

[18] 단운은 남성운이라고도 하고 이중운은 여성운이나 두 번째 음절운 *penultimate rhyme*이라고도 한다. 삼중운은 어미로부터 세 번째 음절운 *pen-penultimate*이라고 하며, 사중운은 네 번째 음절운 *pen-pen-penultimate*이라고 한다. 다행스럽게도 성적인 구별이나 말하기 힘든 학술적 명칭들은 더 이상 사용되지 않게 되었다.

예를 들어 going과 growing은 별로 참신한 각운이 되지 못한다. 그러나 스티븐 손드하임의 「우리는 즐겁게 간다Merrily We Roll Along」의 〈굿 싱 고잉 Good Thing Going〉이라는 곡에서처럼 심오한 사상과 혁신적인 언어가 함께 어우러지면 낡은 단어도 참신하게 빛을 발할 수 있다.

> *We could have kept on growing / Instead of just kept on, / We had a good thing going······ / Going······ gone.*
>
> (우리는 계속 자라겠지요 / 그냥 자라는 게 아니라 / 우리가 가진 좋은 면을 키워 가면서 / 살다가······ 죽고.)

ecstatics(황홀경)과 lymphatics(임파선)로 각운을 맞추던 콜 포터 식의 현학적인 방법이나 dude a pest(망나니 친구)와 Budapest(부다페스트)로 각운을 맞추던 로렌즈 하트 식의 복잡하게 얽힌 수법들은 다행스럽게도 이제는 필요 없어졌다. 이제는 자연스러운 말투가 필요하다. 특히 현대적인 작품에서는 더욱 그러하다. 할 데이비드Hal David의 〈다시는 사랑에 빠지지 않을 테요I'll Never Fall In Love Again〉(「약속 또 약속」의 삽입곡)라는 곡에서 기억에 남는 가사 중에는 you get pneumonia(폐렴에 걸렸어)와 각운을 맞춘 he'll never phone ya(그는 다신 전화 안 할 거야)라는 구절이 있다. 이것을 듣고 웃지 않을 사람이 누가 있겠는가.

각운은 특히 현학적이고 박학다식함을 암시한다. 지적인 분위기를 연출하려고 하지 않는 이상은 매우 조심스럽게 사용해야 할 것이다. 뮤지컬 창작자가 되고 싶은 사람에게 해줄 수 있는 가장 좋은 경고는 오스카 해머스타인 2세의 저서에 있는 서문에서 찾아볼 수 있을 것 같다.

> 노래를 통해 이야기해야 할 궁극적인 요소가 있다면 각운은 재치 있는 균형을 지켜야 한다. 각운이 너무 튀거나 드러나서는 안 된다. 흔히 들을 수 있는 대중

가요의 각운처럼 듣는 사람이 노래가 다 끝나기도 전에 금세 알아차릴 수 있는 그런 각운은 바람직하지 않다. 너무 많이 사용해서도 안 된다. 사실 각운은 음악의 패턴을 유지하기 위해 최소한으로 요구되는 만큼만 사용되어야 한다. 듣는 사람이 각운을 의식하게 되면 그의 관심은 노래를 통해 전개되는 줄거리에서 벗어나게 되어 버린다. 다음 각운을 기다리게 하는 것보다는 단어의 의미에 귀기울이게 하는 것이 관객들도 바라는 바이다. 〈올 맨 리버*Ol' Man River*〉가 좋은 예이다. 첫 번째 부분에서 각운을 자제한 것을 주목하기 바란다.

Ol' Man River / Dat O' Man River, / He mus' know sumpin' / But don't say nuthin' / He jes' keeps rollin' / He keeps on rollin' along / He don' plant 'taters / He don' plant cotton, / An' dem dat plants 'em / Is soon forgotten.

(올 맨 리버 / 그 올 맨 리버 / 그는 무엇인가 알고 있었어 / 하지만 아무 말도 하지 않았지 / 그저 계속 흘러만 가네 / 계속 흘러만 가고 있네 / 그는 감자를 심지 않았어 / 그는 목화도 심지 않았어 / 그리고 그들이 심은 것들은 / 곧 잊혀져 가네.)

cotten과 forgotten이 첫 번째 각운을 이루는 단어이다. 다른 단어들은 음악적 리듬을 유지하기 위해 반복되기만 했다. 각운을 더 많이 사용하면서 음악도 같이 반복할 수도 있을 것이다. 2행에서도 River를 반복하는 대신에 운을 이루는 shiver(떨리다)나 quiver(나부끼다) 등의 단어를 사용할 수도 있을 것이다. 다음에 이어지는 두 행에 첫 번째 운 iver을 계속 사용할 수도 있을 것이고 또 다른 각운을 이루는 두 개의 단어를 차례로 배열할 수도 있을 것이다. 그러나, 이런 방법으로 관객들의 관심과 존경을 받을 수 있다거나, 가수들이 단어의 의미에 집중할 수 있게 된다고는 생각하지 않는다.

부족한 것을 보상하는 방법이 있기는 하다. 앞서 말한 반복을 사용하거나, 아니면, 단어끼리 짝을 이루게 하는 수법을 사용하는 것이다. He mus' know sumpin' But don't say nuthin'에서 sumpin과 nuthin'은 각운이 아니지만 서로 연관성을 가지고 있다. He don' plant 'taters, He don' plant cotton, 이 두 행도 서로 짝을 이루면서 각운이 없는 것을 보상하고 있다. 이 노래는 교육을 받지 못한 초라한 철학자가 부르는 것으로, 반항심이 담겨진 체념의 노래다. 그러므로 재치 있는 각운을 너무 많이 사용하게 되면 노래가 가진 중요한 의미가 감소될 수도 있다.

피해야 할 것들

가사는 시가 아니라고들 말한다. 독자들이 지루하게 생각할지도 모르지만 이 두 가지의 차이를 다시 한 번 짚고 넘어가야겠다. 가사는 처음 한 번 듣고서도 그 메시지를 알아들을 수 있어야 한다. 시는 여러 번 반복해 읽으면서 그 본질적인 의미를 추출해 낼 수가 있더라도 말이다.[19] 시는 글을 읽는 눈에 호소하는 것으로 뇌를 통해 그 이미지를 알아내도록 하는 것이다. 반면 가사는 귀와 감정에 호소하는 것이다.[20] 시는 음악과 가사의 성격을 함께 가지고 있음으로써 완전한 예술 작품이 된다. 반면, 가사는 일부분으로 음악이 추가되어야 완전해질 수 있다. 그러므로 시는 아래에 나열한 기술들을 활용할 수 있지만 가사에서는 효과가 없다.

시각운

스펠링이 같은 단어를 사용해서 각운을 맞추는 것(예를 들어 word는 bird와 운을 이루고, lord는 whored와 운을 이룬다. 그러나 글로 읽을 때는 word가 lord와 운을 이루는 것처럼 보인다)은 엘리자베스 시대 이전부터 시에서 유용하게 써온 방법이다. 시각운 *paper rhymes*의 또 다른 예로는 have와 save, gone과 hone 등이 있다. 그러나 시각적

---

[19] 금방 이해할 수 있는 쉬운 시들은(에드가 게스트Edgar Guest, 도로시 파커Dorothy Parker, 오그든 내쉬 Ogden Nash 등이 시도했던) 일반적으로 저급한 것으로 분류되어 〈운문*verse*〉이라고 불렸다.

[20] 스티븐 손드하임은 이렇게 말한다. 〈가사는 분위기와 공간과 음악과 함께 어우러져서 관객들이 듣는 내용을 더 풍성하게 만들어 준다. 가사가 효과를 발휘하기 위해서는 시와 정반대가 되어야 한다. 시는 시간을 두고 천천히 읽다가 다시 읽어 볼 수도 있지만 노래를 부를 때는 음악의 템포를 따라가야만 하는 것이다.〉

인 각운은 노래에서 사용할 수 없다.

동음이의어

동음이의어도 단어의 소리를 가지고 귀를 공략하는 분야에서는 쓸 수 없는 시에 한정된 수법의 하나이다. 다른 의미를 가진 같은 소리의 단어를 사용하는 것인데 예를 들면 you are so fair(당신은 참 아름다워요), it doesn't fair(불공평해요), if I had the fare(나에게도 그런 아름다움이 있다면)와 같은 경우이다. 이 테크닉은 1930년대 작사가들이 좋아하던(특히 로렌즈 하트가 즐겨 쓰던) 방법인데, 어느 경우에도 단조롭게 들릴 뿐이다. 왜냐하면 각운이 주는 풍미는 같은 종류의 모음이 서로 다른 자음과 만나면서 귀를 즐겁게 하는 것이기 때문이다. 동음이의어를 사용한 각운은 이제 전혀 찾아볼 수 없게 되었다.

음절의 길이

시는 음절 길이를 고르게 유지하고 있기 때문에 잘 써진 시에서는 음절 길이를 이용한 각운을 찾아보기 힘들다. 이것은 매력적인 가사를 쓰기 위해서라면 피해야 할 방법 중의 하나다. 뮤지컬 「집시」에서 줄 스타인의 곡 〈내가 필요한 것은 그 여자뿐 *All I Need is the Girl*〉에, 스티븐 손드하임이 붙인 가사를 예로 들어 보자. 아래 적은 두 연을 살펴보면 선율 두 마디에 한 음절의 단어만을 배치할 수도 있고, 말하기 바쁠 정도로 여러 단어를 배치할 수도 있다는 것을 쉽게 알 수 있다. 첫 번째 절은 여유 있는 속도로 진행된다.

> *Got my tweed pressed,*   (두 마디)
> 양복을 다려 입고
> *Got my best vest,*   (두 마디)
> 제일 좋은 조끼를 입었으니
> *All I need now is the*   (두 마디)
> 이제 나에게 필요한 것은 그

Girl!   (두 마디)

여자!

두 번째 부분은 선율이나 가사나 모두 비슷하게 시작하는데 리듬은 점점 빨라진다. 두 마디라는 같은 길이의 시간 안에 음표 수가 점점 많아지기 때문이다. 이런 방법이 시에서는 있을 수 없으며 바람직하지도 않은 방법이다.

Got my striped tie,   (두 마디)

스트라이프 넥타이를 매고

Got my hopes high,   (두 마디)

큰 희망을 품고

Got the time and the place and I got rhythm (두 마디)

시간과 장소도 정해졌으니 콧노래가 절로 난다.

All I need is the girl to go with 'em   (두 마디)

이제 내가 필요한 것은 이 모든 것을 함께할 그 여자뿐!

요약하자면, 오늘날의 작사가들은 5보격*pentameter*, 6보격*hexameter* 등의 율격*meter*을 사용하는 것을 피하고 있다. 가사가 지나치게 단조로운 노래처럼 들리기 때문이다. 그러나 AABA 형식에서는 예외가 되기도 한다. 대중 음악 시장을 공략하든, 공연 음악 시장을 목표로 하든, AABA 형식의 경우에는 일단 각 부분이 결정되면 선율과 음절 수를 둘 다 정확하게 반복하는 것이 바람직하다.

단축형과 보충형

o'er나 'tis, e'en 같은 단축형 단어는 피해야 한다. 원래 두 음절인 단어를 한 음절로 맞춰 넣기 위해 줄인 형태인데, 이런 방법은 전체 시의 구조에 맞추기 위해서 사용하던 것

이다. 현대 작사가들도 memory 같은 단어를 mem'ry로 단축해서 사용하곤 한다. 물론 memo-reee처럼 강세를 잘못 주는 것보다는 낫지만 별로 좋은 방법은 아니다. 일관성이 없으면 더 아마추어적으로 보인다. 예를 들어 「오페라의 유령」에 나오는 opera라는 단어는 어떤 경우에는 세 음절로 불리기도 하고, 어떤 경우에는 두 음절로 줄여 불리는 바람에 가사의 본분을 어기면서 주어진 음표 안에 다 담기지 못하고 쏟아져 나오기도 한다.

작사가가 한정된 음표를 채우기 위해서 가사에 별로 소용도 없는 단어들을 갖다 붙여 보충하거나, 억지로 음절을 늘리는 일도 별로 바람직하지 못하다. 노력 부족으로밖에 보이지 않는다. 음표를 채우기 위해서 well(글쎄), dear(자기), hon(허니) 같은 보충

**「웨스트 사이드 스토리West Side Story」(1957). 영화 장면. 가운데는 리타 모레노.

용 단어(요즘은 girl이나 babe를 많이 쓴다)를 쓰는 일은 절대로 있어서는 안 된다. just(그냥)도 음표를 메우기 위해 자주 쓰는 보충용 단어인데, 삼가야 할 단어 중의 하나다. 물론 〈정직하다〉거나 〈정확하다〉라는 의미로 사용될 때를 제외하고 말이다(빌리 조엘의 감동적인 곡 〈*Just The Way You Are*〉에서 〈그대로〉라는 의미로 쓰인 것처럼).

　　thee(you, 당신)나 thine(your, 당신의)처럼 고어체를 쓰는 것이 프로답지 못하다는 것은 두말할 나위도 없다. 사극이나 아직까지 그런 단어를 쓰는 아미쉬 교도, 퀘이커 교도들에 관한 뮤지컬이 아니고서는 말이다.

장음절과 단음절

작사가들은 음의 높이만 변화하고 음의 길이는 일정한 음악에 민감하다(예를 들면 8개의 음표가 모두 같은 길이를 가지고 있더라도 거기에 맞추어 써넣을 가사는 음절 수가 다 다르게 마련이다). fraught나 clash, scratch, grasp, brougham 이런 단어들을 크게 소리 내어 읽어 보면 a나 I, me 같은 단어를 말할 때보다 시간이 많이 걸리고 입술과 혀, 입의 움직임도 더 바쁘다는 걸 알 수 있다. 예시한 단어들은 모두 한 음절로 대개는 음표 하나에 맞춰질 수 있다. 그러나 좋은 가사를 쓰려면 장음을 가진 단음절 단어의 사용은 피하는 것이 좋다. 빠른 템포에 이런 장음의 단음절 단어를 사용하다 보면 소리가 허둥지둥 서두르는 듯이 들리고 심한 경우에는 무슨 말인지 알아들을 수 없게 될 수도 있다.

　　스티븐 손드하임의 경우에는 이런 적이 있다. 〈「웨스트 사이드 스토리」의 삽입곡인 《아메리카》는 한 연(聯)이 스물일곱 개의 단어로 되어 있었습니다. 저는 이 멋진 4행시를 I like to be in America / O.K. by me in America / Everything free in America / For a small fee in America라고 썼죠. For a small fee라는 부분은 제가 재치를 발휘한 부분이었는데 for가 강세를 받으면서 small fee는 발음하기가 힘들어져 버렸습니다. 그래서 For a smaffe in America로 들리게 되어 버린 거죠. 아무도 무슨 뜻인지 알아듣지를 못하더군요. 더구나 템포가 굉장히 빠른 부분이었거든요.〉

　　이 부분이 알아들을 수 없게 되어 버린 데는 l과 f가 서로 붙어 있는 것도 주요 원인이 되었을 것이다. 어쨌든, 빠른 템포에서는 small이란 단어를 똑똑히 발음할 여유가 없다.

인접 자음

노엘 카워드는 사랑스러운 노래 〈다시 만나요*I'll See You Again*〉를 만들 때, Time may lie heavy between(그 사이 많은 시간이 놓이겠죠)라는 구절을 짧게 말하듯이 노래하는 그만의 독특한 방법을 사용하여 그 뜻이 명확하게 전달되도록 했다. 요즘 관객들은 오페레타 테너(왜곡된 발음을 내는 것으로 악명 높다)의 노래를 들으면 당황하고들 하는데, 만약 그런 테너가 이것을 노래하면 Tyemay lie heavy between(그 사이에 타이메이가 무겁게 놓여 있겠죠)으로 들리게 될 것이다. 그럼 관객들은 옆 사람에게 〈뭐가 무겁게 누워 있다고?〉라고 물어보는 일이 생길 것이다. 이와 마찬가지로 스티븐 손드하임의 〈센드 인 더 클라운즈〉라는 곡을 공연할 때도 Don't you love farce(러브 코미디를 좋아하세요?)라는 구절에서 가수가 love와 farce를 깨끗하게 끊어서 발음해 주지 않으면 Don't you love arce?로 들리곤 했다. 여러 번 얘기했듯이 인접 자음은 특히 빠른 템포에서 알아듣기 어렵다. 시적 파격? 그건 재능이 부족한 작사가들의 궁색한 변명에 불과하다.

두운

두운은 유식한 사람들이 즐겨 사용하는 각운과 비교되곤 한다. 그런 면도 없지 않아 있다. 그러나 〈과시적인〉 가사가 유행하던 시대는 이미 지나갔다. 안 쓸수록 더 낫다는 말이다. 그러나 공연 음악에서는 〈*A Ship Without a Sail*(돛 없는 배)〉, 〈*Till Tomorrow*(내일까지)〉, 〈*Bewitched, Bothered and Bewildered*(마법에 걸려 괴롭고 미치겠다)〉, 〈*Bye, Bye, Baby*(바이 바이 베이비)〉, 〈*Darn that Dream*〉, 〈*Toot, Toot, Tootsie*〉, 〈*World Weary*(피곤한 세상)〉와 같은 (두운을 사용한) 제목들이 역시 알아듣기도 쉽고 외우기도 좋다. 뮤지컬 제목으로는 별로지만 재치 있는 제목으로는 〈*The Zulu and the Zayda*(줄루와 자이다)〉, 〈*No, No, Nanette, Yes, Yes, Yvette*〉, 〈*Firebrand of Florence*(피렌체의 횃불)〉, 〈*Simple Simon*(단순한 사이먼)〉, 〈*Happy Hunting*〉, 〈*All American*(모든 미국인)〉, 〈*Mack and Mabel*(맥 앤 메이블)〉, 〈*Tip-Toes*(팁토우즈)〉, 〈*Who's Who*(누가누구)〉 등이 있는데 대부분 실패작에 나오는 노래들이다.[21] 두운은 노래에 활기를 불어넣는 재치 있는 방법이기는 하지만 공연 내내 재미를 유지하기에는 지나치게 인위적인 방법이다.[22]

:: 작곡가

뮤지컬을 작곡하려면 얼마나 많은 것을 알아야 할까? 관현악 편성? 편곡? 화성악? 대위법? 무조성 *Atonality*?, 신시사이저? 양식 *Modality*?, 이 모든 게 필요할까? 1920년대에서 1950년대까지 웨스트 엔드나 브로드웨이에서 올려졌던 뮤지컬 중에는 음악 학교에서 교육을 받지 않은 작곡가들이 만든, 화음에 맞지 않는 선율의 작품들도 있었다. 이러한 조악한 선율들은 허버트나 레하르, 슈트라우스, 프리믈과 같이 정통적인 완벽한 화음을 구사했던 음악에 대한 반발이었다. 〈훈련되지 않은〉 작곡가들은 래그타임이나 케이크워크, 재즈 등의 새로운 음악에 능통했고 이러한 음악이 뮤지컬 무대를 참신하게 만들어 주었

---

[21] 콜 포터는 이런 식의 두운을 너무 좋아해서 〈*It's De-Lovely*〉라는 긴 내러티브 송에서는 d로 시작하는 단어들을 총출동시켜 코러스 부분에 넣었다. 연인에 대한 묘사로는 〈delicious, delightful, delectable, delirious, dilemma, delimit, de-luxe〉 등을 나열했고, 구애에 관한 것으로 〈devine, diveen, de wunderbar, de victory, de vallop, de vinner, de voiks〉 등을, 신부의 드레스를 묘사하는 말로 〈It's dreamy, de-rowsy, de-reverie, de-rhapsody, de-regal, de-royal, de-Ritz〉를 사용했다. 이 연인의 탄생을 묘사하는 마지막 코러스에서는 두운의 d를 더 강렬한 p로 바꾸어서 〈He's appalling, appealing, a pollywog, a paragon, a Popeye, a panic and a pip〉라고 표현했다. 콜 포터의 재기는 모든 규칙을 깨뜨리는 예외적인 작품을 만들어 냈으며, 그의 성공작 중에는 공연 제목까지 두운을 사용한 것들이 있다. 「실크 스타킹」과 「키스 미 케이트」가 그런 성공작의 예이다.

[22] 스티븐 손드하임은 이렇게 말한다. 〈두운에 관해서 제게 대위법을 가르쳐 준 선생님께서 하신 말씀이 있어요. 《빈곤한 자들의 피난처》라고 하셨죠. 가사에서 두운을 듣게 되면 언제나 탐탁치가 않습니다. 예를 들어 〈*I Feel Pretty*(나 예쁜 것 같아)〉를 들어 보면 여주인공이 I feel fizzy and funny and fine(소다수 같고 재미있고 괜찮을걸)이라고 노래하는데, 참 뭐라고 할 말이 없죠.〉 (그럼에도 불구하고 손드하임의 작품 「폴리스」에는 두운을 사용한 명곡이 두 곡이나 있다. 바로 〈*Rain on the Roof*지붕 위의 비〉와 〈*Broadway Baby*브로드웨이 베이비〉이다.)

다. 물론 이들은 전문 관현악 편곡자나 무용 음악 편곡자의 도움이 필요했고 손질을 받고 나서야 화려한 공연 음악다운 음악이 완성되었다.

그러나 이러한 공연도 이제는 구식이 되었고 연극은 더욱 참신한 목소리를 찾게 되었다. 스티븐 손드하임은 다성 화음을 자주 이용하는데 그가 제일 좋아하는 것은 13도 화음[*23]이라고 한다. 손드하임은 편곡도 자기가 직접 하지만 관현악 조곡까지 하지는 않는다. 그러나 로이드 웨버와 번스타인Leonard Bernstein은 자기 음악을 직접 관현악 반주를 위해 편곡하기도 했다. 쿠르트 바일Kurt Weill과 조지 거쉰도 그런 사람들 중의 하나이다. 다시 옛날로 돌아간 듯한 「나와 내 여자」 유의 단순한 노래로 이루어진 기본 뮤지컬은 이제 과거의 이야기가 되었다.

오늘날의 작곡가들은 최소한 피아노-보컬 악보쯤은 알아야 한다. 피아노-보컬 악보는 세 가지 음표로 구성되는데 맨 위의 음은 보컬 부분이고 밑의 두 음은 피아노를 위한 것이다. 요즘 작곡가들도 대위법counterpoint이나 조 옮김modulation 같은 것을 알아야 하느냐고 묻고 싶은 사람이 있을 것이다. 루더 헨더슨이 그 대답을 해주었다. 〈그럼요! 당연합니다, 전부 알아야지요! 록 작곡가들은 겨우 네 가지 화음을 이용한 빈약한 작품을 가지고도 성공했지만요, 이건 꼭 알아야 됩니다.〉 스티븐 손드하임의 작품의 관현악 조곡을 거의 다 맡았던 조너선 튜닉Jonathan Tunick도 훈련이 부족한 요즘 작곡가들에 대해 같은 생각을 가지고 있다. 〈(사람들이) 너무 쉬운 것만 찾아요, 율동적인 구절이나……. 귀에 들어오지도 않는 너무 부드러운 화음 같은 걸…… 작곡에 대해 아무것도 모르면서 다들 작곡가라고 하잖아요, 상처난 데 반창고만 붙일 줄 알면 다 의사인가요, 뭐. 싸구려

[*23] 서양의 음악 체계에서 화음은 도, 레, 미, 파, 솔, 라, 시의 7음으로 구성된다. 서양 사람들의 귀에 인접음은 불협화음으로 들리기 때문에 음을 하나씩 건너뛰어 사용함으로써 더 〈조화로운〉 방법으로 화음 체제를 만들어 냈다. 도, 미, 솔로 가장 단순한 화음(3도 화음)을 구성하고, 도, 미, 솔, 시로 그보다 강한 화음(7도 화음)을, 도, 미, 솔, 시, 레로 더 강렬한 화음(9도 화음)을, 도, 미, 솔, 시, 레, 파로 그보다 더 강렬한 화음(11도 화음)을, 그리고 마지막으로 전 음을 다 사용하는 가장 복잡한 13도 화음을 구성한다. 13도 화음은 위에서 볼 수 있듯이 사다리처럼 배열되어 도, 미, 솔, 시, 레, 파, 라로 구성된다. 13도 화음이 마지막이다. 계속하게 되면 다시 〈도〉로 되돌아가기 때문에 15도 화음이란 건 있을 수 없다.

기타 하나 사서 화음 몇 줄 튕길 줄 알면 다른 사람 시켜서 가사 쓰게 하고, 자기는 작곡가래요. 너무 극단적인 예인지 모르겠지만요. 그래도 아직까진 적어도 뮤지컬 음악 언어 정도는 알아야지요. 읽을 줄도 모르고 쓸 줄도 모르는 소설가를 상상이나 할 수 있겠습니까?〉

하지만 옛날부터 늘 그래왔다. 연극계의 작곡가들은 시끄러운 소리나 만들어 내는 대중 음악 작곡가 앞에서 늘 주인 행세를 해왔던 것이다. 이와 관련 있는 조지 거쉰의 일화가 있다. 테니스를 좋아하는 거쉰은 대중 가요 작곡가인 버트 캘머 Bert Calmar 와 자주 테니스 게임을 하곤 했다. 하루는 거쉰이 〈미안해, 버트. 오늘은 못 치겠어〉라고 거절하면서 〈손목을 좀 삔 것 같아. 나 같은 사람은 손을 다치면 큰 일이니까 조심해야지〉라고 말했단다. 캘머는 이 말을 듣고 기가 막혀서 〈조지, 내가 저번 주에 손목을 삐어서 테니스 못 친다고 했더니 네가 괜찮다고 우겨서 결국 쳤잖아〉라고 따졌다. 그랬더니 거쉰 대답이 〈그랬지. 하지만 자네랑 나랑은 경우가 다르잖아, 안 그래?〉

마크 스타인은 록의 시대로 접어들면서 대중 음악과 연극 음악의 차이가 더욱 심화되었다고 말한다. 대중 가요 차트에 이름이 올라가는 작곡가라면 기본적으로 괜찮은 뮤지컬을 써보고 싶다는 생각을 가질 수도 있다. 이에 대해 스타인은 이렇게 이야기한다.

가요 톱 40에 들어가는 대중 음악들은 대부분 가사 내용에는 별로 관심이 없다. 이것은 제작상의 문제다. 이런 노래들을 만드는 사람들이 일하는 것을 보면, 폴 매카트니 같은 경우도 마찬가지인데, 스튜디오에서 신시사이저 앞에 자리를 잡고 앉아서 트랙을 전부 내리고, 모든 작업이 끝나기 전에 마지막으로 점검을, 정말 최후의 점검을 한다. 가사를 붙이는 것이다. 이런 작업 과정을 통해서 〈내 얼굴 앞에서 사라져 줘 Get the Funk Out of My Face〉 같은 가사가 나오는 것은 별로 놀랍지도 않다. 이런 가사를 연극에서는 절대로 쓸 수 없다. 기본적으로 연극적이지 못하기 때문이다.

이런 작곡가들이 음악적으로 교육을 덜 받았다는 얘기는 아니다. 전문 분야가 다를 뿐이다. 연극적인 훈련이 부족한 작곡가들에 대한 튜닉의 비난이 요즘 뮤지컬 작곡가는 록의 특징을 전혀 사용해서는 안 된다는 뜻은 아니다. 그는 단지 대중 음악 분야에서 성공을 한 사람들이 뮤지컬을 시도하려고 할 때 무작정 브로드웨이나 웨스트 엔드에 덤벼들지 말고 먼저 뮤지컬 창작에 관한 기술적인 부분을 충분히 공부하기를 바라는 것뿐이다. 헨더슨이 다음과 같이 설명했듯이 말이다. 〈연극계에는 연극적인 특성을 훼손하지 않고 록의 맛을 살린 작품을 만드는 작곡가들이 더 많이 있어야 한다. 앤드루 로이드 웨버처럼 록의 건전한 감각을 자신의 음악에 도입한 사람도 있다. 근래에는 찰스 스트라우즈가 「안녕 버디Bye Bye Birdie」와 「애니」에서 같은 성과를 거두었다. 연극적인 감각을 잃지 않는 범위 내에서 감칠맛을 줄 수도 있는 것이다. 반면 스티븐 손드하임 같은 경우에는 록을 전혀 사용하지 않는 작곡가이다. 사람들은 손드하임 편에 서야 한다. 역으로 그가 다른 사람들에게 편승하는 일은 없다. 불행인지 다행인지 그의 재능이 그럴 만하기 때문이다.〉

리드 시트*24를 사용하는 경우도 있지만, 대부분의 유명한 뮤지컬 작곡가들은, 조지 거쉰, 레너드 번스타인, 리처드 로저스, 노엘 카워드, 해럴드 알렌Harold Arlen, 프레데릭 로웨, 콜 포터, 제리 허먼, 제리 복Jerry Bock, 찰스 스트라우즈, 버튼 레인Burton Lane과 마찬가지로 리드 시트는 감을 잡는 데만 사용한다(일부러 다 적지 않는 경우도 있다). 기술이 발전할수록 작곡가들은 자기 음악이 정확하게 자기가 머릿속에서 생각한 대로 소리가 나기를 바란다. 그러나 다음과 같이 복잡하게 구성된 그야말로 〈미국적〉인 소리를 어떻게 리드 시트에 표시할 수 있겠는가. 불가능하다!

---

*24 〈리드 시트lead sheet〉의 리드는 대개 연주에서 트럼펫이나 클라리넷이 곡을 〈이끌어 가는〉 역할을 하는 것에서 유래한 말이다. 리드 시트는 위쪽에 코드명과 음표가 적혀 있고 밑 부분에 가사가 적힌 악보를 말한다. (영국에서는 코드명을 약자로 밑에 적어 둔다. (예: G⁷, B♭ maj⁷, F♯m⁹. 프랑스에서는 음 이름을 직접 밑에 적어 준다. 예: Sol mi, Re maj, La)

　　뮤지컬에 덤벼들기 전에 작곡가로서 얼마만큼의 지식을 가지고 있어야 하느냐고 물어볼 경우 분명한 대답은 〈할 수 있는 한 최대로〉가 될 것이다. 책을 읽고 공부하고 다른 예술가의 작품을 들어 보고 현대 음악의 조류에 대해서도 환하게 알고 있어야 한다. 뮤지컬이든, 연극이든 공연도 가능한 한 많이 보러 다녀야 한다. 도시에는 늘 살아 있는 연극이 공연되고 있다. 만약 도시에 살고 있지 않다면 도서관에 가서 뮤지컬 악보와 대본을 찾아 공부하라. 유명한 뮤지컬의 피아노-보컬 대본도 많이 출판되어 있고, 관현악 반주 악보까지도 구할 수 있다. 모든 시대, 모든 나라의 음악에 관심을 가지고 있어야 혹시라도 시대물을 하게 될 경우 그 시대, 그 장소의 분위기를 재창조해 낼 수 있다. 뮤지컬을 만들면서 가장 중요하게 기억해야 할 것은 자신이 작업하고 있는 그 작품의 스토리와 등장인물을 진실되게 창조해야 한다는 것이다.

　　「카바레」의 가식 없는 명곡들을 작곡한 존 캔더는 작품을 쓰기 전에 1920년대 독일의 카바레 노래를 들으면서 거기에 빠져 들려고 노력했다고 한다.

　　　　듣고 또 듣고 또 들었습니다. 그다음에 다 치우고 잊어버렸지요. 노래를 작곡할 때가 되니까 그것이 스며 나오기 시작했어요. 하지만 그것은 모방 작품이나 표절은 아니었어요. 어쨌든 좀 다르지만 그 향취는 충분하게 스며 있는 곡이 나왔지요.

　　그는 쿠르트 바일의 작품에 물을 탔다는 비평가들의 평을 예견하기는 했지만, 어떤 평은 꽤나 참기 힘든 것이었다.

쿠르트 바일의 미망인이며 「카바레」에 출연을 했던 로테 레냐Lotte Lenya에게 나는 절대 바일을 흉내 내지 않았다고 얘기한 적이 있다. 그녀는 내 얼굴을 감싸 안으면서 말했다. 〈그럼 아니지, 이건 바일이 아니야, 쿠르트도 아니고. 내가 무대를 걸으면서 노래를 부를 때 느낀 건 베를린이었어〉…… 그러고 나서 나는 확신했다. 그녀가 그렇게 느꼈다면, 다른 사람들은 다 상관없다고.

형식

앞 장에서 작사가에 관한 부분에서 설명했듯이 모든 작곡가는 형식에 대한 이해를 가지고 있어야 한다.

AABA 형식의 노래가 가장 초기 형식이라는 것은 이미 알고 있을 것이다. 이 형식은 32마디로 이루어졌지만 실제로는 16마디만 작곡하면 된다. ABAC 형식은 이보다 조금 어렵다. 이 형식에서는 24마디가 필요하고, 좀 더 발전한 형태인 독창부 코러스 형식에서는 32마디를 모두 작곡해야 한다.

지난 20년간의 음악들은 더욱 자유로운 형식을 가지고 있다. AABA나 ABAC, 독창부 코러스 형식에 전혀 다른 분위기의 악절이 첨가되기도 한다. 이전에 연결 부분인 브리지로 사용되던 B악절을 두 배로 늘이기도 하고 반으로 줄이기도 한다. 확장의 첫 부분에 또 다른 확장을 덧붙일 수도 있다. 기본 32마디의 노래를 현대 뮤지컬에서는 찾아보기 힘들게 되었다.

형식의 변환

이전에 필수적이던 도입부의 독창부는 코러스가 사라질 수 있도록 길을 닦아 주는 구실을 했다. 그러나 현대의 작곡가들은 대사에서 곧 바로 노래의 핵심 부분으로 건너뛸 수도 있게 되었다. 설명이 좀 미흡하다 싶을 때는 노래 중간에 간주곡을 삽입하면 된다. 요즘 관객들은 주 멜로디가 시작될 때까지 긴 도입 부분을 들으면서 기다려 줄 만큼 참을성이 많지 않다.

·· 리처드 로저스와 로렌즈 하트(1925).
·· 프레드 아스테어와 즉흥 연주를 하고 있는 조지 거쉰. 아이라가 이를 구경하고 있다(1937).

자유 형식곡

세 개의 음과 네 개의 음표로 구성된 아래의 형식은 스티븐 손드하임의 「숲속으로」에 나오는 장엄한 곡 〈더 이상은 *No More*〉의 기본을 이룬다. 전체 악보를 검토해 보면 이 주제가 어떻게 확장되고 압축되고, 교차되고, 전도되기까지 했는지를 알 수 있을 것이다. 손드하임은 이 뮤지컬에서 음악 학교에서 배운 테크닉들을 모두 사용하면서도 학구적인 티가 나지 않게 잘 구성했다. (손드하임은 가사와 음악을 모두 만들었기 때문에 가능한 한 모든 방법으로 뒤틀린 이미지와 전체 주제에 덧붙여진 의미들까지 가사로 잘 표현할 수 있었다는 것을 염두에 두어야 한다.)

이것이 자유 형식의 본질이다. 고전적인 미술품(추상화도 마찬가지다)에서 하나의 톤이나 주도적인 모티프를 사용한 것처럼, 주제 멜로디를 이용하여 발전시키고 변환한 후 원래의 주제로 되돌아감으로써 통일성을 만들어 낸다.

작업 방식

음악을 먼저 작곡하는 것이 좋은지 가사를 먼저 쓰는 것이 좋은지(공동 작업일 경우나 개인 작업일 경우에 상관없이)에 대한 질문이 끊임없이 계속되고 있지만 그것은 어떤 팀이냐에 따라서 어떤 작품이냐에 따라서 늘 달라질 수 있는 문제이다. 작곡가가 가사를 두고 작곡을 하든지 혹은 가사 없이 하든지 작업 방식은 반드시 먼저 결정되어야 한다. 그렇지 않으면 텅 빈 오선지만 바라보면서 시간을 허비하게 될 것이다.

작사가인 팀 라이스가 얘기하는 작업 방식이 작곡가를 위해서도 이상적인 방법이 될 수 있을 것이다. 〈내가 먼저 줄거리를 제시하면 함께 작업을 하는 사람들이 이에 대해 의견을 말하기도 하고 변형을 가하기도 한다. 그러고 나서 그 사람들이 내가 제시한 줄거리에 맞는 선율을 만들어 준다. 그러면 내가 그 선율에 가사를 붙인다. 나는 가사를 떠오

르는 대로 먼저 쓰기보다는 곡에 맞춰서 가사를 끼워 넣는 편이다.〉

제롬 컨 같은 경우도 멜로디를 먼저 만들고 거기에 가사를 붙이면서 단어를 음악에 맞추어 간다. 조지 거쉰이나 듀크 엘링턴, 리처드 로저스의 경우도 로렌즈 하트와 함께 일을 하면서 이 방식을 택했다. 1950년대 이후부터 뮤지컬 가사의 우수성이 성패를 좌우하는 요인이 되었고 반대의 방식이 규범이 되기 시작했다.

손드하임이 대본을 쓴 「집시」에 줄 스타인이 음악을 입혔고, 로저스도 해머스타인과 함께 작업을 하면서 작사가가 써놓은 가사에 맞춰 음악을 만들었다. 흔히 대본과 가사가 한 사람에 의해 써지고 작곡가가 거기에 음악적인 옷을 입히는 경우가 많다.

셸던 하닉Sheldon Harnick과 「몰레트Molette」를 작업하고 있는 토머스 셰퍼드는 이렇게 얘기한다. 〈나는 뮤지컬의 형식에 대해 생각해 본 적이 없다. 대부분이 가사에 의해 이미 다 결정되어 있었다. 아마도 내가 이렇게 느끼는 것은 거의 언제나 먼저 써진 가사에다 작곡을 했기 때문일 것이다.〉

하지만 하닉 같은 경우는 작곡자가 먼저 멜로디를 만들어 주는 것을 선호한다. 그러나 1976년에 그가 리처드 로저스와 「렉스Rex」(로저스가 작곡한 두 번째 작품이었다)를 만들면서 한 번 이 방침을 버린 적이 있다. 그리고 하닉이 먼저 가사를 만들면서 본인도 인정했듯이 〈AABA 형식에 빠져 들기 시작했다. 그것이 편했으니까〉. 이러한 역전의 상황은 로저스가 뇌졸중으로 고생하기 시작하면서 곡을 압축할 수가 없게 되면서 발생했다. 〈로저스와 저는 어떤 곡이 필요할지에 대해 논의했어요. 그런데 그는 내가 무슨 얘기를 하는지 이해를 못 하더라고요. 결국은 내가 견본 가사[25]를 써서 보여 주어야 했지요. 그는 일단 줄거리의 전체 구도가 그려지고 나서야 어떻게 작곡을 해야 될지 감을 잡았어요. 그것이 나에게는 매우 생경했고 사실 힘들었습니다. 그전까지 저는 가사를 먼저 써본

---

[25] 견본 가사 *dummy lyric*는 〈off the top of the head〉라고도 하는데 완성된 작품과 음절 수가 같다. 운율의 계획과 형식을 미리 보여 주기 위해 고안된 방편이다. 작곡가 앞에서 작사가가 즉흥적으로 만들어 내는 경우가 꽤 있는데 작곡가의 창의적인 작업 흐름을 막지 않고 전체 구조를 보여 주는 편리한 방법이다.

경험이 없었거든요.〉

　　앞서 이야기한 팀 라이스의 방법도 대본 작가가 작사까지 하게 될 경우에는 매우 좋은 방법이 될 수 있다. 그러나 작곡가가 대본을 읽고 그 어느 부분에 영감을 받게 되면 곡은 결정되어 버린다. 작곡가가 대본가로부터 도움을 받을 수도 있고 그렇지 못한 수도 있다. 조지 거쉰은 「포기와 베스」를 만들 때 뒤보즈 헤이워드DuBose Heyward의 도움을 크게 받았다. 캣피시 로Catfish Row에서의 첫 장면은 왁자지껄한 주사위 놀이 게임으로 시작했다가 잠시 후 아기를 안고 들어 온 클라라가 이 게임판을 지나가면서 부르는 저음의 애처로운 선율로 이어진다.

　　Hush, li'l baby, don' yo cry, / Fadder an' mudder born to die.
　　(뚝 그쳐라 아가, 울지 마라, / 잠시 머물다 가는 알 수 없는 인생아.)

　　여기에서 영감을 얻은 조지 거쉰은 지금은 고전이 된 〈서머타임〉을 만들었고 이 장면의 음악은 떠들썩한 주사위 놀이 장면과 대위를 이루게 되었다. 이 대본에는 사실 계절이 언급되어 있지 않았지만 무대 설명과 줄거리상에 뜨거운 날씨를 암시하는 단서들 (제라늄, 열린 셔터, 소풍 등)이 많았다. 조지는 주제 멜로디와 곡의 제목을 만들어 냈고 (그는 종종 동생에게 제목을 제안하곤 했다), 아이라가 가사의 균형을 만들어 주었다.[26]

　　거쉰이 키보드를 이용해 멜로디를 만들고 그것을 머릿속에 담아 두었다가 피아노 앞에서 곧바로 옮겨 적을 수 있었던 것은 그의 작곡 기술 덕분이었다. 이와는 달리 많은 뮤지컬 작곡가들은 대개 〈리드 시트〉를 만들고 그것으로 피아노 보컬 악보를 만든다(여기에는 다음에 만들어질 관현악부의 선율이 포함될 때도 있고 그렇지 않을 때도 있다).

---

[26] 이때 조지 거쉰의 방법은 한 쌍의 변화 화음을 만들었고(바로 이 부분이 제6화음을 덧붙인 첫 번째 화음부와 변형된 다섯 번째 화음부이다) 이를 이용해 너무도 열정적인 파동을 만들고 그 위에 근사한 자장가를 입혔다. 그가 여기서 사용한 형식은 단순한 32마디 ABAC 형식이었다.

악절의 길이

작곡가들이 32마디의 틀을 깨면서 최근 몇 년간 뮤지컬은 훨씬 더 모험적으로 변했다. 아직까지도 공연 음악들은 대개 8마디짜리 악절로 구성되지만, 그 8마디가 슈베르트 시대 이후로 규범이 되다시피 한 2마디씩의 구분이나 4마디씩의 구분 대신에 5마디와 3마디로 나뉘는 양상을 자주 보인다. 스티븐 손드하임, 앤드루 로이드 웨버, 클로드-미셸 쇤베르그, 스티븐 슈워츠, 마빈 햄리쉬 등이 모두 불규칙한 악절 길이를 자주 사용하는 작곡가들이다. 「헤어」에서 한 번 시도되기는 했었지만 작곡가들은 버트 바카라크Burt Bacharach가 「약속 또 약속」에서 이 방법을 이용한 세미 록 음악으로 성공을 거두기 전까지는 감히 덤벼들지 못했다. 다행스럽게도 일반 대중들은 손가락 스냅을 튕기며 이 자유로운 형식을 흔쾌히 받아들였다.

음역

뮤지컬의 코러스에서 소프라노 파트를 부르다가, 운이 좋거나 예쁘면 오페레타에서 배역을 얻게 되는 시대도 있었다. 요즘의 뮤지컬 세계는 크게 가슴 발성을 하는 벨터Belter와 머리 발성으로 고음을 내는 레지Regits로 나뉜다. 널리 유행을 하게 된 벨터에 해당하는 가수로는 파니 브라이스Fanny Brice, 에슬 머먼, 펄 베일리Pearl Bailey, 캐럴 채닝Carol Channing 등이 있었다. 주디 홀리데이Judy Holliday, 메리 마틴Mary Martin, 캐서린 헵번조차 가슴 발성법을 배워야 했을 정도였다. 벨터는 여자에게 더 잘 어울렸다. 남성 레지가 브로드웨이에는 별로 없었다. 에치오 핀자Ezio Pinza, 조지오 토지Georgio Tozzi, 로버트 굴레Robert Goulet, 로버트 위드Robert Weede처럼 고운 톤을 내는 남자 가수는 아주 드문 경우였으며 이국적인 역할에나 어울리는 목소리들이었다. 이들은 조지오 M. 코핸, 앨 졸슨Al Jolson, 윌리엄 객스턴William Gaxton, 존 레이트John Raitt, 앤소니 뉴레이Anthony Newley, 대니 케이Danny Kaye, 마이클 크로포드Michael Crawford와 같은 자연스러운 벨터들만큼 인기를 누리지는 못했다.

여성 벨터들이 가슴 발성으로 낼 수 있는 음역은 거의 무한하지만,[*27] 작곡가와 작사가들이 가사를 명확히 전달하기 위해서 적당히 조절할 필요가 있다. 정통 가수들은 단어를 발음하기에 앞서 먼저 음을 잡아야 한다고 배웠다(불행하게도 아직도 그렇게 배우는 경우가 허다하다). 무선 마이크*body microphone*의 도래와 함께 연극계에서는 이것이 많이 바뀌었다. 높은 음을 내기 위해 발음을 왜곡시키곤 하던 소프라노 가수들은 이제 그럴 필요가 없게 되었다. 오랫동안 벨터의 음역에 맞추어 작곡을 해야만 하는 한계에 대해 불만을 느끼던 작곡가들도 높은 음을 오르내리는 노래를 마음대로 작곡할 수 있게 되었다. 많은 가수들이 벨터와 레지의 두 음역을 모두 훈련하게 되면서 몇몇 유명한 여자 배우들은 머리 소리에서 가슴 소리로 자연스럽게 발성을 바꿀 수 있게 되었다. 바바라 쿡과 그의 동료들은 단어 하나하나까지 정확하게 관객에게 전달하는 훌륭한 소프라노들로 유명하다. 일거리를 쉽게 얻으려면 노래를 할 줄 알아야 하는 것이 기본이었다. 한 예로 레너드 번스타인의 「캔디드*Candide*」에 나오는 콜로라투라 음악은 쿠네곤드*Cunegonde*를 위해 써진 것으로 그 화려하게 장식된 음률은 몇 옥타브 위의 E 플랫까지 올라가기도 했다. 그 이후 소프라노와 벨터를 다 구사하는 지적이고 정확한 발성법을 구사하는 뮤지컬 가수가 키워지기 시작했다. 20년이 지난 지금 콘서트홀에서 망명해 온 사라 브라이트먼*Sarah Brightman*을 비롯한 많은 〈전 클래식 가수〉들을 보라. 「오페라의 유령」에서 이들은 오페라 느낌이 나는 롤라드(장식음으로 삽입된 빠른 연속음)와 풍부한 성량으로 관객들을 완전히 사로잡았다. 드디어 우리는 가사를 알아들을 수 있게 되었다!

이것이 모차르트 시대 이후 이어져 온 길이었다. 작곡가들이 갖가지 테크닉을 구사하며, 가수들에게 전대미문의 부담을 주는 곡을 쓰는 한편, 무대 감독들은 무대 감독들대로 모든 가사를 한마디도 놓치지 않고 알아들을 수 있기를 요구했고, 이러한 상호작용이 능력 있는 새로운 가수들이 자동적으로 성장하도록 했던 것이다.

웨스트 엔드와 브로드웨이에서도 음역은 계속 확장되고 있지만 작곡가나 편곡가

---

*27 훌륭한 벨터는 보통 중간 C 한 옥타브 위의 C나 D까지, 밑으로는 F까지 가성을 쓰지 않고 목청껏 소리를 낼 수 있다. 그러나 생 소리로 계속 최고음을 내게 되면 성대를 손상해서 만성적인 허스키 보이스로 변하며 결국에는 성대 결절로 수술까지 해야 하는 결과를 초래하게 된다. 뮤지컬 가수 중에는 성량껏 최고음을 내다가 영구적으로 목을 상하게 되는 경우가 많이 있다(특히 마이크를 쓰지 않던 시대에 그런 일이 많았다).

들이 앞에서 얘기한 것처럼 늘 이타적일 수만은 없다. 스타가 개입되면 작곡가도 그 스타의 음역을 염두에 두고 작곡을 할 수밖에 없다. 내가 최근에 만나 본 루더 헨더슨과의 대화를 여기에 적어 보았다. 이를 통해 음역에 관한 견해들을 접해 보기 바란다.

시트론 공연을 위해 곡을 만드실 때 어떻게 음역을 선택하십니까? 연습에 들어가고 나서 나중에 선택을 하나요?

헨더슨 그것은 누가 노래를 부를 것이냐에 달려 있습니다. 예를 들어 지금 「젤리로드」를 쓰고 있는 중인데요. 우린 다들 조지를 잘 알고 있어요. 조지는 보통 남자 가수의 음역을 갖고 있어요. 「포기와 베스」에서 스포팅 라이프 역을 맡아 노래하는 것을 들어 보고, 파나 솔까지 무난히 올라간다는 걸 알았죠. 저는 저음에서만 편안한 소리를 낼 수 있는 베이스나 음역이 고음부에 국한된 테너들을 위해서 곡을 쓰지는 않아요. 출연할 스타를 염두에 두지요. 스타가 없을 때는 한 명을 생각해 내서 그 사람의 음색에 맞추려고 합니다. 그렇다고 마를린 혼Marilyn Horne과 같이 대단한 재능을 가진 가수만이 부를 수 있는 멜로디를 만드는 건 절대로 아니고요.

시트론 레너드 번스타인의 경우에는 「웨스트 사이드 스토리」를 만들면서 미리 곡을 쓰고 나중에 캐스팅할 때 그걸 부를 사람을 찾아낼 거라고 말했다고 하던데요.

헨더슨 레너드는 첫 작품 「온 더 타운On the Town」을 할 때 브로드웨이를 이미 알고 있었기 때문에, 아마 대강 한계가 어느 정도까지인지 알고 있었을 겁니다.

시트론 「안녕, 174번가여So Long, 174th Street」를 만들면서 직접 관현악부를 작곡하고 편곡은 웰리 하퍼Wally Harper가 했다고 들었는데 그때 주인공으로 로버트 모스Robert Moss를 생각하고 계셨지요?

헨더슨 네, 맞아요. 웰리는 로버트 모스가 매우 드문 목소리를 가지고 있다는 걸 잘 알고 있었어요. 대부분 저희는 평균 음색에 맞추어서 곡을 쓰는데 작업 초기에 주인공을 할 스타가 정해지면 거기에 맞게 음역을 조정하게 됩니다. 지금도 그러고 있어요. 「멋대로 굴지 마라」 같은 경우에는 다섯 명의 원래 출연진에 맞춰서 만들어진 곡인데 리바이벌을 해보려고 하거든요. 마침 델라 리스라는 스타를 구했지요. 그런데 여자 바리톤이에요! 대단한 배우지만 그 목소리에 맞는 노래가 있어야지요. 이런 문제가 생기는 경우엔 일단 편곡가에게 맡깁니다.

시트론 델라의 목소리는 솔로를 할 때는 별로 문제가 없겠네요. 키key를 바꿔 주면 되니까요. 하지만 듀엣이나 트리오로 앙상블을 할 경우는 문제가 되지 않나요?

헨더슨 바로 그거예요. 바로 그런 경우에 누구의 키에 맞출 것인지를 결정해야만 하는 어려움이 있습니다. 서로 음역이 너무 다르거나 노래에 반복구가 많으면 화음을 포기하거나, 그 배우가 노래하는 부분만 키를 바꿔 줄 수도 있죠. 그렇지만 두 번째 경우는 노래가 어색하게 들릴 수도 있기 때문에 조심해야 합니다.

대위 선율

대위 선율counterpoint은 원래 〈포인트 콘트라 포인트〉라 불렸었는데 포인트라는 말은 〈음note〉이라는 뜻의 프랑스어다. 번역하면 〈음에 대구를 이루는 음note against note〉 정도가 될 것이다. 대위 선율은 오랫동안 뮤지컬 공연의 한 요소로 계속 활용되어 왔지만 그 어려운 원어 명칭은 실제로 사용되지 않았다. 아마데우스에서 〈오페라에서만 여러 사람이 동시에 이야기를 하는 것이 가능하다. 일반 연극에서는 그런 효과를 얻을 수 없다〉라고 말한 사람이 모차르트였나, 피터 섀퍼Peter Shaffer였나?

뮤지컬 코미디에서 최초로 대위 선율이라 할 수 있는 효과를 사용한 것은 1914년 이었다. 샐리 피셔Sallie Fisher가 새로 유행하는 재즈 리듬을 듣는 것이 얼마나 피곤한지를 노래하면서 어빙 벌린의 「조심하세요Watch Your Step」 같은 〈단순한 멜로디〉가 그립다고 노래하는 동안 남자 친구는 이와 대조되는 들쑥날쑥한 톤으로 자기는 래그타임 리듬을 듣고 싶다고 노래를 했다. 당시에는 아무리 효과적인 묘사를 위해서라 하더라도 〈장발〉*28 같은 멸시적인 단어는 사용할 수 없는 시대였다. 그러나 잊혀지지 않는 대조적인 음악을 위해서는 따로따로 들어도 좋을 만한 강한 특성의 두 멜로디를 하나로 합쳐야만 했다. 벌린은 「마담이라고 불러 주세요Call Me Madam」에서 〈넌 그저 사랑을 하고 있는 거야You're Just in Love〉라는 곡으로 다시 한 번 대위 선율을 선보였다. 이 곡의 가사는 더욱 연극적이다. 한 젊은이가 아프다고 불평을 하면, 연륜이 깊은 할머니 한 분이 그건 단지 사랑의 아픔일 뿐이라고 설명해 준다.*29

최근 몇 년간은 대위 선율이 클래식을 선호하는 작곡가들에 의해 보다 열정적인 상황에서 많이 사용되어 왔다. 조지 거쉰이 「포기와 베스」의 〈서머타임〉에서 보여 주었던 대위 선율의 절묘한 효과를 빼놓을 수 없을 것이다. 무대 한쪽에서 베스가 부르는 애절한 자장가가 울려 퍼지고 다른 한편에서는 주사위 놀이를 하고 있는 떠들썩한 코러스의 노래가 들려온다. 「웨스트 사이드 스토리」에서 레너드 번스타인이 창조해 낸 두 여주인공

---

*28 longhair. 클래식 애호가라는 뜻도 있다 ― 역주.

*29 이 매혹적인 곡의 대위 선율은 1952년 「마담이라고 불러 주세요」가 전국적인 히트를 하고 있을 때 벌린이 겪었던 그 유명한 저작권 침해 소송에서 증거로 제출되기도 했었다. 법정은 이런 종류의 이중 멜로디는 벌린의 트레이드 마크라고 인정해 주어서 벌린은 무사히 풀려났다.

의 격렬한 싸움도 역시 볼 만하다. 아니타의 공격적인 목소리와 이에 대항하는 마리아의 방어적인 목소리는 논쟁을 벌이듯이 동시에 터져 나와 멋진 대조를 이룸으로써 이상적인 대위 선율을 보여 주고 있다. 오페라의 성격이 강했던 최근 작품인 「에비타」, 「코러스 라인」, 「스위니 토드」, 「오페라의 유령」, 「레미제라블」, 「사랑의 모습들」 등에서도 이 대위 선율이 다양하게 사용되었다. 이제 일반 대중들은 〈음악을 멈추지 말아요 Don't-stop-the-music〉 유의 뮤지컬에 익숙해지게 되었다.

연극적인 격돌 상황에서는 많은 대사들을 놓치기 쉽기 때문에, 처음에 한 사람이 솔로로 주 멜로디를 부르기 시작하고 뒤이어 대위 선율이 함께 어우러지게 하는 것이 매우 좋은 방법이다. 이것이 가능하지 않을 때에는 보통 격돌하는 멜로디로 흥분을 표현함으로써 음악을 통해 가사를 놓치는 것에 대한 보상을 하는 경우도 많다.

대위 선율과 전칙곡 canon이나 윤창 round을 혼돈해서는 안 된다(사실 전칙곡이나 윤창은 대위법보다 훨씬 간단한 형식이다). 후자의 경우에는 한 목소리가 먼저 노래를 시작하고 그다음에 다른 목소리들이 같은 선율을 따라 합쳐지는 것이다. 「아가씨와 건달들」에 나오는 프랭크 로서의 〈도박꾼을 위한 푸가 Fugue for Tinhorns〉에서처럼 가사는 바뀔 수도 있다. 이 곡에서 세 명의 경마꾼들은 자기들이 돈을 걸기로 한 말이 서로 최고라고 노래를 하는데 서로 겹쳐지는 이들의 노래는 뮤지컬의 진수로서 서로 다른 의견을 가지고 논쟁을 하는 인물들을 완벽하게 그려 내고 있다. 간단히 말해서, 연극적 논리가 이 기술을 사용하는 유일한 이유다.

조 옮김

최근에 들어서 새로운 수단을 찾아낸 작곡가들과 넓은 음역을 가진 가수들은 키를 반음 더 높임으로써 강한 인상을 만들어 내는 것을 즐긴다. 샤프와 플랫으로 가득한 음표들은 예전에 너무 어려워서 피하고들 했지만, 이제는 모든 작곡가들이 배워야 하는 부분이 되었다. 새로운 영역을 넓혀 가기 위해서 작곡가들은 가사가 있는 악절에서 낮은 음으로의 하향 전조나 전체 전조, 일반 전조 등도 간과해서는 안 될 것이다.

연극성

연극 음악과 함께 영화 음악도 작곡했던 토머스 Z. 셰퍼드는 스티븐 손드하임과 앤드루 로이드 웨버의 공연 앨범을 제작한 제작자로 더 많이 알려져 있다. 그는 웨버의 재능을 잘 이해하고 있는 사람 중의 하나이다.

앤드루는 고전 음악에 대한 이해와 록에 대한 관심을 가지고 록 뮤지컬을 많이 만들어 냈습니다. 그는 굉장한 연극성을 가지고 있어요. 나로서는 좋은 작품이 될 거라고는 상상도 할 수 없는 주제들을 골라내곤 합니다. 엘리엇의 『고양이에 대한 늙은 포섬의 책』 같은 주제 말입니다. 그는 그 작품의 가능성과 무대에서 어떻게 그려질지에 대한 감각을 가지고 있었어요. 앤드루의 비밀 무기는 한두 가지가 아닙니다. 사람들이 좋아하든 않든 간에 사람들 마음에 파고들어서 사로잡아 버릴 선율을 만들어 내는 법을 알고 있는 사람입니다. 정말 많은 사람들을 사로잡았지요. 또 한 가지 그의 무기는 언제쯤 그 선율을 다시 끌어내야 하는지,[30] 음악적인 효과와 연극적 효과를 최대한으로 발휘하기 위해서는 재료들을 어떻게 짜내야 하는지 알고 있다는 것입니다. 그렇게 해서 만들어진 노래들로 훌륭한 상부 구조 만들어 나가는 것입니다.

음폭의 간격

작곡가가 가사에 대한 감수성이 풍부할수록, 노래는 더욱 훌륭하고 감동적인 선율로 피어나게 마련이다. 그렇지만 반대로 훌륭한 노래들 중에는 음 사이의 간격과 거리에 중점을 두고 만들어진 곡들도 있으며, 그 선율이 오히려 작사가가 방향을 잡는 데 도움을 주는 경우도 많다.

---

[30] 277~282페이지 〈리프라이즈〉를 보라.

「레미제라블」을 연습 중일 때 알랭 부블릴과 클로드 미셸 쇤베르그가 2막 절정의 순간을 위해 작곡한 〈그를 집으로 데려다 주오 *Bring Him Home*〉라는 새 노래를 소개하자 무대 연습 중이던 배우들이 모두 눈물의 바다를 이루었던 적이 있었다. 상처투성이가 된 사윗감을 앞에 둔 장 발장의 아름다운 기도는 〈하늘의 주님 *Lord Above*〉이라는 평범한 말로 조용하게 시작했다. 그러나 쇤베르그는 그 가사에 한 옥타브가 넘는 음폭의 차이를 만들어 주인공의 목소리를 거의 천사의 목소리에 가깝게 들리게 해서, 수백만 관객의 목을 메이게 만들었다. 한 옥타브의 음 차를 두는 것은 넓은 음역을 필요로 하는 어려운 기법이다. 그러나 〈어딘가 *Somewhere*〉로 시작하는 〈무지개 너머 *Over the Rainbow*〉나 〈별님에게 빌며 *When You Wish Upon a Star*〉 같은 곡에서 이 기법은 천상의 감정을 불러일으키게 한다.

때로는 음폭의 차이를 이용하는 것만으로도 필요한 분위기를 만들어 낼 수가 있다. 나는 늘 장3도가 가장 적당한 음 차라고 생각해 왔다. 〈당신은 절대 혼자가 아니에요 *You'll Never Walk Alone*〉를 듣고 있으면 〈당신이 걸어갈 때 *When you walk through……*〉로 시작하는 시작 부분의 음 차는 정말 너무나 완벽하게 어울린다는 느낌을 받게 된다. 레너드 번스타인의 〈마리아〉에서처럼 확대된 4도 음 차도 잊을 수 없는 경이로움을 주곤 한다. 6도 음 차, 특히 단조로 떨어지는 6도 음 차는 매우 낭만적이다. 프란시스 레이 *Francis Lai*의 〈러브 스토리〉를 떠올려 보라. 짧게 말해서, 음폭의 차이를 이용하는 기법은 작곡가의 기본적인 도구로써 필요할 때엔 언제든지 이를 이용해 감정과 웃음을 이끌어 낼 수 있어야 한다.

단어의 억양

감수성이 풍부한 작곡가는 가사에서 음악적인 자극을 받는다. 러너와 로웨의 〈그녀를 보며 자란 나는 *I've Grown Accustomed to Her Face*〉나 〈파티는 끝나고 *The Party's Over*〉의 선율을 검토해 보면 가사와 선율의 환상적인 결합을 목격할 수 있을 것이다.

I've grown ac - cus-tomed to her face_____

첫 번째 세 음을 지나 강한 음절 cus와 함께 올라가기 시작했다가 그다음부터는 말을 하듯 같은 음으로 이어지고, 중요한 단어인 face에 이르러서 다시 밑으로 뚝 떨어지게 된 것은 우연이 아니다.[31] 이것은 일라이자의 생김새를 알고 있다는, 혹은 그녀는 단지 그에게 하나의 방편일 뿐이라는 히긴스의 첫 번째 고백이다. 로웨는 살짝 올라갔다가 자연스런 말투를 따라가는 선율을 만들어 내어 러너의 감동적인 가사와 멋진 조화를 이루게 하였다.

The par - ty's o - ver_____

이 뛰어난 주제 선율은 모든 뮤지컬 문학 중에서 가장 강렬한 인상을 주는 〈솔-도〉로 시작한다. 넌지시 던지는 말인 the로 시작해서 이 구절에서 가장 중요한 단어인 party로 나아간다. 그리고 나서 줄 스타인의 주제 선율은 o 음절을 위해 아포지아투라*appoggiatura* 또는 기우는 음*leaning note*이라고 하는 주요 음에 도달했다가 ver 음절에서는 결말을 지으며 밑으로 가라앉는다. 특히 스타인은 음계의 4도에 아포지아투라를 놓음으로써 더욱 강렬하고 사무치는 느낌을 만들어 냈다. 「벨이 울릴 때 *Bells Are Ringing*」에 삽입된 이 곡은 적재적소에 놓여 극작가가 만든 분위기를 더욱 효과적으로 상승시키는 그야말로 완벽한 오블리크 토치 송*oblique torch song*이라고 할 수 있다. 이 음표들은 우연히 선택된 것이 아니라

---

[31] 이 설명은 영어 가사에 염두를 두고 이해하기 바란다. 역자의 실력으로는 도저히 한국어와 영어의 어순 차이를 극복할 길이 없다. 이러니 번역 뮤지컬에서 제 맛을 살리기가 얼마나 힘들겠는가 ── 역주.

이 장면에 내재된 감정을 이끌어 낼 수 있는 유일한 선율로까지 느껴진다.

이와는 달리, 「인디펜던트Independent」지의 비평가인 마크 스타인은 「사랑의 모습들」에서 앤드루 로이드 웨버의 작사가들은 〈구조를 깔끔하게 정리하지 못해서 패배했다〉고 평했다. 그는 도입부에 주요곡인 〈사랑은 모든 것을 변하게 해요Love Changes Everything〉를 넣음으로써, 처음부터 그것을 듣고 나면 이미 모든 것을 다 들은 셈이 돼 버려 김이 빠진다고 지적했다. 가사는 〈소식이 여기까지 도착하려면 시간이 걸리지, 그러면 시간이 얼마나 빠른지 놀라게 될 거야〉로 이어져, 다음엔 〈왜, 왜 그는 우릴 염탐하는 거야? 그 사람이 오기 전까진 참 좋았는데〉라고 끝난다. 이런 식의 가사 배열은 실수라고밖에 할 수 없다. 왜냐하면 뮤지컬이 오페라보다 더 인기 있는 이 시대에 미국 뮤지컬을 성공하게 만든 요인은 바로 가사와 음악의 통일성이기 때문이다. 일단 그 노랫말과 그 선율을 듣고 나면, 그 둘은 서로 분리될 수 없다. 앤드루는 〈매혹된 저녁〉이라는 구절에 아이처럼 굉장한 감명을 받았다고 한다. 그렇다면 1950년대의 객석에 앉아 있는 앤드루 로이드 웨버를 한번 상상해 보자. 〈매혹된 저녁〉이라는 노랫말이 〈과자 드실래요〉라는 가사가 나온 지 한 10분 후쯤에 들렸다면, 그래도 여전히 감명을 받을 수 있을까?

:: 관련 분야들

이제까지 뮤지컬 대본 작가, 작사가, 작곡가의 주요 역할들을 분석하기 위해 이 책의 많은 지면을 할애하면서 그 외에 뮤지컬에 있어서 없어서는 안 될 꼭 필요한 분야의 사람들을 훑어보았다. 그래서 이쯤에서 공연의 성패를 좌우하는 중요한 역할을 하는 다른 두 사람을 간단하게 언급하고 넘어가려고 한다. 바로 연출가와 제작자이다. 이들이 없이는 관객들이 뮤지컬을 보게 될 수가 없다!

오늘날의 연출가는 창조적인 일련의 팀과 함께 밀접한 관계를 가지고 작업을 한다. 대사, 캐스팅(배역 선정), 무대 전환, 대본 정리 등 사실 모든 제작 작업은 연출가의 감독 아래 이루어지며, 똑똑한 연출가라면 직접 히트 작품을 쓸 수는 없을지라도, 지루한 뮤지컬에 독창성과 신선함을 불어넣어 흥미를 불러일으키는 공연을 만들어 낼 줄 안다. 연출가들이 마지막 순간에 불려 와서, 모자에서 토끼를 꺼내는 마술처럼 그렇고 그런 공연을 히트작으로 바꾸어 놓는 경우도 종종 있다. 그러나 첫 작품부터 그렇게 되는 것은 아니다. 연출가가 되기 위해서는 기본 훈련이 필요하다.

제작자는 또 성격이 좀 다르다. 제작자는 독창적이든 행정적이든 간에, 단지 돈을 만들어 주는 사람이 아닌, 일반 대중들의 생각을 읽을 줄 아는, 무엇보다 확실한 선견지명을 가지고 있는 사람이어야 한다. 제작자는 공연이 히트를 하면 투어팀을 후원해 주고 반대로 실패를 하면 끝났다고 공고를 붙이는 사람이다. 어떤 면에서 사업가라고 할 수 있는데 연극적 감각이 필요한 사업가가 되어야 한다. 이 역시 많은 경험과 기본 훈련을 필요로 한다.

:: 연출가

금세기 초반 한 50년간은 연출가에게 별로 창의적이지 못한 역할들이 주어졌었다. 연출가들이 하는 일은 여러 작업 과정을 하나로 포장하는 정도에 지나지 않았다. 가장 성공을 거두었던 연출가라 하더라도 다들 잊혀져 갔고, 유명했던 작품들을 생각해 봐도 작곡가와 제작자의 이름만이 머리에 떠오를 뿐이다. 초기의 엑스트라버간자를 브로드웨이로 이끌고 왔던 전설적인 인물, 플로렌즈 지그펠드는 「폴리스」라는 작품에 무엇을 담을 것인지를 결정하는 일을 했다. 조지 화이트는 매년 공연하던 「스캔들즈Scandals」를 위해 장면들을 고르고 부족한 여배우를 모으는 역할을 했으며, 레이몬드 히치콕은 「히치쿠즈」라는 자기의 이름을 딴 시리즈를 위해 무대와 촌극을 선별했다. 런던의 웨스트 엔드에서도 상황은 비슷해서, 극단주였던 앙드레 샬롯Andre Charlot은 자기의 레뷔 공연을 위해 스타들을 뽑고 리허설을 감독하면서 경영을 맡았었다.

단순한 약간의 플롯으로 이루어진 당시의 뮤지컬은 스타들을 위해 만들어진 하나의 수단에 지나지 않았다(「오, 케이Oh, Kay」는 거트루드 로렌스를 위해 써진 작품이고 「샐리Sally」는 마를린 밀러를 위해 써졌으며, 「여자가 착해야지 Lady Be Good」와 「퍼니 페이스」는 프레드Fred와 아델 아스테어 Adele Astaire를 위한 무용이 일부 삽입된 작품이었다). 연출가는 그 스타들을 위해 모든 것이 잘 돌아가고 있는지 가만히 앉아서 관찰하는 역할에 불과했다. 배우들이 서로 부딪치는 않는지, 등퇴장을 제대로 서두르지 않고 하는지를 지켜보거나, 맨 뒷좌석에 앉아서 관객들한테 대사와 음악이 잘 들리는지 점검하는 일이 연출가의 임무였다. 연출가는 기껏해야 대우받는 무대 감독 정도에 불과했다.

그러다가 1940년대 초반 즈음해서, 무용이 탭 댄스 막간극 수준을 넘어서고 제작 규모가 윗사람들이나 배우들의 자아에만 맡겨 두기에는 너무 복잡하게 되자 창조적인 연출가들이 생겨나기 시작했다. 이런 움직임이 활발해지면서, 광고문에 써 있는 아그네스 드 밀, 제롬 로빈스, 고워 챔피언Gower Champion, 마이클 키드Michael Kidd, 밥 포스 등의 이름이 작품의 질을 보장하게 되었고 대중들도 이 사람들의 작품이라면 지루하지 않을 것이라는 사실을 믿게 되었다.

이러한 안무가 겸 연출가들은 고전 발레를 통해서 기른 역량을 뮤지컬에서 발휘했다. 「오클라호마!」에서는 아그네스 드 밀의 엄청난 역할을 그저 안무가라고 고지하긴 했지만 어쨌든 이를 시작으로 아그네스는 베테랑 연출가였던 루벤 마물리안Rouben Mamoulian보다 더 많은 격찬을 받기 시작했다. 아그네스를 비롯해서 그녀의 뒤를 이었던 유명 안무가들은 전체를 관장하는 연출가에게 그들의 작업을 일일이 허락받는다는 것이 당시로서는 상상도 할 수 없는 일이었다. 제롬 로빈스나 헬렌 타미리스Helen Tamiris와 같은 안무가들은 발레와 연극 동작을 잘 조화시킬 수 있는 능력이 있었다. 이미 그들은 단순한 안무가의 수준을 넘어섰다. 그러고 나서 곧 작품 전체를 관장할 수 있는 무용극 연출가들이 나타나게 되었다. 밥 포스, 고워 챔피언, 토미 튠Tommy Tune, 마이클 베넷, 밥 아비안Bob Avian 등이 부상하기 시작했다. 능력 있는 무용가, 무용 지도자, 조안무나 안무 협력, 안무 연출가의 역할을 거쳐 결국 〈전체 작품을 지휘하는〉 지도자로 성장해 나갔다. 그들 중의 몇 사람은 제작 사무 시스템 쪽으로 방향을 바꾸어 작품의 자금 조달을 위해 레코드 회사로 들어가 버린 경우도 있다. 최근에는 이들의 이름이 작품 제목과 함께 붙여져 아예 〈마이클 베넷의 「코러스 라인」〉, 〈밥 포스의 「댄싱」〉으로 불릴 정도가 되었고 「제롬 로빈스의 브로드웨이」라는 작품 제목까지 나오게 되었다.

이제 연출가들은 강력한 힘을 행사하게 되었다. 연출가가 구해지지 않으면 제작 일정을 늦출 만큼 그들은 필수 불가결한 존재가 되어 스타를 감히 해고시킬 만큼 강력한 힘을 발휘하고 있다. 의상이나 무대 장치를 다 새로 만들라고 명령할 수 있는 영향력을 행사하면서 〈공연을 잘 되게 하기 위해서〉 수백만, 수천만 달러를 갖다 버리기도 한다. 줄거리나 노래, 가사를 과감히 잘라 낼 수 있는 대담성과 선견지명을 가지고 있어야 하며 작품의 일관성을 유지하기 위해서는 몇몇 등장인물을 아예 고쳐 쓰기도 한다. 이렇게 막강한 연출가의 권력은 그들의 이름이 프로그램의 맨 앞에, 스타나 극작가의 이름보다 더 큰 글씨로 인쇄되는 결과를 가지고 왔다. 〈연출 및 제작 총지휘 밥 포스, 혹은 할 프린스, 아니면 제롬 로빈스〉라고 써 있는 문구를 보고 많은 사람들이 극장에 간다. 옛날에 지그 필드, 아이버 노벨로Ivor Novello, 혹은 콜 포터 공연을 보러 몰려가던 사람들, 노엘 카워드의 마지막 작품이나 에슬 머먼의 작품을 보았던 관객들이 이제 이들의 이름을 믿고 입장권을 사게 되었다.

오늘날 연출가가 되기 위해 필요한 기본 훈련은 무엇인가? 물론 극작과 각색의 기법에 정통해 있어야 한다. 이는 최고의 지휘자들이 직접 관현악단에서 연주를 하면서 기량을 쌓아 온 것과 마찬가지다. 연출가도 무대에서 많은 경험을 쌓아야 한다. 반세기가 넘게 전설적인 뮤지컬 무대 감독으로 군림했던 조지 애봇George Abbott의 경우 많은 현장 경험을 바탕으로 훌륭한 성과를 거두었다. 군사 학교에서 명령 체계를 배웠고 연극계에 들어와서는 처음에 배우로 활동하다가 빠른 템포의 소극(笑劇)을 쓰기 시작했다. 그리고 그 작품들을 연출했다. 처음에는 연출 협력으로 조심스럽게 시작하여 나중에는 전체 연출을 맡게 되었다. 애봇의 경우는 연출가가 되려는 사람들에게 좋은 본보기가 될 수 있을 것이다. 현대 뮤지컬의 지도자라 할 수 있는 할 프린스도 예전에 애봇의 밑에서 기량을 쌓았다.

그러나 모든 뮤지컬이 춤에 의존하는 게 아니다. 프린스가 「에비타」에 선택된 것은 군중을 감동시키는 그의 방식 때문이었다. 트레버 넌은 로열 셰익스피어 극단 경험과 셰익스피어 역사극의 강력한 힘을 훌륭하게 이용해 「니콜라스 니클비」를 여섯 시간 동안이나 흥미진진하게 이끌어 갔다. 그는 이 경험을 바탕으로 더 어려운 작품 「캐츠」나 「스타라이트 익스프레스」, 「체스」, 「레미제라블」 등으로 큰 성공을 거두었다. 「노이지즈 오프Noises Off」에서 타이밍을 기가 막히게 맞추었던 마이클 블랙모어 Michael Blackmore 는 신체 동작에서 놀라운 재능을 가지고 있었다. 특히 무용 이외의 신체 동작을 능숙하게 구사했다. 그는 영국에서 건너와 「천사의 도시」를 연출할 때 분할된 무대 위에 끊이지 않고 계속되는 동작으로 전체적인 분위기를 만들어 내기도 했다.

연출가가 되는 데 가장 필요한 것은 역시 〈경험〉이다. 연극 학교에서 어느 정도 공부를 하고 무대에서, 무대 뒤에서, 앞에서, 옆에서 경험을 쌓는 것이다. 연기와 노래와 극작과 작품 파악에 이르기까지 많은 경험을 쌓으라. 음악극을 하고 있는 연출가 밑에 견습생으로 들어가라. 그리고 나서 충분한 상상력과 아이디어를 얻고, 뮤지컬 대본 작가나, 작곡가, 작사가들을 알게 되어 그 사람들이 당신에게 자신들의 〈자식〉들을 믿고 맡길 수 있을 때가 되면 그때는 당신의 길을 가도 좋을 것이다.

:: 제작자

제작자의 이미지는 대개 예쁜 코러스들을 옆에 거느리고 시가를 씹고 있는 뚱뚱한 사업가를 연상시킨다. 자기 소유의 극장 제일 꼭대기 사무실에서 책상 위에 발을 떡 올리고 손에는 전화를 들고 있는 전직 변호사나 회계사였다가 극장주가 된 사람을 생각할 수도 있을 것이다.

그러나 현실은 이것과 거리가 멀다.

요즘의 제작자는 대개 한 조직을 이끌어 가며 열심히 일하는 사람들이다. 무대에서 어떤 것이 효과를 거둘 수 있는지 잘 아는 선견지명이 있는 경우도 많다.[32]

지난날의 제작자들은 극장을 소유한 집안에서 배출되는 경우도 많았다(대본 작가 겸 작사가였던 오스카의 삼촌인 아서 해머스타인이 그런 경우다). 슈버트Shubert 형제나 에이브 얼레인저Abe Erlanger는 극장을 소유하게 되자 사람들이 좋아하는 오페레타로 무대를 채웠다. 대개 돈을 좀 벌었지만, 돈을 벌지 못한 경우에는 한 작품을 하고 나서 다시는 그 이름을 들을 수 없게 되는 경우도 있었다. 개중에는 알프레드 블루밍데일Alfred Bloomingdale과 같이 신통치 않은 뮤지컬에 투자했다가 백화점 하나를 완전히 날려 버린 시원찮은 제작자들도 있다. 영국 제작자인 해럴드 필딩Harold Fielding도 1988년에 「지그펠드」라는 별 볼일 없는 작품 때문에 수백만 파운드를 잃었고 1990년에 또 다른 엑스트라버간자로 실패를 거듭하자 결국 짐을 싸서 떠나야 했다.[33]

그러나 오늘날의 제작자는 이와 완전히 다르다. 대부분이 연극적인 경험을 갖고 있고 대개 연극계 안팎에서 무대 장치, 의상 디자인, 연기, 음악, 가사, 연출 등 다방면에 관한 엄청난 지식을 요구하는 이 역할을 위해 견습생으로 일하며 연극을 배운 사람들이다.

이외에도 제작자들은 홍보와 광고 분야도 다룰 줄 알아야 하며 회계 쪽으로도 일가견이 있어야 한다. 공연이 연습에 들어갈 때부터 개막을 하고 쫑 파티를 하는 순간까지 연극인들의 폭발하기 쉬운 예민한 신경과 섬세한 자아를 달래고 어루만질 줄 아는 너그러운 성격까지 필요하며, 작품 성공에 기여한 수많은 사람들의 명단도 일일이 챙겨야 하는 꼼꼼함도 역시 필요하다.

---

[32] 제작자 데이비드 메릭David Merrick은 손튼 와일더Thornton Wilder의 1954년 작 「중매쟁이The Matchmaker」를 뮤지컬로 옮기면 좋은 작품이 나오리라는 것을 처음으로 알아차린 사람이다. 그는 마이클 스튜어트에게 대본을 의뢰하고 제리 허먼에게 곡을 쓰도록 하여 「헬로, 돌리」라는 히트작을 만들어 냈다.

[33] 비평가인 마크 스타인에 의하면 그 작품은 해럴드 필딩을 완전히 파산하게 만들었다고 한다. 「당신을 닮은 누군가Someone Like You」는 재미없는 제목과 남북 전쟁이라고 하는 진부한 배경에서부터 페이 웰던Fay Weldon, 페튤라 클라크Petula Clark, 디 쉽맨Dee Shipman으로 구성된 엉뚱한 극작팀에 이르기까지 실패의 요소를 다 갖추고 있었다.

그러나 이 모든 것에 앞서는 가장 중요한 제작자의 자질은 신뢰감과 선견지명이다. 지그펠드에서 메릭, 매킨토시Cameron Mackintosh[34]로 이어지는 성공한 제작자들은 수많은 뮤지컬을 무대에 올렸고 모두 〈선구자〉로서의 자질을 가지고 있는 사람들이다. 제작자는 보이지 않는 물건에 투자를 하도록 사람들을 유도해야 하기 때문에 많은 잠재 투자자의 명단을 확보하는 것만큼 그들에게 신뢰감을 줄 수 있는 태도가 필요하다.

신뢰도, 확실성과 선견지명은 연극계에서 찾아보기 쉽지 않은 미덕이다. 그것은 도란을 바르고 독창성을 발휘하는 것과는 또 다른 문제이다. 그래서 요즘, 성공한 뮤지컬을 찾아보기가 힘든 건지도 모르겠다.

:: 세 명의 주요 작업자들을 위한 마지막 한마디

오늘날의 뮤지컬 작곡가, 작사가, 대본가들에게 필요한 테크닉에 대해서는 앞에서 설명한 바와 같이 충분히 이해가 되었을 것이다. 오늘날의 뮤지컬 종사자들은 한편으로 대중가요 분야에 적을 두고 다른 한편으로 연극계에 관여를 하던 과거의 사람들과는 다르다.

---

[34] 카메론 매킨토시는 영국 뮤지컬계의 가장 성공한 제작자이지만 그도 첫 번째 작품에서는 실패를 맛보았다. 누가 보아도 성공을 장담할 만한 콜 포터의 「애니싱 고우즈」라는 작품이었는데, 그때까지만 해도 매킨토시는 기술이 부족했다. 그러나 후에 기록적인 성공을 계속해서 거두었는데, 그것은 물론 많은 이유가 있겠지만 무엇보다도 그의 인내심 덕분이었다. 매킨토시는 극장을 예약해 두고 새 작품을 하겠다고 어느 시점에서 공표하는 것이 아니라, 자연스럽게 한 작품이 진행되어 가도록 놓아두는 것 같다. 그러다가 관객들의 반응이 부정적이면 작품을 바꾸는 걸 고려한다. 거의 20년간을 웨스트 엔드에서 작품 제작을 해오면서 그는 수많은 성공작을 남겼다. 「사이드 바이 사이드 바이 손드하임」, 팀 라이스의 「블론델Blondel」, 샌디 윌슨의 「보이프렌드」, 로저스와 해머스타인의 「오클라호마!」, 스티븐 슈워츠의 「가스펠」, 줄리언 슬레이드의 「트렐로니Trelawney」, 러너와 로웨의 「마이 페어 레이디」, 라이오넬 바트의 「올리버」, 아바의 「아바카다바Abbacadaba」, 앤드루 로이드 웨버의 「캐츠」, 「오페라의 유령」, 「송 앤 댄스」, 쇤베르그와 부블릴의 「레미제라블」과 「미스 사이공」 등이 모두 그가 제작한 작품들이다. 그는 최근에 또 다른 작품을 준비하고 있다고(누구의 작품인지는 밝힐 수 없다고 한다) 하는데 앞으로 4년 동안 작업을 할 예정이다! 이번에도 그는 작품이 준비되면 제작을 할 것이다. (이 밝힐 수 없는 작품은 6년간의 준비 끝에 1996년 런던 웨스트엔드에서 개봉한 「마틴 기어Martin Guerre」였다. 그 후 매킨토시는 2000년에 「이스트윅의 마녀들The Witches of Eastwick」을 제작했으나 크게 성공하지 못했고, 2004년에는 디즈니사와 「메리 포핀스Mary Poppins」를 공동 제작하여 2006년 현재까지 대표적 인기작으로 공연되고 있다 — 역주.)

몇십 년 전에는 모든 대중 음악 히트곡들이 극장에서 처음으로 불려지곤 했지만 오늘날에 와서는 뮤지컬 노래가 대중 가요 차트에 오르는 일은 거의 없다시피 되었다. 뮤지컬을 만든다는 것이 훨씬 전문화된 예술 양식이 된 것이다. 개개의 노래가 아니라 전체로서의 뮤지컬 작품이 성공과 실패를 가늠하게 된 것이다.

　　뮤지컬을 만들기 위해 필요한 테크닉들을 가르치는 여러 가지 코스들이 있는 것은 사실이지만 그것이 필요한 만큼 전문화되어 있지는 않다. 뮤지컬을 위한 전문적인 프로그램에 등록하지 않는 한, 완전 초보자들은 분명 전문적인 지도를 받는 데 어려움이 있을 것이다. 공립이나 사립 전문 학교나 대학, 음악 학교에 등록하는 것도 하나의 방법일 수 있다.

　　극작이 대부분의 일반 대학의 교과 과정에 들어 있긴 하지만 대부분 뮤지컬 대본을 쓰는 것과는 상당히 거리가 멀다. 대학에서 시를 배우고 분석하는 일은 많지만 그것도 가사와는 사실 별 상관이 없다. 현악 4중주, 심포니, 피아노 소나타를 배우는 것도 화음과 대위 선율을 배운다는 것을 제외하곤 노래로 가득한 뮤지컬 세계와는 별 상관이 없다.

　　〈반(半) 전문가〉들에게는 좀 더 쉽다. 미국에서는 ASCAP American Society of Composers, Authors and Publishers라는 작곡가, 작가, 출판업자 협회와 BMI Broadcast Music Incorporated라는 방송 음악 협회가 있는데 이 두 협회가 뉴욕, 시카고, 샌프란시스코 등지에 사무실을 두고 유명 전문가들이 지도하는 워크숍을 후원하고 있다.[35] 이 두 단체는 사실 이익을 추구하는 단체로서 후에 공연 예술 저작권 단체에 가입하게 될 만한 미래의 전문가들만을 후원하기 때문에, 이 워크숍을 끝내고 곧바로 브로드웨이 진출이 가능할 만한 재능 있고

---

[35] 뮤지컬 교육을 하는 대학에서는 꽤 재능 있는 사람만을 받긴 하지만, 테드 채핀Ted Chapin은 신시내티 대학에 대해 이렇게 이야기한 적이 있다. 〈도대체 거기서 무얼 배우는지 모르겠지만 매번 오디션에 가보면 그래도 개중 나은 재목들은 대개가 그곳 출신이다. 작년에 「사랑의 유람선」 오디션의 심사를 했는데 오페레타와 뮤지컬의 성격을 다 가지고 있는 그 작품에 딱 맞는 사람을 찾아보기가 힘들었다.〉 한편 채핀은 뮤지컬을 위해 배우들을 양성하고 있는 데이비드 크레이그David Craig에 대해 칭찬을 아끼지 않았다. 크레이그는 지금 뉴욕에서 활동하고 있는데 영화와 무대, 특히 뮤지컬과의 심한 차이를 극복하기 위해서 알렉시스 스미스Alexis Smith와 같은 재능을 가진 배우들을 길러 내고 있다. 현재 캘리포니아에도 이런 학교를 설립할 계획이라고 한다.

강인한 예술가들만을 선택한다.

영국에도 이와 유사한 프로그램들이 있는데, 카메론 매킨토시가 후원해서 1990년에 설립된 세인트 캐서린 대학의 코스가 바로 그것이다.[*36] 음악극 과정의 첫 번째 교수는 스티븐 손드하임으로, 그가 이 과정의 기본틀을 만들었고 뒤이어 임용된 교수들도 그 기본 방식을 지켜 나갔다. 손드하임은 첫 번째 강좌를 위해 네 팀의 작곡가 – 작사가와 작곡 작사가 모두 가능한 다섯 명의 학생을 선발했다. 그룹에 속할 열세 명의 학생을 선발하기 위해 손드하임은 입학 신청자들이 만든 90곡의 테이프를 들었다. 주요 심사 기준은 〈팝송이 아닌 연극에 특별히 어울리는 목소리를 찾는 것〉이었다. 이 과정은 배우는 과정이었기 대문에 손드하임은 학생들이 공연을 어떻게 하나의 유기체로 짜맞추는지를(손드하임이 국립 극단 작품으로 「조지와 함께 공원에서 일요일을」을 만들 때였다) 배울 수 있기를 바랐고 그룹별 뮤지컬 실습을 통해 학생들을 가르쳤다.

이렇게 해서 뽑힌 열세 명은 한 시간 정도 떨어진 런던으로 당일 여행을 떠나 캐스팅, 무대 제작, 의상 재봉 등의 과정에서 무슨 일이 진행되는지를 확인했다. 그리고 저녁때 옥스퍼드로 돌아와 자신들의 작업을 계속했다. 손드하임은 매주 학생들에게 공연에 필요한 다른 파트의 작업을 하도록 과제를 내주었다.

손드하임은 그전에 공식적인 교사직에 있었던 경험은 없었지만 〈이 전문 과정〉이 이전의 극작 훈련 과정과는 다른 하나의 새로운 전례가 되기를 희망했다. 연극계에서 극작을 다루는 가장 좋은 방법은 공연을 직접 만들어 보는 것이라고 말하고 싶다. 대학에서도 이러한 과정을 제공할 수 있게 되기를 바라며 이들의 작품이 하루쯤 관객에게 관람의

[*36] 이 과정은 2006년 현재 더 이상 존재하지 않는다. 국내에서 뮤지컬 관련 학과에 대해서는 한국대학교육협의회 대학진학정보센터(http://univ.kcue.or.kr/), 한국고용정보원(http://know.work.go.kr/)에서 학과 정보를 검색할 수 있으며, 한국뮤지컬협회 및 한국대학뮤지컬교수협의회에 문의하면 쉽게 정보를 얻을 수 있다. 영국의 경우는 국립 드라마 트레이닝 위원회 National Council for Drama Training(http://www.ncdt.co.uk)에서 관련 정보를 얻을 수 있으며, 특히 런던 소재 뮤지컬 과정에 대해서는 http://www.floodlight.co.uk/에서 검색이 가능하다. 미국의 경우는 뮤지컬 및 연극 관련 학과에 대한 검색은 http://www.a2zcolleges.com 혹은 http://www.collegeboard.com/에서 가능하며, 뉴욕 소재 대학에 대해서는 http://www.colleges-in-new-york.com, 뉴욕의 공연 예술 과정에 대해서는 http://www.a2zcolleges.com/arts/drama/ny.html을 이용하면 도움을 얻을 수 있다 — 역주.

기회를 제공해도 좋을 듯싶다. 그렇게 해서 무엇을 만들려고 했었는지를 발표하면서 자신들이 말한 것이 제대로 되었는지를 알아낼 수 있을 것이다.

BMI나 ASCAP, 옥스퍼드의 과정들은 물론 〈거의 준비된〉 사람들을 위한 것이다. 열의로 가득한 초보자의 경우에는 레코드를 듣고 악보를 연구함으로써 어떻게 작품을 쓰는지에 대해 많은 것을 배울 수 있다. 대부분의 전문가들도 영감의 보고라고 할 수 있는 1950년대의 고전 뮤지컬에서 많은 것을 얻었고, 1990년대에 이르기까지 나타난 변화를 계속해서 연구해 왔다. 이렇게 해서 무엇이 효과가 있고, 무엇이 중요한지, 혹은 어떤 것이 소용없는 것인지를 배워 왔다. 그들은 진정한 성공과 비평가의 찬사가 다르다는 것을 알고 있고 기록적인 실패작에서도 배울 점을 찾아낼 수 있다. 이제 지겨운 상업적인 쇼의 시대는 끝났으며 성공은 계속해서 사회적인 이슈들과 함께할 것이라는 것을 그들은 알고 있다. 그리고 그들은 새로운 연극들을 계속 보러 다니면서 뮤지컬로 만들만 한지를 검토하고 있다.

뮤지컬을 보러 가는 것은 꼭 필요하다. 뮤지컬을 만드는 사람은 전문화된 연극의 세계 속에 살고 있어야 하기 때문이다. 연극을 하는 사람들이 무대에서 그들의 독특한 목소리를 높여 이야기하고 있는 이슈와 유행, 조류를 알고 있어야만 한다. 꼭 이용하지는 않을지라도 대중 문화의 측면도 간과해서는 안 된다. 연극의 세계 속에서 살아간다는 것은 상아탑 속에 사는 것과는 전혀 다르기 때문이다.

❷ ——— 소재 찾기

어떤 소재가 좋은 뮤지컬을 만드는가? 고전 각색하기. 백스테이지 뮤지컬. 전기 뮤지컬. 노부인
(혹은 노인). 시대 배경. 피해야 할 소재들. 환상. 창작 아이디어

:: 어떤 소재가 좋은 뮤지컬을 만드는가?

단순하게 들릴 수도 있겠지만 성공작과 실패작의 차이는 소재의 선택에 달려 있다고 할 수 있다. 만약 〈해저 공사장의 인부 sandhog〉라는 유쾌하지 못한 제목의 뮤지컬이 있다고 하자. 강 밑으로 터널이나 파고 폭발과 사고가 줄거리의 대부분을 차지할 그런 공연이 크게 히트를 칠 수 없을 것이라는 것은 누구나 생각할 수 있다. 마찬가지로 「켈리 Kelly」[*1]라는 작품은 브루클린 다리에서 최초로 뛰어내린 것밖엔 별로 한 일이 없는 스티브 로디라는 사람의 이야기를 다룬 것이었는데 시작부터 별로 희망적이질 못했다. 거세와 성전환에 대해 노래했던 「칼」이라는 작품에 투자를 할 사람이 누가 있겠는가? 이 두 작품이 다 금방 막을 내린 것은 어쩌면 당연한 일이다. 이와는 달리 고양이에 대한 시를 주제로 한 작품(캐츠)이나 희망에 부푼 연극계의 뒷 이야기(코러스 라인)를 다룬 작품들은 아직까지도 계속해서 공연이 되고 있고 아마도 영원히 공연이 계속될 것 같다.

이 둘의 차이점은 당연히 행복 대 불행이다.

이 말은 뮤지컬이 반드시 해피 엔딩으로 끝나야 된다는 의미는 아니다. 「카바레」, 「왕과 나」, 「지붕 위의 바이올린」 같은 경우에는 눈물로 막을 내렸다. 사실 그렇게 불행을 다룬 비극이나 희망이 보이지 않는 이야기들은 일반 연극이나 연극적 오페라에 더 잘 어울린다. 뮤지컬은 동경으로 가득 차 있든, 부드럽든, 감동적이든 간에 종국에는 반드시 고상한 기분을 제공해야 한다.

윌리엄 해머스타인은 아버지의 음악극 대본을 분석하면서 〈이것을 뮤지컬로 만들어 성공하려면 예술적으로 승화시켜야 한다〉고 생각했다. 뮤지컬을 만든다는 것은 단순히 음악을 붙인다고 되는 것이 아니다. 완성된 작품은 반드시 뭔가 다른 것, 새로운 것, 변화

[*1] 「켈리」는 1965년에 공연되어 단 하룻밤 만에 영원히 막을 내렸는데, 제작비로 무려 65만 달러라고 하는 어마어마한 돈을 날렸다. 이후에 이 제목은 실패작의 대명사가 되어 한때 처참한 실패를 맛보았던 사람들이 〈켈리 클럽〉이라는 걸 만들어 자기가 참여했던 실패작들에 대해 이야기하는 것을 즐기는 모임으로 삼기도 했다.

된 것을 보여 줄 수 있어야 한다. 「전쟁과 평화」를 뮤지컬로 만든다고 한다면 먼저 여기에 음악을 붙여서 더 흥미진진하고 재미있는 공연을 만들 수 있을지를 판단해야 한다. 소재를 주의 깊게 검토해 보지 않고 작품을 시작하는 사람들이 너무 많이 있다. 〈우리 「블랙 뷰티」를 한번 뮤지컬로 만들어 보지!〉 하고 너무 쉽게 이야기한다. 〈노래하는 말이 어디 있을 거야〉, 〈구해 봐, 그럼 정말 끝내 주는 뮤지컬이 되겠는데〉 하고 생각 없이 이야기한다.

　　그러나 톰 셰퍼드는 생각을 한 단계 발전시키면 「블랙 뷰티」 같은 괴상한 아이디어도 얼마든지 성공할 수 있다고 생각한다. 〈손님의 목을 자르는 이발사와 그 인육으로 고기파이를 만드는 이발사의 여자 친구 이야기를 뮤지컬로 만들겠다고 하면(「스위니 토드」) 누구나 《잠깐만》 하고 말하겠지요. 하지만 아이디어와 그 아이디어를 발전시켜 나가는 것은 커다란 차이가 있다는 걸 다들 잊어버리고 있는 것 같아요. 「오클라호마!」는 사실 진부하고 조악한 아이디어에 불과했지요. 누가 로리를 데리고 경매에 갈 것인가? 하지만 매우 재능 있는 사람들에 의해서 이 이야기도 가장 인간적인 이야기로 구성되었잖아요. 《오클라호마!》라는 함성이 아직도 우리 모두의 가슴속에 울려 퍼지고 있지 않습니까.〉

:: 고전 각색하기

「안녕 버디」, 「카니발」, 「헬로, 돌리」, 「바넘」을 썼던 대본 작가 마이클 스튜어트는 언제나 뮤지컬을 쓰고 싶어 하는 사람들에게 대중에게 널리 알려진 베스트셀러들을 한번 찾아보라고 권유한다. 그는 〈거기에 다 있어〉라고 말한다. 〈백만장자가 되려면, 그 책에서 파내기만 하면 돼.〉

　　그렇다. 유명한 몰나르의 「릴리옴」이 「회전목마」가 되었고, 셰익스피어의 「로미오와 줄리엣」이 「웨스트 사이드 스토리」로 다시 태어났다. 마크 트웨인의 「허클베리 핀」이 「빅 리버Big River」로 수년 동안 공연되었으며, 1980년대의 최대 히트작인 가스통 르루Gaston Leroux의 「오페라의 유령」이 뮤지컬화되었다. 물론 셰익스피어나 디킨스, 트웨인,

위고, 코넌 도일의 작품들도 여러 차례 뮤지컬로 각색되어 성공을 거두었다. 누구나 각색할 주제를 찾고 있다면 고전 소설과 고전 희곡의 소재들을 간과해서는 안 된다.

희곡과 영화는 소설보다 극적인 구조를 가지고 있기 때문에 각색하기가 더욱 쉽다. 오스카 해머스타인은 린 리그즈Lynn Riggs의 작품「그린 그로 더 라일락스Green Grow the Lilacs」가 연극으로서는 크게 성공하지 못했지만 음악을 덧붙인다면 훨씬 강화될 수 있을 요소들을 가지고 있다고 생각했다. 이것을「오클라호마!」라는 뮤지컬로 바꾸는 것은 에드나 퍼버Adna Ferber의 대작인「사랑의 유람선」같은 방대한 소설에 덤벼드는 것보다 훨씬 쉬운 일이었다.「사랑의 유람선」은 거의 40년에 걸친 방대한 역사와 시카고에서〈사랑의 유람선〉의 긴 여정을 다룬 엄청난 소설이었으며「레미제라블」의 경우도 여러 세대가 이어지는 복잡한 소설이었으니까.

:: 백스테이지 뮤지컬

뮤지컬이 연극 관객들의 사랑을 받으면서부터 무대 뒤에서 일어나는 일들이 뮤지컬 작품으로 많이 다루어졌다. 무대의 뒷모습, 캐스팅, 제작 과정 등을 소재로 다룬 작품들이 유명 고전의 각색 작품과 마찬가지로 뮤지컬의 주요 주제로 작품화되어 많은 성공을 이끌어 내었던 것이다.「사랑의 유람선」에서「코러스 라인」에 이르기까지 앞 좌석에 앉은 관객들의 눈에는 연극계 사람들의 화려한 세계가 자신들의 세계와는 다른 세상의 일로 비추어졌고, 연극계 내부에서는 괘씸하게 느꼈을지 몰라도, 많은 부러움을 사기도 했다.[2]

30년이 넘도록 고전으로 사랑받았던「집시」는 여배우를 주인공으로 삼았고,「리틀 나이트 뮤직」의 여주인공 데지레도 역시 여배우였다.「품속의 아기들Babes in Arms」에서

---

[2] 윌리엄 해머스타인은 워싱턴에서의 네 시간 반에 걸친 개막 공연을 보던 참을성 없는 비평가들이 이 공연을「슬로보트」라고 놀렸다고 덧붙였다.

도 돈을 벌기 위해 공연을 해서 부모의 집을 구하는 꼬마들의 이야기를 다루었고, 「메임」
에서도 쇼 비즈니스를 다루었으며, 「아가씨와 건달들」은 미스 아델레이드와 〈핫 박스 걸
즈〉를 등장시켰고, 「라만차의 사나이」에서는 감옥 생활과 연극적 환상 사이를 번갈아 가
며 다루었다. 「키스 미, 케이트」는 「말괄량이 길들이기」를 공연하려고 애쓰는 재능 없는
한 연극 단체를 그려 냈고, 「미치광이의 우리」는 프랑스의 한 마을에서 드래그 쇼를 준비
하는 것으로 시작되며, 「42번가」는 경험 없는 대역 배우가 공연을 할 수 없게 된 주인공
을 대신해서 브로드웨이의 대스타가 된다는 이야기로 「오페라의 유령」과 거의 같은 내용

**「미치광이의 우리La Cage aux Folles」(1983). 진 베리와 조지 헌.

으로 이루어져 있다(「오페라의 유령」에서는 마스크를 쓴 기인의 도움을 받는다는 내용만 제외하면). 왜 세련된 대중들이 연극계에서 일어나는 이런 유의 이야기들을 지겨워하지 않는지 의아하게 생각할 수도 있을 것이다. 그러나 〈연극계〉의 이야기를 다루고 싶어 하는 대본 작가가 있다면, 바로 이런 이야기들 속에는 언제나 허식에 가득 찬 배우들과 상반되는 〈비연극적인〉 좌절들이 존재한다는 사실을 알아야 할 것이다(위에 언급한 작품들을 잘 살펴보면 알 수 있을 것이다). 이에 해당하는 작품은 끝도 없겠지만, 바브콕에 대항하는 「메임」과 허비를 사랑하지만 잃고 마는 「로즈」, 프레드 그레이엄이 폭력배로부터 극단을 구해 낸다는 「키스 미, 케이트」, 변호사 프레드릭을 사랑하면서도 말다툼을 계속하는 여배우 데지레 등이 대표적인 예가 될 수 있을 것 같다.

:: 전기 뮤지컬

실제의 사람을 뮤지컬의 출발점으로 삼는 것도 매혹적인 소재가 될 수 있다. 물론 이제 고인이 된 사람을 다루는 것이 저작권 문제에 있어 더 수월하다(만약 돈을 밝히는 후손이 있다면 꼭 그렇지도 않다). 생존 인물을 다룰 경우에는 작품을 쓰기 전에 반드시 당사자와 접촉을 해봐야 하며,[3] 세상을 뜬 사람일 경우에는 유언 집행인과 먼저 상의를 해야 할 것이다.

작가는 주인공들이 대본 승인에 관한 재산권을 포기할 만큼 어리석은 사람들이 아닌 한은, 그 주인공들이 실제로 살아온 인생에 너무 집착할 필요는 없다. 주인공이 가장 드라마틱한 혹은 뮤지컬이 될 만한 인생의 전환점을 겪었던 어떤 사건이나, 한 10년에서

---

[3] 워싱턴Washington의 부인이었던 펄 메스타Perle Mesta 여사는 어빙 벌린의 「마담이라고 불러 주세요」를 위해 자신의 이름과 특징을 흔쾌히 사용하도록 허락했고 크게 협조를 해주었다. 메스타 여사는 룩셈부르크 대사로 임명된 적이 있었는데 작품에서는 이것이 조금 바뀌었다. 이 문제의 대본을 책임지고 있던 린지Lindsay와 크로즈Crouse는 프로그램의 해설 부분에서 이를 다음과 같이 밝혔다. 〈이 작품은 신비에 싸인 두 나라를 배경으로 하고 있는데 그 하나는 리흐텐부르그라는 곳이며 또 다른 하나는 미국이라는 나라입니다.〉

짧게는 1년 정도의 시기만을 부분적으로 이용할 수도 있다.

아래에 적은 예들은 실제의 인물을 극적으로 다룬 작품들이다. 물론 대중들이 관심을 가질 만한 인생들이 이보다 더 많이 존재하고 있지만.

「피오렐로」(라 구아디아La Guardia), 「조지 M.」(코핸Cohan), 「퍼니 걸」(파니 브라이스), 「아나스타샤」(도우에이저 Dowager 러시아 공주), 「피핀」(피핀 3세), 「멋대로 굴지 마라」(패츠 월러), 「세련된 여인들」(듀크 엘링턴), 「파리의 벤」, 「로스차일드」, 「코코」(샤넬), 「맥 앤 메이블」(맥 세넷Mack Sennett과 메이블 노먼드Mabel Normand), 「노르웨이의 노래」(에드바르드 그리그), 「마담이라고 불러 주세요」(펄 메스타), 「에비타」(에바 페론), 「가라앉지 않는 몰리 브라운」, 「사운드 오브 뮤직」(트랩 집안), 「소피」(터커Tucker), 「래그타임 블루스」(스콧 조플린Scott Joplin), 「원 모어 송」(주디 갈랜드), 「시장Mayor」(에드 카치Ed Koch), 「지그펠드」(플로렌스 지그펠드), 「레그즈 다이아몬드」.

:: 노부인(혹은 노인)

뮤지컬의 줄거리를 찾아낼 수 있는 또 하나의 보고는, 요즘 조금 분위기가 달라지긴 했지만, 나이 든 부인(가끔 남자일 때도 있다)의 일화이다. 이런 종류의 뮤지컬을 많이 시도했던 사람인 제리 허먼은 자신의 작품에 대해 이렇게 이야기한다. 〈「그랜드 투어」를 제외하고 거의 모든 작품이 노부인의 이야기를 담고 있습니다. 이 기법은 정말 대단해요.〉

「메임」, 「왕과 나」, 「에비타」, 「디어 월드」, 「헬로, 돌리」, 「갈채」, 「집시」,[4] 「어둠 속의 여인」, 「마담이라고 불러 주세요」, 「폴리스」 등은 모두 성숙한 여인을 주인공으로 하거나 그 주변의 사건을 다루고 있다. 이런 뮤지컬은 전기 뮤지컬과 자칫 혼동될 수도

---

[4] 이 작품은 집시의 어머니에 관한 것인데 그 딸인 로즈 리Rose Lee의 소설 『집시』를 각색한 것이다. 어쩌면 「로즈」라고 부르는 것이 더 적절할지도 모르겠으나 〈집시〉였던 로즈 리는 자기 이름을 써야 한다고 주장하지는 않았다.

있다. 아마도 「여성 위인」으로 명칭을 바꿔야 할지도 모르겠지만, 〈전기 뮤지컬〉은 실제로 있었던 인물을 기초로 해서 줄거리가 구성된다.

:: 시대 배경

고전이나 전기 뮤지컬을 각색할 때 간과해서는 안 될 사항이 또 하나 있다. 각 작품은 적절한 시대 배경을 가지고 있어야 한다는 것이다. 이야기 전개나 등장인물과 함께 뮤지컬은 반드시 주제나 컨셉[*5]이 있어야 한다. 그 주제나 컨셉은 공연이 올려지는 당시의 대중들의 생각에 가까운 것이어야만 한다. 만약 아직 시작 단계이더라도 관객들이 그 유행을 받아들일 준비가 되어 있다면 더할 나위 없다.

영화나 텔레비전의 시간 구조와는 달리 뮤지컬은 그 구상 단계에서부터 브로드웨이나 웨스트 엔드의 데뷔까지 몇 년간의 시간이 걸리는 것이 보통이다. 그러므로 선견지명을 가지고 다가올 유행을 점찍는 것, 무엇이 실험적인 것인지 감지하는 것, 앞으로의 사회적 이슈들을 다룰 줄 아는 것이 뮤지컬 작품을 고르는 데 꼭 필요하다. 어떤 유행이 끝날 무렵이나 대유행이 한창일 무렵에 그것을 주제로 뮤지컬을 만들기 시작하면, 정작 작품의 막이 올려질 때에는 이미 〈지나간 것〉이 되어 버리고 마는 것이다.

「오클라호마!」, 「블루머 걸」, 「회전목마」는 〈홈메이드 애플 파이〉식의 감각이 요구되던 1940년대 초에 시작했다. 이 작품들에 나타난 제2차 세계 대전 이후의 〈아메리카

[*5] 뮤지컬의 기본적인 컨셉은 단순한 유행 이상의 것이다. 「당신만의 것 *Your Own Thing*」을 각색했던 도날드 드라이버 Donald Driver는 이렇게 회상한다. 〈할 헤스터 Hal Hester와 대니 아폴로나 Danny Apolonar가 1960년대에 나를 찾아와서 성별을 구별하기 힘든 비올라와 세바스찬의 코미디인 「십이야」를 괴기스럽게 각색해 보겠다고 한 적이 있어요. 대략의 줄거리를 써왔더군요. 「런던 룩」이라는 제목이었는데 카나비 거리와 당시의 온갖 유행들을 다룬 것이었지요. 나는 그들에게 《글쎄, 유행이 지나가기 전까지만 겨우 버티겠는걸, 나에게 각색을 마음대로 할 자유를 준다면 한번 해보겠어》라고 대답했죠.〉 이렇게 해서 드라이버는 의상뿐만 아니라 전체적으로 개인적인 자유를 만끽하면서 컨셉을 현명하게 확장시켜 나갔다.

니즘〉이나 뮤지컬계에 생소하던 발레의 도입 등은 특별히 어느 시대를 지칭하지 않는 줄거리를 당대에 어울리는 현대적인 뮤지컬로 만들었다. 「지붕 위의 바이올린」도 첫 번째 노래 〈전통〉에서 드러나듯이 1960년대 당시의 사회 분위기였던 강한 자기 중심적 세대와 가족 관계의 붕괴를 보여 주었다. 1980년대 후반에 시작한 「오페라의 유령」 같은 경우에는 거부감과 매혹감을 동시에 주는 남녀 관계를 다루었는데, 마침 그때가 「미녀와 야수」 유의 소설과 잡지, 텔레비전 시리즈물이 다시 나타나기 시작하던 시기였다. 이러한 뮤지컬들의 대본과 음악의 우수성은 인정하는 바이지만, 만약 이 작품들이 다른 시대에 소개되었더라면 그와 같은 성공은 거두지 못했을 거라고 생각한다.

:: 피해야 할 소재들

〈소설이나 희곡의 주제에 한계가 없는 것처럼 뮤지컬의 주제에도 한계가 없다〉고 「지붕 위의 바이올린」의 대본을 쓴 조셉 스타인은 말한다. 그는 이 작품 이외에도 많은 히트작을 남겼는데, 〈내가 아는 단 하나의 한계는 사람들 간의 관계에 있어서 서로에게 정직해야 한다는 것뿐이다〉라고 이야기한다. 「코러스 라인」의 대본을 썼던 제임스 커크우드 James Kirkwood는 이 말에 한 가지를 덧붙여, 등장인물들은 관객을 파고들 따스함을 가지고 있어야 한다고 말한다. 따스함을 가지고 있지 않은 희곡들은 혼란으로 결말이 나 결국에는 관객을 잃게 된다.

〈따스함〉과 〈전설적인 상황 속에 놓인 전설적인 인물〉과 함께 등장인물들이 함께 교감하는 것 또한 필요하다. 단 한 사람의 등장인물의 내면에 촛점을 맞추어 전개되는 연극은(「욕망이라는 이름의 전차」에 나오는 블랑쉬가 바로 이 같은 예이다) 〈톤〉에 의존하기 때문에 정적이게 된다. 또 지나치게 말이 많은 작품(「누가 버지니아 울프를 두려워하랴?」, 「세일즈맨의 죽음」)은 〈말〉에 의존하다가 〈행동〉과 〈움직임〉에 소홀해질 수 있다.

오닐이나 핀터, 체호프, 입센, 스트린베리, 아누이, 이오네스코, 올비, 사르트르,

스토파드Tom Stoppard, 푸가드Athol Fugard 등의 작품은 모두 머리를 자극하는 강렬한 대화를 포함하고 있어 뮤지컬로 각색되거나, 확장, 변형되기 어려운 작품들이다.

뮤지컬이 될 수 있는 연극은 너무 복잡하지 않아야 하며 뮤지컬 형식으로 다시 태어날 여지를 가지고 있어야 한다. 비평가 마크 스타인은 여기에 대해 아주 간결하게 설명했다.

　　　　지금 공연 중에 있는 「의형제Blood Brothers」를 예로 들자면, 대부분의 비평가들이 이 작품의 대사를 칭찬했지만, 나는 이 작품을 별로 좋아하지 않는다. 그 이유는 근본적으로 이 작품에서는 노래가 부수적인 요소에 불과하기 때문이다……이 작품은 대부분의 뮤지컬이 가지고 있는 가장 중요한 특징을 놓쳐 버린 것 같다. 이 작품에서 모든 노래를 빼버린다고 해도 완벽한 하나의 연극이 남는다. 「집시」나 「웨스트 사이드 스토리」를 그렇게 한다면 아마 중요한 사건들이 뭉텅이로 빠져버릴 것이다.

스타인은 최근 런던에서 실패한 작품인 「상류 사회High Society」(「필라델피아 이야기」를 뮤지컬로 만든 작품)에 대해서도 같은 의견이다.

　　　　노래는 필요하지 않다! …… 그러나 뮤지컬에는 다른 템포가 필요하다. 노래는 리얼리티를 고양시키는 수준에서 존재한다. 그렇기 때문에 각 대사가 연극에서보다 더욱 무게를 갖게 되는 것이다. 뮤지컬의 장면은 웨스트 엔드의 거실 연극처럼 나른한 편안함으로 풀어져서는 안 된다고 생각한다. 그건 일단 어울리지 않는 것 같다. 마치 노래 다음에 절정의 긴장이 다 무너져 내리는 것 같다.

소극(笑劇)도 뮤지컬 무대에는 어울리지 않는 형태의 연극이다.[*6] 아마도 인물의 성격을 알아차릴 새도 없이, 아마도 한시도 쉬지 않고 등퇴장을 계속하는 등장인물 때문일 것이다. 관객은 이런 인물들에게 열중할 수가 없다. 「뉴욕 타임스」의 연극 비평가인 프랭크 리치Frank Rich는 뮤지컬 소극이 작품을 쓰기 위해 살해를 해야 하는 형식이라고 생각한다.[7] 손드하임과 그의 동료들이 성공을 거두었던 「포럼」이란 작품 이후 뮤지컬 소극이 거의 멸종해 버린 것도 바로 이런 이유에서일 것이다.

앞서 잠깐 비쳤듯이 노부인을 다룬 전기 뮤지컬도 너무 길고 평범해서 현대 뮤지컬로 만들기에는 어려움이 있다. 하나의 이슈로서 한 차례 휩쓸고 지나간 여성 해방론도 한때는 절박함을 가지고 있었으나 최근에 와서는 그런 여자들이 너무 흔해졌다. 내가 보기에는 이제 새로운 우리 시대의 연예인들이 남자든 여자든 간에 새로이 이야기될 만한 꾸밈없는 연극성으로 남아 있는 듯도 싶다. 성공적인 인생을 만들기 위해 역경을 극복했던 사람의 이야기라면 뮤지컬 공연의 마지막에 꼭 필요한 고양된 감정을 불러일으킬 수 있을 것이다.

:: 환상

환상은 뮤지컬에 가장 잘 어울리는 소재인 듯하지만 사실은 그렇지 않다. 가끔 「브리게이둔」처럼 기억할 만한 공연도 있다. 이 작품의 줄거리는 1백 년에 한 번씩 하루 동안 되살아난다는 스코틀랜드의 한 마을을 배경으로 하고 있다. 「피니안의 무지개Finian's Rainbow」는 너무나 기술적으로 진짜처럼 만들어 장난을 치는 그 작은 요정을 정말로 믿게 만든다. 그러나 대부분의 경우 환상은 위험한 사업이다. 정말 불가능한 상황은 영화를 통해서만 현실화될 수 있다. 후에 「애니」를 만들었던 애덤스Adams와 스트라우즈가 음악을 훌륭하게 만들었지만, 「슈퍼맨」은 실패를 거두었다. 백일몽을 꾸는 여인을 다룬 「드림 걸Dream

---

[6] 단 하나의 예외는 「포럼에 가는 길에 우스운 일이 생겼네A Funny Thing Happened on the Way to the Forum」라고 할 수 있다. 이 대본은 영리한 공동 창작자들이 몇 개의 소극(거의 모든 소극을) 합쳐서 만들었는데 소극의 본질만을 뽑아 모은 작품이라고 할 수 있다. 노래는 마치 휴식 시간처럼 활용되었고 대부분의 낭만적인 장면들은 익살꾼들이 무대 위에서 자극해 놓은 웃음 보따리 때문에 갈비뼈가 아픈 관객들에게 마사지할 시간을 주기 위해 준비된 것 같았다.

[7] 살아 있는 인간은 다 사라지고 이야기와 상황만이 남아야 하니까 — 역주.

「브리게이둔Brigadoon」(1947). 조지 킨, 데이비드 브룩, 윌리엄 한센.

Girl」이나 웃는 인형을 다룬「플라후니」등도 모두 실패로 막을 내렸다.

영화를 뮤지컬로 만들었던「잃어버린 지평선」은 이제까지의 모든 환상 뮤지컬들을 능가할 절호의 기회를 맞이했었으나 안타깝게도 실패로 끝이 나고 말았다(샹그릴라를 이름만 바꾼 것뿐이다). 밑에서부터 조명을 쏘아 올린 무대는 단지 괴기한 효과를 만들어 낼 뿐이었고 관객들은 어색함을 느끼며 인물에 감정 이입을 하지 못했다.

가장 똑똑하다는 연극인들은「피니안의 무지개」나「브리게이둔」이나, 스티븐 손드하임의「숲속으로」처럼 환상을 연극화한 경우 실패는 있을 수 없다고 이야기한다. 윌리엄 해머스타인은 〈제대로 효력을 발휘한다면 그만큼 훌륭한 것이 없다. 그러나 모나이 소스를 만들 때와 마찬가지로 엉망이 되고 나면 그게 왜 그렇게 굳어 버렸는지 알 수 없게 되고 처음부터 다시 시작하는 것밖에는 달리 방법이 없다〉고 이야기한다.

:: 창작 아이디어

〈뮤지컬이 갖고 있는 하나의 모순은 실험을 하기 위해서 완벽해야 한다는 것이다〉라고 앨런 제이 러너는 말했다. 비평가들이나 대중들은 늘 뮤지컬을 판단할 때 엄격한 기준[8]으로 원작의 줄거리를 분석하는 경향이 있다. 불행하게도 대부분의 비평가는 뮤지컬보다 문학에 정통한 사람들이기 때문이다. 그들은 플롯 구성상의 허점이나 등장인물의 개연성 부족에 관해서는 총알같이 비판을 한다. 음악에 관해서는 별로 얘기하지 않는다. 자신들의 전문 분야가 아니니까. 가사는 또 다른 문제다. 슬기롭고 지적인 각운을 칭찬하는 데

---

[8] 러너는 이렇게 고백한다. 〈문제는 노력한다고 A학점을 딸 수 있는 게 아니라는 것이다. 당신이 창작 뮤지컬을 쓰려고 시도했다면 당신을 그나마 지탱해 줄 특별한 고려의 여지는 없어진다. 나도 해봤다. 프레데릭 로웨와 일을 하면서 우리는 차례로 다섯 개의 뮤지컬을 썼다. 모두 창작이었다. 그중의 하나만이 성공했다. 마지막에 나는 생각했다. 《오, 망할! 이제 각색만 해야지》 그러고선「피그말리온」을 골랐고 그 작품은「브리게이둔」때보다 훨씬 많은 공로를 인정받게 해주었다.〉

는 대단히 빠르다. 그들이 휘두르는 엄청난 파워(브로드웨이에서는 더하다. 언론계의 의견은 「뉴욕 타임스」의 프랭크 리치 한 사람밖에 없으니까) 때문에, 나는 늘 뮤지컬을 시작하는 사람들에게 각색 작품으로 시작하라고 충고한다. 대본과 줄거리가 이미 짜여져 있기에 논리적인 공연을 만들 기회가 훨씬 많아진다.

뮤지컬을 시작하려는 젊은이라면 위에 적은 이야기에 대해 이렇게 반항적인 질문을 할 수도 있을 것이다. 왜 사람들은 그런 케케묵은 얘기들을 다시 무대에서 듣고 싶어하는 겁니까? 책으로 읽고 연극으로도 보고, 영화나 텔레비전으로도 봤을 텐데, 도대체 왜 그걸 이번엔 또 노래와 춤으로 모양을 내서 보려는 겁니까?

사람들은 보증받길 바라고, 자기들이 이미 알고 있는 것이 변형된 것을 보고 싶어한다고밖에는 대답해 줄 수가 없다. 7번가의 뉴욕 의상 센터의 양복점에서 말하듯이 〈비슷하면서도 약간 다른 것〉을 그들은 원한다. 아이들이 자기가 제일 좋아하는 이야기를 듣고 또 듣고 싶어 하듯이, 뮤지컬을 보러 극장에 가는 어른들도 어제의 주제들을 다시 듣고 싶어 한다. 그렇기 때문에 제작자들은 도박을 하고 싶어 하지 않는 것이다. 전문가들이 뮤지컬 소재로 창작 스토리를 선택하는 경우는 거의 없다. 물론 「안녕 버디」, 「맑은 날에」, 「캉캉」, 「컴퍼니」, 「코러스 라인」, 「피니안의 무지개」, 「라이프」, 「스틸 피어 Steel Pier」와 같은 훌륭한 창작 작품의 예도 있기는 하다. 그러나 이들 외에는 크게 히트작으로 남은 창작 뮤지컬은 거의 없으며 이 작품들만이 예외로 남아 있다.

그러나 이제 막 시작하려는 대본 작가들이 너무 낙심하면서 작품에 임할 필요는 없다. 이전에 출판된 작품을 뮤지컬로 각색한다고 해서 일개 〈서기〉나 〈도굴범〉처럼 느낄 필요는 전혀 없다는 얘기다. 유명 희랍극도 모두 잘 알려진 이야기들이 소재로 쓰였고, 셰익스피어의 모든 작품들도 모두 이전의 전설에 근거한 것이며, 버나드 쇼의 「피그말리온」조차 고대 전설에 기초한 작품이었다. 가장 중요한 〈기술〉은(이것이 가장 필요한데), 어떤 소재가 유용한 아이디어를 가진 보석인지를 가려내는 것이다. 그러고 난 후 대화를 통해서 어떤 손질이 필요할지를 알아내는 것이다.

❸ ——— 소재 확보

저작권이 소멸된 공공의 소재 이용하기. 저작권이 있는 원작 이용하기:
저작권 유무 확인하기, 저작권 확인 절차, 선택 매매권 결정, 시험 극작

:: 저작권이 소멸된 공공의 소재 이용하기

연극계에서 일하는 사람들은 혼자서 하든 공동 작업을 하든, 한 작품을 쓰기 위해 2~3년씩을 고생해야 하는데, 「몬테크리스토 백작」이나 「로미오와 줄리엣」과 같은 저작권이 소멸된 고전을 각색한다고 할 때, 어디에선가, 그것이 국내든 국외든, 같은 작품을 준비하고 있는 사람이 없으란 법이 없다. 그렇다면, 이미 저작권이 등록된 노래나 대본을 선택할 수 있을 것이다. 그러나 그렇다 해도 동시에 같은 작품을 하고 있는 경쟁자를 막지는 못한다. 나는 학생들에게 강의를 할 때 자신들의 대본을 보호하는 전문적 조치로서 저작권 등록을 하라고 충고한다. 그러나 경쟁자가 같은 원작을 이용해 상당히 다른 성격의 작품을 창작해 낼 수도 있다는 것도 알아야 한다고 주의를 준다. 경쟁자가 자신의 작품을 입수해서 의도적으로 표절했다는 걸 증명할 수 없는 한은 법적으로도 보호받을 수가 없다.[*1] 저작권이 소멸된 원작들에 대해서는 금지 명령이나 독점권을 행사할 수 없기 때문이다.

뮤지컬계에 잘 알려진 인사들이 어떤 작품에 참가하게 되면, 연극계 사람들이면 누구나 공동 작품으로 알고 있는 작품을 만들면서, 언론이나 입소문을 막는 경우가 많이 있다. 아마도 이런 이유로 전문가들은 서로의 작품 소재를 건드리는 일이 거의 없는 것 같다.[*2] 저작권이 없는 공공에게 공개된 원작을 각색해 보려는 사람이 있다면 가능한 한 많은 연극 잡지들을 꾸준히 읽으라고 말해 주고 싶다. 대부분 연극적인 작업에 관련된 사

[*1] 특정 노래 중에 특히 선율이 비슷하거나 같은 가사를 가지고 있는 경우 소송에 걸리는 일이 종종 있다. 같은 소재를 사용하여 동시에 두 팀이 작품을 만들게 되는 경우에 가끔 발생한다. 그러나 노래의 경우에는 문제가 얼마만큼 심각하든 간에 법정까지 가지 않고 해결되는 경우도 많다. 일단 소송이 걸리게 되면 자신들의 히트곡에 금지 명령이 내려지고, 그 금지 명령이 해제될 까지는 인기가 다 사라지고 말게 될 것이 뻔하기 때문이다. 법적으로 상당히 모호하게 규정되어 있는데 원고는 쌍방의 작품이 공통으로 〈일련의 선율〉을(얼마만큼인지는 나와 있지 않다) 가지고 있다는 것을 보여 줄 수 있어야만 피고가 자신의 작품을 도용하여 먼저 저작권 등록이 된 작품을 표절했다는 것이 인정될 수 있다.

[*2] 예외적인 경우로 최근에 마릴린 먼로의 일생을 다룬 「마릴린」이라는 두 편의 뮤지컬이 있었다. 서로 상대편을 쓰러뜨리려고 애를 쓰면서, 하나는 웨스트 엔드를, 다른 하나는 브로드웨이를 공략했음에도 불구하고 두 편 모두 별다른 재주를 보여 주지 못하고 며칠 만에 막을 내리고 말았다.

람들끼리는 서로 잘 말해 주는 법이 없기는 하지만, 모두들 누가 지금 무엇을 하고 언제 무슨 작품이 준비가 될 것인지 육감으로 알고 있고 〈대단하다는데〉 혹은 〈완전한 실패작이 뻔해〉라는 말들이 떠돌고 있다. 그들은 모두 『버라이어티』, 『쇼 비즈니스』, 『백스테이지』, 『연극』, 『연극의 지침』, 『극작가 조합 계간지』 등, 쇼 비즈니스에 대한 다양한 〈필독서〉를 읽고 있다. 이 책들은 모두 공공 도서관에서 구할 수 있다. 「뉴욕 타임스」 지에는 일요일(금요일에는 알렉스 위첼Alex Witchel의 브로드웨이 칼럼이 실린다)에 내가 쓰는 연극 기사가 실린다. 영국에도 『스테이지』, 런던의 『이브닝 스탠다드』와 여러 일간지에 꼭 읽어야 할 문화 예술 면이 있다.

:: 저작권이 있는 원작 이용하기

앞에서 신참자들은 저작권이 있는 작품은 각색하지 않는 것이 낫다고 말했다.[3] 이 책의 독자 중에는 이미 저작권이 소멸된 소재로 뮤지컬을 쓴 사람도 있을 테고 융통성이 없어서 눈치만 살피고 있는 사람도 있을 테지만, 좀 더 완벽하게 하기 위해서 이제 저작권에 필요한 절차를 자세히 알아보기로 하자.

저작권 유무 확인하기

마음대로 사용해도 좋으리라고 생각하는 작품들 중에는, 의외로 저작권이 등록되어 있는 경우가 많이 있다. 어느 영리한 중서부의 미국인 한 사람은 많은 사람들이 전래 동요

---

[3] 나는 반대의 의견을 가지고 있지만, 학생들이 다른 사람들의 작품을 단순히 공부 삼아 각색하는 것은 별로 해가 없는 일이라고 보는 전문가들도 많이 있다. 이것은 교실 밖에서는 절대로 공연되어서는 안 되며 이익을 위한 공연은 절대 할 수 없다는 것을 의미한다. 윌리엄 해머스타인이 말했듯이 〈고소당할 수도 있다!〉. 극작가 조합의 대표인 데이비드 르바인도 이렇게 이야기한다. 〈극작을 배우고 공부하는 경험의 차원을 넘어서 다른 사람의 작품을 다룬다는 것은 남의 집 안으로 걸어 들어가서 주인 허락도 없이 소파를 치우고 의자를 갖다 놓는 것이나 마찬가지다.〉

라고 알고 있는 생일 축하 노래 〈해피 버스데이〉의 저작권을 등록해서, 라디오나 텔레비전에서 이 노래를 사용할 때마다 로열티를 받게 되었다. 꽤 옛날에 써졌다고 알고 있는 연극이나 영화도 저작권이 갱신[4]되었거나 작가가 아직 생존해 있는 경우가 있다. 공동 작품인 경우에는 제일 마지막까지 생존한 공동 작업자의 사후 50년까지[5] 저작권 보호를 받을 수 있다. 원작자가 같은 등장인물을 이용하여 속편을 제작하는 판권을 포기하거나 매각하게 되면, 그 속편이나 후편에 나오는 등장인물에 대한 사용 권리도 원작자나 대리인의 사후 50년까지 보호받을 수 있다.

뒤마, 오스틴, 입센, 브론테, 디킨스, 트웨인 등의 작품은 마음대로 사용할 수 있으며, 닐 사이먼, 테네시 윌리엄스, 아서 밀러, 톰 스토파드와 같은 현대 작가의 작품이 아직 저작권 보호를 받고 있다는 것은 누구나 알고 있을 것이다. 그러나 기억력이라는 것이 믿을 게 못 되어서, 전문가들조차 로스탕Rostand, 버나드 쇼, 코넌 도일 등과 같은 작가의 작품을 사용해도 되는지 헷갈릴 때가 있다.[6] 이런 경우에는 작품을 시작하기 전에 먼저 저작권 확인을 해봐야 한다.

저작권 확인 절차

미국 저작권은 등록되면, 앞서 얘기했듯이, 원작자나 공동 창작자의 사후 50년 동안 문서로 보관이 되던 것이 1998년 미국에서 공표된 저작권 기간 연장 법령, 일명 〈미키 마우

---

[4] 원작자가 저작권을 영화사 같은 곳에 팔았고, 그 이후에 영화사가 저작권 갱신을 하지 않은 경우도 있다. 이런 경우에는 원작자가 아직 살아 있거나 사망한 지 얼마 안 되었더라도 그 작품의 저작권은 소멸되어 대중에게 개방된다.

[5] 프랑스나 독일에서는 이 50년 속에 제1차, 제2차 세계 대전 기간은 제외된다. 가스통 르루의 소설이었던 『오페라의 유령』은 거의 세계 전역에서 저작권이 소멸된 지 오래되었지만, 프랑스와 독일에서는 아직도 저작권을 보호받고 있으며 앤드루 로이드 웨버의 뮤지컬에서 나오는 공연 수입의 일부도 1991년까지 꾸준히 르루 집안에 지급되어야만 했을 것이다.

[6] 조셉 스타인과 제리 복, 셸던 하닉이 「지붕 위의 바이올린」을 제작하기로 했을 때, 셸던 하닉이 기초했던 원작의 이야기가, 저작권을 가지고 있는지, 아니면 벌써 소멸되었는지 확신할 수가 없었다. 확인한 결과 이 작품의 저작권이 아직 발효 중이어서 결국 저작권료를 지불해야만 했다.

스 보호 법령)에 의해 저작권 기간이 원작자의 사후 70년까지로, 법인이 소유한 저작권의 경우에는 95년까지로 연장되었다. 영국에서도, 정보를 알아내기가 그리 쉽지는 않겠지만,[7] 저작권 보호기간은 역시 70년으로 늘어났다.[8]

미국에서는 어떤 작품의 저작권 등록 여부를 확인하려면 위싱턴 국회 도서관의 저작권 협회에 있는 참고 서적부에 편지를 쓰면 된다(주소: The Reference and Bibliography section, LM-451, Copyright Office, Library of Congress, Washington, D. C. 20559). 원작에 관한 정보를 다 말해 주고 나서 저작권 확인을 요청하면 된다. 아니면 202-287-6850에 전화를 걸어서 물어볼 수도 있다. 알고 싶은 작품에 대해 확실히 설명해 줄수록 확인하는 데 드는 시간과 돈을 절약할 수 있을 것이다. 이런 것들을 설명해 주면 좋을 것이다.

- 원작의 제목과 그것을 이용한 아류 작품들의 제목
- 원작자의 이름과 필명
- 출판업자나 제작자와 같은 저작권을 소유하고 있을 만한 사람의 이름
- 대략의 작품 출판 연도나 등록 연도
- 작품의 종류(책, 희곡, 오페라, 레코드 등)

확인하고자 하는 작품이 정기 간행물이나 선집에 수록되어 출판되었을 경우에는 출판된 책자의 정확한 제호과 판본, 발행 번호 등을 말해 주면 빨리 확인하는 데 도움이 될 것이다.

---

[7] 2000년까지는 스테이셔너즈 홀(주소: The Clerk, Stationers' Hall, Ave Maria Lane, London EC4M 7DD, 전화 020 7248 2934, 이메일 admin@stationers.org)에 저작권이 등록되면 자동적으로 7년 동안 문서가 보관되었고 이후의 저작권 갱신 여부에 대해서는 등록할 때 선택하도록 되어 있었다. (노래 작곡가와 작사가는 미국과 마찬가지로 대개 갱신을 해야 하는 제한기간이 같았다.) 그러나 2000년 2월부터 스테이셔너즈 홀은 저작권 등록소로서의 업무를 중단했다. 현재는 저작권 등록을 위해서는 개인 변호사solicitor나 법무사를 접촉하는 것이 가장 좋은 방법이며, 저작권의 관리는 UK 지적재산청the UK Intellectual Property Office(약칭 UK-IPO, 2007년 4월부터 개칭, 홈페이지 http://www.patent.gov.uk/)에서 수행한다(2000년 이후 개정된 사항을 수정하였다 — 역주).

[8] 최근 개정된 저작권법 내용에 따라 원문을 수정하였다 — 역주.

영화도 책이나 정기간행물에 연재된 작품에 기초해서 만들어진 경우가 있다. 이런 경우 확인하고자 하는 작품의 원작을 말해 주면 좋을 것이다.

저작권 협회는 확인 신청 접수를 확인하는 양식을 보내 주고 요금을 청구한다(대략 한 시간 조사하는 데 10달러 정도이다). 그리고 나서 확인 요청한 작품의 정확한 상태를 말해 주는 증명서를 보내 준다. 그 증명서를 공증받으려면 다시 4달러가 더 든다.

영국에서도 절차는 비슷하며 위에 설명한 것과 마찬가지의 사항에 대한 설명을 요구한다. 더 자세한 정보를 원하면 BASCA(영국 작곡가, 작가 아카데미 The British Academy of Songwriters, Composers and Authors)에 편지를 쓰거나 전화를 걸면 된다(주소 34 Hanway Street, London W1P 9DE, 020 7636 2929, www.britishacademy.com.).

선택 매매권 결정

아직 저작권이 소멸되지 않은 이야기[9]를 소재로 뮤지컬을 만들고 싶다면 저작권 소유자에게 허가를 얻어야 한다. 대부분 출판된 책의 맨 앞 페이지에 보면, 저작권자가 누구인지 나와 있다. 출판사에 편지를 써서 저자나, 매니저, 에이전트에 연락할 방법을 알아낼 수 있다.

그리고 나서 만들고 싶은 작품에 대한 제안서를 보내 주면 에이전트에서 저작권료와 사용 기간을 정하기 위해 답장을 해준다. 〔아직 자신의 작품에 대한 장래성이나 함께 일할 사람, 제작자에 대해 확신을 할 수 없다면 가장 단기인 6개월 옵션(선택 매매권)을

---

[9] 자서전인 경우에 이제까지 별로 알려지지 않은 인물을 다룬 것이라 하더라도 대개는 저작권이 있다. 그러나 어떤 사람의 일생을 음악극으로 만들려고 할 때, 그 사람이 공인이라면, 특별히 중상모략을 한다거나 그 사람의 후손에게 나쁜 영향을 미치지 않는 한 특별한 허가를 받을 필요는 없다. 하지만 연극계 인물의 자서전일 경우에는 그렇게 간단하지가 않아서 마음대로 그들의 〈창작물〉을 사용할 수 없다. 연극계의 인물들은 로고나 트레이드마크로 간주된다. 채플린의 걸음걸이, 라Lahr의 비브라토(진동음), 막스 브라더스의 익살맞은 또 다른 자아 등은 저작권이 있건 없건 간에 보호를 받고 있다. 뮤지컬 「할리우드에서의 하루」나, 「우크라이나에서의 하룻밤」은 오랜 법정 소송 끝에 결국 막스 브라더스를 모방한 것에 대한 저작권료를 지불해야만 했다. 그 결과 그동안 벌었던 공연 수익을 2년이 넘게 걸린 소송 비용으로 다 날리고 말았다.

추천하고 싶다. 충분히 경험이 있다면 1년 옵션을 계약할 수 있을 것이다. 그리고 이 옵션을 갱신할 경우에도 같은 가격이 적용될 수 있는지를 확인해야 한다.〕

　　유명한 작가의 저작권 사용료는 지나치게 비싸서 사용할 수 없는 경우도 종종 있다. 많은 에이전트들이 고객을 보호하기 위해서 확실한 경력이 없는 요청자에게는 허가를 내주지 않는 경우도 있다(돈이 문제가 아니다). 「코러스 라인」의 혁신적인 가사를 쓴 것으로 유명한 에드 클레반Ed Kleban이 무명 시절에 「1천 명의 광대들」이란 작품을 각색한 적이 있었는데 원작자인 허브 가드너Herb Gardner가 이 작품을 별로 마음에 들어 하지 않아서 결국 공연으로 만들어지지 못했다.

　　유명한 소설가나 극작가 중에는 어떠한 상황일지라도 자신의 작품이 뮤지컬로 만들어지는 것을 바라지 않는 사람들도 있다.

　　극작가 조합의 대표인 데이비드 르바인은 이런 작가에 얽힌 재미있는 이야기를 해 주었다. 지금은 고인이 된 모린 왓킨스Maurine Watkins는 「록시 하트」라는 희곡을 썼는데, 이 작품은 후에 캔더와 에브의 뮤지컬 성공작인 「시카고」의 기초가 되었다. 1960년대 말, 왓킨스 여사는 그녀의 희곡을 뮤지컬로 만들고 싶다는 요청이 쇄도해서 골치를 앓았다고 한다. 르바인의 얘기는 이렇다. 〈그녀가 나한테 전화를 해서 조합에서 자기 우편물을 좀 미리 정리해 줄 수 없겠느냐고 부탁을 해왔어요. 《그놈의 편지들, 뜯어보고 싶지도 않아요》라고 하더군요. 그래서 제 비서가 대신 편지를 다 뜯어보고 「록시 하트」를 뮤지컬로 만들고 싶다는 내용의 편지가 있으면 《록시 하트 뮤지컬》이라고 겉봉에 적어서 빼놓기로 조치를 취했습니다. 그렇게 해서 왓킨스 여사는 봉투 속에 로열티 지불 수표(다른 작품을 이용한 것에 대한)나 뭔가 다른 중요한 편지가 들어 있지는 않나 하는 불안감 없이, 마음 놓고 그 편지들을 찢어 버릴 수가 있었지요.〉 어쨌든 그녀는 이에 대해 평생 동안 강경한 태도를 꺾지 않았고, 그녀가 작고한 후 그 후손들이 그 작품을 뮤지컬로 만드는 것을 허가해 주었다.

시험 극작

지금 쓰고 있는 소재를 자기 것으로 확실히 해두지 않고 작업을 진행하다 보면 불행한 결과를 초래하기도 한다는 것이 최근 토머스 Z. 셰퍼드와의 대화를 통해 밝혀졌다. 셰퍼드는 공동 작업자와 함께 작업 중인 영화 대본이나 오페라의 저작권을 늘 미리 등록해 둔다. 그러나 초창기에는 지금처럼 조심스럽지 못했다. 결국 제작되지 못했던 작품에 대한 그의 이야기는 다음과 같다.

> 모리스 센닥Maurice Sendak의 「나이트 키친The Night Kitchen」을 소재로 삼았었습니다. 그 이야기와 리듬이 참 좋아서 그걸 소재로 작은 미니 칸타타를 하나 썼지요. 한 8분짜리였어요. 끝내기 전에 센닥에게 들려주었더니 〈뭐하러 이런 걸 만들었나?〉라며 무척 화를 내더군요. 그 작품이 싫어서가 아니었어요. 사실 더 다듬으라고 조언까지 해주었거든요. 하지만 기본적으로, 서로 알고 있는 사이였기 때문에 더 그랬겠지만, 시작하기 전에 왜 먼저 말해 주지 않았느냐는 거였죠. 물론, 제가 미리 얘기를 했더라면 아마 〈하지 마〉라고 했겠지만요. 그 사람은 자기 것에 대한 집착이 강한 편이거든요. 그래도 나는 그걸 너무 하고 싶었어요. 그렇지만 한편으로 아마 너무 충격을 받아 쓰러질지도 모르겠다는 생각이 들더라고요. 나는 정말 그 작품을 하고 싶어 미칠 지경이었고 사람들도 내가 그걸 연주하길 바랐어요. 이미 방영을 약속한 TV 프로듀서도 있었거든요. 하지만 이유야 어쨌든 간에 기본적으로 모리스 센닥이 그걸 원하질 않았지요.

저작권이 걸려 있다는 걸 알면서도 그 작품을 뮤지컬로 만들고 싶은 마음이 너무 강해서, 그리고 자기들이 아니면 아무도 그 작품을 〈제대로 살릴 수〉 없을 것 같아서 선택 매매권을 신청하지 않고 그냥 작업을 시작하는 작곡가나 작사가들이 있었던 시절이 있었다. 그 저작권을 가지고 있는 사람이 이미 다른 사람들과 어떤 작품을 만들기로 계약을 했을 수도 있고, 아니면 어떤 이유로든지 저작권 허가를 내주기 싫어할 수도 있기 때문에, 이러한 식의 작업은 매우 위험하다. 앞서도 언급했지만 이것은 대단히 중요한 문제이기 때문에 다시 한 번 얘기하고 싶다. 성공적인 희곡 작품이나 영화의 원작자들 중에 많은 사람들이 에이전트로부터, 저작권을 신청자들의 견본 작품이 아무리 훌륭하다 하더라도, 이름 없는 사람에게는 저작권을 내주지 말라는 충고를 듣는다.

돈을 받고 시험 극작을 하는 것과 제작자들이 이미 작품의 틀을 잡아 놓고 거기에 많은 톤을 만들어 낼 수 있는가에 대한 능력을 시험해 보기 위해서 한번 작품을 써보기를 요청하는 것을 혼동해서는 안 된다.

셸던 하닉은 브로드웨이에서 첫 작품(「아름다운 육체The Body Beautiful」라는 훌륭한 작품으로 수상 대상에도 올랐었지만 안타깝게도 미온적인 평을 받았다)을 무대에 올린 뒤에, 다음 작품을 위해 시험 극작을 하게 되었다. 그는 이렇게 이야기했다.

(할 프린스와 로버트 그리피스Robert Griffith가 제작한) 내 작품을 마음에 들어 했지만 자기들이 만들려고 하는 「피요렐로」라는 작품에 맞는 작사가인지는 확신이 서지 않았나 봅니다. 제리가 어울리겠다고 판단을 해서 그는 당장 고용이 됐습니다. 바비와 할은 내 레뷔 작품들을 알고 있었는데, 제리 말로는 그 사람들이 내 작품은 너무 세련되고 냉소적이라고 느꼈답니다. 좀 더 따뜻한 느낌의 작사가를 원한 거지요. 그들은 결국 제롬 와이드먼Jerome Weidman에게 가서 작사를 해달라고 부탁했습니다. 그 사람은 늘 조지 애봇과 함께 일을 하던 작가였습니다. 와이드먼이 시험 극작으로 작사를 했는데, 대본은 마음에 들었지만 가사는 별로였어요. 그래서 입 하버그Yip Harburg에게 접촉을 하려고 했는데, 입은 고집이 세다고 평판이 나 있었습니다. 결국 할의 오랜 친구인 스티브 손드하임을 기용하려 했지만, 스티브는, 정말 다행스럽게도, 그 즈음에 이르러서 경험이 어느 정도 쌓이자, 〈아니, 나는 이제 가사와 음악을 함께 쓰고 싶어, 가사만은 안 할 거야〉라고 대답하게 되었던 거예요. 결국 「원스 어폰 어 매트리스Once Upon a Mattress」를 썼던 작사가 마샬 베러Marshall Barer와 저로 좁혀졌지요. 할은 전화로 〈솔직히 말씀드리겠습니다. 이

작품에 당신이 적합하다고는 생각하지 않지만, 한 네 곡 정도를 시험 작사해 주신다면, 보수는 없습니다. 검토를 해보고 나서, 저희들 생각이 틀리다고 판명되면 기회를 드리지요.〉 나는 〈기꺼이 하겠습니다〉라고 대답했습니다. 제리와 같이 작업을 하게 되었는데 그는 정말 협조적이었어요. 우리는 1927년의 어빙 벌린 분위기가 나는 성대한 파티에 걸맞는 왈츠풍으로 노래를 만들려고 했습니다. 제리는 가서 네 곡의 왈츠를 써가지고 와서 나에게 물었어요. 〈어느 게 제일 좋은 것 같아?〉 나는 하나를 골랐고 그는 〈야, 잘됐다. 나도 그게 좋아〉라고 했습니다. 그래서 나는 그 음악으로 제작자들을 위해 오디션을 했죠. 네 곡 중에 두 곡이 그들 마음에 들었고 그걸로 충분했습니다. 저는 일자릴 얻었지요.[10]

제작을 할 때 간혹 이차적인 작업자들(안무가, 의상 디자이너, 무대 장치 디자이너, 편곡자, 관현악단 등)에게 지불할 만큼 자본이 충분히 모이지 않는 경우도 종종 있다. 이런 예술가들은 공연 수입의 일정 퍼센트를 갖게 되고, 그 작품이 성공할 거라는 확신이 들 때는 미래를 보면서 돈을 받지 않고 일을 시작하기도 한다.

시험 극작을 해보려고 생각하는 사람이 있다면 그 에너지와 아이디어를 아껴서 현재 작업하고 있는 작품에 열중하라고 충고하고 싶다.

---

[10] 「피요렐로」는 여러 상들 중에 퓰리처 상 후보에 올라 결국 상을 받았다. 하닉이 말한 왈츠는 정말 가사와 음악이 더없이 아름다운 곡이었다. 그 곡은 〈내일까지 *Till Tomorrow*〉로 곡명이 붙여져 1막의 부드럽고 감동적인 피날레를 장식했다.

❹ ──── 팀 확보

대본, 음악, 가사 혼자 쓰기. 두 가지 하기. 작곡가와 작업하는 대본 작가 겸 작사가.
대본 작가와 작업하는 작곡가 겸 작사가. 가장 보편적인 팀: 작곡가와 작사가. 대본 작가, 작곡
가, 작사가 찾기. 동의서, 계약서, 수익 분배, 분배 비율. 프로그램 상의 출연자 서열

:: 대본, 음악, 가사 혼자 쓰기

「보이프렌드」를 만들면서 샌디 윌슨Sandy Wilson이 그렇게 했고, 「올리버」를 만든 라이오넬 바트Lionel Bart, 「가장 행복한 녀석The Most Happy Fella」을 쓴 프랭크 로서Frank Loesser, 「뮤직 맨」을 쓴 메레디스 윌슨Meredith Willson도 그랬고, 노엘 카워드도 평생 그렇게 혼자서 대본, 음악, 가사를 혼자 썼다. 이 몇 사람들 말고는, 카워드를 제외하고(다른 사람들은 오랜 활동 기간 동안 단 한 번만 혼자 작업한 경우니까), 이 한 세기 동안 제작되었던 수백 편의 작품을 통틀어 대본과 음악, 가사가 한 사람에 의해 만들어진 경우를 나는 본 적이 없다. 아마도 그런 경우가 흔치 않은 것은 난관에 봉착했을 때에도 해결책을 찾기 위해 의견을 물어볼 사람도 없는 너무나 두렵고 외로운 작업이기 때문일 것이다. 또한 이 전문화 시대에 전문 뮤지컬을 쓰기 위해 필요한 극작과 작곡과 작사의 재능을 모두 상당한 수준까지 기를 만한 시간을 가지고 있는 사람이 거의 없기 때문이기도 할 것이다. 그러나 그것이 성공을 하기만 한다면 위에 언급한 역작들처럼 어디에도 비교할 수 없는 뛰어난 통일성을 가진 작품을 낳게 된다.[1]

혼자서 세 가지를 다 하는 경우의 확실한 장점은(혼자서 모든 저작권을 통째로 보유할 수 있다는 것 말고), 그 작품에 관해서 전체적인 예술적 통제가 가능하다는 것과, 성공적인 경우 이음새가 없는 매끄러운 작품을 만들 수 있다는 것이다. 가장 명백한 단점은 의견을 말해 줄 사람들이 없다는 것이다. 이 세 가지 뮤지컬의 주요 창조 작업을 혼자서 해보겠다는 사람에게는 많은 훈련과 자신의 능력에 대한 군건한 믿음이 반드시 필요하다.

처음 하는 사람에게는 권하고 싶지 않지만 자기의 뮤지컬을 한번 써보겠다고 결심

---

[1] 메레디스 윌슨의 두 번째 브로드웨이 작품인 「가라앉지 않는 몰리 브라운」에서는 리처드 모리스Richard Morris가 대본을 썼다. 비평가 제럴드 보드먼Gerald Boardman은 〈이번 새 작품은 「뮤직 맨」에서 보여 준 양식의 통일성이 부족하다〉고 말함으로써 일반적인 여론을 대표했다.

한 사람이 있다면 노래가 들어가는 스파팅 작업 이전에, 희곡을 쓸 때처럼, 먼저 줄거리를 만들어야 한다. 전문가들은 다른 연극인들과 그 작품에 대해 토론을 해보기 전에는 절대로 작업을 많이 진행하지 않는다. 결국엔 제작되지도 못할 뮤지컬을 쓰느라고 몇 년을 허비하는 것은 아무 의미없는 일이기 때문이다.

:: 두 가지 하기

이 전문화 시대에 세 가지 작업을 혼자서 하는 일을 드물지만 두 마리 토끼를 쫓는 사람들은 연극계에서 흔히 볼 수 있다. 대본과 가사를 한 사람이 도맡아서 작곡가와 공동 작업을 하는 경우이다. 「당신의 마차를 칠하세요Paint Your Wagon」와 「브리게이둔」, 「맑은 날에」, 「마이 페어 레이디」를 썼던 앨런 제이 러너와 「판타스틱스」를 솜씨 있게 만들어 낸 톰 존스를 금방 떠올릴 수 있다. 또한 최근에 알랭 부블릴은 「레미제라블」과 「미스 사이공」의 가사와 대본을 써서 능력을 인정받았다. 그러나 이렇게 두 마리 토끼를 쫓는 일이 늘 성공적이지 않다는 것을 알고 있어야 한다는 것을 트루먼 커포티Truman Capote의 경우를 들어 이야기할 수 있을 것 같다. 그는 「화원House of Flowers」에서 얽히고설킨 플롯을 만든 다음에 해럴드 알렌의 아름다운 선율을 그 시대 최악의 가사에 붙이기로 결정함으로써 세인들의 악평을 받았다.

그렇다. 대본 작가와 작사가를 겸하는 것이 보기 드문 경우는 아니다. 어빙 벌린이나 콜 포터, 제리 허먼, 스티븐 슈워츠, 스티븐 손드하임 등이 음악과 가사를 모두 책임지고 있긴 하지만, 그래도 역시 한 사람이나 한 팀이 대본을 쓰는 경우가 더 많은 것이 사실이다.

경험이 많은 포터와 벌린은 작곡가 겸 작사가로 일하는 것이 곧바로 허락되었지만, 손드하임의 경우에는 그 자리를 얻기 위해 싸워야 했다. 그는 「집시」의 음악과 가사를 모두 쓰고 싶어서 그 공연의 대본 작가였던 아서 로렌츠에게 〈이건 에슬 머먼의 에이전트가 사보타주한 거야〉라는 말을 들으면서 허락을 받아 냈다. 그는 이렇게 말한다.

에슬은 사실 이름도 없는 작곡가에게 기회를 빼앗기고 싶지 않았을 거예요. 그때까지만 해도 모두들 저를 작사가로 알고 있었거든요. 「웨스트 사이드 스토리」를 쓰고 난 후였습니다. 글쎄요, 에슬은 「해피 헌팅」을 막 끝냈을 때였는데 그 작품은 이름 없는 작가 두 명이 쓴 작품이었죠. 별로 성공적이지 못했습니다. 지금 돌이켜 생각해 보면, 그녀가 어떤 기분이었을까 궁금해져요. 한 번 된통 당하고 나더니 두 번째는 조심스러웠나.

제롬 로빈스(연출가)도 역시 제가 전체 악보를 다 쓰는 것을 내켜 하지 않았

* * 「판타스틱스Fantasticks」(1960)

지요. 그때 제가 「포럼에 가는 길에 우스운 일이 생겼네」를 하고 있을 때였는데, 그 사람 앞에서 그 「포럼……」 중의 3곡을 연주했습니다. 그는 꽤 감명을 받았는지 르 랜드 헤이워드Leland Hayward(제작자)를 부르더니 〈손드하임이 악보를 다 써도 괜찮 겠는데〉라고 말하더군요.

하지만 에슬은 나에게 작곡을 맡기고 싶지 않다고 얘기하더니, 개인적으로 스타인을 얘기했어요. 그래서 아서가 저한테 다시 와서 가사만 해줄 수 없겠느냐 고 부탁을 했는데…….

손드하임은 훈련된 음악가로서 작사는 〈부업〉이라고 생각했는데, 친구의 조언에 의해, 특히 철저한 전문가들 및 스타와 같이 일을 해보는 것이 좋은 경험이 될 거라고 얘 기한 스승, 오스카 해머스타인의 설득으로 이 일을 하게 되었다. 그 결과 손드하임은 〈단 한순간도 후회해 본 적이 없다. 그 노래뿐만이 아니라 그 공연 자체를 사랑한다!〉고 얘기 할 수 있게 되었다.

:: 작곡가와 작업하는 대본 작가 겸 작사가

이 경우 가장 큰 장점은 뮤지컬의 전체적인 문학적 톤이 통일성을 가진다는 것이다. 대본 작가와 작사가를 겸하는 사람들은 아마 가사를 먼저 쓰고 싶어 몸이 근질근질하겠지만 이 부문의 재능을 발휘할 기회는 탄탄한 대본이 충분히 다듬어질 때까지 보류되기 쉽다. 이 시점에서 작사가의 또 다른 자아는 표면으로 드러나기 시작해서 단순한 산문으로 표 현하기에는 너무나 감정이 풍부한, 아니면 너무나 중요한 순간을 골라내게 spotting 된다. 프랭크 로서는 이렇게 말한다. 〈한 장면이 말로 전달되기에는 너무나 강렬할 정도로 절정 에 다다르면 그 감정이 어떤 종류의 것이든 노래로 표현되어야 합니다.〉 이러한 순간이 바로 작사가들이 먼저 손대고 싶어 하는 부분이다. 그리고 나면 이제 작곡가가 합류해서 그 대본-작사가가 함께 긴밀한 작업을 하게 된다.

　　자세히 설명하자면 작사가는 줄거리에 기초한 노래 대신 감동이 넘치는 노래를 골라 넣고 싶을 것이다. 톰 존스가 「판타스틱스」의 2막에서 바로 그렇게 했다. 〈관객들이 감정 이입을 해서 《그들》을 《너》로 생각하게 되는 부분에 가서, 《나는 바보처럼 굴었어요 *I Have Acted Like a Fool*》란 노래를 삽입했다. 이 노래는 너무도 드라마틱했으나 대단한 감동을 불러일으키지는 못했다. 우리는 차라리 약간만 마음을 찡하게 하는 장면을 만드는 게 더 낫겠다고 생각했다〉고 존스는 회상한다. 리처드 몰트비 주니어는 이 작품에 대해 〈그 노래에서 늘 나를 고민하게 만들었던 부분은 노래가 시작할 때 스토리가 잘 풀리지 않는 것이었다. 거의 극중 상황과 별 상관이 없는 감상적인 노래였다. 노래가 끝나면 이야기는 다시 풀리기 시작했다〉라고 말한다.

　　마이클 스튜어트는 가사와 대본을 다 쓰지만 「나는 아내를 사랑해요 *I Love My Wife*」라는 작품에서 단 한 번 동시에 두 역할을 했다. 그는 이 작품을 하던 때를 회상하며 이렇게 이야기했다. 〈내가 모든 작업을 다 하고 거의 완성을 할 때쯤 갑자기 다른 사람이 끼어들어와 일을 넘겨 달라고 하는 일이 없는 데 대해 너무나 큰 기쁨을 주는 자기 만족을 느꼈다.〉 그리고 그는 작업의 마무리 단계에서 짧은 장면을 하나 골라 열여섯 줄의 가사를 만들었다. 〈박수소리가 들렸는데 그 박수는 노래가 나오기 전에 들은 대사 때문이 아니라는 것을 깨달았다(노래를 향한 박수였던 것이다). 인생에서 그런 순간을 맛본다는 것은 정말 너무 황홀한 일이다.〉

　　그러나 앨런 러너는 대본을 쓰는 것과 대본과 가사를 다 쓰는 것이 다르다는 것을 알게 되었다. 〈엄청나지요! 일단 시간이 두 배로 걸려요.〉 러너는 자기가 쓴 가사가 스튜어트와 마찬가지로 박수를 이끌어 내는 것을 듣고도 자기 만족을 느끼지는 않는다. 그는 모든 작사가에게 〈작품을 지탱해 나가는 것이 노래라는 걸 한순간도 잊어서는 안 된다〉고 주의를 준다. 그는 〈작품이 훌륭하다면 그것은 음악 때문이다. 음악은 앞으로 더 해야 할 일들을 훨씬 덜어 주는 요소이다〉라고 덧붙인다.

:: 대본 작가와 작업하는 작곡가 겸 작사가

작곡가 겸 작사가가 당면하는 가장 어려운 일은 대본의 어떤 부분이 뮤지컬로 만들어져야 할 것인지를 결정하는 것이다. 보통 사람들은 한 장면에서 절정이 어딘가를 찾게 된다. 앞에서 언급했지만, 그러한 절정 부분은 말로써 전달되기에는 너무나 중요하다. 제리 허먼은 말한다. 〈「메임」의 경우에는 굉장히 서정적인 작품이었기 때문에 그러한 선택은 끝이 없었습니다. 메임 숙모의 성격을 보여 주기 위해 세 곡이나 작곡을 했습니다. 그만큼 그녀가 노래로 폭발시키는 순간을 찾아내기가 힘이 들었습니다. 어떻게 해야 잘 찾아낼 수 있는가 하는 것은 간단히 말하기 어렵습니다. 직감적으로 알아내는 것밖에는 도리가 없습니다. 저는 직감적으로 이 장면의 이 순간이 노래로 표현되어야 하고,《인생은 잔치야. 대부분의 나쁜 놈들은 죽으려고 환장을 하지》같은 부분은 절대 노래로 만들어선 안 된다고 느꼈지요.〉

그러나 언제나 이와 같은 것은 아니다. 스티븐 손드하임이 「포럼에 가는 길에 우스운 일이 생겼네」를 만들 때는, 노래가 전혀 효력을 발휘하지 못했다. 대본 작가였던 버트 세블로브Burt Shevelove는 손드하임에게 인물이나 줄거리를 발전시키는 것 말고 노래를 만들어 낼 다른 방법이 있다고 말했다. 손드하임은 이렇게 당시를 회상한다. 〈버트는《이제 전에 사용했던 것과는 다른 방법으로 노래를 사용해야 돼. 로저스나 해머스타인 학교에서 배운 것과 다르게 말이야…… 노래 중에는 휴식이 될 수 있는 것도 있거든. 로마인들이 바로 그렇게 노래를 이용했지. 자네도 이제 그렇게 노래를 이용해 보게》라고 충고해 주었습니다.〉 그러나 모든 작품이 다 다르게 마련이다. 「포럼……」은 소극이었고, 스티븐 슈워츠가 「가스펠」에서 그런 것처럼 불가능한 이야기를 믿게 만들려고 하는 작품들과는 또 다른 성격의 작품이었다.

작곡가 겸 작사가가로서 스티븐 슈워츠가 「가스펠」이란 작품을 뮤지컬로 만들면서 하고 싶었던 얘기는 이러하다.

그 공연(가스펠)은 존 마이클 테벨락John Michael Tebelak이 카네기 공과 대학에 있을 때 생각해 낸 것이었어요. 그는 라마마에서 그 작품을 한 번 공연한 적이 있었는데 그때 만든 노래들은 제대로 된 뮤지컬 곡의 역할을 못 해서 그냥 편안한 휴식을 줄수 있는 곡으로 만들어졌었지요. 오프 브로드웨이로 진출할 생각을 하면서 그 사람들이 제게 전화해서 음악을 좀 만들어 줄 수 있겠느냐고 묻더군요. 저는 존 마이클과 열심히 작업을 하게 됐죠. 마태 성인의 말에 충실하려고 노력하면서도, 한편으로는 다른 관점에서 이야기가 전개될 수 있도록, 또 무대에 표현되는 방식에 대한 논리를 세우기 위해서도 몇 군데는 감리교의 찬송가처럼 수정 가사를 덧붙이기도 했습니다.

사실상 줄거리는 모두 대사 뒤에 숨겨져 있었습니다. 배우들이 전하는 대사와 우화들 속에 등장인물 사이에 진행되는 관계가 암시되어 있었지요. 화자의 관점을 이용하는 데 있어서, 이것이 참으로 유용한 방법이라는 생각을 개인적으로 하고 있습니다, 제가 기여했다고 생각되는 부분은 이런 것입니다. 우리가 〈이제까지 들은 것 중 가장 위대한 이야기〉[*2]를 가지고 작업을 하고 있었고 모두들 그 이야기를 다 알고 있었지만, 만약 아무도 들어 본 적 없는 이야기인 것처럼 꾸몄더라면 훨씬 좋았을 것 같아요. 그런 이야기를 통해서 어떤 느낌을 받으려고 극장에 오는 사람은 없거든요. 예수하고 유다의 관계를 어떻게든 만들어 내고 싶었다면, 관객들이 무엇보다 그 관계에 온 관심을 기울일 수 있도록 만들었어야 했다는 생각이 들어요. 그래서 〈모두 최선을 위한 것 All for the Best〉이란 곡을 만들긴 했었는데 사실 그 노래는 어느 뮤지컬 코미디에서나 있을 수 있는 노래에 불과했습니다. 예수와 유다라는 두 등장인물이 있었고 우리는 그 인물들을 서로 위해 주는 친구로 묘사하고 싶었죠. 그래서 둘이 함께 노래를 부르는 곡을 하나 만들어 내긴 했지요.

작곡가와 작사가를 겸하는 사람들은 공연의 나머지 부분이 자기를 중심으로 움직이기를 기대하면서 상아탑 속에 앉아만 있어서는 안 된다. 설사 자기 노래가 확실한 히트작임이 분명하더라도 어떻게 전체 공연의 톤에 맞게 자기의 노래를 잘 끼워 넣을지 주의

[*2] 성서 — 역주.

를 기울여야만 한다. 제리 허먼은 이렇게 회상한다.

「미치광이의 우리」를 하면서 저는 모두가 제일 좋은 곡이라고 생각했던 노래 하나를 빼버렸습니다. 때론 그렇게까지 할 만큼 미치기도 하고 용기를 발휘할 필요도 있지요. 〈좋은 하루 되세요 *Have a Nice Day!*〉라는 곡이었는데 뉴욕에 있는 우리 집에서 있었던 후원자 오디션에서 너무나 재미있는 코미디곡으로 판명이 났어요. 모든 인종과 민족에 대해 상상할 수 있는 온갖 비방과 흥을 다 담은 노래였거든요. 극 중에서 한 소녀의 아버지가 이 노래를 불렀는데 다들 나자빠졌어요. 1막의 중간쯤에 이 보석 같은 코미디곡이 들어 있었는데, 저는 정말 대단한 칭찬을 받았지요. 그리고 연습실에 가서 공연 연습을 지켜보는데 이상하게 그 부분에 이르면 늘 거슬리는 느낌이 오는 거예요. 늘 출연진들은 웃어 대느라고 정신이 없었는데, 그때 「미치광이의 우리」라는 이 작품이 참 건전한 공연이라는 걸 상기하게 됐습니다. 그 공연을 일컬어 하비(대본 작가)는 〈그대의 아버지와 어머니를 공경하라〉에 관한 작품이라고 말한 적이 있지요. 파스텔조의 하늘하늘하고 사랑스러운 의상도 매우 건전했어요. 무대도 파란 하늘색이었는데, 순간 갑자기 이 노래가 참 꼴사납다는 생각이 드는 거예요. 재미는 있지만 참 꼴사나웠어요. 그래서 저는 아서 로렌츠(연출가)한테 〈이런 말 하면 아마 날 극장 밖으로 내던지겠지만, 《좋은 하루 되세요》를 빼고 가고 싶은데〉라고 얘기 했죠. 그랬더니 〈보스턴에 가서 한번 해보고 관객 반응을 보는 게 어때?〉 하고 대답하더군요 저는 〈관객들이 좋아한다고 해도, 내 생각에 이 노래는 우리가 만들어 온 흐름을 깨고 있어〉라고 고집을 피웠죠. 그래서 그 노래는 잘렸어요.

대본과 가사, 음악까지 모두 만들었던 셀던 하닉은 〈작곡과 작사를 겸하는 사람에게 가장 감동적인 순간은 대본 작가에게 《당신 재담을 제 노래의 절정 부분으로 만들고 싶은데 요》라고 말하는 순간인 것 같다〉라고 말했다. 그러나 제리 허먼은 〈내가 같이 일했던 모든 대본 작가들이 가장 사랑스럽기 그지없을 때는 그들이 《공동 작업》이란 것을 진정으로 이해하고 있을 때이다〉라고 말한다. 〈내가 마이크(「헬로, 돌리」의 대본 작가)에게 《나는 손을 여기 넣어, 나는 손을 저기 넣어》라는 대사(마이크 스튜어트가 손튼 와일더의 희곡 「중매쟁이 The Matchmaker」에서 따온 대사)에 대해 제안을 하나 했다. 그는 《물론이야, 그래서 더 좋은 노래가 나온다면 무슨 상관이 있겠어?》라고 흔쾌하게 대답했다. 또 한번은 베라를 묘사하는 대사 중에 《40과 죽음 사이 어디쯤》이라는 말이 있었는데 그것은 제롬 로렌스Jerome Lawrence와 로버트 E. 리Robert E. Lee의 희곡인 「메임 숙모」의 무대 지문에 나왔던 표현이었다. 내가 《그 표현을 써야 해. 어떻게 하면 효과적으로 사용할 수 있는지 알고 있어》라고 했더니 그들도 《하고 싶은 대로 해》라고 대답했고, 그래서 나는 그 표현을 가사에 사용했다.〉

:: 가장 보편적인 팀: 작곡가와 작사가

이제까지의 뮤지컬 사상 가장 훌륭했던 뮤지컬 음악 가운데 많은 곡들이 훌륭한 작곡가-작사가 팀에 의해 만들어져 왔다. 길버트와 설리반, 로저스와 하트, 혹은 로저스와 거쉰과 같은 전설적인 팀도 있었고 캔더와 에브, 로이드 웨버와 라이스, 복과 하닉 같은 위대한 동시대 뮤지컬 팀도 있었다.

　　이러한 사실은 다음 질문을 불러일으킨다. 무엇이 먼저일까? 음악, 아니면 가사? 자주 인용되곤 하는 새미 칸Sammy Cahn의 말을 빌려 대답해 보자. 〈그 어느 것도 아니다. 전화가 먼저다. 그리고 그다음엔 계약서다.〉 리처드 로저스의 대답은 이보다 한 수 위다. 〈수표!〉 앞의 작곡가 장에서 자세하게 설명했듯이 팀에 따라 작업 방식은 매우 다양하다.

　　공동 창작이란 심오한 예술적 관계다. 이것은 서로가 서로를 좋아해야 한다는 의미는 아니다. 물론 서로 좋아하면 나쁠 건 없다. 그러나 서로가 서로의 작품을 좋아하는 것은 반드시 필요하다. 만약 서로의 작업 습관을 좋아한다면 더할 나위 없다. 리처드 로저스는 로렌즈 하트의 심한 음주벽과 예측 불가능하고 기분파인 그의 성격을 못마땅해하다가 결국은 오스카 해머스타인으로 파트너를 바꾸었다.[*3] 길버트와 설리반도 서로를 참을 수가 없어서 거의 편지로 의견을 주고 받으며 일을 했다.

공동 창작 작업에 관해 꼭 이해하고 넘어가야 할 것은 작업 관계에 있어서의 민감성이다. 예술가들은 까다로워서 공동 작업을 할 때는 자아를 좀 한 쪽으로 치워 둘 필요가 있다. 리 애덤스Lee Adams는 찰스 스트라우즈와 여러 작품을 같이 했는데, 그중에서 「안녕 버디」, 「황금 소년Golden Boy」, 「갈채」는 가사가 먼저 써졌다. 애덤스는 이렇게 이야기한다.

내가 가사를 가지고 가면 함께 검토를 하면서 그는 비평을 하거나 좀 바꾸자고 제안을 한다.[4] 그는 나라는 사람을 비평하는 것이 아니라 단지 특정 작품을 비평하는 것이다. 그것은 아이를 기르는 것과 같다. 아이들이 잘못을 하면 아이를 나무라는 것이 아니라 그 아이가 한 잘못을 나무라는 것이지 않는가? 작곡가와 작사가의 협동 작업의 진수는 지적이고 예술적이며 창조적인 정직성이다. 이것은 뒤에 숨은underlying 관계와는 아무 상관이 없다. 그러나 많은 사람들의 자존심ego에 관한 한 이것은 쉽지 않다. 당신이 개인적으로 공격당하는 것이 아니라 그것은 바로 당신이 살아 나가기 위해 배워야 할 것임을 깨닫는 것은 쉽지 않은 일이다.

작사가 톰 아이엔Tom Eyen과 작곡가 헨리 크리거Henry Krieger는 「탭 댄스 키드」와 「드림걸즈」란 작품으로 성공을 거두었는데, 이 두 사람은 스트라우즈와 애덤스 팀과는 일하는 방식이 달랐다. 이들은 노래를 따로따로 작업을 해서 나중에 합치는 방식으로 만들지 않았다. 그들은 같이 작업을 시작해서 전 과정을 함께 작업해 나갔다. 크리거는 이렇게 말한다.

---

[3] 해머스타인은 머릿속에 떠오르는 오페라나 다른 노래의 선율에 맞추어 가사를 쓰곤 했다고 고백하면서 이 사실은 로저스에게 한번도 말한 적이 없다고 했다.

[4] 스트라우즈는 작사가로서 여러 작품 중에서 특히 성공을 거두었던 레뷔 「시장Mayor」과 「스트라우즈 작By Strouse」의 저작권을 가지고 있다.

작사가와 작곡가가 따로 작업을 하는 일이 많다는 것을 알고 있지만, 우리는 함께 일을 한 경우가 많았습니다. 톰과 나는 피아노 앞에 앉아서 가사 한 구절을 만들고 그걸 시험했습니다. 제가 〈이것 좀 줄여 줄 수 있겠어?〉 하고 말하면 그는 놀랍게도 짧은 가사를 만들어 냈습니다. 아주 빠르게…… 아니면 제가 뭔가를 쓰면, 그가 이렇게 말하죠. 〈이거 느낌이 안 사는데. 음이 너무 낮은 거 같아. 다시 한 번 해 보지〉라고 말하면 저는 약간 음을 높였죠. 그는 그만의…… 듣는 귀가 있으니까요.

이 두 사람의 완벽한 조화는 「드림걸즈」의 1막을 장식한 멋진 히트곡을 만들어 냈다. 그러나 이와 같은 이상적인 관계는 쉽지 않은 경우이다. 함께 일할 수 있는 편안한 상대를 만나기까지 수많은 다른 파트너들을 겪어야 하는 경우가 많다. 친근함을 느낄 수 있어야 하고, 일을 위해 헌신하는 자세가 필요하며, 보는 관점과 기술적 수준이 엇비슷해야 해야 좋은 파트너가 될 수 있다. 한 사람은 예술적인 성과에 관심을 두고 있는데 다른 한 사람은 입장 수입에만 관심이 있다면 이 팀은 처음부터 앞길이 뻔하다.

융통성이 없는 사람은 마찬가지로 어긋날 운명이다. 스티븐 손드하임은 레너드 번스타인과 함께 「웨스트 사이드 스토리」와 「캔디드」의 두 번째 공연을 작업하던 때를 회상하며 이렇게 이야기한다.

레니(번스타인)는 함께 일하는 걸 좋아했고 저는 따로 일하는 걸 좋아했습니다. 저는 다른 사람과 일을 하는 것이 불편하거든요. 그러나 어떨 때는 그가 음악에 관한 아이디어를 생각해 낼 때도 있고 제가 가사에 대한 아이디어를 생각해 낼 때도 있었지요. 우리는 함께 그걸 키워 나갔습니다. 어떤 노래는 다르게 써지기도 했습니다. 「캔디드」에 나오는 〈결국 어디서 당신을 얻게 될까요 *Where Does It Get You In the End?*〉라는 노래는 제가 가사를 고쳐 써서 그의 음률에 맞춘 경우지요. 하루는 제가 가사가 하나 떠올라서 그걸 써서 그에게 주었더니 그가 거기에 맞춰 주었어요. 그게 〈그런 소년 *The Boy Like That*〉이란 노래죠.

한 팀이 마침내 만들어져서 한 편의 뮤지컬을 함께 잘 써나갈 수도 있지만 팀이 곧 해체될 수도 있다. 작곡가-작사가 팀은 평생을 함께 일하는 경우가 많았지만, 요즘에 와서는 헤어진다는 것이 일반 사회에서와 마찬가지로 뮤지컬 세계에서도 흔한 일이 되었다. 찰스 스트라우즈와 리 애덤스는 뮤지컬 세계에서 많은 공연을 함께 만들었다. 이 둘이 해체하게 되었을 무렵에 대해 스트라우즈는 이렇게 이야기한다.

리와 나는 공식적으로 헤어진 적은 없어요. 우리는 아직도 좋은 친굽니다. 서로의 작업 습관이 조금씩 달라져 갔던 것뿐입니다. 우린 서로 점점 달라져 갔지요. 우리가 가장 활발하게 성공을 만들어 가던 풍작의 시기가 끝나 갈 때를 즈음해서 그는 시골로 이사를 갔습니다. 그게 벌써 큰 변화였지요. 저는 뉴욕 사람입니다. 저녁 8시에 일을 하지 말란 법이 없지요. 그런데 리와는 그게 불가능했어요. 우리의 생활 방식이 너무 많이 달라져 버린 거죠.

훌륭한 팀이었던 복과 하닉도 「로스차일드」(1970) 이후에 결별했다. 여기에 관한 하닉의 말을 들어 보자.

안타깝게도, 「로스차일드」는 제리 복과 저 사이에 마찰을 가져 왔습니다. 그 공연의 원래 연출가와 관련이 있는 일이었지요. 데렉 골드비 Derek Goldby 말입니다. 그는 연극 작품만을 하던 사람이었는데 사실 뮤지컬에는 연극 연출가가 해낼 수 없는 좀 신비하고 마술적인 면이 있습니다. 그는 그런 규모의 공연을 해낼 수가 없었습니다. 저는 그렇게 생각했는데 제리 생각은 달랐어요. 데렉은 역량이 있는데 부당한 처사를 받은 거라고 제리는 느꼈나 봐요. 그는 우리들 모두에게 화가 났어요. 그리고 결국 제리를 대신해 마이클 키드가 그 일을 맡으면서 마찰이 생기게 되었습니다. 제리와 저는 그렇게 멀어진 이후로 다시는 돌이킬 수가 없게 되었어요. 너무 심했죠.

* 「지저스 크라이스트 슈퍼스타Jesus Christ Superstar」(1971)
* 「송 앤 댄스Song and Dance」(1982)

연극을 보러 가는 대중들은 아직까지도 「조셉」, 「지저스 크라이스트 슈퍼스타」, 「에비타」처럼 보석 같은 작품들을 함께 만들었던 로이드 웨버와 라이스 팀이 해체된 것을 나무라고 있다. 물론 앤드루 로이드 웨버가 혼자 나와 다른 작사가들(리처드 스틸고, 돈 블랙, 트레버 넌, 찰스 하트 등이 있다)과 함께 「캐츠」, 「스타라이트 익스프레스」, 「송 앤 댄스」, 「오페라의 유령」 같은 명작들을 계속 만들어 내긴 했지만 말이다. 비평가 마크 스타인은 이 놀라운 팀의 결별에 대해 이렇게 이야기한다. 〈팀 라이스는 정말 뛰어난 작사가예요. 하지만 앤드루가 자기와 동등한 위치의 사람들이나 작사가와는 일하기 싫어한다는 것은 누구나 알고 있는 사실이지요.〉

:: 대본 작가, 작곡가, 작사가 찾기

자기 작품을 같이 만들어 갈 사람을 선택해야 할 때 관심도 많이 가지고 있고 기술적으로도 모든 것이 갖추어진 사람을 선택하게 마련이다. 그러나 당신의 특정 프로젝트에 함께 참여할 파트너를 구한다는 것은 쉬운 일이 아니다.

마틴 샤넌과 함께 미국 평화 봉사단의 이야기를 다룬 뮤지컬 「핫 스팟Hot Spot」을 썼던 메리 로저스Mary Rodgers는 인터뷰를 통해 그녀가 작사가를 만나게 된 이야기를 해주었다.

마티는 「웨스트 사이드 스토리」의 오리지널 멤버였는데 가사를 몇 개 써서 스티브 손드하임에게 들려주었을 때 좋은 평을 받았어요. 제가 함께 일할 사람을 찾고 있을 때, 스티브가 마티와 함께 일해 보라고 권했어요. 우리는 재키 글리슨 쇼를 할 때도 잠깐 함께 일을 했고, U. S. 제철과 우디 앨런을 위한 쇼를 할 때도 함께 일했지요. 그땐 정말 너무 근사했어요. U. S.제철이 BBD&O(광고 회사)에 〈1만 달러를 줄 테니 작가를 몇 명 고용해서 1시간짜리 TV쇼를 쓰게 하세요. 마음에 들면 방영을 하고, 혹 마음에 안 들더라도 돈은 지불하겠습니다〉라고 했던 거예요. 그래서 우리는 미친 듯이 뭔가 혁신적이고 색다른 걸 써내기 시작했습니다. 저희로서는 손해 볼 게 없었으니까요. 노래들을 녹음해서 그 U. S. 제철 이사진들에게 들려주었지요. 그 작은 오디션이 끝날 때, 그들은 〈대단히 수고하셨습니다〉라고 했고 저와 마티는 1만 달러를 챙겼어요. 결국 그 공연은 한 번도 방영되지 않았지만 덕분에 우리는 즐거운 시간을 보냈지요.

로저스와 샤닌은 다른 작품에서도 계속 함께 일했다.

연극계에 있는 친구에게 가능한 공동 작업자들의 이름을 얻을 수도 있겠지만, 그 외에 함께 일할 파트너를 찾는 몇 가지 방법을 아래에 적어 보았다.

1. 당신 주변의 극작 학교나 연극 학교에 연락한다. 뮤지컬 파트너를 찾기 위해서는 예술 학교에 연락을 해보는 것이 좋다. 런던에 길드홀 음악 연극 학교Guildhall School of Music and Drama나 로열 아카데미Royal Academy, 트리니티 음악 학교Trinity School of Music가 있고, 뉴욕에는 줄리어드Juilliard School, 맨해튼 음악 학교Manhattan School of Music, 맨스 스쿨Mannes School 등이 있다. 세계 주요 도시에 이 학교들의 부설 학교들이 많이 있다. 내가 아는 런던의 한 대본 작가 겸 작사가는 대본과 작사를 다 마치고 나서 작곡가를 찾지 못해 어려움을 겪다가, 런던의 길드홀 스쿨에서 공부하고 있던 학생을 하나 찾아냈다. 대본에 음악이 덧붙여졌을 때 그 작품은 매년 최고의 신작 뮤지컬을 뽑는 비비안 엘리스상을 수상하는 영광을 안게 되었다. 대학의 교양 과정도 훌륭한 보고가 될 수 있다. 톰 존스와 하비 슈미트는 「판타스틱스」의 대본과 가사, 음악을 대학 때부터 같이 쓰기 시작했다. 영국이나 미국의 모든 대학에는 연극반이 있다.
2. 영국 작곡가, 저자 아카데미BASCA(주소: British Music House, 25-27 Berners Street, London W1T 3LR, 전화: 020 7636 2929, www.britishacademy.

com)나, 아니면 미국 작곡가, 저자, 출판업자 협회 ASCAP(주소: 1 Lincoln Plaza, New York, NY 10023, www.ascap.com)나, 방송 음악 협회(B. M. I., 주소: 40 West 57th Street, New York, NY10019, 전화: 212 586 2000, www.bmi.com)에 연락해 본다. 이곳은 모두 노래 작곡가 워크숍을 후원하는 단체들이다. 각 분야의 아마추어나 전문가들을 소개받을 수 있다.[5]

3. 당신이 사는 곳의 음악 상점에 연락해 본다. 게시판에 구인 광고를 실어 주고 함께 일할 사람을 구해 줄 수도 있다. 당신이 만들 수 있는 노래가 어떤 종류의 것인지를 확실하게 밝혀 주고 당신이 관심을 갖고 있는 뮤지컬이 어떤 것인지를 설명해 주는 것이 좋다. 당신이 어느 정도 훈련을 받았으며 함께 일할 공동 작업자에게 바라는 것이 무엇인지도 써두어야 한다.

4. 음악 교사나 음악 학교에 전화해서 음악 교사들 중에 공동 작업자가 될 만한 사람을 아는 사람이 있는지 확인해 본다.

5. 지역 신문에 광고를 낸다. 특히 특수 신문이 있을 경우에는 이 방법이 좋다. 뉴욕에는 「빌리지 보이스 The Village Voice」라고 하는 신문에 공동 작업자를 구하는 대본 작가, 작사가, 작곡가들의 명단이 게재되어 있다. 『백스테이지 Backstage』나 『쇼비즈니스 Showbusiness』에도 광고란이 있다.

6. 당신이 살고 있는 지역에서 활동하는 음악가들을 접촉해 본다. 전화 번호부의 노란 페이지에 연락처가 나와 있다.

7. 음악 관련 신문 및 잡지에 광고를 낸다. 영국에는 주간 공연예술신문 『스테이지 The Stage』, BBC 방송국의 월간지, 『뮤직 Music』, 『뮤지컬 스테이지 Musical Stages』, 『송라인 Songlines』, 주간공연정보지, 『타임 아웃』 등이 있고 미국에는 『빌보드』, 『키보드』, 『퍼포밍 송라이터 Performing Songwriter』, 『아메리칸 씨어터 American

---

[5] 런던의 전문 작곡가 협회 Association of Professional Composers와 영국 작곡가 조합 Composer's Guild of Great Britain, 두 곳 모두 1995년 영국 작곡가, 저자 아카데미 BASCA로 합병되었다 — 역주.

Theatre』 같은 잡지들이 있다.[*6]

:: 동의서, 계약서, 수익 분배, 분배 비율

앞에서도 얘기했듯이 공동 작업이 성공을 거두기 위해서는 반드시 아이디어의 조화가 유지되어야 하며 같은 사고 방식을 가지고 있어야 한다. 서로에게 공정해야 하며, 무엇보다도, 각 분야 간의 열린 대화가 가능해야 하고 분개하는 일이 없도록 서로에게 정직해야한다. 극작가 조합의 계약 기준에 따르면 기본적인 저작권료는 6퍼센트인데, 주요 역할을 하는 세 부문, 즉 대본 작가, 작곡가, 작사가가 각각 2퍼센트를 받게 되는 것이 이상적이다. 그러나 인생이란 것이 어떻게 이상적일 수 있겠는가?[*7] 작곡가가 마음에 드는 우수한 관현악 편곡자를 끌어들이기 위해서 자신의 저작권료의 일부분을 포기하기로 마음먹을 수도 있고, 두 명의 공동 작사가가 작사가의 몫으로 배당된 저작권료를 나누어 가질수도 있다. 또는 특별히 성공한 연출가나 스타를 확보하기 위해서, 제작자들이 공동 작업자들에게 분배 비율의 일정 정도를 공연의 성공을 보장시켜 줄 유명인들에게 양도해 달라고 요청하는 경우도 있다. 공연에 관객이 다 차지 않을 경우에는 막을 내리지 않고 공연을 계속하기 위해 모든 사람들의 로열티를 감축하자는 요청을 받는 경우도 종종 있다.

일단 공연이 거의 완성되어 가면 제작자들은 계약서에 서명을 받아야 한다. 이 계약서들은 영국에서는 계약서 표준 양식에 따라야 하고 미국에서는 극작가 조합의 계약서

[*6] 원서의 내용을 2006년 현재 정보로 업데이트하였다 ― 역주.

[*7] 데이비드 르바인은 여기에 덧붙여 이렇게 설명한다. 〈저작권료 분배는 2대 2대 2, 혹은 1대 2대 3, 혹은 $\frac{1}{2}$, $\frac{1}{3}$, 5 등으로 나뉘는 경우도 있다. 모든 사람이 똑같이 탁월했거나 혹은 똑같이 별 볼일 없었을 때는 2대 2대 2로 분배를 한다. 「웨스트 사이드 스토리」 같은 경우에는 스티븐 손드하임이 이제 막 탁월함을 보이기 시작한 반면 아서 로렌츠나 레너드 번스타인은 이를 훨씬 능가하는 명성을 가지고 있었다.〉 그래서 손드하임의 계약상의 분배율은, 다른 두 명의 작업자들이 떼돈을 가져가는 대신, 겨우 1퍼센트밖에 되지 않았다고 한다.

에 따라야 한다. 이 서명을 하기 전에 대부분의 공동 작업자들은 자기들 사이에 간단한 계약을 하게 된다. 이것은 반드시 문서로 작성되어야 하며 연극계 에이전트가 대신 처리하게 되어 있는데 전문가라면 이를 소홀히 하는 경우는 거의 없다. 단순한 악수로 맺어진 계약은 후에 공연이 완성되고 나서 처참한 말다툼으로 번지는 경우가 너무나 많으며, 확실한 계약만이 창조적인 작업을 하는 팀을 보호해 줄 수 있는 보증이라는 것을 너무나 잘 알고 있기 때문이다. 스타나 제작자, 연출가의 횡포나 마지막에 공연을 하나로 짜맞추는 많은 사람들, 혹은 남이 만든 떡의 고물이 떨어지기를 기다리고 있는 사람들로부터 자신들을 보호할 필요가 있기 때문이다.

어떤 경우에라도 저작권 분배율(〈포인트〉라고 한다)을 어느 정도 삭감해야만 할 경우에는 모든 사람의 분배금이 조금씩 같은 비율로 삭감되는 것이 매끄러운 관계를 유지할 수 있는 방법이다. 그러나 이런 문제도 예술가가 직접 나서기보다는, 고객을 위해서 논쟁할 준비가 잘되어 있는 에이전트에게 일임하는 것이 상례이다.

:: 프로그램 상의 출연자 서열

뮤지컬은 그 대본의 완성도에 따라서 성공할 수도 있고 실패할 수도 있다. 그러나 그나마 막을 빨리 내리지 않고 공연을 지속하게 만드는 것은 음악과 가사에 달려 있다. 일반 대중들은 이런 것에 대해서는 아무것도 모르고 그저 전단에서 읽은 내용들만 기억할 것이다. 그래서 그들은 「헬로, 돌리」에서도 〈캐럴 채닝〉만을 읽는 것이다. 이 작품의 음악과 가사가 제리 허먼이라는 사람에 의해 써졌다는 것을 알고 있거나, 아니면 관심이라도 가지는 관객은 정말 몇 안 된다. 그리고 아마 이 놀라운 대본을 쓴 사람이 마이클 스튜어트라는 것을 알고 있거나, 그것에 관심을 가지고 있는 관객은 그것보다 훨씬 더 적을 것이다.[8]

표준 양식의 프로그램에는 다음과 같은 세 가지 기본 원칙과 함께 서열과 순서가 정해져 있다(이것은 잘 알려져 있지도 않고 계약서에 기재된 사항도 아니지만).

1. 음악과 가사가 고지되어야 한다.
2. 대본 작가가 고지되어야 한다.
3. 원작이 있다면 원작과 원작자가 고지되어야 한다.

대부분의 창작 활동을 하는 예술가들은, 특히 자기 작품이 이제까지 한번도 무대 위에 올라가는 걸 본 적이 없는 예술가들은, 자신의 작품이 가져다줄 즉각적인 금전적 보상은 신경도 쓰지 않고, 자기 작품이 뮤지컬로 제작될 수 있다는 것 자체만으로도 너무 기뻐하고 〈영예로워〉 한다. 결국 지난 수십 년간 돈을 벌겠다는 생각으로 연극계로 들어간 사람은 아무도 없었다. 엔터테인먼트 사업에서 금전적인 보상은 텔레비전이나 라디오, 영화, 레코드 등의 분야가 훨씬 낫다. 작곡가, 작사가 대본 작가에게는 제작된다는 것 자체로 충분하다. 그럼에도 불구하고 자신들의 고객을 보호해 주는 영악한 에이전트들도 있다(예술가들에게 돈을 더 많이 벌게 해줄수록 자기도 돈을 많이 버니까).[9] 작가 조합이나 극작가 조합과 같은 단체에서 이러한 신참자들을 자기 자신들로부터, 아니면 초보자들뿐만 아니라 경험 있는 전문인까지도 이용하려고 하는 파렴치한 제작자들로부터 보호해 주고 있다.

[8] 이 작품의 제작자였던 데이비드 메릭은 허먼이나 스튜어트의 이름을 고지하는 데 대해 계약상에 명시하지 않았고 대부분 그냥 빼고 넘어갔다. 이와는 달리 로저스와 해머스타인은 이미 슈퍼스타였기 때문에 언제나 이들의 이름은 제목 밑에 인쇄되었다. 오늘날, 앤드루 로이드 웨버의 이름은 그 하나만으로도 수많은 입장권을 팔 수 있게 되었다. 비평가인 마크 스타인은 연극계가 창작자들을 고지하는 것을 더 이상 중요하게 생각하지 않는다는 사실을 폭로했다. 〈몇 년에 걸쳐서 작품을 만들어도 될 했다고 보이는 게 없습니다. 그 연극계의 엄청난 시간 투자는 유명한 대중 가수의 앨범 트랙을 쓰는 것이나 클래식 분야에서 작곡을 하는 편안한 인생들과 비교할 때 너무나 대가가 형편없어요…… 「레미제라블」이나 「미스 사이공」 같은 대작의 평에도 작사가의 이름이 언급조차 되지 않는 것을 보면 정말 기가 막힙니다…… 그러나 로저스와 하트 같은 인물이 나온 이후에도 마찬가지였어요. 일반 대중들이 아마 해리를 보면 저 사람은 도대체 누군데 연극계에서 저렇게 서성대느냐고 하겠지요.〉

[9] 미국의 에이전트들은 대개 10퍼센트에서 15퍼센트를 받지만 능력 있는 에이전트들은 20~25퍼센트까지 뜯어 가는 것으로 알려져 있다.

❺ ──── 작업 준비

일정 잡기. 배경과 시대 설정. 출연진 규모와 제작비 설정

:: 일정 잡기

뮤지컬계의 예술가들은 대개가 너무도 바쁜 삶을 살아가고 있어서 작업 일정을 잡기가 거의 불가능할 수도 있다.[1] 가장 바람직한 경우는 참가하기로 한 모든 사람들에게 새로 하기로 한 작품이 다음 스케줄로 되는 것이다. 대략적인 완성 목표 날짜를 정하고 같이 공동 작업을 할 사람들이 같이 일하게 된 것을 서로 기분좋게 생각하고, 각자가 제 할 일을 다 하면서 함께 작업을 해나가는 것이다.

비전문가들이라 해도 반드시 완성 목표 날짜는 정해야 한다. 아마추어들이라 해도 먹고 살아야 하니까 첫 뮤지컬을 시작하기 전까지는 일을 해서 돈을 벌어야 할 것이다. 뮤지컬이 아직 전혀 써지지 않았다면 작품의 시대 설정도 잘 해야 한다.[2] 시간 낭비는 치명적일 수 있으므로 대략적인 완성 날짜를 정해 두는 것이 필요하다. 작품의 완성 목표 일정을 정하고 지켜 나가는 것(물론 절대로 바꿀 수 없는 것은 아니더라도)이 아마추어 예술로 전락하는 일을 막는 최선의 방법이다.

어떤 사람들은 매일 함께 모여 일을 하는 것을 선호하고, 또 어떤 사람들은 며칠에 한 번씩 만나 일을 하기를 바라는 경우도 있다. 그러나 최소한 1주일에 두 번씩은 만나서 작업을 해야 한다. 더욱 좋은 방법은 빠른 진행을 위해 한 사람이 아이디어를 떠올리면 다

---

[1] 1944년 기록적인 히트를 했던 「온 더 타운On The Town」은 작곡가 레너드 번스타인과 작사가 콤든과 그린, 안무가 제롬 로빈스의 첫 번째 공동 창작 작품이었다. 이 작품은 굉장히 짧은 시간 동안 급하게 써졌는데 그 이유는 로빈스의 기억에 따르면 당시 같이 작업을 하게 된 팀 중에서 가장 이상적인 예술가로서 선정되었던 연출가 조지 애벗이 특정 기간 내에 작업을 마칠 수 있다는 전제 하에 이 작품을 해보겠다고 말했기 때문이었다. 〈그는 비는 시간이 딱 2주밖에 없다고 했다. 더도 말고 덜도 말고 정말 딱 2주였다. 그동안에 작업을 마쳐야 했다. 모두들 너무 순진해서…… 그냥 그러자고 했다. 걱정도 하지 않았다. 레니와 나는 「팬시 프리Fancy Free」(무용곡이었는데 이 작품에서 영감을 받아 뮤지컬을 만들었다) 공연을 올리자마자 곧바로 거기서 나왔고, 베티와 아돌프가 합류해서 바로 일을 시작하게 되었다.〉

[2] 「셰난도아Shenandoah」라는 작품은 남북 전쟁 당시 전쟁에 전혀 신경을 쓰지 않기로 결정한 한 가족에 관한 이야기로 1975년 브로드웨이에서 첫 공연을 가진 후 오랫동안 공연되면서 성공을 거두었다. 1989년 중반 이 작품이 다시 리바이벌되었을 때 대부분의 비평가들은 세상은 바뀌었다고 생각했다. 「뉴욕 타임스」지의 한 비평가는 이렇게 이야기했다. 〈셰난도아〉가 14년 전 브로드웨이에서 그 첫 막을 올렸을 때는 시대적으로 역사적인 반향이 있었다. 미국은 베트남 전쟁에 관한 감정적 대립이 그때까지도 가라앉지 않았고, 전쟁으로 인한 상처들이 이제 겨우 아물기 시작하던 때였다.〉 역시 그 리바이벌 작품은 몇 주를 넘기지 못하고 막을 내려야 했다.

른 작업자에게 서로서로 전해 주는 것이다.[3]

톰 셰퍼드는 셀던 하닉과 「몰레트」를 함께 작업하던 때를 이렇게 회상한다. 〈셀던과 함께 작업을 하면서 그 사람의 조직적이고 상상력이 넘치는 작업 과정을 바라보는 것은 정말 즐거운 일이었습니다. 이야기를 덧붙여 나갈 기본 줄거리를 읽고 나면 다시 한 번 읽으면서 곰곰이 생각을 하더군요. 그러고는 곧바로 시나리오를 만들어 내고 그걸 다시 다듬는 거예요. 그걸 가지고 저와 같이 얘기를 하고 나서, 다시 혼자서 각 장면들을 더 세부적으로 다듬어 나가더군요. 그러면 이제 줄줄 써나가기 시작하는 거예요. 대사, 가사, 뭐든지요. 타자기에다가 한 페이지를 그냥 써넣는 게 아니라, 대본 하나를 다 쓰는 거지요. 셀던은 전체적인 구도와 스토리를 진행시킬 방향, 각 사건을 어떻게 교차시킬지 등을 세심하게 고려했어요. 한 열 페이지짜리 짧은 이야기를 금세 늘려 놓기도 하고, 반대로 확 줄이기도 하는 걸 보면 정말 기가 막혔습니다.〉

:: 배경과 시대 설정

작품 배경 *tone*과 시대 설정은 연극에서 잘못 이해되기 가장 쉬운 부분이라고 할 수 있는데 이 두 요소는 묶어서 생각하면 훨씬 이해하기 쉽다. 예를 들어 「집시」의 배경은 추잡한 무대 뒤이고 시대 설정은 1920년대이다. 「보이프렌드」는 1920년대를 다루고 있지만 그 배경은 모방과 양식화라 할 수 있다. 「코코」와 「로버타 *Roberta*」는 같은 시대를 배경으로 거의 같은 시기를 다루고 있지만 작품 배경은 우아한 패션계이다.

변화무쌍함이 뮤지컬에서는 때로 좋지 못한 덕목이 될 수도 있다. 깨어지기 쉬운

---

[3] 「온 더 타운」의 경우, 제롬 로빈스는 이렇게 회상한다. 〈베티와 아돌프와 나는 일단 공연의 아우트라인을 만들어 놓고 함께 작업을 시작했다. 많은 시간을 함께 보냈다.〉 베티 콤든은 이렇게 덧붙였다. 〈아돌프와 나는 매일 만나서 일을 같이 했습니다. 한 방에 서로 마주 앉아 있었습니다…… 하루 일이 끝나 갈 때가 되면 누가 어떤 걸 써냈는지 기억이 잘 나지 않을 정도였습니다. 그저 무엇인가를 만들어 냈다는 것이 기뻤지요.〉

** 「왕과 나The King and I」(1951). 거트루드 로렌스(안나 역)와 율 브리너(왕 역).

연극적 환상이 여러 작업자들 중에 누구 한 사람이라도 작품 배경(분위기)의 일관성을 깨뜨리는 순간, 한순간에 산산이 부서진 꿈이 되고 만다. 「왕과 나」의 이국적인 세계나 「레미제라블」의 영웅적 애국주의, 「오페라의 유령」의 낭만적인 긴장은 작품 전반에 걸쳐 확실하게 유지되는 분위기이다. 이 모든 작품들에서 각 작업자들은(대본 작가, 작곡가, 작사가, 안무가, 의상 디자이너, 무대 디자이너, 오케스트라 연주자, 연출가) 같은 분위기를 창조하는 임무를 지켜 나가면서 같은 느낌을 가지고 소재를 검토하고 작업을 해야만 하는 것이다. 이 중에 누가 단 한순간이라도 삐끗한다면 깨어지기 쉬운 〈무대의 마술〉을 처음부터 다시 만들어야만 하는 것이다.

예를 들어 19세기를 시대 배경으로 한 뮤지컬을 만든다고 한다면, 슈만이나 멘델스존 분위기의 곡들이 필요할 것이고, 어떤 요소라도 그 시대의 진실과 멀어져서는 안 된다. 제롬 컨과 오스카 해머스타인 2세가 「스위트 아델린Sweet Adeline」을 만들 때 시대 배경을 〈들뜬 1890년대〉로 잡았다. 그러나 이 두 사람은 서곡 대신에 1890년대의 노래 메들리를 사용하는 실수를 범하고 말았고 덕분에 관객들은 이 곡들을 그냥 틀어 주는 〈분위기 음악〉인 줄 알고 노래가 연주되는 동안 내내 잡담을 계속했다. 시작부터 발판을 제대로 만들어 놓지 못하면 그 공연은 성공하기 어렵다.

요즘의 작곡가들은 시대 배경이 아니라 작품의 분위기가 더 중요하다는 사실을 잘 알고 있다. 「스위니 토드」에서는 노래와 가사가 암시하는 1860년대라는 시간이 아니라 산업 시대의 도래에 대한 외침과 증오가 드러났고, 샌디 윌슨의 「보이프렌드」에서는 관습을 거부하는 생각 없는 말괄량이들이, 「집시」에서는 초라하긴 하지만 야심에 찬 이류 쇼 비즈니스 우먼 로즈를 통해 보였다. 존 캔더는 그 유명한 「카바레」에서 1930년대 후반을 다루면서도 1920년대 독일 음악을 너무도 적절하게 사용하여 공포 음악의 효시로서 1937년대의 쉰 소리reedy 음악을 훨씬 능가하는 성과를 이룩했다. 이 작품의 분위기는 그야말로 완전한 공포 그 자체였다.

:: 출연진 규모와 제작비 설정

브로드웨이와 웨스트 엔드는 파산 지경에 이르렀다고들 얘기한다. 화려한 엑스트라버간자를 새로 제작할 만한 돈이 없다는 것이다. 그러나 시즌마다 수백만 달러의 돈이 투자되고, 돈 낭비라는 관객의 불평과, 떼돈을 쳐바른 공연을 어떻게 하면 보다 신랄하게 난도질할 수 있을까를 고심하는 비평가들의 험담을 들으면서 그 아까운 돈을 몽땅 날리기도 한다.

그러나 똑똑한 제작자라면 예술 작품의 탈을 쓸 만한 작품에 기꺼이 투자할 재단들을 찾아내게 마련이다. 무대 근처를 어슬렁거리면서 흔쾌히 쇼 비즈니스에 발을 들여놓겠다는 백만장자들이 늘 있게 마련이고(흔히 예쁘장한 아가씨들을 데리고 와서 후원자 노릇을 하곤 한다), 연극 쪽으로 모험을 해보라는 닳아빠진 매혹에 혹하는, 있는 게 돈밖에 없는 투자자들의 명단을 손에 넣은 바람잡이 제작자들이 있게 마련이다. 돈 있는 사람들은 늘 〈세금 면제〉의 구실을 찾게 마련이고 정부나 국세청에 돈을 갖다 바치느니, 이왕이면 우아한 〈예술〉에 기꺼이 투자하는 것이 모양새도 더 좋기 때문이다. 레코드 회사들도 이미 경륜이 쌓인 가수들이나 슈퍼스타가 될 재목에게는 앞다투어 투자를 하고 계약서를 만든다. 「사랑의 모습들」에서 빅 히트를 기록했던 앤드루 로이드 웨버의 유명한 곡 〈사랑은 모든 것을 변하게 해요〉 같은 경우 강렬한 록 비트에 전자 드럼과 특수 마이크를 사용하여 영국 팝 차트에 2위를 기록한 전례도 있다.

이 책을 쓰고 있는 동안에도 5백만 파운드의 거금이 투자된 「지그필드」의 의상과 무대장치가 사용 여부가 불확실한 상태로 런던의 한 창고에 보관 중이다. 지난 시즌에도 「채플린Chaplin」이 4백만 파운드를 한순간에 날린 후 필라델피아에서 회한의 막을 내렸고, 「수자Sousa」, 「루스벨트Roosevelt」 같은 작품들도 거액을 잃으며 참패를 기록했다. 이렇게 흥행이 될 가망성이 희박한 데도 불구하고, 왜 많은 제작자들이 어마어마한 거액을 건 모험에 앞다투어 뛰어드는지 의아하게 생각할 수도 있을 것이다.

그러나 잠시 눈을 돌려 잘된 경우를 보자면, 일단 한 번 성공을 거두고 나면 수십 년 동안 계속해서 그 영광을 누릴 수 있다는 것을 알 수 있다. 한 작품의 로고가 머그에서 부터 티셔츠, 레코드, 뮤직 박스에 이르기까지 엄청난 물량으로 팔려 나가는 대규모의 사업이 될 수 있으며, 마치 연금을 받듯이 매년 계속되는 고정 수입으로 확보될 수 있는 것이다. 게다가 여기에서 끝나는 것이 아니다. 영화로도 만들어지고 테이프도 제작되고, 영화나 TV로 방영될 때마다 재출연료가 지급되며 이후 소극장 공연 등, 리바이벌이 계속되는 것이다.

돈이 조금씩 흘러 들어오는 수준이 아니다. 요즘의 제작자들은 한 작품을 관객들이 식상해 할 때까지 계속하거나, 런던이나 뉴욕의 홍보 효과가 떨어질 때까지 순회 공연을 미루지 않는다. 세계 전역에서 동시 다발적으로 여러 공연의 막을 함께 올린다. 소문은 빠르고, 사람들은 최근에 화제가 되는 참신한 신작을 보고 싶어 몸이 달아오르게 마련이다.

요즘 사람들의 기억력은 그리 오래가지 않는다. 사람들은 몇 년 전에 〈열광〉적이었던 공연을 더 이상 기억해 주지 않는다. 이미 유행이 지나 버리는 것이다. 소규모 공연이었던 「넌센스」는 4년 전(1987년)에 막을 올려 전 세계 도시에서 매일 밤 40여 개에 달하는 공연단이 공연을 계속하고 있다. 이에 못지않게 「캐츠」와 「레미제라블」 역시 대규모의 뮤지컬로 세계적으로 공연이 계속되고 있는 작품이다.

그러나 제작 비용이 급상승하면서 이렇게 대규모 뮤지컬 제작이 줄어들고 있으며, 대부분은 흥행을 보장하는 유명인으로 제작팀을 구성하게 되었다. 뮤지컬을 처음 시작하는 사람이라면 작품이 아무리 창의적인 것이라 하더라도 출연진의 규모는 최소화하는 것이 좋다.

궁색하게 뮤지컬을 만들라는 얘기가 아니라, 굳이 머릿수만 늘려서 무대만 난잡하게 채우는 것보다는 노래가 뛰어난 몇 명의 배우들로 매혹적인 작품을 만들어 내는 것이 훨씬 효과적이라는 이야기다. 컨셉 뮤지컬이라 할 수 있는 「베이비」(대본: 시빌 피어슨 Sybelle Pearson, 음악: 데이비드 샤이어David Shire, 작사: 리처드 몰트비 주니어)도 출연자가 총 열다섯 명으로 비교적 소규모 작품이었다. 지금도 자주 재공연되곤 하는 이 작품은 리버이벌할 때 출연자를 열 명에서 열한 명 정도로 축소했었다. 「로맨스, 로맨스」도 록을 기본으로 한 소규모 뮤지컬로 겨우 네 명의 배우들을 가지고 공연되었다(사실 오케스트라 숫자가 배우의 두 배를 넘었다).

➏ ─── 대본 쓰기

시작. 주요 인물 소개. 서브 플롯: 복합 서브 플롯, 단순 서브 플롯. 복선. 1막의 종결.
2막: 2막에서 반드시 이루어져야 할 것. 2막의 시작. 밤 11시 정각의 노래. 전체 합창곡.
피날레. 다시 쓰기: 유머, 리프라이즈(반복), 길이, 균형, 일관성, 인물의 차별화,
시의성, 감정, 깨끗한 복사본

뮤지컬 대본은 시작부터 종결까지 차례대로 써지는 일이 좀처럼 없다.

뮤지컬은 일반적으로 각 부분별로 구성하여 서로 짜맞추어지도록 써지며, 작업 내내 작가는 주제곡이나 대사의 간결함, 솔로곡, 듀엣곡, 무용곡, 대위 등 일반 정극과 구별되는 뮤지컬의 여러 요소들을 계속 염두에 두고 작업을 진행한다.

작사가와 작가가 꼭 알고 있어야 하는, 가장 중점을 두고 작업해야 할 부분은 다음과 같다.

1. 막이 오르는 시작 부분
2. 2막의 시작 부분
3. 클라이맥스
4. 피날레

가장 중요한 것은 역시 시작 부분이다. 루더 헨더슨은 〈첫 번째 곡이 뛰어난 것보다는 시작 부분의 스토리 전개가 관객들을 나자빠지게 할 정도가 되면, 일단 다음 20분간은 거저 가는 것〉이라고 이야기해 주었다. 먼저 관객들의 관심을 집중시키는 데 거의 10분 정도가 걸린다.

그다음부터는 남은 시간 동안을 계속해서 압도해 나가야 한다. 일단 관심과 집중을 얻어 내고 나면 계속해서 집중된 관심을 유지할 수밖에 없도록 만들어야 한다! 내 친구인 줄 스타인에게 물어보라. 그가 썼던 서곡은 관심을 모으는 매혹적인 곡이었다. 그런데, 그 작품 「탭 댄스 키드」는, 가정적인 분위기로 시작했다. 주인공이 이야기를 하고 있고, 식구들은 콘플레이크에 우유를 부어 아침 식사를 하고 있다. 이런 일상적인 장면은 관객을 지루하게 만든다. 나는 이 장면이 1주일 안에 없어지겠군 하고 생각했다. 그리고 실제로 그랬다.

레뷔나 엑스트라버간자는 늘 노래로 시작한다. 오페레타를 비롯한 대부분의 뮤지컬 코미디도 그럴 것 같지만, 사실은 대부분 대사로 시작해서 그다음에 노래로 이어진다.

아마 연주로 이루어지는 서곡으로 시작을 하기 때문일 것이다. 이제는 등장인물들을 소개해야 할 순서이고, 그리고 나서 우리를 극 중으로 안내해 가는 것이다.

:: 시작

뮤지컬의 시작 부분에서 얻어 내야 할 것은 무엇인가? 여러 가지가 있다. 시대 배경, 전체적 분위기,[*1] 등장인물들, 장소, 플롯, 이 모든 것이 한꺼번에 소개되어야 한다. 그러나 이 중 어느 것도 너무 확연하게 드러나서는 안 된다. 아서 로렌츠의 「집시」의 시작 부분은 순진 무구한 아이들의 노래 〈즐겁게 해드려도 될까요May I Entertain You?〉를 통해 많은 것을 제시한다(이 곡은 후에 클라이맥스에 이르면 집시들이 부르는 스트립곡으로 훌륭하게 변형된다. 〈즐겁게 해드리죠Let Me Entertain You〉라는 좀 더 당찬 제목을 달고). 시애틀에서 열리는 어린이 쇼를 배경으로 하고 있으며, 의상을 통해 1920년대 초반임을 알 수 있다. 장소는 초라한 보드빌 극장. 음악이 연주되기 전에 먼저 우리는 엉클 조코를 만나게 된다. 조코는 쇼를 진행하는 조잡한 주요 캐릭터로, 엄마들은 극장에서 다 나가야 된다고 으름장을 놓는다. 몇 마디만 들으면 이 사람이 보드빌에 나오는 것같이 몸매가 제법 잡혀 가는 어린 누나들을 집중적으로 공략하고 있다는 걸 알 수 있다. 조코는 혼자 튀어 보려고 애를 쓴다.

그러고는 1막의 주인공인 베이비 준과 나중에 집시가 되는 루이스가 무대를 장악하자, 딸의 매니저 역할을 하는 로즈가 나와 훼방을 놓고는 복도를 총총거리며 내려가서

[*1] 「포럼에 가는 길에 우스운 일이 생겼네」의 시작 부분을 논의하는 과정에서 스티븐 손드하임은 〈코미디 투나이트〉를 어떻게 쓰게 되었는지에 대해 이렇게 이야기한다. 〈그건 《이 공기 속에 사랑이 있어요Love Is in the Air》라는 노래의 최후 대안이었습니다. 매우 매혹적인 노래였지만 앞으로 어떻게 이야기가 펼쳐져 나갈지 관객들이 감을 잡을 수가 없었죠. 제롬 로빈스가 도와주러 워싱턴까지 와서는, 첫 번째 노래는 앞으로 어떤 이야기가 전개될지에 대해서 정확하게 방향을 잡아 주어야 되는 거라고 하더군요. 그래서 그런 노래를 만든 것이 바로 《코미디 투나이트》이고 《앞으로 이런 얘기를 보시게 될 겁니다》 하는 내용이죠.〉

자기 딸을 코치하느라 바쁘다. 로즈의 복도 등장 장면은 정말 기발하다. 이 장면을 통해 로즈가 늘 규칙을 무시하곤 한다는 걸 알려 주면서, 1920년대 시애틀의 한 극장으로 우리를 데리고 간다. 로즈는 바로 관객들과 함께 풋라이트의 앞쪽에 서 있는 인물이다. 막이 거의 2분간에 걸쳐 올라가는 동안 이어지는 로즈의 대사를 통해 조코에게는 화만 돋우고, 준에게는 다정하며 루이스에게는 사사건건 시비를 건다는 것을 알 수 있다. 조코에게 퍼붓는 대담한 질문들을 통해서 그녀는 어린이 쇼가 이미 다 구성되었다는 걸 알게 되자 비밀을 폭로하겠다고 은근슬쩍 협박하면서 조코의 약점을 잡아 자기 딸이 주역을 따내게 한다. 걸물 대 걸물의 대결 구도로 물론 로즈가 승리를 거둔다. 이 짧은 장면에서 지휘자에서부터, 드럼 연주자, 핀 조명 잡이, 무대 감독까지 휘젓고 다니는 걸 보면서 로즈가 얼마나 대단한 여자인지 알 수 있다. 그녀가 이렇게 안하무인으로 설치고 다니는 걸 보면서 기가 막혀 하는 동안에도 그녀를 미워할 수 없는 것은 대본 작가 아서 로렌츠의 영리한 구도 때문이다. (로렌츠는 작품 내내 아슬아슬하게 로즈에 대한 관객들의 동정심을 유지시켜 나간다.) 음악이 밑으로 깔리고 대사가 시작되면 뮤지컬에서만 가능한 장면이 연출되면서 시작 부분에 필요한 모든 요소들이 훌륭하게 무대 위에 펼쳐져 나간다.

「오페라의 유령」은 경매 진행자의 망치소리가 관객들의 환기를 일깨우면서 시작해 퀴퀴한 낡은 커튼과 19세기 말의 의상으로 장소와 시간을 알려 준다. 경매 진행자가 〈손풍금 모양의 파피에-마쉐 뮤지컬 박스가 매각되었습니다. 다음은 페르시안 가운을 입은 심벌즈 치는 원숭이〉라고 외친다. 이 첫 번째 문장은 경매품들의 명칭을 통해 이국적인 분위기를 물씬 자아낸다.[2] 이 원숭이는 드 샤니 자작(子爵)이라는 사람에게 팔린다. 제법 나이가 지긋한 이 사람은 잠시 후면 젊디젊은 주인공으로 다시 무대에 나올 것이다. 그는 소토 보체로 노래하면서 사뭇 철학적으로 우리가 죽은 뒤에도 이 뮤직 박스가

---

[2] 〈파피에 마쉐papier-mâché〉, 뮤직 박스가 아니라 〈뮤지컬 박스musical box〉, 〈페르시안 가운〉, 〈손풍금〉과 같은 이국적 단어와 함께 사용함으로써 시대 배경이 훨씬 이전을 다루고 있음을 말해 준다. 이런 단어들은 매우 신중하게 선택된 것이다.

계속 연주를 계속할지 상념에 잠긴다. 이러한 신비스러움과 이국적인 분위기가 심화된다. 이 남자는 누구일까 우리는 궁금해진다. 다들 여기서 뭘 하는 걸까? 경매 진행자는 오페라 하우스의 그 유명한 샹들리에의 값을 매기면서 끔찍한 뒷얘기가 얽힌 물건이라고 말한다. 이 샹들리에는 복원된 것이며 〈이제 신기술*3인 전기도 이용할 수 있게 수리되었으니 불을 켜면 얼마나 장관이겠느냐?〉고 설명한다. 샹들리에는 천천히 객석의 천장 끝까지 올라가고 사회자가 수년 전에 이 샹들리에에 놀라 도망간 귀신들 얘기를 입에 올리면, 오르간과 오케스트라의 연주가 포르테시모로 강하게 시작되면서 서곡으로 이어진다. 이때까지 관객들은 벌써 주요 등장인물 중의 하나를 만나 보았고, 들은 이야기를 추려 보면서 엄청난 재앙이 펼쳐질 것이며, 저 위에 매달린 장중한 골동품 샹들리에의 위협을 느끼고 놀라게 될 유령들에 대해 궁금증을 갖게 된다. 그러고는 그 샹들리에가 19세기로 유령들을 이끌고 돌아가면서 극장은 파리의 오페라 하우스로 무대를 옮긴다.

모든 뮤지컬이 대사로 시작해야 한다거나, 대사를 장면 설명하는 데 이용해야 한다는 이야기가 아니라 작품 분위기와 배경을 확실히 하기 위해서는 처음부터 시기, 장소가 분명해야 한다는 것이다.

콤든과 그린이 대본을 썼던 「원더풀 타운」 같은 경우는 긴 전체 합창곡_production_ _number_으로 시작해서 이 곡을 통해 오하이오에서 그리니치빌리지에 올라온 자매를 소개한다. 이 곡의 제목은 〈크리스토퍼 스트리트〉*4인데 중간중간 대사가 삽입되어 있다. 이 노래가 끝날 때쯤 되면 우리는 루스, 일린, 렉, 헬렌, 아포로루스를 비롯하여 이 작품에서 주요 역할을 맡은 맨해튼의 보헤미안 동네 사람들의 생활상에 대해 많은 것을 알게 된다.

---

*3 〈신기술인 전기〉라는 짧은 구절을 통해 시대 배경이 전기가 본격적으로 상용화되기 시작한 20세기 초엽이라는 것을 알 수 있다. 이런 것이 바로 우수한 대본 작가들이 즐겨 쓰는 경제적 표현법의 전형이다.

*4 이 멋진 곡을 쓸 때의 일을 베티 콤든은 이렇게 회상한다. 〈나는 시작 부분에서 늘 애를 먹는다. 알맞은 곡을 찾아낼 때까지 시작 곡을 여러 번 만들게 되는 경우가 참 많다. 이 곡(크리스토퍼 스트리트)을 최종적으로 만들어 내기까지, 3.2 비어 _beer_라고 그해에 처음 나왔던 맥주에 대한 노래도 만들어 보고, 그리니치빌리지가 배경인 만큼 자기 표현에 관한 곡을 쓰기도 했다.〉

조셉 스타인이 대본을 쓴 「지붕 위의 바이올린」도 비슷한 경우이다. 이 작품에서는 러시아의 유대인 마을인 아나테프카로 우리를 데리고 가서 그 동네 사람들, 라비, 그리고 오랜 고생을 해온 우리의 주인공 테비에와 그의 아내와 다섯 딸들을 소개받게 된다. 더불어 이 작품의 컨셉인 〈전통〉에 대한 얘기도 듣게 된다. 정말 할 수 있다면 시작 부분에서 그 뮤지컬의 컨셉을 드러내는 것이 가장 바람직하다.

조지 퍼스George Furth의 대본으로 구성된 「컴퍼니」가 바로 그렇게 구성된 좋은 예이다. 혼자 독신으로 살고 있는 주인공 격인 바비의 아파트를 배경으로 하여, 모두 커플로 구성된 손님들이 바비를 놀라게 하기 위해 그가 도착하기를 기다리고 있다. 이 몇 분 동안 우리는 이 커플들뿐만 아니라, 이들 각자의 눈에 비친 바비의 모습들을 통해 등장인물들에 대해 많은 것을 알게 된다.

:: 주요 인물 소개

캐서린 코넬Katherine Cornell, 웬디 힐러Wendy Hiller, 헬렌 헤이스Helen Hayes, 특히 탤룰라 뱅크헤드Tallulah Bankhead와 같은 위대한 과거 연극계의 대여배우들은 첫 대사가 자신에게 주어지는 작품들을 꺼려 했다. 미리 관객들이 워밍업이 되어, 자신들이 무대에 나타날 때쯤엔 우레와 같은 갈채를 이끌어 낼 수 있기를 바랐던 것이다. 이러한 허영심이 뮤지컬에서는 적용되지 않는다. 관객들은 서곡으로 충분히 워밍업이 되어 있게 마련이다. 물론 늘 늦게 도착하는 관객들 때문에 서곡 다음에 잠깐의 끊김이 있긴 하지만 말이다.

뮤지컬의 대본에는 관객들의 잡담이나 웅장한 등장을 꿈꾸는 주인공 여배우의 허영심을 용납할 만한 여지가 없다. 주인공들이 한꺼번에 소개가 되든지, 한 명씩 소개가 되든지 간에 작품의 분위기는 명백해야 한다. 「포기와 베스」의 첫 곡인 〈서머타임〉은 작품의 분위기를 잡아 주고, 「아가씨와 건달들」의 〈도박사의 푸가〉는 주인공은 아니지만 경마 바람잡이들의 노래를 통해 작품의 화려한 세계를 소개한다. 이렇게 주인공들을 소개

** 「포기와 베스Porgy and Bess」(1935). 로자몬드 존슨(프레이저 역, 왼쪽), 토드 던컨(포기 역), 앤 브라운(베스 역).

176 • The Musical From The Inside Out

하는 것으로 시작되는 대본에서는 시간 지체가 없어야 한다. 「오클라호마!」의 막이 오르면 주인공 컬 리가 무대에 나와 〈오, 아름다운 아침〉을 노래하고, 「카바레」의 사랑에 빠지는 주인공 클리프는 첫 장면에 벌린으로 향하는 길에 있으며, 「헬로, 돌리」의 돌리는 처음부터 자신의 철학에 대해 노래하고, 「지붕 위의 바이올린」의 테비에와 가족들은 막이 오르자마자 〈전통〉에 대해 노래하며 5분 내에 작품 전체의 컨셉을 확실하게 전해 준다. 「미치광이의 우리」를 휘어잡고 있는 앨빈은 우리 눈앞에서 자자로 변신하면서 〈마스카라를 조금 더 바르고〉를 부른다. 이렇게 대부분의 뮤지컬은 한순간에 여러 가지 효과를 얻어 낸다. 「미치광이의 우리」의 경우에는 주인공을 소개하는 동시에 다음 두 시간 동안 펼쳐질 이 여장을 좋아하는 성도착자의 세계까지 보여 준다. 이렇게 구성된 시작은 멋진 첫 장면을 선사할 뿐만 아니라 관객들을 극 속으로 빠르게 끌어들이는 효과도 가지고 있다.

그러나, 모든 시작이 화려할 필요는 없다. 마크 스타인은 〈뮤지컬은 저음으로 시작할 수 있다〉고 믿는 사람이다. 그는 「마이 페어 레이디」가 대사로 시작하여 한참 후에 첫 곡《왜 영국인들은 아이들에게 말하는 법을 가르치지 못하나?》로 이어지는데, 이 공연이 무엇에 대한 것인가 하는 점을 놓고 보면 정말 완벽한 시작곡이 아닐 수 없어요〉라고 말하면서 「사랑의 모습들」의 시작 부분에 대해서는 이렇게 비평한다. 〈이 작품에 《사랑은 모든 것을 변하게 해요》라는 곡이 있지요. 그렇지만 이 공연을 두어 시간 지켜보다 보면 사랑으로 변하는 게 아무것도 없다는 걸 깨닫게 됩니다. 이건 극작상의 실수라고 생각합니다. 어떤 부분이 제시되어야 하는지…… 공연이 도대체 무엇에 대한 것인지 제대로 못 잡아내고 있는 것 같아요.〉

주요 인물들의 소개에 있어, 스타인이 가장 중요하게 생각하는 점은 대본 작가가 관객들을 혼란스럽게 하거나 방향을 잘못 잡게 해서는 안 된다는 것이다.

제가 아는 작품들 중에서 예를 들자면 「상류 사회」 같은 경우인데요. 그 작품을 만들면서 국립 극장의 예술 감독인 리처드 아이어 Richard Eyre 는 필요하다면 콜 포터의 원작을 마음대로 뜯어고쳐도 좋다는 절대 권한을 부여받았습니다. 그는 원작 희곡「필라델피아 이야기The Philadelphia Story」를 살펴보다가 저널리즘과 좀 모호한 듯하게 연결될 수 있는 노래를 하나 찾던 중〈앰배서더의 스펠링이 뭐더라?〉를 만들게 되었습니다. 이 곡은 진부한 저널리스트들이 하도 멍청해서 스펠링도 제대로 알지 못하니, 자기들이 쓰는 사건들에 대해서는 무엇을 알겠느냐는 비야냥거림을 담고 있었지요. 곡이 좋고 나쁘고를 떠나서 이 곡은 작품의 흐름을 방해했습니다……. 이 노래를 부르는 두 사람은 알고 보면 바로 사진 기자와 저널리스트입니다. 이들은 우리가 감정 이입을 해야 할 사람들인데…… 그러니 리처드 아이어의 시작곡은…… 관객들이 작품의 방향을 이해할 수 없게 만드는, 없느니만 못한 곡이 되고 말았지요. 이 얘길 하다 보니「프론트 페이지」라는 뮤지컬이 생각나는데요, 바로 부패한 저널리스트에 대한 작품이었습니다. 이 공연은 한 40분간을 미적거리다가〈백만장자가 되고 싶은 사람 있어요?〉라는 기막힌 노래를 시작하는데, 주인공의 철학을 잘 설명해 주는 곡이었죠.

「코러스 라인」이나「베이비」,「컴퍼니」,「링크」와 같은 컨셉 뮤지컬에서도 합창곡이 인물 성격을 소개해 주는 데 가장 효과적이며, 극을 이끌어 나갈 주요 인물들에게 필요한 시선을 던져 준다.[5]

:: 서브 플롯

서브 플롯을 엮어 가는 부수적 인물들은 오페라나 오페레타 시대부터 음악극의 한 요소

---

[5] 이 점은 일반 정극보다 뮤지컬 형식이 더 우수하다고 할 수 있다. 극작가들은 자기가 만들어 가는 인물들의 성격을 긴 전개 부분을 통해서 제시해 가는 데 반해 뮤지컬에서는 노래 한 곡 속에서 거의 동시에 전체 인물들을 조감할 수 있다.

였다. 전통적인 방식의 서브 플롯이라 하면 대개 웃음을 자아내는 대조나 극의 기본 줄거리에 휴식을 주는 코믹 캐릭터가 쉽게 떠오른다. 능력 없는 부모가 맨 마지막에 가서 갑자기 공격적으로 변한다거나 수줍은 어린 소녀가 막이 내려지기 직전에 영웅적인 풋볼 선수와 나란히 손을 잡고 나온다든지, 이런 인물들은 모두 주인공들의 이야기를 풀어 가는 동안 작가가 의도했던 긴장을 완화시켜 주는 역할을 한다.

　서브 플롯은 진지한 정극에서 쓰이는 주요 테크닉이지만, 음악극에서도 작품을 더욱 유쾌하게 만들어 주는 요소로 작용하며 이 점에서 오락의 기본이라 할 수 있다. 뮤지컬은 노래나 춤 때문에 중간중간 극의 흐름이 멈추기도 하지만 이러한 전환은 전체적인 작품의 구도를 계속 유지하는 한도 내에서 이루어지는 것이다. 옛날에는 이러한 기분 전환 장면이 〈트레블러〉라고 불리던 막 앞에서 이루어지기도 했다. 막이 무대를 가리며 닫히면 막 뒤에서는 다음에 이어질 전체 합창곡을 위해 무대 장치가 바뀌고 코러스와 주역 배우들이 의상을 갈아입었다. 편리한 하나의 장치로 생각될 수도 있지만 그보다는 서브 플롯을 통해 극의 주된 흐름을 잠시 접어 두고 서브 플롯 자체의 또 다른 긴장감을 창출하는 효과가 있다.

　관객들이 노래 한 곡으로 잠시 기분 전환을 한다고 해도, 여전히 머릿속에 궁금증은 계속되게 마련이다. 남자 주인공과 여자 주인공이 지금까지 뭘 하고 있나 하는.

　서브 플롯을 만드는 것은 쉽다. 그러나 서브 플롯상의 인물들을 잘 구성하여 하나의 이야기로 매끄럽게 엮어 내는 것, 그리고 극의 기본 줄거리와 자연스럽게 연결하는 것은 결코 쉽지 않은 일이다.

복합 서브 플롯

컨과 해머스타인의 초기 작품인 「사랑의 유람선」은 여러 가지 곁가지 이야기가 섞인, 말하자면 여러 서브 플롯이 동시에 펼쳐지는 좋은 예이다. 미시시피 강변의 인생을 그린 에드나 퍼버의 방만한 소설을 각색하면서 해머스타인은 유람선 주인의 딸인 마그놀리아와 도박사 게이로드 레브널의 사랑 이야기에 초점을 맞추었다. 한 세대를 완전히 다룬 이야기이기 때문에 그 속에는 구혼과 결혼, 부모 되기와 이별, 마지막의 재결합까지가 모두 담겨 있다. 이 기본 줄거리 이외에도 계속해서 수많은 서브 플롯들이 계속해서 관객들의 눈을 현혹한다. 앤디 선장의 잦은 말다툼과 바가지 심한 그의 아내, 유람선의 여배우인 줄리(흑인과 백인의 혼혈로 백인 행세를 해서 백인 남자와 결혼한다)와 그녀의 신분 노출에 대한 협박, 댄스 팀 프랭크와 일리의 여행, 퀴니의 집안 문제와 전형적인 게을러빠진 남편 조. 이 풍성한 곁가지 이야기들과 이들의 노래가 없었다면 마그놀리아와 레브널의 사랑 타령은 진부한 멜로로 전락해 버렸을 것이다. 이 곁가지 이야기들을 기본 사랑 이야기 앞뒤로 맛깔스럽게 배치함으로써, 해머스타인은 미시시피 강 유람선 안에서 펼쳐지는 삶의 단편들을 하나로 엮어, 풍성하고 입체적인 대본을 완성해 냈다. 그리하여 60여 년이 지난 지금까지도 이 작품은 여전히 왕성하게 공연되는 뮤지컬로서 그 생명력을 지켜 나가고 있다.

평론가 마틴 갓프리드Martin Gottfried가 〈이제까지 공연된 뮤지컬 가운데 가장 우수한 작품 중의 하나〉라고 칭찬을 아끼지 않았던 마이클 스튜어트 작의 「헬로, 돌리」도 복합 서브 플롯의 좋은 예이다.[6] 이 작품에는 서브 플롯상에서 두 쌍의 커플이 등장하는데 이들이 만들어 내는 극의 상황은 멋진 앙상블 곡을 감상할 수 있는 기회를 여러 번 제공하고 있다. 먼저 극이 시작하면서부터 돌리 레비라고 하는 과부 중매쟁이와 호러스 밴더겔더라고 하는 자칭 〈오십만장자〉를 만나 볼 수 있다. 곧 이어서 호러스의 서기인 코넬리우스와 바나비가 등장하는데 이 둘은 휴가를 내어 뉴욕으로 여행을 갈 계획을 세운다. 이는 곧 서브 플롯의 여자 주인공들, 의상실 주인 이레인 몰로이와 그녀의 조수 몰리와의 만남으로 이어진다. 이쯤 되면 결국 코넬리우스와 이레인, 바나비와 몰리가 짝을 이룰 것

---

[6] 미국 평론가인 마틴 갓프리드만 「헬로, 돌리」의 대본을 최고로 꼽은 것은 아니다. 영국의 평론가인 마크 스타인도 마이클 스튜어트의 작품에 대한 칭찬을 아끼지 않았다. 그는 〈만약 대학에 우수 뮤지컬에 대한 강좌가 열린다면 바로 이 작품으로 시작해야 한다. 너무나 좋은 작품이며 대학자적인 겸손함이 있는 작품이다. 이 작품을 보고 나오면서 그기가 막힌 대사들을 기억할 수밖에 없을 것이다. 어느 면에서 잘못된 부분도 없지는 않겠지만, 그것이 바로 대학자적 겸손함이 아닌가〉 하고 격찬했다.

이라는 것은 자명해지지만, 기본 플롯과 교묘하게 엮이면서 이야기는 다채롭게 펼쳐 나 간다. 한편으로는 호러스를 꼬셔서 결혼식장으로 데리고 가려고 무진 애를 쓰는 돌리의 기본 플롯이 흐트러지지 않고 꾸준하게 눈앞에서 진행되며, 서브 플롯의 두 쌍은 계속해 서 웃음과 생기를 제공하며 극의 재미를 더해 간다.

단순 서브 플롯

좋은 뮤지컬이라면 주인공 커플을 둘러싸고 여러 명의 흥미로운 인물들을 다양하게 제공 할 수도 있겠지만, 그보다는 양념 격의 커플 한 쌍만을 설정하는 것이 더욱 효과적인 경 우가 많다. 이런 경우를 세컨드 리즈*second leads*라고 하는데 서브 플롯상의 주인공 커플을 일컫는 말이다.[7]

　「오클라호마!」에서는 서브 플롯이 그렇게 명랑하지만은 않았다. 헤픈 여자 아두 애 니와 그녀를 좋아하는 두 남자, 카펫 외판원과 제법 세련된 농장 일꾼의 이야기로, 숫처녀 인 로리와 심성이 착해 보이는 컬리 커플과 굉장한 대조를 이루었다. 개인적으로 나는 하 부 구조가 기본 줄거리와 별 관계가 없는 듯 느껴졌고 그래서인지 늘 이 뮤지컬은 별로 재 미있게 봐지지가 않았다. 아마 극장에 자주 가는 관객이라면 좀 삐걱거리는 구성의 허점 을 쉽게 발견할 수 있었을 것이다. 그러나 신선미가 넘치는 훌륭한 음악과 아그네스 드 밀 의 발레와 브로드웨이 댄스를 혼합한 전무후무한 경이로운 안무만으로도 보고 앉아 있기 가 즐거운 작품이었다.

　해머스타인의 서브 플롯은 「회전목마」에서 더 좋았다. 비상한 작가인 그는 대조의

---

[7] 오스카 해머스타인은 로맨틱한 서브 플롯의 중요성을 잘 알고 있으면서도 기본 줄거리에서 벗어난 이런 식의 서브 플롯을 별로 좋아하지 않았다. 윌리엄 해머스타인은 이 점에 대해 다음과 같이 말했다. 〈하루는 오스카와 같이 마제스 틱 극장의 무대 뒤에 서 있었는데, 젊은 커플이 한 쌍 (「왕과 나」에서) 나와서 《그늘 속의 키스 *We Kiss in a Shadow*》 를 부르니까 오스카가 갑자기 돌아서서 로비로 나가 버리는 겁니다. 그래서 따라갔죠. 그는 웃더니 이렇게 말하더군요. 《체스터필드 시간(계속해서 로맨틱한 노래만 틀어 주는 감상적인 라디오 프로그램)이군〉…… 아마 그 누구보다 서브 플롯을 잘 쓰는 사람이라고 할 수 있는데, 오스카는 정작 그런 장면을 보는 걸 싫어했습니다. 제리 컨도 그렇고, 로저스 도 그 커플을 위해 참 훌륭한 곡들을 작곡해 주었는데…… 오스카는 다 재미없어 했죠.〉

가치를 잘 알고 있었고 선과 악, 혹은 순종과 반역의 구도를 어떻게 그려 낼 것인가 늘 고심했다. 이 작품에 캐리와 미스터 스노가 등장하여, 간결한 서브 플롯이지만 줄리와 빌리 비겔로의 체제 순응 반대주의와 대조를 이루면서 공경주의를 대표한다. 이러한 구성은 2막의 발레로 이야기가 옮겨 가면서 교묘하게 자리를 잡는다.

「왕과 나」에서 해머스타인의 서브 플롯은 절정을 이룬다. 초반에 샴 왕의 아이들의 선생님인 여주인공 안나 레오노웬스가 등장하고 그녀는 텁팀과 그의 애인 룬타 간의 은밀한 사랑의 공모자가 된다. 이러한 상황은 안나로 하여금 동경 어린 노래 〈젊은 연인들 Hello, Young Lovers〉을 부르게 하고 이 노래를 통해 메인 플롯과 서브 플롯이 만나게 된다. 2막의 뒷부분에 가서 룬타가 왕명으로 처형되자, 이 야만적인 행동에 분노한 안나와 왕 사이에 충돌이 벌어지게 되는 것이다. 특히 텁팀의 반항은 독창적인 이국적 발레로 표현되는데 이 부분은 제롬 로빈스의 작품이다.

「카바레」(이 공연은 영화와는 많은 차이가 있다)는 전통적인 형식의 서브 플롯으로 구성되었으며 원숙한 독일인 여주인 슈나이더 부인과 유대인 세입자 슐츠의 로맨스를 다루었다. 좀처럼 어울리지 않는 듯한 이 한 쌍에게 몇 곡의 매혹적인 솔로와 듀엣곡을 마련해 주었음에도 불구하고 이들의 로맨스는 상당 부분 부자연스러운 연극적 장치임을 느끼게 했다. 이 부분이 영화에서는 더 사실적으로 발전되기도 하였다. 부유한 유대인 여인과 일확천금을 꿈꾸는 유대인 젊은이와의 로맨스로 바뀌었고 이 젊은이는 나치로부터 자신의 종교를 숨기기 위해 거짓말의 늪에 빠지게 된다. 이 두 사람은 모두 영어를 배우기 위해 남자 주인공을 찾아가게 되고 이를 통해 메인 플롯과 만나게 되는 것이다.

이렇게 중요한 변화를 얻어 낸 것은 진실에 더 가까워지려고 노력한 결과라기보다는 영화에서 노래들을 카바레 무대에서 직접 부르기에 적합한 곡으로 한정하기로 결단을 내렸기 때문이다.[8] 영화를 만든 사람들은 그 여주인과 과일 장수가 침실로 들어가면서

---

[8] 「카바레」의 안무를 맡았던 론 필드Ron Field는 보스턴에서의 개막을 앞두고 리허설할 때의 일을 이야기해 주었다. 연출가인 할 프린스가 친구인 제롬 로빈스를 초대해서 의견을 물었다고 한다. 〈제롬이 제 안무를 본다고 하니까 초

노래를 부를 거라고 생각하지 않았고, 서브 플롯의 인물들이 꼭 노래를 불러야 하는 것은 아니라고 믿었다. 나는 리얼리즘 덕분에 뮤지컬 영화들이 성공적일 수 있었다고 생각한다. 그러나 공연에서는 리얼리즘이 중요하지 않다. 아마도 「카바레」는 영화와 공연이 크게 달랐던 유일한 뮤지컬 작품이 아닐까 싶다. 그렇지만 두 작품 모두 성공을 거두었고 각 매체에 충실했다.

이 외에도 흥미로운 서브 플롯을 가진 작품으로는 「미치광이의 우리」(아들과 앤), 「그녀는 나를 사랑해」(코댈리와 일로나), 「키스 미 케이트」(빌과 로이스), 「남태평양」(케이블 중위와 라이엇) 등이 있다.

이제까지 한 설명은 모든 뮤지컬에 서브 플롯이 있어야 한다는 뜻에서 한 것은 아니다. 컨셉 뮤지컬의 경우에는 서브 플롯이 없어도 훌륭하게 구성될 수 있다. 「판타스틱스」나 「컴퍼니」, 「코러스 라인」, 「퍼시픽 오버처」, 「조지와 함께 공원에서 일요일을」 등은 오히려 관객들을 쓸데없이 기본 줄거리에서 벗어나게 할 필요가 없는 작품들이다.

때로는 서브 플롯이나 그 배우들이 너무 재미있어서 주인공들의 빛을 바래 버리는 수도 있다. 「브루클린에는 나무가 자란다A Tree Grows in Brooklyn」가 실패한 이유를 비평가들은 씨시 아줌마 역을 맡았던 셜리 부스Shirley Booth 때문이라고 평한다. 덕분에 관객들은 주인공들의 기본 줄거리가 펼쳐지는 동안에도 셜리가 등장하기만을 기다리게 되어 버렸던 것이다. 작곡과 대본이 모두 훌륭했음에도 불구하고 역시 씨시 아줌마 역할이 가장 흥미진진한 부분이었음은 분명했고, 관객들은 셜리의 자갈 구르는 목소리가 무대 뒤로 사라질 때마다 안달을 해댔다. 「알레그로」의 라이자 커크Lisa Kirk도 같은 경우였다.

조해지더군요. 당연하잖아요. 다행히 제리는 공연이 훌륭하다고 말했어요. 단지 킷캣 클럽의 공연 장면을 제외하고는 다른 부분의 춤들은 다 빼버리는 게 좋겠다고 제의했죠. 말하자면 전화 거는 장면의 노래와, 그리고 약혼 파티 장면에서 레냐와 선원들이 추는 춤을 빼버리자는 거였죠…… . 할은 그 충고를 받아들였고 나는 그 결정에 늘 고마워해요.〉 (작가 노트: 영화 「카바레」에서 얻어 낸 리얼리즘은 정확히 말하면 모든 음악곡들을 킷캣 클럽을 배경으로 구성하기로 한 결정이 있었기에 가능했다. 즉 영화가 그렇게 훌륭하게 만들어질 수 있었던 것은 모두 제롬 로빈스의 직감적인 시각적 연극주의의 덕분인 것이다.)

:: 복선

〈복선 *hanging clue*〉이란 이미 오래전부터 연극계에서 써온 하나의 연극적 수법을 설명하는 말이다. 〈암시 *plant*〉라고도 하는데 나중에 플롯의 결정적인 요인이 될 악의 없는 단서를 미리 살짝 흘려 두는 것을 말한다. 이류 탐정 소설에서는 이러한 복선이 독자를 현혹시키는 악의적인 것이거나 가짜인 경우가 많아서 속아 넘어가거나 방향을 잃게 된다. 그러나 제대로 된 경우라면 누구나 〈그래 바로 이거야, 요것 때문에 이렇게 되겠군〉 하면서 상황을 파악하게 된다.

단순한 복선의 예는 과거의 수많은 멜로드라마에서 쉽게 찾아볼 수 있다. 서랍 속에 권총이 들어 있는 것을 보여 준다거나, 집 안에 권총이 있다는 것을 알려 주는 대사 한 줄(대부분 이런 대사는 1막에서 나온다)에서 극장을 즐겨 찾는 관객이라면 그 총이 마지막 장면에 쓰여질 것임을 눈치채게 된다. 얄팍한 수법인 것 같지만 「헤다 가블러」 같은 걸작에서도 이런 식의 복선이 사용된다. 헤다가 자기 총을 닦는 것을 보면 곧 심상찮은 생각이 들면서 살인에 쓰여지지 않을까 하는 의심을 갖게 되는 것이다. 결국은 헤다가 자살할 때 사용하지만.

뮤지컬에서도 이러한 복선이 필요하다. 서스펜스와 가슴 졸이는 불안감을 조성해서 중간 휴식 후에도 관객들이 자리를 떠나지 않게 하기 위해서도 말이다. 훌륭한 복선은 줄거리상으로 자연스럽게 연결되어 있으면서도 바로 그것 때문에 전체 내용이 바뀌도록 만드는 것이다. 몇 가지 예를 살펴보면 비상한 대본 작가들이 얼마나 교묘하게 복선을 제시하는지 알 수 있을 것이다.

분명한 단서를 제시해 주면서 이야기를 시작하는 예로는 토머스 미한 *Thomas Meehan* 대본의 「애니」가 있다. 연재 만화에서도 그렇고 뮤지컬상으로도 애니의 가장 큰 소원은 부모님을 만나는 것이다. 애니에게는 고아원에 오기 전부터 지니고 있던 반쪽이 갈라진 목걸이가 있다. 코믹한 캐릭터의 못된 고아원 원장 미스 하니건은 애니가 부자인 월벅과 친해진 것을 알고는 공모자와 함께 나머지 반쪽의 목걸이를 가지고 나타나서 자기들이 친엄마, 아빠라고 우기다가 당연히 마지막에 가서는 가짜라는 게 탄로가 난다. 그러나 찾지 못한 반쪽의 목걸이는 계속해서 줄거리상의 긴장감을 만들어 내는 효과를 주고 있다.

이렇게 목걸이나, 권총, 손수건 등의 물건을 사용하는 것은 진부한 수법이지만 「애니」의 경우에는 원작이 연재 만화였고 공연의 경우에도 나름대로 작품 분위기에 맞았다. 좀 더 많이 쓰이는 교묘한 복선은 공연이 시작하자마자 앞부분에서 중요한 단서를 흘림으로써 이루어진다.

「스위니 토드」는 거의 대부분이 스티븐 손드하임에 의해 써졌는데 플롯의 연극적 장치와 복선의 구성이 매우 비상한 작품이다. 1막의 시작 부분에서 창녀처럼 보이는 미친 여자 하나가 스위니에게 접근해서 〈저 혹시, 저 모르세요?〉 하고 말을 걸면 관객들은 불안해지기 시작한다. 이러한 불안감은 그 여자 때문이 아니라 과거를 숨기려고 애쓰는 듯이 보이는 스위니 때문에 생겨난다. 방해가 된다고 생각이 든 스위니는 자신의 신분이 밝혀지는 것을 두려워한 나머지 그 여자의 목을 베어 버린다(이미 많은 사람들을 그렇게 했듯이). 그리고 나서 맨 마지막에 가서야 사실 그 여자는 스위니의 사랑스러웠던 아내 루시로서, 사창가로 쫓겨왔고, 스위니가 복수를 하려고 혈안이 되어 있는 바로 그 극악무도하고 부도덕한 판사 때문에 미쳐 버렸다는 것을 알게 된다. 여기에서 〈저 혹시, 저 모르세요?〉 했던 미쳐 버린 루시의 목소리는 협박이 아니라 사랑했던 사람을 알아보고자 했던 순수한 기대였던 것을 깨달으면서 복선이 깔린 그 대사가 애처로운 아이러니로 가슴 아프게 되살아나는 것이다.

복선은 여러 가지 경우가 있는데 경찰을 안내해서 악당인 자기 주인을 잡히게 했던 「올리버」에 나오는 빌 사이크스의 개와 같이 인정 많은 동물의 경우도 있고, 「파니」에서 마리우스가 사랑하는 사람까지 외면하고 바다를 찾아가는 것처럼 동경과 같은 추상적인 것이 될 수도 있다. 관객들은 마리우스가 바다와 항해에 대한 집착을 버리지 못한다는 것을 처음부터 알게 되고, 그가 결국 파니에게 이별을 고하는 장면에서 해럴드 롬의 아름다운 주제곡이 흘러나오면, 〈여기 이 소년에게는 남은 사랑이 없다오, 이미 오래전 바다에 모두 주어 버렸기에〉라는 가사를 들으면서 감동을 받지 않을 사람이 거의 없다.

「왕과 나」도 긴장감 넘치는 복선을 깔기 위해서 노래를 이용했다. 왕에게 선물로 보내진 텁팀의 첫 번째 노래 속에 그 단서가 들어 있다. 〈그는 절대 알 수 없을 거야, 내가 다른 이를 사랑한다는 것을〉이란 가사를 들으면, 긴장감 넘치는 분위기 속에 내재된 위험을 느끼면서 앞으로 무슨 문제가 생길 것이라는 걸 짐작할 수 있다. 2막의 뒷부분에 이르면 텁팀의 애인인 룬타의 죽음을 통해 작품의 전체적인 개념을 어렴풋이 느끼게 된다. 막 개화하기 시작한 국가와 야만주의(〈왕〉으로 표현된다)에서 점잖은 문명화(〈나〉로 표현된다)로 바뀌어 가는 군주. 이 점에서 복선은 작품의 전체적인 메시지를 포괄하는 보다 큰 영역으로 확대되는 것이다.

「노르웨이의 노래」에서 에드바르드 그리그의 조국에 대한 사랑과 노르웨이 국가에 대한 애정이 드러나는 부분도 비슷한 경우이다. 「파니」나 「왕과 나」에서처럼 교묘하지는 않지만, 마지막에 이르면 사랑 얘기는 제쳐 놓고 찬란한 이탈리아와 자랑스런 조국이 부각되면서 노르웨이의 영원한 음악이 울려 퍼지리라는 것을 알 수 있다.

「사랑의 유람선」의 줄거리는 반세기가 지난 옛날 것이지만 복선 구성은 결코 시대에 뒤떨어짐이 없다. 두 개의 복선이 있는데 첫 번째 복선은 시작 부분에서 나타나는 게이로드 레브널이라는 유람선의 도박꾼으로 2막 전까지는 줄거리에 영향을 주지 않는 인물이다. 두 번째 복선은 줄리인데, 흑인 혼혈이라는 비밀을 가지고 있으며 1막의 절정 부분에서 이 비밀이 폭로된다.

또 다른 예로는 「카바레」에서 에른스트가 파리에서 돌아와 국경 부근에서 자기 가방을 클리프와 바꾸는 것을 통해 그가 2막에 가면 악역으로 돌변하리라는 것을 알 수 있다. 「키스 미 케이트」에서는 무용수 빌이 주인공 프레드 그레이엄의 이름으로 살짝 사인을 한 차용 증서가 나중에 사건을 풀어 나가는 실마리가 된다.

「마이 페어 레이디」에서는 히긴스 교수가 일라이자를 〈숙녀〉로 탈바꿈시킬 수 있을 것인지에 대한 내기가, 「퍼니 걸」에서는 파니 브라이스의 광대 놀이에 대한 열정과 더 이상 예뻐지려고 애쓰지 않겠다는 결심(1막의 초반에 나타난다)이 복선으로 작용하여, 파니가 「지그필드 폴리스」 공연의 명장면을 연출하기 위해 임신한 신부로 분장하고 등장하는 것으

＊＊「사랑의 유람선Show Boat」(1927). 레베카 루커와 마크 제이코비. 1994년 공연.

로 해결을 맞는다.

이러한 예에서 알 수 있듯이, 복선은 주의 깊고 교묘하게 사용되었을 때만 그 효과가 살아난다. 특히 「사랑의 유람선」과 같이 두 개의 복선을 만들어 하나는 1막의 끝에서, 다른 하나는 2막 마지막에서 해결되게 한 것은 매우 효과적인 수법이라는 생각이 든다. 모든 뮤지컬에서 복선이 있어야 하는 것은 아니지만 복선이 있음으로 해서 잔재미와 흥미진진함이 더해지는 것은 사실이다.

:: 1막의 종결

연극 방면의 전문가라면 누구나 일반 연극과는 달리 뮤지컬만이 가지고 있는 극적인 시점 *pressure point*에 대해 잘 알고 있을 것이다. 대본 작가 중에는 이 극적 시점만 잘 구성하면 나머지는 신경 쓸 필요도 없다고까지 말하는 사람들도 있다. 지나친 비약일 수도 있으나 그만큼 다음에 적은 시점들이 중요하며 그 순간만은 반드시 재미있고 명확하고 주요 사건이 발생하는 〈감동적인〉 순간이 되어야 한다는 이야기일 것이다.

시작

1막의 종결

2막의 시작

밤 11시 정각의 노래

피날레

정극의 시작 부분은 흔히 볼 수 있듯이 음울하거나 대화 중심이거나 분위기를 잡아 나가도록 구성된다. 관객들은 〈극의 흐름 속으로 빠져 들기 전까지 시간이 좀 걸릴 것〉이라는 걸 예상하게 마련이다. 그러나 뮤지컬에서는 이것이 용납될 수 없다. 몇 마디 대사로 시작하기 바쁘게 곧 관객들은 첫 번째 노래로 빠져 들게 되기 때문이다. 이 시작 부분만큼 중요한 것이 1막 종결 부분이다. 여기서는 일단 어느 정도 사건들이 해결되는 기미가 보여야 하며, 남겨진 실마리는 피날레에 가서야 풀리게 된다. 특히 요즘의 뮤지컬은 1막이 더 길고 2막은 좀 짧은 듯하게 구성되기 때문에 더욱 그러하다.

위인의 일생을 다룬 뮤지컬의 경우에는 자연스러운 줄거리상으로 1막 종결을 강렬하게 마무리짓기가 불가능할 수도 있다. 주인공의 인생에 인위적으로 극적인 중년의 위기를 만들어 낼 수는 없으니까 말이다.[*9]

줄거리가 완성되기 위해서는 1막의 막이 내려갈 때까지 해결되어야 하는 중요한 미학적 문제들이 있다. 나는 이것을 〈공기만큼이나 필수 불가결하다 *The Need For Air*〉고 말한다. 그 전설적인 링컨 센터에서 열린 〈폴리〉 자선 공연을 제작하고 녹음했던 톰 셰퍼드도 이렇게 이야기했다.

콘서트 버전을 만들면서 스티브(손드하임)는 중간 휴식 시간을 없애고 싶어 했지만 제가 기술적인 이유를 들어 말렸습니다. 제가 그랬죠. 〈중간 휴식 시간이 없으면 내가 그때까지 녹음한 걸 확인할 방법이 없어. 잘 돼 가고 있는지 한 번 확인을 해봐야 된단 말이야.〉 전 정말 중간 휴식 시간이 필요하다고 생각했어요. 그래야 관객들도 좀 쉬면서 얘기도 하고 그러지요. 보통 긴 공연이 아니었거든요. 레코드판 두 개가 꽉 차는 공연이었으니까요. 그만큼 내용이 풍성하기도 했지만요. 상당히 고 칼로리 압축 공연이었죠. 장비를 점검해야 한다고 핑계를 댔지만 사실 정말 중간 휴식이 필요한 공연이었어요. 하지만 손드하임도 이해가 갔어요. 구성상으로 끊을 만한 부분이 없다는 생각이 들었던 거지요. 그렇지만 관객들이 느

[*9] 런던에서 공연되었던 지그펠드의 인생을 뮤지컬로 만든 「지그펠드」(1988) 공연에 바로 이런 문제가 있었다. 누군가 〈글쎄, 1막은 아무래도 1시간 20분 정도가 좋겠어. 거기서 자르지〉 하고 말한 게 분명하다. 정말 딱 그 시간에 별 이유 없이 막이 내려왔으니까.

끼는 감정적 긴장도도 매우 컸고, 노래나 공연 자체가 긴장감으로 가득 차 있어서 잠시 자리를 떠나 쉴 필요가 있는 공연이었습니다.

이것이 극적인 뮤지컬이었다면 관객들에게는 상당한 고문이었을 것이고 잠시 밖에 나가 음료수도 마시고 담배도 피우면서 쉴 필요를 느꼈을 것이다. 바로 이 순간이 긴장감이 최고조에 다다르는 순간이 되어야 한다. 이 시점을 넘어 관객을 춤이나 노래로 끌고 갈 수 있다면 그다음 순간에는 더 강렬한 감정이 필요하게 된다. 알 캡의 말을 빌자면 〈두 배의 충격 *double-whammie*〉이 필요하게 되는 것이다.

1막의 마지막이 훌륭하게 장식된 작품을 꼽자면 「드림걸즈」를 들 수 있다. 크리거와 아이엔이 작곡한 멋진 노래 덕분과 마이클 베넷의 인도 하에 브로드웨이로 입성하여 큰 성공을 거둔 작품이다. 성공 가도를 달리고 있는 최고의 그룹 〈드림즈〉의 매니저는 무게 있는 가스펠 타입의 목소리를 가진 팀 리더 에피에게 무대를 떠나라고 선언하면서 더 멋진 여가수가 무대뿐만 아니라 잠자리까지 대신하게 될 거라고 알려 준다. 이로써 가슴 미어지는 노래 〈알아 두세요 난 가지 않아요 *I'm Telling You I'm Not Going*〉가 1막의 마지막을 장식하게 된다. 이 단순한 제목이 작품의 주제를 설명해 준다. 바로 이 노래의 아름다움과 기막힌 배치 덕분에 공연은 크게 성공을 거두었고 새로운 스타 제니퍼 홀리데이 *Jennifer Holliday*를 탄생시켰다. 관객들은 제니퍼를 위해 밤새도록 기립 박수를 보내 주었던 것이다. 이 부분에서 1막의 피날레가 갖추어야 할 모든 요소가 충족되었다. 관객들을 약간의 궁금증 속에 남겨 놓으면서 2막을 준비하게끔 만들었고(2막에서는 에피의 절망와 재기가 다루어진다) 기립 박수까지 칠 만큼 감정을 자극해서 음료수를 마시고 나서 자기 좌석으로 얼른 되돌아오도록 했던 것이다.

관객이 잠시 숨을 돌리기 전에 이렇게 복선과 극도의 긴장감을 제공하는 것이 뮤지컬에서는 매우 중요하다고 할 수 있다. 컨셉 뮤지컬에서조차도 이것은 필수적인 요소이다.

「컴퍼니」의 경우를 살펴보면 1막의 마지막 장면은 에이미의 결혼식 날 아침이다. 에이미와 그녀의 신랑이 될 폴은 이미 몇 년 동안 동거를 해왔다. 그러나 에이미는 주변 친구들의 공식적인 결혼이 늘 파탄으로 끝나는 것을 지켜봐 온 탓에 결혼 예식에 대해 몹시 두려움을 느끼고 있다. 늘 에이미에게 사랑을 다짐해 온 폴은 이제 겁에 질린 에이미를 보게 되는 것이다. 신랑 들러리 바비와 에이미는 함께 아침을 먹고 있다. 이제 좀 있으면 다 같이 예식장으로 향할 것이다. 신문에서는 비가 올 것이라고 하고 결국 에이미는 아무래도 자신이 결혼에 대한 마음의 준비가 덜 되었다는 결론을 내리게 된다. 이런 결정에 대해 폴이 동의할 리 만무하고 결국 에이미는 폴에게 사랑하지 않는다고 폭탄 선언을 하게 된다. 상처받은 폴은 뛰쳐나가 버리고 이 순간에 바비는 에이미에게 청혼을 한다.

이렇게 해서 관객들은 자기 틀 속에 갇힌 에이미를 통해 작품의 주제를 알게 된다.

에이미   이런 게 사는 걸까? 난 결혼을 한다는 것이 너무 두려워. 넌 그렇지 않겠지. 고마워, 바비, 난 정말……. 넌 그저 누군가와 결혼을 하고 싶은 것뿐이야, 그냥 아무나 하고는 아니겠지만. (바비를 안아 준다.)

(밖에는 천둥이 치고 비가 내리기 시작한다.)

어머, 저기 봐……우산도 안 가지고 나갔는데.

(비옷을 입고 나서 폴을 위해 또 하나의 비옷과 우산을 챙긴다.)

감기 걸리겠다. 빨리 찾아봐야겠어. 하……그는 정말 좋은 사람이야, 그렇지? 정말 좋은 사람이야!

(그녀가 나갈 때 바비는 부케를 던져 준다.)

내가 다음 신부로구나.

(바비의 아파트에 불이 들어온다. 생일 파티에 온 손님들이 1막에서와 같이 모두 그를 바라보고 있다. 이때 바비는 케이크를 들고 들어오는 에이미를 바라본다. 음악이 고조된다.)

막이 내린다.

에이미의 빠르고 열정적인 노래 〈오늘 결혼을 하면〉은 스티븐 손드하임의 노래 중에서 가장 강렬한 곡이다. 이 노래와 함께 위와 같이 1막을 마무리하는 조지 퍼스의 멋진 대사를 들으면 온몸이 저려 오는 것을 느끼지 않을 수가 없다. 더구나 여기엔 서스펜스가 있다. 에이미와 폴이 결혼을 했는지, 아니면 적어도 둘의 관계가 지속되고 있는 것인지 알 수가 없기 때문이다. 바비가 결혼에 관한 건전한 생각들을 받아들이게 될 것인지, 아니면 2막에서 다른 누군가를 맹목적으로 찾아 나서게 될 것인지 모호하다. 이러한 긴장감이 중간 휴식 시간도 없었던 「코러스 라인」에서 느끼게 되는 애가 타는 긴장감과 다르다고는 할 수 없다. 그러나 여전히 객석에 앉아서 남은 절반의 이야기 내내 이 엇비슷한 아이들 중에 과연 누가 뽑힐 것인가 궁금해 하는 것과는 다르지 않을까.

많은 관객들이 손드하임과 래파인이 만든 「조지와 함께 공원에서 일요일을」의 1막 끝부분에 대해 불만을 가졌다. 이 작품의 주제는 예술가의 창조와 몽상가가 실재*reality*를 재구성한다는 주장이었다. 중간 휴식 바로 직전에 조르주 쇠라는 자신의 그림을 막 완성한다. 관객들은 어떤 급박함도 느낄 수 없다. 그저 아름다운 노래나 듣기를 기대하면서 2막을 위해 좌석으로 되돌아간다. 예술가가 삶을 어떻게 재구성하는지 아니면 삶을 어떻게 창조해 내는지에 대한 주제는 이미 충족되었다. 작가는 매우 열심히 대본을 썼지만 안타깝게도 주제를 변형시키는 데는 성공하지 못했다. 원래의 주제로부터 부수적인 것들을 제외하고는 아무것도 얻어 내지 못한 것이다. 이 작품에서 〈어린아이들과 예술〉을 제외하면 이 세상에는 영원한 것이 아무것도 없다. 중간 휴식 전까지는 〈그리고 영원히 행복했다〉의 분위기로 가득 차 있었던 「숲속으로」에서도 같은 느낌을 받을 수 있다. 물론 손드하임과 래파인이 함께 만든 작품이기 때문에 모든 게 그렇게 분홍빛으로 끝나지는 않을 것이며, 2막에서는 행복이 깨어질 것이라고 의심해 볼 수는 있었겠지만 말이다.

　거의 완벽한 구성이라고들 이야기하는 「집시」의 경우는 컨셉 뮤지컬과 전통 뮤지컬의 중간 정도라고 할 수 있는데 1막 마지막에 가서 난관에 봉착했다. 이 작품 역시 개인의 일대기를 그린 뮤지컬이었기 때문에 마음은 굴뚝같아도 개인의 일생을 조작할 수는 없었기 때문이다. (「피요렐로」의 경우에도 같은 문제점을 가지고 있었다.) 그러나 「집시」의 기본 줄거리는 로즈의 결심을 중심으로 구성되어 있고 〈모든 게 잘 될 거야〉라는 1막의 마지막 노래가 멋을 더했다. 이 부분에서 관객들은 로즈가 딸 루이즈를 속여 가면서 (베이비 준이 그녀를 떠난 후에) 엄마의 꿈을 실현하도록 한다는 사실을 목격하게 된다. 〈넌 할 수 있어〉라고 간곡히 말하며 〈너에게 필요한 건 오직 기회야. 엄마가 그걸 찾아 줄게!〉라고 그녀는 설득한다. 결국 〈나와 너를 위해서 모든 것이 잘 될 거야〉(〈나〉를 먼저 생각한다는 점을 놓치지 말 것)라고 이해시킨다. 1막 마지막 부분에 이렇게 짧지만 중요한 의미를 갖는 장면을 삽입시키는 것이 바로 드라마를 만드는 본질이다. 관객들로 하여금 〈이번에 로즈가 잘 해낼 수 있을까?〉 하는 걱정을 하면서 중간 휴식을 보내도록 만드는 것이다.

　「집시」의 훌륭한 1막 마무리 구성에 대해 마크 스타인은 이렇게 얘기했다.

　　대본 작가가 해야 하는 일 중에서 가장 어려운 것이 바로 1막 마지막까지 관객들로 하여금 이제까지 등장한 인물들과 쓸데없이 시간을 보내고 있는 게 아니라는 확신을 주는 일입니다. 두어 시간 앉아 있다 나가 보니 마지막 지하철은 끊기고 아니면 차가 주차 위반으로 쇠사슬에 묶여 버렸다는 식의 한심한 시간 죽이기가 아니라, 실제로 등장인물들의 일에 관여를 하게 만들어야 하는 것입니다. 「집시」를 예로 들자면 제가 제일 싫어하는 것은 자기 연민이에요. 재미있을 게 없는 소재잖아요. 「집시」의 1막 마지막에서는 그 어머니의 인생이 산산이 부서집니다. 「오페라의 유령」의 가사를 썼던 찰스 하트 같으면 〈오 세상에, 내 인생은 너무 처참해!〉라고 가사를 썼을 것이고 앤드루 로이드 웨버는 그 가사에 곡을 붙여 주었겠지요. 그러나 스타인과 손드하임은 달랐습니다. 그 어머니는 돌아서더니 〈너는 스타가 될 거야!〉라고 말합니다. 이 작품의 내용상으로 그 여자는 이제 한물간 인물이거든요. 1막의 마지막에 가서도 우리를 숨가쁘게 할 수 있다는 것은 정말 놀라운 일입니다. 이 여자의 반응은 사실 뻔한 줄거리를 생각할 때 전혀 예측할 수 없었던 것이죠. 이것이 바로 뮤지컬의 본질입니다. 주제는 별로 없더라도 대신에 수많은 변형이 가능한 것이죠.

「브리게이둔」 같은 환상적인 분위기의 작품에서 1막의 종결이 어떻게 진행되는지 살펴보면 그 중요성을 쉽게 이해할 수 있을 것이다. 1막 종결 부분에서 브리게이둔의 비밀이 밝혀진다. 마을 사람 중에서 한 사람이라도 마을을 떠나면 마을 전체는 스코틀랜드의 안개 속으로 사라져 버릴 것이라는 얘기를 듣게 된다. 약간 인위적인 플롯 구성이기는 하지만 효과적인 방법이기도 하다. 주인공 토미는 시작 부분에서 이 마을에 들어와 피요나를 만나게 되고 그녀의 단순함에 매력을 느낀다. 이제 피요나의 여동생 진의 결혼식 날이다. 이 1막 전체를 통해 우리는 주인공 남녀의 사랑이 깊어 가는 것을 목격할 수 있다.

1막 마지막 부분에 가면 쫓겨난 하인 해리가 피로연을 방해한다. 해리는 검무를 주도하는데 이 검무 자체가 커다란 긴장감과 위험성을 만들어 낸다. 춤이 최고조에 이르면 해리는 신부에게 춤을 추자고 요청한다. 음악이 고조되면 해리는 진에게 격렬하게 키스한다. 당연히 싸움이 일어나고 그 와중에 새신랑은 무기를 빼앗긴다. 미국적 영웅인 토미는 이 싸움을 해결하게 된다. 이 부분을 작가 앨런 제이 러너는 다음과 같이 썼다.

피요나 토미! 토미!

(토미는 해리에게서 눈을 떼지 않으며 대답하려고 돌아보지 않는다. 해리는 천천히 일어나 진을 바라본다)

해리   내가 이렇게 한 것은 너를 너무 원했기 때문이야.

(그는 천천히 무대 끝 쪽으로 걸어가서는 갑자기 하객들을 향해 돌아선다. 모두 꼼짝하지 않고 그가 무슨 짓을 할지 몰라 의아해 한다.)

난 브리게이둔을 떠난다. 이게 우리 모두의 끝장이야. 기적은 이제 끝났어.

(그는 뛰쳐나간다. 잠시 숨이 멎은 듯한 순간이 계속되더니 모두들 해리가 떠나는 것이 얼마나 중요한지 깨닫고는 움직이기 시작한다. 〈그를 붙잡아야 해〉 하는 소리가 무대를 메우고 남자들이 전부 그를 뒤쫓아 뛰기 시작한다.)

이 1막 마지막 장면에 내재된 긴장감은 너무나 확실하다.[10] 로맨스와 더불어 흥분감 넘치는 검무와 추방된 애인의 폭력성과 마주한 관객들은 휴식이 필요하다. 그리고 물론 다시 돌아와서 과연 브리게이둔이 안개 속으로 사라지는지 보고 싶어지는 것이다.[11]

심장이 더 떨리는 1막 마무리는 「웨스트 사이드 스토리」에서 일어난다. 토니는 베르나르도와 리프의 시체를 바라보며 서 있다. 로미오가 티볼트와 머큐쇼를 바라보며 서 있었던 것처럼 말이다. 그러나 이 장면은 너무나 현대적이기 때문에 셰익스피어보다 훨씬 더 공감하기가 쉽다. 분노에 찬 토니는 울부짖는다. 〈마리아!〉 이것은 곧 도움을 요청

---

[10] 적어도 1막까지는 상당히 만족스럽다. 그러나 2막의 마지막에서 사랑의 힘을 통해 브리게이둔의 문을 다시 열게 되는 것은 앨런 러너가 얘기를 풀어 나가기 위해 억지를 썼다는 느낌이 든다.

[11] 1막의 긴장감에 대해서 루더 헨더슨은 이렇게 이야기한다. 〈전 연출가와 결혼한 덕분에 많은 것을 배웠지요. (헨더슨은 연출가 빌리 앨런Billy Allen의 부인이다.) 1막의 마지막은 아슬아슬하게 끝나야 됩니다. 어느 지점에 도달해야 해요. 탭 댄스를 추고 있는 그를 잡는다면 아마 총을 쏘겠죠. 그러면 도망쳐 나와서 이 나이트클럽에서 무언가 대단한 일을 할 거예요. 1막 마지막에 막이 다시 열리면 《빵》 하고 총소리가 납니다. 그의 엄마와 아버지가 거기 서 있죠. 다시 막이 내려가고 관객들은 말하겠죠. 《도대체 어떻게 된 거야?》 이건 좀 지나치긴 하지만 이해는 가실 거예요. 그렇게까지 공식대로 갈 필요는 없지만 1막이 진행된 시간보다 더 짧은 시간 동안에 그 많은 일들이 해결되려면 그때까진 그만큼 사건이 진행되어 있어야 하는 겁니다.〉

하는 신호인 동시에 상실에 대한 깨달음을 나타낸다. 더 이상 대사가 없다. 필요치 않다. 이제 레너드 번스타인의 뛰어난 음악이 있기 때문이다. 음악이 조용하게 생각에 잠긴 듯 시작되어 울부짖음으로 발전한다. 이제 필요한 것은 무대 위의 극적인 행동들을 표현하는 것이다. 이렇게 막이 내려가는 부분을 아서 로렌츠는 이렇게 썼다.

(경찰의 호루라기 소리가 더 가까이에서 들려온다. 그러나 그는 움직이지 않는다. 어둠 속에서 애니바디스가 나타난다. 그녀는 토니에게 달려가 팔을 잡아당긴다. 사이렌 소리가 들리고, 다시 또 한 번의 호루라기. 서치라이트가 무대를 가로지른다. 애니바디스는 토니에게 위험을 알리기 위해 계속해서 그를 잡아당긴다. 그는 움찔 웅크리더니 그녀와 함께 비상구를 향해 뛰기 시작한다. 그녀가 먼저 도착하고 퇴장한다. 토니가 막 나가는 순간 서치라이트가 그를 비춘다. 그는 멈춘다. 반대쪽으로 뛰어간다. 그가 이리저리 뛰다가 마침내 뛰쳐나가자 멀리서 시계 소리가 쿵 하고 울리기 시작한다.)

막이 내린다.

역시 아찔한 스릴이 감도는 장면이지만 「카바레」의 1막 종결보다는 멜로드라마의 감상이 좀 덜하다. 「카바레」에서는 슐츠와 슈나이더 부인의 약혼식 파티가 진행되고 있다. 이 중년의 커플(슈나이더 부인은 독일계의 집주인이고 슐츠는 유대인 과일 장사로 그녀의 아파트에 세 들어 있다)은 파티에 친구들을 모두 초대했다. 슐츠가 〈미스카이트〉라는 유대풍의 노래를 부르고 나면 대부분의 파티 손님들은 냉담해져서는 주인에게 차갑게 어깨만 으쓱해 보인다. 손님 중의 하나가 〈당신은 독일인이면서 저 남자랑 결혼할 거예요?〉라고 물으면 슈나이더 부인은 좀 참아 달라는 표정으로 〈저 사람도 독일인이에요. 여기서 태어났잖아요〉라고 우겨 본다. 누군가가 〈저 사람은 유대인이에요. 독일인이 아니라고요〉라는 톡 쏘는 대답을 하더니 순진무구한 목소리로 독일 국가를 부르기 시작한다. 나치 군악 밴드처럼 목소리들이 커져서는 〈내일은 나의 것〉이라는 나치 합창곡으로 발전하면서 1막이 끝난다. 이 미묘하면서 약간 섬뜩하기까지 한 아리안족의 발악은 1막의 종결에 필요한 요소들을 잘 충족시키고 있다.

:: 2막

비평가들이 한 뮤지컬을 헐뜯기로 작정을 하면 대개는 2막을 집중 공략한다. 최고의 역작으로 인정받은 유명한 뮤지컬이라고 해도 중간 휴식 시간 이후에 흠을 잡히는 일은 있게 마련이다. 아니면 전개 부분에서 한바탕 멋지게 신바람을 일으키고 나면 작가나 비평가나 관객들이나 모두 그 추진력을 지속시키지 못하고 한풀 꺾이게 마련인가? 답은 아무도 알지 못한다. 그렇지만 〈2막 증후군 second-act-itis〉이라고 말하면 연극 동네 사람들은 누구나 그 증상을 쉽게 알아들을 것이다. 정극에서도 2막에 가면 긴장감이 최고조에 이른다. 뮤지컬은 이보다 훨씬 더하다. 이것은 연극적인 수수께끼다. 일반인들은 이해하지 못하는. 사람들은 공연을 마무리짓는 데 따르는 어려움이 어떤 것인지 상상할 수 없을 것이다. 〈전개 부분에서 확실하지 않았던 무슨 문제가 있지요? 어쨌든 2막은 1막보다 더 짧은데요 뭘〉 하고 의아해 할지도 모르겠다.

　길이는 상관이 없다. 관객들은 어떻게 이야기가 풀려 나갈 것인지에만 관심이 있는 것이 아니다. 등장인물에 대해서도 신경을 써야 한다. 비평가 마크 스타인은 이렇게 이야기한다.

　　인물의 성격을 설정해야 되는 1막에서는 우스갯소리를 많이 써먹을 수가 있어요. 그렇게 함으로써 등장인물에 대한 관심을 유도하는 거지요…… 그렇지만 2막 시작 부분쯤 가면 한계가 생깁니다…… 아서 로렌츠는 「집시」의 2막을 아주 멋지게 구성해 냈지요…… 2막 전체를 통해 웃음거리를 다 없애 버린 거지요. 웃음은 관객들이 등장인물에 대해 감정 이입을 하는 것을 막습니다. 그럼에도 불구하고 모든 등장인물들은 재미있어야 하지요. 물론 아무리 멋진 농담이라 해도 관객들이 인물 성격을 파악하는 데 장애가 된다면 아무 소용 없지요.

공연 시작부터 등장하기 시작하는 인물들에게 관심을 갖는 것은 당연한 일로 생각되지만 대본 작가는 이 관심을 바꾸어 낼 수 있어야 한다. 물론 말은 쉽지만 대단히 어려운 일이다. 앞서도 이야기했지만 처음으로 비평가에게 자기 작품을 난도질을 당할 순간을 맞이하면 창의적 영감이 바닥난 것 같고 작사가도 어떻게 손을 댈 수가 없을 것처럼 보인다. 대본은 이미 고칠 수 있는 만큼 손을 댄 이후일 것이고 공연 연습에 들어가기 전에 이미 최종안이 결정되므로 원형을 찾아보기 힘들어진다. 브로드웨이나 웨스트 엔드에 막을 올리기까지는 몇 달에 걸친 시연 기간 동안 여기저기에 새 노래를 붙이고 합창곡을 줄이고 세트를 바꾸고 전환 장면에 대사를 만들어 넣고 음역도 바꾸고 반주도 손보고 고쳐 대는 일이 반복되는 것이다. 특히 2막의 구성은 나중에 어떻게 풀어 나가야 할지는 생각도 않고 꽈배기처럼 꼬아 놓기가 일쑤다. 이럴 때 늘 하는 변명들이 있다. (1) 리본으로 잘 묶어 놓으면 되지 뭐. (2) 아무도 말이 안 되는 내용이라는 걸 눈치 못 챌 거야. (3) 1막에서 꽉 조여 놓았으니까 이제는 풀어놓을 때가 됐어. (4) 이건 뮤지컬 코미디인데 뭘. 누가 개연성 같은 걸 기대하겠어.

아마추어 극단이라면 개막 날짜를 맞춰서 뮤지컬을 짜깁느라고 바빠서 대본에 손도 안 대는 경우도 있을 수 있다. 그렇지만 열의가 넘치는 연출가라면 1막을 완벽하게 만들려고 애를 쓰게 마련이고 그러다 보면 정작 가장 중요한 2막을 연습할 시간은 줄어들 수밖에 없다. 반면 본질을 꿰뚫는 영리하고 경험 많은 연출가라면 뮤지컬의 예민하고 가장 중요한 부분인 2막을 위해 필요한 만큼의 연습 시간을 할당할 것이다. 2막이야말로 클라이맥스에 이르기까지 긴장감이 최고조에 달해야 하는 부분이라는 것을 알고 있을 테니까 말이다. 가까이에서 함께 작업하는 연출가와 작사가들이 「마이 페어 레이디」, 「지붕 위의 바이올린」, 「어둠 속의 여인」, 「브리게이둔」, 「오클라호마!」 「그녀는 나를 사랑해」

등의 명작을 선사하면서 이 모든 작품의 2막에 격렬함을 불러일으켰고 장면마다 이를 더욱 증폭시켜 나갔다. 내 개인적인 생각으로는 이 작품들의 1막도 근사했지만 2막은 이를 능가했다. 모두 2막이 무르익어 갈 때쯤이면 등장인물들을 너무 좋아하게 되어 2막이 끝나는 것을 보고 싶지 않을 정도가 되는 것이다.

2막에서 반드시 이루어져야 할 것

플롯 구성을 가진, 즉 줄거리가 있는 뮤지컬이라면 당연히 1막의 느슨함을 좀 조일 필요가 있다. 플롯 구성이 없는 레뷔 형식의 뮤지컬이라면 장면 하나하나가 좀 길어지고, 주제가 좀 확대되고 풍자는 더욱 신랄해져야 하며 전체 합창곡 같은 뭔가 흥분을 불러일으킬 만한 더욱 화려한 분위기가 연출되어야 한다.

　　플롯 구성이 있는 뮤지컬에서는 긴장이 좀 더 고조될 것이다. 사랑하는 연인들 사이에 싸울 만한 위기가 발생했다가 해결에 이르는 과정을 통해[12] 클라이맥스에 충분히 도달해야 하는 것이다.

:: 2막의 시작

1막을 노래나 춤 장면 중간에 끝내 버림으로써 15분 뒤에 같은 장면으로 다시 시작하는 수법은 이미 꽤 오래전부터 사용하지 않게 되었다. 요즘 이 방법을 사용한다면 너무 따분

---

[12] 전기 뮤지컬의 경우에는 사랑 이야기를 다루는 데 어려움이 있을 수 있다. 주인공의 실제 인생과 최소한 비슷하게 그려 나가야 하기 때문이다. 「피요렐로」(제롬 와이드먼과 조지 애봇이 대본을 썼고 셀던 하닉과 제리 복이 작곡을 했다)의 경우에는 주인공의 첫 번째 부인인 미시즈 라과디아가 뮤지컬이 만들어지는 동안 죽었기 때문에 두 번에 걸친 사랑 이야기를 다루어야만 했다. 여주인공이 2막에 전혀 등장하지 않는다는 것은 플롯의 구성상 매우 합리화시키기 힘든 일이다. 특히 뮤지컬에서는 더욱 그러하다. 그래서 「피요렐로」의 대본 작가들은 남자 주인공에 대한 초점을 강화하고 나중에 두 번째 미시즈 라과디아(2막을 주도하는 인물이다)가 될 여비서의 존재를 계속 확인시킴으로써 현명하게 문제를 해결했다. 「집시」의 경우에도 앞서 얘기했듯이, 로즈라는 인물을 중점적으로 다루면서 비슷한 방법으로 문제를 해결했다.

할 것이다.[13] 이런 식으로 1막을 끝내지 않고 잠시 멈추는 방법을 쓸 경우 관객들은 중간 휴식의 필요성을 느끼지 못한다. 단지 계속 앉아 있기가 좀 힘들다 보니 기침도 하고 프로그램을 뒤적이면서 뒤척거리기 시작하기 때문에 휴식 시간을 주는 것뿐이다.[14] 지금의 작가들은 2막이 〈체육관이나 궁전의 무도회장이나 멋진 나이트클럽에서의 춤〉으로 시작한다 해도 일단 1막을 다 끝내면서 줄거리를 살짝 느슨하게 풀었다가 2막에 가서 다시 팽팽하게 당기면서 조정을 한다.

일단 한번 구성된 플롯은 힘이 있어서 자연스럽게 2막이 시작되도록 한다. 「지붕 위의 바이올린」에서 작가인 조셉 스타인은 시작 부분에 신을 향한 테비에의 독백을 이용했는데, 이 방법은 인물의 성격을 나타내는 동시에 주인공이 자신의 운명을 받아들이는 것을 보여 주는 이중 효과를 멋지게 발휘했다. 더불어 관객들에게 1막과 2막 사이에 무슨 일이 일어났는지를 알려 주는 좋은 방법이기도 했다. 1막이 유대인 대학살이 자행되는 동안 벌어진 테비에의 딸 체이텔과 재봉사 모텔의 결혼으로 드라마틱하게 끝났기 때문에 부드럽게 시작되는 2막은 안도감을 준다. 첫 번째 장면의 프롤로그는 이러하다.

프롤로그

테비에의 집 밖. 테비에는 벤치에 앉아 있다.

[13] 〈향수〉라는 미명 하에 영국 뮤지컬 「나와 내 여자」에서 이런 장면을 삽입한 적이 있다. 전 출연진이 1막 마지막에 〈램버스 워킹 Lambeth Walking〉으로 객석을 통과해서 우아하게 퇴장을 하고 2막이 시작할 때는 객석으로 등장해서 뒤로 춤을 추면서 무대로 되돌아오는 것이었다. 좀 어색한 방법이었고 비평가들은 혹독하게 비난을 해댔지만 관객들은 꽤 좋아하는 것 같았다. 덕분에 그나마 공연 중에 가장 인기가 있었던 노래를 다시 한 번 들을 수 있는 기회가 되기도 했다.

[14] 「키스 미 케이트」의 중간 휴식 시간은 절묘하게 운영되었다. 〈잼〉이라고 하는 뮤지션을 초청해서 〈투 단 핫 Too Darn Hot〉이라는 곡을 극장 밖에서 연주했는데 (처음 보는 연주자와 무용수들이었지만 아주 볼 만한 15분짜리 공연을 제공했다) 상당히 현대적인 느낌의 공연이어서 원래 작품의 주제(무대 뒤편의 음모와 엘리자베스 시대의 회화)와 큰 대조를 이루었다. 「카바레」에서는 중간 휴식 시간에 관객들이 들락날락하는 동안 킷캣 클럽 오케스트라가 공연에 나왔던 곡들을 메들리로 연주하는 기지를 보였다. 여러 곡들을 다시 연주하는 것이었는데 이 공연의 경우에는 상당히 사실적인 느낌을 주는 효과가 있었고 불길한 분위기의 심벌즈 소리로 2막 시작을 알려서 관객들의 시선을 무대로 모았다.

테비에   (하늘을 향해) 제 딸 결혼식에 상당히 많은 지참금을 내려 주셨습니다. 그
        게 꼭 필요했나요? 어쨌든 체이텔과 모텔이 결혼한 지 벌써 두 달이 다 돼
        갑니다. 일은 열심히 하지만 한겨울에 다람쥐들처럼 가난하게들 살고 있
        습니다. 둘은 너무 행복해서 자신들이 얼마나 불행한지조차 모르고 있습
        니다. 모텔은 만날 재봉틀 얘기만 합니다.*15 전쟁에 혁명에 홍수, 전염병
        까지 인간들이 저지른 일들로 굉장히 바쁘신 줄은 압니다만 잠시 그런 큰
        일들은 좀 제쳐 놓으시고 그 녀석에게 그거 하나 장만해 주시면 안 되겠습
        니까? 너무 힘든 부탁일까요? 그리고 근처에 오시는 길에 제 말 왼쪽 다리
        도 좀…… 제가 너무 성가시게 구는 건가요? 죄송하게 됐습니다. 성경 말
        씀에도 있잖습니까. 아니 성경에 나온 말씀을 제가 왜 얘기해 드려야 되는
        거죠?

(퇴장)

    2막은 언제나 1막의 결과가 되어야 한다.*16 무슨 일이 벌어질지는 어느 정도 자명
하다. 과연 어떻게 진행되는지 지켜보는 데 재미가 있는 것이다. 가장 고전적인 방법으로
완벽하게 1막의 결과를 풀어 나간 예는 윌러와 손드하임의 「리틀 나이트 뮤직」이 아닐까
싶다. 이 작품에서 2막의 시작은 1막에 대한 직접적인 연관성을 가지면서 미묘한 흥분을
자아낸다. 1막은 플롯이 배배 꼬이고 얽히면서 주인공들이 뭔가 터질 것 같은 〈시골에서
의 주말〉에 초대를 받고 이를 수락하는 것으로 막을 내렸다. 대혼란이 예상되고 그 예상
은 적중한다. 이 작품은 어디까지나 오페레타이기 때문에 결국 대소동 후에 각자 제 짝을

---

*15 나중에 〈모텔의 집에 새로 도착했다〉고만 전해지는 재봉틀은 베일에 가려진 선물로, 2막의 아름다운 하이라이트
중의 하나다.

*16 마크 스타인은 흔히 록이나 팝에서 뮤지컬로 넘어와, 경험이 부족한 작곡, 작사가들이 일관성을 제대로 지켜 내
지 못한다고 비난한다.

찾는 것으로 끝이 나기를 기대하게 된다. 그래서 2막은 양심으로 무장하거나 단순 무지밖에 믿을 게 없는 일련의 무리가 마담 암펠트의 시골집에 모두 모이는 것으로 시작해서 클라이맥스로 치달을 준비를 하는 것이다.

　　뒤보즈 헤이워드가 쓴 「포기와 베스」도 2막의 긴장이 팽팽하기로 유명한 걸작 중의 하나다. 1막의 끝에 포기는 베스와 같이 살기로 결정한다(감동적인 듀엣곡 〈베스, 너는 이제 내 여자야〉에서 클라이맥스를 이루면서). 캣피시 로의 모든 주민들은 불구인 포기만 빼고 모두 키티와 섬에 연례 소풍을 가게 되고 포기가 우겨서 베스도 이에 따라 나서는 것으로 1막이 끝난다. 전부터 베스를 쫓아다니던 스포팅 라이프(마약 거래상) 역시 소풍을 따라갈 것임은 당연하고 더구나 베스의 옛날 애인 크라운(섹스 심벌)이 그 섬에 숨어 있을지도 모른다는 의심마저 든다. 그렇다면 베스는 과연 마약 혹은 섹스에 굴복할 것인가, 아니면 포기의 여자로 남을 것인가? 이렇게 팽팽한 긴장감이 생기는 것은 당연하다. 프로그램에 2막의 배경이 키티와 섬이라고 써 있으니까 말이다.

어쩌면 앨런 제이 러너 대본의 「캐멀롯」의 1막 종결이 이보다 더 박진감 넘친다고 할 수 있다. 아서가 랜슬롯에게 기사 작위를 주겠노라고 선언하기 바로 직전에 랜슬롯과 귀네비어는 서로의 사랑을 고백한다. 표면적인 대사 그 자체보다 훨씬 중요한 숨겨진 의미를 가진 미묘한 대본을 구성하면서 러너는 아서가 이들의 사랑을 눈치채게 만들고 막이 내리는 순간에 감동적인 그의 독백을 통해 이제까지 어떤 왕도 하지 못한 일을 할 것이며 그들을 용서할 것이라는 걸 밝힌다. 이를 통해 2막의 재난이 초래되고 막이 오를 때 랜슬롯이 귀네비어에게 불러 주는 〈내가 당신을 떠나 버린다면 If Ever I Would Leave You〉이라는 로맨틱한 노래를 들을 때면 감동을 느끼면서도 한편으론 불안감을 떨칠 수가 없게 되는 것이다.

이렇게 긴장감을 유도하는 것이 2막을 시작하는 유일한 방법이라는 뜻은 아니다. 아서 로렌츠가 대본을 쓴 「웨스트 사이드 스토리」가 1막 마지막에 견딜 수 없는 긴장감을 남겨 주지만 2막은 기쁨에 가득 찬 밝은 장면으로 시작된다. 마리아가 친구들과 함께 웨딩드레스를 입어 보고 있고 잠시 수다를 떨고 나서는 〈나 너무 예쁘지 I Feel Pretty〉[17]라는 노래를 부르는 것이다.

「브리게이둔」의 2막 첫 장면에 나오는 아그네스 드 밀의 추격 장면은 여러 가지 면

---

[17] 아서 로렌츠는 〈나 너무 예쁘지〉라는 곡을 좋아했지만 스티븐 손드하임의 곡치고는 가사가 썩 좋은 곡이 아니다. 〈내 속의 각운을 보여 주고 싶어…… 배운 것도 없는 나, 푸에르토리코 계집애가 노래를 하네. 《내가 이렇게 매력적으로 느껴지다니 정말 놀라워.》 이런 가사를 쓰고 나서 그는 스스로를 자책했다고 한다. 〈노엘 카워드라면 이런 여자를 좋아하긴 하겠지만……. 공연 끝나고 셸던 하닉의 생각을 물어봐야겠어.〉 그러고는 돌아와서 공연에 관계된 사람들이라면 아무도 반가워하지 않을 가사를 단순하게 바꿨다고 한다.

에서 효과적이었다. 시장 주변에 고정되어 있던 비교적 정적인 1막과는 달리 마을을 파괴할 운명에 놓인 추방된 약혼자를 뒤쫓는 장면은 약동감을 제공하면서 동시에 작품 전체의 구조를 확 열어 놓는 효과를 발휘했다.

:: 밤 11시 정각의 노래

세계의 극장들은 극장마다 막을 올리는 시간이 다르다.[18] 공연 전에 저녁 먹기를 좋아하는 프랑스 사람들은 8시 반에 공연을 시작하고, 마드리드처럼 시에스타를 즐기는 도시에서는 10시가 넘어서야 공연이 시작된다. 만장일치를 좋아하는 브로드웨이에서는 8시로 정해졌고,[19] 영국에서는 전통적으로 공연 길이에 맞춰서 7시 15분에서 8시 30분 사이에 시작하게 되어 있다. 그렇지만 공식적으로 모든 공연들은 대개 8시 30분에 시작한다.[20] 과거에는 공연 시작 시간보다 더 중요한 것이 막을 내리는 시간이었다. 언제 시작하든지

---

[18] 물론 카바레는 극장보다 나중에 문을 연다. 극장이 연극적인 설정을 통해 카바레 흉내를 내기 위해서 한 시간 늦게 시작할 수는 있지만 말이다. 「아홉시의 내쉬Nash at Nine」나 「9:15 레뷔」 같은 것이 그런 경우다. 때로는 한 푼이 아쉬운 제작자들이 다른 공연의 표를 못 구했거나 망설이다가 공연을 놓쳐 버리고 뒤늦게 찾아오는 관객이 모여들기를 기대하면서 일부러 공연 시간을 늦추는 경우는 있다. 실제로 브로드웨이의 유명한 제작자인 데이비드 메릭은 「42번가」의 공연을 하면서 몇 년 동안이나 다른 브로드웨이 공연이 모두 8시에 시작할 때 자기네 공연은 8시 15분까지 기다리겠노라고 광고를 했다.

[19] 20년 전 브로드웨이의 객석 점유율이 크게 떨어지자 뉴욕 극장 연합에서는 공연 시간을 7시로 옮기는 실험을 단행했다. 직장이 끝나고 저녁 시간에 도시에 남아 있는 회사원들이 공연을 보고 일찍 귀가할 수 있도록 유도한 것이다. 그러나 이러한 시도는 처참하게 실패했고 오히려 골수 연극팬들마저 잃어버리게 되었다. 결국 공연 시간은 개막 첫 회를 제외하고는 다시 8시로 조정되었다. 뉴욕 사람들은 「포스트The Post」나 특히 「뉴욕 타임스」와 같은 유력지의 비평가들의 글을 읽지 않고서는 극장 공연의 수준에 대한 판단을 내리지 못하는 것 같다. 공연 리뷰가 다음날 신문에 바로 실리기 위해서는(브로드웨이에서는 공연 리뷰가 바로 다음날 아침에 실리는 것이 관례이다. 시카고나 샌프란시스코, 런던 등지에서는 하루나 며칠 후에 게재되는 것이 관례이며 로스앤젤레스에서는 며칠 더 있다가 실리기도 한다), 비평가들이 10시까지 편집장에게 원고를 제출해야만 하는 것이다. 이러한 이유로 브로드웨이의 개막 공연은 늘 6시 30분에 막을 올리게 되어 있다.

[20] 노엘 카워드는 「투나이트 8:30」이라는 아홉 개의 환상적인 단편 모음 공연을 통해 마술적인 흥분이 시작되는 시간을 8시 반으로 정착시켰다.

상관없이 브로드웨이에서는 11시 15분경에 막을 내리는 것이 관례였다. 연극은 엘리트들의 오락인 만큼 베이비시터나 전철 막차 시간을 걱정하거나 다음날 출근 시간에 신경을 쓸 필요가 없는 부자들만이 누리는 특권이었던 것이다. 이렇게 여흥을 즐기는 분위기 속에서 공연 후에는 저녁을 먹으러 가거나 춤을 추러 가는 것이 보통이었다.

8시 30분에 공연을 시작하면 1막은 대개 10시경에 끝난다. 20분간의 중간 휴식 시간이 지나고 착석을 알리는 음악(지금은 없어졌지만 꽤 긴 음악이었다)이 연주되면 2막의 막이 올라가는 시간은 10시 25분 정도였다. 즉 2막의 절정에 이르게 되는 지점은 이야기가 거의 다 풀리고 나서 대규모 합창곡에 도달하는 약 11시경이었던 것이다. 이제 시대가 변해서 비평가들도 밤 11시 정각의 노래 *eleven o'clock number*는 구식 수법이라고 말한다(손드하임의 후반기 작품에는 이 수법을 볼 수가 없다. 초기 작품에 네 곡 정도가 있는데 그중 하나가 「폴리스」의 주인공들이 부르는 곡이다). 이제는 브로드웨이에서 밤 11시 정각의 노래가 사용된다 하더라도 실제로는 10시 15분경에 불려지지만 그 용어는 변하지 않고 남아 있다.[21]

밤 11시 정각의 노래는 어떤 요소를 가지고 있어야만 하는가? 두 가지가 있다. 극을 절정으로 몰고 가면서 주제를 말해 줄 수 있어야 한다. 등장인물에 대한 감정 이입을 깨뜨리지 않고도 갈채를 자아내는 명배우[22]가 등장한다거나 멋진 합창곡이 펼쳐지는 것도 좋은 방법이다.

「카바레」의 타이틀곡은 2막 5장(총 7장으로 구성되어 있다)에서 조 매스터로프의 뛰어난 대본에 영광을 안겨 주었다. 솔로곡이었지만 킷캣 클럽에서 벌어지는 장면으로

---

[21] 「래그타임 블루스」의 대본과 가사를 맡았던 미치 더글러스는 〈밤 11시 정각의 노래는 연극에서 사건의 주인공들이 대면하는 장면과 마찬가지로 극적인 효과를 줍니다. 주인공과 그 적수가 격렬하게 충돌하는 절정이지요. 누군가 엄청난 사건이나 인물과 마주치는 상황이어야 합니다. 「마이 페어 레이디」에서 〈나는 그녀의 얼굴에 익숙해졌어요 *I've Grown Accustomed to Her Face*〉라는 노래로 시작하는 고백이 좋은 예라고 할 수 있지요〉라고 말한다.

[22] 윌리엄 해머스타인은 오클라호마 시(市)에서 「오클라호마!」 공연을 할 때의 이야기를 들려주었다. 밤 11시 정각의 노래는 당연히 〈오클라호마!〉였다. 〈정말 흥분되는 순간이었습니다. 모두 앞쪽으로 나왔습니다. 관중들까지 말입니다. 로저스와 해머스타인이 그 곡을 오클라호마 주에 헌사했다는 얘기를 들으셨죠. 자기 주의 노래 아닙니까. 다들 매우 진지했어요. 2막에서 그 노래가 나오니까 모든 관객들이 일어섰어요. 마치 국가라도 나오는 것처럼 말이에요. 그래요. 그들의 노래였죠. 어쨌든 한번 그러고 나니까 다음 장면부터는 다시 극 속으로 끌어들이기가 정말 쉽지 않았습니다.〉

거의 전체 합창곡에 버금가는 효과를 내었다.*[23]

「집시」의 밤 11시 정각의 노래인 〈당신을 즐겁게 해드리죠 Let Me Entertain You〉와 〈로즈의 차례 Roses's Turn〉도 역시 계산된 준비를 통해 같은 효과를 거두었다. 공연 내내 관객들이 이 노래들과 함께 숨을 쉬도록 했던 것이다. 〈로즈의 차례〉는 극을 감정적 절정으로 끌고 가는 곡이었으며 〈당신을 즐겁게 해드리죠〉는 공연 시작부터 계속 맴도는 음률이면서도, 벌레스크의 전형이라 할 수 있는 2박과 4박을 강조하는 리듬으로는 절대 연주하지 않았던 것이다. 극이 절정에 이르면 평범한 여인이 이제 새로운 타입의 눈부신 스트립걸로 변모하는 광경을 목격하게 된다. 이 곡이 연주되는 몇 분 동안 제인이 점점 자신감을

**「어둠 속의 여인 Lady in the Dark」(1941). 주인공 거트루드 로렌스.

되찾으면서 그 분야 최고의 자리에 도달하는 것을 지켜볼 수 있다. 바로 그때 집시의 성공의 정점에서 우리는 로즈가 옷 솔기를 과감하게 떼어 내는 것을 목격하게 되는 것이다.

「어둠 속의 여인」에서 모스 하트는 사랑하는 이에 대한 마음의 결정을 내리지 못하는 여주인공의 문제를 그리면서 프로이트 식의 분석을 나름대로 사용했다. 이 작품의 밤 11시 정각의 노래인 〈제니의 사가 *The Saga of Jenny*〉는 전형적인 합창곡으로 경솔하게 마음을 결정해 버리고 그로 인해 많은 어려움에 부딪히게 된 한 여인의 이야기를 다루고 있다. 이는 자신의 경력을 방패삼아 뒤로 숨으려고만 하는 여주인공에 대한 마지막 변명이다. 결국 마지막 곡 〈마이 쉽 *My Ship*〉에서 여주인공은 숨겨 왔던 것들을 모두 드러내게 된다.

밤 11시 정각의 노래가 반드시 화려하거나 모든 등장인물을 총출동시켜야 한다는 것은 아니다.[24] 「리틀 나이트 뮤직」의 〈센드 인 더 클라운즈〉나 「컴퍼니」의 〈살아 있다는 것 *Being Alive*〉, 또는 「코러스 라인」의 〈사랑을 위해 내가 한 일 *What I Did For Love*〉과 같은 곡들은 많은 인기를 끌었지만 모두 솔로곡으로 자기 발견에 대한 내용이었다. 무겁고 극적인 뮤지컬인 「로스트 인 더 스타즈 *Lost in the Stars*」에서도 어린 사내아이들이 부르는 〈빅 블랙 몰 *Big Black Mole*〉과 같은 재미난 노래를 삽입해서 극의 흐름과 대조적인 분위기를 제공하기도 했다. 누구나 잊을 수 없는 듀엣곡을 들자면 아마도 11시 조금 전에 시작되는 「왕과 나」의 〈춤을 출까요 *Shall We Dance*〉를 들 수 있을 것이다. 이 곡을 통해 안나와 왕 사이의 팽팽한 긴장감이 고조되면서 매일 밤 가장 커다란 박수 갈채를 이끌어 내었다. 늘 이 신나는 폴카 음악이 끝나기도 전에 박수가 터져 나오곤 했다.[25]

[23] 작곡가 존 캔더는 〈카바레〉 주제음을 처음부터 교묘하게 변주된 형태로 삽입시킴으로써 공연 내내 그 소절을 변주 형태로 들으면서 익숙해진 관객들은 이미 그 노래를 들을 준비가 다 되어 있었던 것이다.

[24] 톰 셰퍼드는 밤 11시 정각의 노래가 추진력을 제공한다고 생각한다. 〈특히 공연의 막바지에 가면 그냥 쉽게 끝을 내고 싶지 않게 되지요. 멋진 곡이나 스타를 한 번 더 보여 주는 것도 안 될 수 없지요.〉

[25] 이 곡은 시각적으로나 감정적으로 훌륭한 장점을 가지고 있다. 아이린 섀러프Irene Sharaff가 디자인한 미시즈 안나의 그 이국적인 분홍색 새틴 드레스를 어떻게 잊을 수 있겠는가. 음악에 맞추어 무대를 돌던 왕과 안나의 황홀한 아름다움을 누가 잊을 수 있겠는가. 더구나 처음으로 왕이 안나를 품에 안은 장면이었기에 관객들은 모두 크게 감동을 받을 수밖에 없었다. 그 둘이 처음으로 마주치는 것을 본 순간부터 내내 고대해 오던 순간이었던 것이다.

밤 11시 정각의 노래는 감정적으로 큰 영향력을 발휘하는 경우가 더 많아서 희극적 가능성이 간과되는 수가 많다. 줄 스타인의 음악은 「벨이 울릴 때Bells are Ringing」에 향취를 듬뿍 선사했는데 이 작품에서 그는 스타 여배우 주디 홀리데이와 일을 하면서 어려움이 많았다고 한다. 주디는 밤 11시 정각의 노래가 역시 스타 배우인 시드니 채플린Sydney Chaplin에게만 주어지고 자신에게는 없다는 것을 알고는 까다롭게 군 것이다. 줄 스타인은 당시를 이렇게 회상한다.

이틀 만에 곡을 완성해야 했습니다. 아돌프와 베티에게(아돌프 그린과 베티 콤든은 당시 공연의 작사가와 대본 작가였다) 고심 끝에 열여덟 가지 다른 곡을 만들 었다고 얘기했죠. 모두 전문 가수(노래 부르는 배우가 아니라)를 위한 곡이었고 별 효과가 없었습니다. 결국 코미디로 가기로 했습니다. 조지 애봇이 해준 말이 기억났 어요. 〈코미디 곡을 위한 소재를 찾다 보면 막막해지게 마련이거든. 다시 대본을 몇 번 읽으면서 제일 웃음이 많이 터지는 곳이 어딘지 찾아내야 해. 그걸 찾아서 노래를 만드는 거지. 그런 부분은 노래로 만들어도 효과가 있지.〉 갑자기 주디 때문에 가장 크게 웃음이 터졌던 부분이 생각났어요. 사람들이 그녀에게 어디서 일하느냐고 묻자 그녀가 봉주르 트리스테스 브라시에르 회사에서 일한다고 대답할 때였죠.

그 부분에서 주디는 〈난 이제 내가 내 자신일 수 있는 곳으로 돌아가겠어. 봉주르 트리스테스 브라시에르 회사로 말이야〉라고 말하죠. 난 정말 재미있는 대 사라고 생각했어요. 그리고 여덟 마디를 만들어서 아돌프와 베티에게 들려주었더 니 다들 넘어가게 재밌어 하더라고요. 그래서 제가 그랬죠. 〈가사를 쓰지 마. 제롬 로빈스(연출가)가 좋아하는지 좀 보자고.〉 그때 로빈스는 자고 있었어요. 제리에 게 〈옷 입고 나와서 좀 들어 봐. 주디하고 문제가 좀 있거든. 자네는 주디한테 다른 걸 주려고 애쓰는데 그녀는 싫대. 자기 노래밖엔 관심이 없어.《관두고, 내 노래나 내놔요》라고 말하는데 뭘.〉 우리는 온갖 농담을 다 집어넣었고, 그 노래는 그 공연 에서 주디가 부르는 가장 멋진 곡이 되었죠.

:: 전체 합창곡

정극과 구별되는 뮤지컬의 요소 중의 하나가 바로 전체 합창곡*production number*의 사용이다. 각 막마다 서너 곡씩 있는데 모든 출연진들이 다 나와 노래를 하는 곡으로 춤도 곁들일 수 있다. 오스카 해머스타인은 전체 합창곡을 더욱 사실적으로 만들어야 한다는 사명에 차 있었다. 옛날 오페레타 시절에는 〈농부 춤*peasants' dance*〉이라는 게 있었는데 너무 비사실적이어서 윌리엄 해머스타인은 이렇게까지 이야기했다. 〈글쎄, 개연성이 전혀 없어. 도대체 그 농부들이 죄다 나와서 무대에서 뭘 하는 거야. 단지 웅장한 합창음을 내기 위해서 다들 모아 놓은 것 아니냐고⋯⋯화려한 의상이나 보여 주고 말야⋯⋯여자 애들은 치마를 들어 올리고 남자 녀석들은 남자다움을 보여 주고.〉

개연성이 있든 없든 간에 관중들은 이러한 장면에 홀딱 빠지게 마련이고 시대적 향취로 가득한 화려한 군중 장면을 기대하면서 극장에 온다. 심지어 최근의 뮤지컬들도 〈웅장한〉 장면을 연출하기 위해 이런 방법을 자주 동원하고 있다. 최근 작품 중에서는 「레미제라블」의 〈저 군중들의 노래가 들리나요*Do You Hear the People Sing?*〉 부분에서 이러한 웅장한 타블로*tableaux* 장면이 연출되었다. 수많은 시민과 학생들이 깃발을 휘두르는 이런 장면이 요즘 뮤지컬에서 옛날 농부 춤을 대신하게 된 것 같다.

이런 합창곡을 한동안 볼 수 없었기 때문인지 때로는 이유 없이 그냥 끼워 넣는 경우도 있고 「왕과 나」에서처럼 짜맞추기를 하는 경우도 있다. 아이들에게 지리를 가르치는 미시즈 안나는 세계 지도를 펼쳐 놓고 이렇게 말한다. 〈내가 이곳에 오기 전까지 샴은 저에게 그저 작은 흰색 점에 불과했지요. 이제 이곳에서 1년 넘게 살았고 샴 사람들도 많이 만나면서 그들을 이해하기 시작했습니다.〉 그리고 마틴 갓프리드가 그의 책 『브로드웨이 뮤지컬』에서 지적했듯이 〈이런 빈약한 실마리로 안나는 《당신을 알게 되면서 *Getting To Know You*》라는 곡을 부르기 시작한다.〉[26]

전 뮤지컬 문학을 통틀어 아마 「헬로, 돌리」의 합창곡이 아마 가장 유명할 것이다. 돌리 레비[27]는 하모니아 가든의 계단에서 내려와 기다리는 손님들의 갈채를 받으면서

(이는 관객의 박수로 이어지고) 코러스들이 노래하고 춤을 출 여지를 제공한다. 그러나 이 훌륭한 대본 속에서조차 전체 합창곡은 자연스럽게 발생한다기보다는 끼워 넣어졌다는 느낌을 지워 주지는 못한다.

　　예를 들어 1막에서 돌리가 백만장자라고 생각하지만 실은 가난한 신세가 되어 버린 코넬리우스가 춤을 못 추기 때문에 하모니아 가든의 저녁 식사 자리에서 빠져나오려고 안절부절못할 때 돌리는 여러 명의 전문적인 친구들 가운데 하나를 끌어낸다. 이 사람이 〈리듬 감각이 전혀 없으면 기본적으로 갈레거 레비 방법을 배울 필요성이 있다〉고 역설하는 데서 합창곡이 시작한다. 〈춤 Dancing〉이라고 하는 이 곡은 전체 공연 중에서 가장 매혹적인 미니 합창곡이 되었다. 많은 전문가들이 단지 무대에 역동성을 주기 위해서 끼워 넣은 곡에 불과하다고 느꼈음에도 불구하고 말이다.

:: 피날레

앞서 정극과 뮤지컬의 차이를 설명하면서 뮤지컬은 삶에 진실한 정도에 관계없이 혹은 결말이 아무리 비극적인가에 상관없이 관객에게 마지막으로 숭고한 느낌을 남겨 주면서 끝나야 한다고 언급했었다. 등장인물들은 처음 보았던 인상과는 사뭇 달라야 할 것이고 이제 세 시간이나 함께 시간을 보낸 이후이니만큼 어느 정도 성장한 모습이 되어 있어야

---

*26 〈당신을 알게 되면서〉는 나중에 추가된 곡이다. 실은 「왕과 나」를 위해 만들어진 노래도 아니었고 「남태평양」의 케이블 중위가 다른 가사를 붙여서 부르기로 되어 있던 곡이었다. 〈봄 시절보다 더욱 젊은〉이라는 노래로 대치되면서 삭제되었다가 「왕과 나」에서 합창곡이 필요할 때 마침 이 경쾌한 멜로디가 동양적인 3행 연구와 리듬 구성에 잘 맞을 것 같아서 로저스가 가지고 온 곡이었다.

*27 「헬로, 돌리」의 작가인 마이클 스튜어트는 영화 버전에서 바브라 스트라이샌드가 토파즈가 박힌 번쩍거리는 가운을 입겠다고 고집을 피웠다고 말해 주었다. 〈난 특별히 그 대본을 쓰면서 돌리가 하모니아 가든의 계단을 걸어 내려올 때 밝은 빨간색 가운을 입고 있다고 썼지요. 그건 그녀의 몸속에 다시 피가 흐르기 시작한다는 암시를 주기 위한 것이었어요. 이제 겁 많은 중매쟁이 생활은 걷어치우고 패션의 여왕으로서 그녀가 있어 왔던 상류 사회로 되돌아간다는 의미였지요……〉

하는 것이다.

밤 11시 정각의 노래나 그 이후에 사건이 해결되는 뮤지컬이라면 이제 마지막에
와서 주제곡이 터져 나와야 되는 것이다. 이것이 바로 이탈리아어인 〈피날레〉의 원래 의
미이며 장엄한 피날레가 될 수 있는 것이다. 제리 허먼을 흉내 낼 수도 있을 것이고 마지
막 곡을 코러스들이 계속해서 반복하는 방법을 사용할 수도 있다. 물론 가장 훌륭한 피날
레 곡이 되려면 극의 흐름상 당연한 귀결이라는 느낌을 줄 수 있어야 한다. 「코러스 라
인」과 「컴퍼니」는 마지막 곡을 향해 열심히 달려가는 뮤지컬이다. 「코러스 라인」의 마지
막 곡인 〈하나 One〉는 극의 주제와 마찬가지로 단 한 명의 스타를 선정한다는 주제를 가지
고 있고 그 제목 또한 이를 나타낸다. 「컴퍼니」의 〈살아 있다는 것〉에서는 남자 주인공이
마침내 마음을 열어 사랑을 받아들인다. 「멋대로 굴지 마라」의 경우에도 토머스 패츠(뚱
뚱보) 월러의 가장 유명한 곡들을 모은 메들리에 이르기까지 템포를 늦추지 않고 행진을
계속하다가 전 출연진이 뚱뚱보 월러 재즈 악단의 연주를 아카펠라로 흉내 내는 것으로
끝을 맺는다. 이 마지막 곡은 가히 목소리로 이루어 낸 역작이라 할 수 있다.

「포기와 베스」에서도 희망에 찬 포기가 코러스 전체의 지지를 받으면서 사랑을 찾
아 북쪽으로 갈 결심을 하면서 즐겁지만 운명적인 분위기의 〈내 길을 가네 I'm On My Way〉
를 부르게 된다.

조용하게 끝을 맺는 뮤지컬은 몇 개 되지 않는다. 그것들은 대개 소품이거나 감정
에 압도된 것들에 한한다. 「캐멀롯」에서는 더없이 아름답고 감동적인 주제곡이 다시 불
린다. 이번에는 슬기로운 아서가 꿈을 계승할 다음 세대를 대표하는 소년에게 이 노래를
불러 주는 것이다. 〈잊혀지게 하지 말아라 / 한때 있었던 그곳을…… / 하나의 믿음으로
알려진 그 빛나는 순간을 / 캐멀롯처럼.〉 뮤지컬의 보석 상자라고 할 수 있는 「그녀는 나
를 사랑해」는 헝가리 향수 제조소를 배경으로 한 작품으로 〈고맙습니다. 또 전화 주세요,
부인 Thank You, please call again, madam〉이라는 소절이 잘 엮인 〈세일즈 송 sales-song〉으로 자연
스럽게 끝을 맺는다. 내가 아는 바로 가장 소름끼치게 조용한 마지막 장면은 아마도 「카
바레」 마지막의 암전 장면이 아닌가 싶다(이 공연에는 막이 사용되지 않았다). 1937년

남자 주인공은 베를린을 떠나고 샐리 볼즈는 남기로 결심한다. 그녀 앞에 놓인 섬뜩한 운명에 어울리는 것이 무엇일까. 심술궂은 눈초리의 사회자가 오프닝 곡을 다시 부르면 교활하고 심술궂은 심벌즈의 쇳소리가 그 뒤를 따르는 것 이외에 말이다.

밤 11시 정각의 노래가 줄거리상으로 결론을 마무리지어 주지 못한다면 등장인물들이 충분한 이해를 받을 수가 없게 된다. 결국 결말을 위해 또 다른 곡이 필요하게 되는 것이다. 이런 경우에는 앞서 반응이 제일 좋았던 노래를 다시 사용하는 것(리프라이즈)이 작전이 될 수도 있다. 구식 방법이기는 하지만 확실한 방법이고 「오클라호마!」, 「헬로, 돌리」, 「42번가」, 「나와 내 여자」에서 성공을 거둔 방법이다. 「리틀 나이트 뮤직」에서는 좀 더 교묘하게 사용되어 노래의 일부분만이 다시 불리기도 했다. 모든 인물들이 예정되었던 파트너와 짝을 맞추고 나면 오페레타의 슬기로운 두 주인공 데지레와 프레드릭은 자신들의 실수에 대해 현명함으로 빛나는 웃음을 지으면서 그 공연의 가장 아름다운 발라드 곡인 〈센드 인 더 클라운즈〉를 다시 부르게 된다.

데지레 　 우스운 한바탕 연극이었지,
프레드릭 내 잘못이었던 것 같아,
데지레 　 나는 회전목마로,
프레드릭 나는 리어 왕으로. (반주에 맞추어 대사로) 얼마나 말도 안 되는 인생이야, 아들을 잃고 아내를 잃고 한 시간 만에 자기 생명까지 잃게 되다니, 그러고도 편한 마음일 수 있다니 말이야.

「왕과 나」에서는 샴 왕의 죽음과 야만적 생활 방식이 순화될 것이라는 어린 왕자의 칙령으로 끝을 맺으면서 관객들의 슬픔을 달래 주어 사뭇 숭고한 감정을 느끼게 한다. 그러나 거기에는 실제적인 피날레가 없다. 윌리엄 해머스타인은 이렇게 설명한다. 〈이 작품은 마지막에 모두 무대에 나와 농부들이 다시 춤추고 노래하는 신나는 뮤지컬이 아니다. 피날레가 감동을 주어야 하는 것이라면 여기에 바로 감동이 있다. 왕이 진정으로 중요한

교훈을 얻었다는 것이 밝혀지기 때문이다.〉

불행하게도 이렇게 피날레가 없는 뮤지컬은 녹음 매체로 감상할 때 어려움이 있다. 등장인물에 대한 감정 이입을 도와줄 시각적 요소가 없기 때문이다. 이 공연을 녹음하면서 톰 셰퍼드는 피날레를 하나 〈만들어 내야〉 했다. 이 경험을 대해 그는 이렇게 이야기해 주었다. 〈녹음을 위해 피날레를 만들면서 왕이 써주는 글자를 안나가 읽는 것으로 시작했습니다. 그리고 이어서 왕이 자기가 쓴 글자를 읽는 것을 넣었지요. 녹음용으로 적당한 걸 만들어야 했고 또 티앙 부인이 남편인 왕에게 바치는 감동적인 노래인 〈섬싱 원더풀 _Something Wonderful_〉에 맞는 반주 음악[28]도 새로 써야 했거든요. 거기에서 추라롱콘 왕자의 대관식으로 연결을 했고 그의 연설도 넣었지요. 녹음이 끝날 즈음에 음악이 절정에 이르면서 새로운 왕의 목소리가 압도를 하게 되지요.〉

「어둠 속의 여인」의 라이자 엘리엇은 〈마이 쉽 _My Ship_〉을 노래하는데 이를 통해 그녀의 실제 모습이 드러나며 일하는 여성이 아닌 사랑에 빠진 여성으로 변모하게 된다. 마찬가지로 헨리 히긴스 박사가 〈나는 그녀의 얼굴에 익숙해졌어요 _I've Grown Accustomed to Her Face_〉라고 노래하는 부분에서 그 역시 학자에서 사랑에 빠진 인간으로 바뀌게 된다.[29] 위의 예로 미루어볼 때 확실한 것은 이러한 등장인물들에게 하루 저녁이 충분히 가치 있는 시간이었으며 그 저녁 시간 동안 분명 그들의 성격이 변했다는 것이다.

등장인물의 성장이 꼭 개인적인 방향으로 적용될 필요는 없다. 「지붕 위의 바이올린」에서처럼 사고 방식이 더욱 새롭고 현대적으로 변모하는 것이 될 수도 있다(문명화가 바로 여기에 적절한 단어일 것이다). 테비에는 오랜 전통을 깨고 이방인 남자와 결혼했다는 이유로 의절했던 딸 샤바를 마침내 용서한다.

「로미오와 줄리엣」은 하늘이 맺어 준 연인의 자살이 있은 후에 두 집안 간의 작은

---

[28] 344~345페이지의 〈배경 음악 작곡〉 참조.

[29] 수석 대본 작가인 앨런 제이 러너는 「마이 페어 레이디」의 인쇄판을 최종 검토하면서 이런 주를 달았다. 〈나는 버나드 쇼의 작품 후기(에필로그)를 삭제해 버렸다. 거기엔 일라이자가 히긴스 박사와 결말을 맺는 것이 아니라 프레디와 맺어진다고 설명되어 있는데, (버나드 쇼와 하느님께 용서를 빈다) 내 생각에는 그가 틀린 것 같다.〉

화해로 끝을 맺는다. 그렇지만 아서 로렌츠는 「웨스트 사이드 스토리」에서 이 마지막 부분을 바꾸어서 마리아(줄리엣)는 살아서 떠나고 갱단은 폭력성을 자제하고 죽은 토니(로미오)의 시체를 높이 들어 형제애 정신을 발하게 만들었다.[30] 마리아의 마지막 대사는 이러하다(여기 적힌 긴 무대 지시문은 직접 희곡을 읽는 독자나 배우에게만 강렬한 인상의 드라마를 경험하게 해주지만, 배우를 통해서 관객들에게도 이러한 강렬함이 전달될 수 있을 것이다).

마리아 물러서.

(그녀가 일어날 때 어깨를 감싼 숄이 바닥에 떨어진다. 치노에게 걸어가 손을 내민다. 그는 총을 건넨다. 감정 없는 메마른 목소리로 그녀가 이야기한다.)

이거 어떻게 쏘는 거야, 치노? 이 작은 방아쇠만 당기면 되는 거야?

(갑자기 치노에게 총을 겨눈다. 그는 뒤로 물러선다. 이제 마리아 앞에 녀석들이 모두 서 있다. 총을 내밀어 보이면서 그녀의 목소리는 분노와 치미는 격노로 치솟아 오른다.)

몇 방이나 남았지, 치노! 너한테도 돌아갈까? (다른 사람을 겨누며)

---

[30] 「로미오와 줄리엣」의 마지막 장면은 테크의 공주 메이의 요청에 의해 1893년 초에 다시 써졌다. 그녀는 나중에 마리 여왕이 되어 조지 5세와 결혼하게 되는데 결혼 축하연을 장식할 축하 공연으로 이 작품을 공연하고 싶어 했던 것이다. 마리 여왕이 셰익스피어 작품 중에서 제일 좋아했던 작품으로 그녀는 로미오나 줄리엣이 죽음을 맞이하는 것을 원치 않았기에 궁정 극작가에게 부탁하여 기쁜 날 축하 분위기에 맞는 행복한 결말을 맺도록 마지막 장면을 다시 쓰게 한 것이다.

너에게도? (액션을 겨누며)

너희들 모두, 우리 모두가 그를 죽였어, 내 오빠와 리프도. 나도. 나도 이제 사람 죽일 수 있어, 증오하니까.

(사납게 이리저리 총을 겨누자 모두들 뒤로 물러선다. 이제 다시 그녀는 총을 똑바로 액션에게 겨눈다.)

내가 몇 명이나 죽일 수 있니, 치노? 몇 명이나, 그리고도 날 위해 한 방 남는 거니?

(양손으로 총을 쥐고 앞쪽으로 겨냥을 한다. 그러나 쏘지 못한다. 눈물을 터뜨리며 총을 세게 집어던지고 바닥으로 무너지듯 주저앉는다. 슈랭크가 걸어와 둘러보더니 토니의 시체로 다가간다. 마리아는 미친 여자처럼 시신 곁으로 달려가 팔을 두른다. 보호해야 한다는 듯이 꼭 끌어안으며 목 놓아 운다.)

손 대지 마!

(슈랭크는 물러서고 그림자 진 그의 뒤로 크럽케와 글래드핸드가 다가와 선다. 마리아는 고개를 돌려 치노를 보더니 그에게 손을 내민다. 천천히 그가 다가와 시신을 일으킨다. 페페가 같이 거든다. 그러자 마리아는 고개를 숙여 토니의 얼굴에 가까이 댄다. 가만히, 은밀하게.)

사랑해, 안톤.

(가만히 키스를 한다. 제트 파 두 명과 샤크 파 두 명이 토니의 시신을 들어

올려 운반하기 시작하자 음악이 시작된다. 다른 아이들은 모두 뒤로 물러서 행렬을 만든다. 꿈 장면의 춤과 같은 모양의 행렬이다. 베이비 존이 앞으로 나와 마리아의 숄을 집어 그녀의 머리에 씌워 준다. 그녀는 상복을 입은 여자처럼 조용히 앉아 있다. 음악이 고조되고 조명이 밝아지기 시작하자 행렬은 무대를 가로지르기 시작한다. 결국 마리아는 일어서 얼굴에 자욱한 눈물에도 불구하고 당당하게 고개를 들고 의젓하게 다른 사람들을 따라간다. 도크, 슈랭크, 크럽케, 글래드핸드는 왼쪽에서 고개를 숙이고 쓸쓸하게 쓸모없이 버려진 듯 서 있다.)

막이 내린다.

:: 다시 쓰기

모든 대본 작가들이 익히 알고 있듯이 일단 연극이 완성되고 나면 재평가와 개작을 할 차례가 온다. 아무도 뮤지컬 작품을 검토하고 고치는 작업을 소홀하게 여기는 사람은 없을 것이다. 카네기 홀의 내 작업실 벽에는 알랜과 마를린 버그만의 인용구가 굵은 글씨로 붙어 있다. 나 자신이나 나와 함께 작업하는 모든 사람이 늘 되새기곤 하는 그 문구는 다름 아니라 〈노래는 다시 써질 때 비로소 완성된다〉이다. 내 생각엔 이 과정이 창조 작업 과정 중에 제일 어려운 부분인 것 같다. 자기 자신의 작품을 냉혹하게 비평하는 것. 원고를 볼 때마다 이 부분은 더 쉽게 혹은 더 간결하게 저 부분은 더 극적인 장면으로 바꿀 수 있겠다는 생각이 드는 것이다. 물론 이 모든 수정은 전체적인 극의 흐름을 손상하지 않는 범위 내에서 이루어져야 한다. 어떤 때는 한 장scene을 전부 다시 써야 되겠다고 깨닫게 되는 경우도 있다.

이렇게 수정 작업과 이를 위한 충고야말로 뮤지컬을 만드는 데 더할 나위 없이 중요한 요소라 할 수 있다. 진정한 창조 정신을 가진 사람들이 모여 함께 작업을 했다면 더 좋은 작품을 만들기 위해 좋은 아이디어들을 제시하는 노력을 아끼지 않을 것이기 때문이다. 그리고 무엇보다도 막상 완성된 작품을 들여다보면 마지막 순간에 손을 대야 할 곳이 너무 많다는 걸 깨닫게 되기 때문이다. 왜 이제까지 이런 허점을 발견하지 못했을까 하고 의아해질 만한 부분이 수두룩하게 마련이니까. 뮤지컬 작업에서는 할 수 있는 만큼 작품을 다듬고 손보는 것이 최선의 방법이다. 여기에 바로 우리가 다시 검토해야 할 것들이 있다.

유머

대본이 좀 심각해진다고 해서 지루해져서는 안 된다. 뮤지컬은 진지한 정극보다 더 많은 웃음과 즐거움을 제공해야 하며 때로는 손수건이 필요하도록 만들 수 있어야 한다. 나는 언제나 찰리 채플린이야말로 이 방면의 전문가라고 생각한다. 영화이긴 하지만 그 유명한 「시티 라이트」는 전형적인 뮤지컬 코미디 형식이라 할 수 있다. 채플린이 아름다운 꽃집 장님 아가씨에게 카네이션 한 송이를 산 후 곁에 서서 사랑스런 눈길로 그녀를 바라본다. 〈라 비올레테라〉의 다소 진부한 선율이 흐르면 이 불쌍한 두 사람을 향한 연민이 물씬 배어나 눈물까지 날 지경이 된다. 그때 소녀는 화분을 물로 헹구어 그 더러운 물을 무심결에 어깨 너머로 버리고 채플린은 그걸 직통으로 뒤집어쓴다. 긴장이 확 풀리면서 웃음이 터진다. 그러나 그건 따뜻하고 연민이 담긴 웃음으로 잔인함은 전혀 찾아볼 수가 없다.

　　대본 작가라면 이렇게 확 풀어져야 할 때가 언제인지를 알아야 한다. 아무리 비극적인 장면이라도 한순간 웃음으로 풀어질 수 있어야 한다. 「지붕 위의 바이올린」의 마지막 장면처럼 슬픈 상황도 골드가 딸에게 화해를 하면서 편지하겠노라고 이야기할 때 긴장이 풀리게 된다. 서로 무대의 반대편에 서 있기 때문에 그녀는 큰 소리로 〈아브람 삼촌 집에 있을〉 것이라고 알려 주면서 내심 딸과 서먹했던 관계가 만회되기를 바란다. 금세 맞받아 치면서 괜한 짜증을 내는 테비에의 모습이 우습다. 〈아브람 삼촌 집에 있을 거야! 아브람 삼촌 집에 있을 거라고! 우리가 뭘 하는지 온 세상 사람이 다 알아야 돼!〉 퉁명스럽지만 자상함이 배어나는 대사이다. 웃음이 나올 수밖에 없는 것은 샤바가 이미 아버지의 용서를 눈치챘기 때문이며 물론 관객들 모두 이를 알고 있다.

뮤지컬에서 희극적인 요소를 유지시키는 것은 쉽지 않다. 대본 작가가 외설적이거나 순간적인 웃음으로 효과를 보려고 해서는 안 된다. 무대 위에 서 있는 인물들을 인간답게 그려 내는 것이 목적이며 그들의 삶에 관한 문제로 웃음을 만들어 내야 한다. 그러나 뮤지컬 「1776」에서는 이것이 쉽지 않았다. 「1776」은 독립 선언문에 서명을 하게 했던 유명한 논쟁에 대한 이야기이다. 아무도 이 작품이 성공을 거둘 수 있을 것이라고는 생각지 않았다. 희극적인 요소를 찾을 만한 부분이 없었던 것이다. 그러나 거기엔 전문가들조차 생각지 못한 부분이 있었다. 논쟁이야말로 훌륭한 연극과 유머를 이끌어 낼 좋은 소재이며 상대편에 대한 멋진 응수를 보여 줄 기회까지 제공한다. 「1776」은 성공을 거두었다. 소재의 장점을 잘 활용함으로써 비평가들이 〈공부를 시켜 주면서 즐거움까지 제공하는 알찬〉 공연이라고 말하게 만들었던 것이다. 현대의 정치 세계에서는 그 역이 진리가 될 수도 있다. 근간의 뉴스들은 정치 풍자 만화처럼 웃음을 참을 수 없게 하는 경우가 많다. 물론 얼마 지나지 않아 옛날 얘기가 되기는 하지만. 대본 작가들은 마거릿 대처 수상의 데니스나 레이건의 점성술, 부시의 무기력함같이 특정한 소재보다는 일반적인 경향을 선택하려고 한다. 예를 들자면 「피요렐로」에 나오는 〈작은 깡통 상자A Little Tin Box〉처럼 어느 시대에나 해당될 수 있는 주제를 고른다. 신문의 헤드라인으로 실리는 기사거리들을 활용한다고 해도 전체적인 주제에 맞추어 작은 소재로 활용할 뿐이다. 그리고 이런 소재들은 시대에 맞게 새로운 것으로 바꿔 주어야 한다.

나는 활동 초기에 풍자적인 정치 레뷔를 하나 쓰면서 당시 나로서는 엄청난 비용이 드는 데모 장면을 하나 삽입했다. 그 비용을 감당할 만한 제작자를 마침내 찾아냈을 때 이미 그 내용은 시대에 뒤떨어지는 것이 되어 버린지라 가사도 새로 써야 했고 그 화려한 데모 장면은 뺄 수밖에 없었으며 녹음도 다시 해야만 했다.

「갈채」의 〈웰컴 투 더 시어터〉나 「메임」의 〈보좀 버디즈Bosom Buddies〉에 나오는 성격 고약한 여자들이나 「아가씨와 건달들」의 〈노처녀의 감기A Person Can Develop a Cold〉, 「브

＊＊「피요렐로Fiorello!」(1959). 톰 보슬리, 패트리샤 윌슨, 프레이, 엘린 한레이.
＊＊「아가씨와 건달들Guys and Dolls」(1950)

루클린에는 나무가 자란다」의 〈그는 세련미가 있어 *He Had Refinement*〉에서처럼 무의식적인 자기 발견도 웃음을 유발하는 좋은 소재가 될 수 있다. 그러나 값싼 웃음을 위해 끼워 넣곤 하는 지저분한 농담들[31]은 내 생각엔 별로 좋지 못한 방법인 것 같다.

캐서린 헵번이 「코코」의 2막을 〈제기랄 *Shit!*〉이라고 하면서 시작했을 때 관객뿐 아니라 연기를 하는 그녀 자신까지 당혹스러움을 금치 못했다. 마찬가지로 프랭크 고쉰 Frank Gorshin이 「지미」에서 완전 누드로 빠른 등퇴장을 시도하자 대부분의 관객들은 어색해서 몸둘 바를 몰라 했다. 이런 장면들은 단지 충격을 주기 위해서, 아니면 김이 빠진 듯이 느껴질 우려가 있는 상황에 활기를 불어넣기 위해 삽입된 것으로 보인다. 그러나 이런 방법은 뮤지컬에서 통하지 않는다.

1988년 봄 비평가들은 작은 뮤지컬 「로맨스, 로맨스」에 제법 좋은 점수를 주었지만 2막 중에 나오는 두 노인의 성적인 환상을 다룬 노래에 대해서는 공정한 비난을 서슴지 않았다. 그 곡은 줄거리상으로 전혀 필요 없는 저질적 취향의 사족이었다. 배를 움켜쥐며 웃어 준 사람들도 있기는 했으나 일단 분위기가 한번 냉담해지고 나자 다시는 이전의 추진력을 만회할 길이 없었다. 속어 남용! 시대에 뒤떨어지는 지름길이다.

리프라이즈(반복)

한 노래를 반복해서 사용하는 리프라이즈를 사용할 것인가 말 것인가 하는 문제는 뒤에 가서 더 자세히 살펴보겠지만 우선 뮤지컬의 초반부에 관객들이 그 노래를 다시 들어도 편안할지 파악하고 넘어가야 한다. 극작가는 가능한 한 이런 방법을 택해서 원고를 늘리려 하기 쉽다.[32]

---

[31] 최근 「슈거 베이비즈」라는 작품에 곁눈질을 하게 만드는 속되고 음란한 농담들이 사용된 적이 있다. 몇몇 여성 해방 운동가들의 반대가 있기는 했으나 이 작품은 기본적으로 보드빌과 벌레스크 성격의 공연이었기 때문에 어떤 농담이든 소화가 가능했고 관객들도 별 거부감 없이 웃음을 즐겼다.

길이

대본을 재검토하다 보면 방대한 원고량에 또 한 번 지치게 된다. 앞서 개괄적으로 설명했듯이, 아직 완성되지 않았지만 시연회 때 추가될 노래의 길이도 미리 고려해야 한다. 노래 가사는 대개 일반 대사보다 네 배 정도의 시간이 소요되며 곡마다 균형을 맞추기 위해 코러스 부분이 추가될 수도 있다. 이 부분을 미리 계산하기는 쉽지 않지만, 전체 합창곡에 가능하다면 춤과 발레까지 추가될 수 있다는 점을 감안하면 작품의 전체 길이는 연습할 때마다 길어지게 된다. 그러므로 초고에서부터 최적의 길이로 군살빼기를 하지 않으면 안 된다.

균형

전문 대본 작가라면 균형을 맞추기 위해 원고를 훑어보면서 솔로곡이나 듀엣곡, 전체 합창곡의 수를 지나치지 않게 조절하고 연이어 나오지 않게 조정할 것이다. 이 작업을 무대에서 해보기는 어렵지만 곡이 거의 완성 단계에 이르면 다시 한 번 짚고 넘어가야 하는 부분이다. 그리고 나면 좀 더 균형 있는 구성을 위해 몇 장면을 옮길 수도 있을 것이다. 프로 뮤지컬 작품들은 모두 빠르고 느린 속도감이나 솔로곡과 합창곡의 균형이 신중하게 조절되어 있다. 이제는 목표 지점을 향해 작업을 해야 하는 시점에 다다랐다.

앨런 제이 러너는 이러한 균형을 일컬어 〈뮤지컬 연극의 관습〉이라 했으며 이를 조절하는 것은 극작가의 몫이라고 말했다. 또한 〈이런 관습을 잘 이해하고 신선한 방법으로 사용해야만 흥미진진한 구성을 이끌어 낼 수 있다. 빠른 곡 다음에 느린 곡을 배치하는 것

*32 극작가가 리프라이즈를 시도하려고 할 경우에는 극의 흐름에 도움을 줄지 해가 될지 잘 따져 보아야 한다. 마크 스타인은 이에 대해 다음과 같이 이야기해 주었다. 〈한 오페라 비평가 최근 여기(런던)서 재공연되었던 「남태평양」을 비평한 것을 읽고 매우 기분 좋았던 적이 있습니다. 놀라운 것은 이 작품의 리프라이즈는 그냥 노래를 다시 부르는 차원의 것이 아니었다는 것이지요. 그 노래는 공연 초반부에 《어느 매혹적인 밤》이라는 제목으로 확신에 넘치는 강한 분위기를 연출했지요. 아시겠지만 《그녀를 찾는다면 절대 떠나 보내지 마세요》로 리프라이즈되었을 때는 확신을 모두 잃고 갈피를 잡지 못하는 심정이 느껴지더군요. 처음에 대담한 연가로서 지녔던 자신감이 모두 사라져 버린 거죠. 그 점이 정말 출중했어요. 노래의 분위기만으로 그렇게 신선하게 극적인 추락을 연출해 낸 거지요…… 초반의 격앙된 감정을 만들어 낸 것도 역시 놀라웠고요.〉

이 다가 아니다. 적절한 극적 방법을 찾아내어 등장인물들이 감정적인 극점에 도달하도록 유도해야 한다. 그리고 바로 그 순간 악보와 균형을 이루는 알맞은 음악이 있어야 한다.〉

일관성

혹평을 받는 공연들은 대부분 등장인물의 성격에 일관성 *consistency*이 결여되어 있다. 한 세대에 걸친 이야기라 하더라도 인물들은 크게 변하지 않는다. 더 현명해지고 나이가 들 수는 있지만 언제나 자연스럽게 인간적인 방법으로 진행되어야 한다. 대사는 인물 성격에 걸맞아야 한다. 대본 작가라면 누구나 등장인물이 작위적으로 보이지 않게 작품을 고쳐 쓰고 부자연스러운 말들은 삭제할 것이다.

예를 들어 스위니 토니는 복수에 눈먼 악당이지만 현실성이 있는 인물이며 그가 하는 말들이 모두 그에게 잘 어울리는 것들이다. 돌리 레비는 야심만만한 중매쟁이로 보통 여자 10명쯤의 에너지를 가지고 있지만 역시 현실성이 있다. 테비에는 욥보다 훨씬 많은 문제에 둘러싸여 있지만[33] 그가 인생을 대하는 방식이나 테비에라는 인물 자체가 터무니없지는 않다. 등장인물은 그 인물 성격에 어울리는 역할을 하도록 구성되어야 한다. 억지가 있어서는 안 된다. 자기 목소리로 이야기하는 인물로 만들어야지 〈작가의 대변인〉이 되게 해서는 안 된다.

인물의 차별화

대본 상으로 진부하지 않은 새로운 인물이 등장하게 될 경우 기억에 남을 만한 인물이 되기 위해서는 차별화 *particularisation*가 필요하다. 물론 그들이 부르는 멜로디와 가사가 성격 형성에 도움을 주겠고 그로 인해 관객들로 하여금 잊을 수 없게 만드는 독특함까지 부여한다면 더할 나위가 없을 것이다. 그러나 그 인물이 단조롭지 않은 입체적인 인물로 보일

---

[33] 테비에는 인생에서 길을 잃을 때마다 하나님에게 직접 말을 거는 인물로 흔히 성경에 나오는 불행한 욥과 비교된다 — 역주.

수 있도록 대본을 잘 구성하는 것이 더욱 중요하다.

　　연극에서 「욕망이라는 이름의 전차」의 블랑쉬 뒤부아나 「세일즈맨의 죽음」의 윌리 로먼과 같은 인물들은 우리가 일상 생활에서 늘 대하는 사람들처럼 매우 현실적이다. 그러나 그들은 단순히 나이를 먹어 가는 정신 분열증 환자나 떠돌이 세일즈맨 이상의 무엇을 가지고 있다. 뮤지컬의 세계에서도 마찬가지이다. 「팔 조이」의 조이는 단순한 건달이 아니라 젊고 잘생기고 춤도 잘 추는 야심만만한 거짓말쟁이이며, 교육도 제대로 못 받았고 잘난 척하지만 침대에서는 끝내 주는 그런 건달이다. 「아가씨와 건달들」의 아델레이드 또한 밤무대에서 코러스를 하는 평범한 금발 댄서가 아니라 인내심 강하고 영리하며 나이도 있고 심리적으로 보는 눈도 있는 똑똑한 용서할 줄 아는 도시 여자이다. 마찬가지로 스위니 토드나 마고 채닝(「갈채」), 넬리 포부쉬(「남태평양」), 엘 칼로(「판타스틱스」), 테비에(「지붕 위의 바이올린」), 로즈(「집시」), 메임, 그리고 기억에 남는 뮤지컬 속의 수많은 인물들에게는 입체적인 여러 가지 모습이 있다. 작가가 만들어 내는 모든 인물들이 다 기억에 남을 수는 없겠지만 입체감이 없는 인물들은 금세 따분한 부류로 전락하고 만다. 종이 인형에 불과한 인물들은 아무도 기억해 주지 않는다.

시의성

물론 작가가 주제를 정하면서 시대에 잘 맞는다는 이유만으로 어떤 주제를 선택할 수 있다. 예를 들어 1970년대 초반에는 돈 많은 남자를 떠나는 여자를 다룬 좋은 뮤지컬이 있었는데, 1880년에는 진정한 사랑을 찾아 사랑이 없는 가정을 떠나는 여자를 다루는 것이 과감하고 시대에 맞는 것이었다. 실험적이라고까지 할 수 있는 발상이었고 제작되기에도 좋은 주제였던 것이다. 그러나 1980년대 후반에 이르러 여성 해방은 이미 진부한 주제가 되었다.[34] 물론 야망을 위해서라거나 아이를 위해서 혹은 자기 보호를 위해서라든지, 여

---

[34] 1984년 「인형의 집」을 뮤지컬로 만들었는데 그 유명한 콤든과 그린이 각색을 맡았지만 겨우 몇 번 공연한 후에 막을 내렸다. 이미 시대에 어울리지 않는 주제가 되어 버린 것이다.

자들이 떠나는 다른 이유들도 찾아볼 수는 있을 것이다. 그러나 얼마나 논리적이고 잘 구성된 이야기냐에 상관없이 그런 주제를 가지고는 제작자의 관심을 끌기가 매우 어렵다는 점을 알아 두는 것이 좋다. 그런 주제는 이제 시대에 뒤떨어진 것이 되고 말았다. 시대는 계속해서 변한다. 1990년대로 들어서면서 인기 있는 주제들은 모두 사용되어 버린 것 같다. 결혼, 아이, 부모로서의 사랑, 자아 등등. 대본을 완성하고 뮤지컬을 제작하기까지 얼마만큼의 시간이 소요될지 정확한 계산이 선다 하더라도, 제작을 시작하기도 전에 이미 항간에 떠들썩해진 이야깃거리를 작품 소재로 택하는 사람은 없다. 정작 공연이 시작될 즈음에는 지나간 이야기가 되고 말 것이기 때문이다. 눈앞에 있는 현재의 유행보다 늘 앞서 생각할 수 있어야 한다. 시대에 잘 맞아야 한다 해서 꼭 현대적이어야 한다는 건 아니다. 단지 현대인으로서 우리들의 관심사가 무엇인가 하는 점이 중요한 것이다.

감정

우수한 대본 작가라면 정직한 감정을 두려워하지 않는다. 작가 자신의 가슴이 느끼는 대로 흘러가는 것이다. 때로 지나치면 스스로 비애감에 빠져 들어 진부한 감상으로 전락할 수도 있기는 하지만. 현시대에는 뮤지컬만큼 많은 열정을 필요로 하는 예술 형태가 없다. 〈도를 넘어서더라도〉 겁낼 필요가 없다. 정말 〈지나치다 싶은 것〉은 나중에 누그러뜨리면 된다. 공연 연습이 시작되면서 많은 대사들이 지워질 것이고 연출가와 배우들이 합류하면서 뮤지컬의 기본 요소를 만들어 내는 정직한 분노, 기쁨, 공포, 경악과 같은 필요한 감정들이 채워지기 때문이다.

깨끗한 복사본

워드 프로세서로 작업하는 것은 큰 도움이 된다. 나를 비롯한 많은 대본 작가들이 워드 프로세서를 사용하고 있다. 대부분의 대본 작가나 작사가들이 당면하는 지루한 작업, 즉 원고를 다시 치는 일을 피할 수 있기 때문이다. 글을 쓰면서 훑어볼 수도 있고 아이디어가 떠오르거나 막연할 때 고치거나 바꿔 쓸 수도 있다. 나중에 인쇄를 할 때도 다시 치지 않고서도 쉽게 여러 장을 만들어 낼 수 있다.

자기의 분신과도 같은 타자기를 고수하는 작가들도 많이 있고 자기가 직접 하지 않고 남을 시켜서 타자를 치게 하는 작가들도 있다. 어떠한 경우든 최소한 대여섯 번씩 고쳐 쓰는 과정을 거치지 않고서는 작업을 완성할 수가 없다. 이 모든 수정본들을 함께 작업하는 사람들에게 보여 주고 결국 이 중에서 한두 가지만 작가의 결정에 따라 남게 된다. 줄거리 점검을 위한 첫 모임을 가지고 나서 이 모든 수정본이 다 폐기되고 새로 글을 써야 하는 일이 생기더라도 뮤지컬을 하는 사람이라면 다 그러려니 한다. 어쨌든 더 나아지고 있는 것은 사실이니까. 때로는 제작에 들어가기 바로 며칠 전에 원고를 고쳐 써야 하는 일도 있다.

대본 작가는 지난 원고들도 잘 보관해야 한다. 대본이 거의 완성될 때가 되어 다른 작업자들과 함께 전체 그림을 맞추다 보면 원래 구상에서 너무 벗어나 버린 경우도 있고 어느 누구의 특징이라고 할 수도 없는 잡동사니가 되어 버릴 수도 있다. 바로 이렇게 해서 수많은 뮤지컬 대본들이 길을 잃게 된다. 공동 작업이라기보다는 잡동사니에 가까운 이런 뮤지컬들은 비평가의 눈에 금세 띄게 마련이고 태어나자마자 사장될 운명에 닥치게 된다. 그렇기 때문에 작업을 해나가면서 늘 조심하지 않으면 안 된다. 될 수 있는 한 자주 이제까지 작업해 온 것을 되돌아보는 것이 좋다. 처음에 모두에게 감명을 주었던 번뜩이던 원래 아이디어가 최종 원고에 그대로 담겨져 있는지 확인하기 위해 작업을 수시로 돌아 보아야 한다. 그렇지 않으면 처음부터 다시 쓰는 수밖에 없다. 장면을 고치고 대사를 바꾸는 것은 불가피하다. 그렇게 해서라도 원래의 아이디어가 드러나게 된다면 감사할 일이다.

❼ ── 노래 붙이기

노래 붙일 장면 고르기. 대본 상의 극적인 클라이맥스 찾아내기. 인물 만들기.
단어와 음악을 통해 노래 완성하기. 무대화. 작업 방법: 순서 맞추기와 삭제하기,
본래 줄기에서 선율과 제목 이끌어 내기. 고생 끝에 나온 노래. 코미디 송. 리스트 송.
독백. 연가: 러브 러브 송, 반연가(半戀歌), 회상 연가, 간접적인 연가. 리프라이즈.
음반용 노래와 뮤지컬 노래. 대위법을 사용한 동시 합창곡. 전체 합창곡.
음역 선택과 조 옮김. 악보 상의 일관성: 통일성 창조, 리드 시트 만들기.
오케스트라 연주를 예상하며. 저작권

:: 노래 붙일 장면 고르기

이 〈고르기*spotting*〉 작업은 대본 전체가 노래로 불리는 뮤지컬인 경우를 제외하고 음악을 만들 사람에게 2차 대본이 전해지면서 시작된다. 작곡과 작사를 한 팀이 모여 하든지 한 사람이 하든지 간에 이제 뮤지컬 탄생에 가장 중요한 단계가 시작되는 것이다.

　　그래도 거의 모든 대사가 다 노래로 불리는 〈오페라극〉에 비하면 작곡자의 걱정이 좀 덜어질 수도 있을 것이다. 오페라극의 경우는 모든 부분이 똑같이 중요하고 특별히 눈에 띄는 부분도 없기 때문에 이런 대본을 음악화하는 것이 대단히 어려운 작업이다. 〈신문 어디다 뒀어?〉 하는 단순한 질문이 〈나를 영원히 사랑할 거예요?〉 하는 질문만큼이나 중요해질 수도 있으니까.

　　모차르트는 이런 문제를 해결하기 위해 좀 중요도가 적은 줄거리 전달 부분에는 하프시코드만을 반주 악기로 사용했다. 전체 오케스트라가 극적인 감정을 불러일으키는 아리아 연주를 하는 부분과 변별성을 둔 것이다. 그때부터 관객들은 이런 관습을 터득하게 되었다. 그러나 오페라가 점점 개연성이 증가하는 방향으로 발전하면서 이렇게 음악을 시작하고*start-the-music* 멈추는*stop-the-music* 방법이 오히려 작곡자들을 괴롭히게 되었다. 오페레타나 뮤지컬 코미디의 시대로 들어서면서 양처럼 순한 관객들은 이제 이러한 관습을 강요받게 되었다. 요즘에 와서는 전체가 노래만으로 구성된 뮤지컬들이 많이 잠식되기 시작했지만 여전히 뮤지컬 무대는 시작과 멈춤의 전통에 대한 강제를 벗어나지 못한다. 바로 이런 이유로 대사와 장면과 아이디어들은 뮤지컬상에서 노래로 전환되어야만 하는 운명에 처하게 되는 것이다. 대사로 말해지는 것보다는 노래로 불리는 것이 더 낫겠다는 강력한 요구에 의해 대본이 약탈되고 침해를 받게 된다. 그러나 셸던 하닉이 말하듯이 〈대사 도둑〉이 되는 것이 나쁜 일은 아니다.[1] 그는 〈요즘 작업하고 있는 대본 중에서

---

[1] 프레드 에브는 이와 유사한 작사가의 대사를 가지고 작업하는 방법에 대해 이렇게 고백한다. 〈대사로 주어진 것을 노래 가사로 바꿀 수도 있습니다. 「카바레」의 경우에 그렇게 작업했죠. 조 매스터로프가 파인애플을 선물하는 장면을

가장 재미있는 농담 하나를 골라 노래를 붙여 보았는데, 그 노래 덕분에 원작자가 가지지 못한 저작권을 하나 얻게 되었다〉고 말한다.

　이렇게 노래를 붙일 부분이 눈에 보이는 경우도 있다. 한 신*scene* 전체가 노래로 불려지고 싶다고 아우성을 치는 경우도 있고 그 덕에 인물 성격 형성이 저절로 되는 수도 있다. 혹은 서로 주고받는 부드러운 대사들을 연가(戀歌)로 만들어 달라고 졸라 대기도 한다. 하지만 사실 대부분의 잠재력을 가진 노래들은 텍스트 속에 묻혀 있게 마련이다. 다만 상상력을 가지고 대본을 대하면서 어디를 눈여겨봐야 할지 알아낼 수 있다면 그런 잠재성을 찾아내는 것이 좀 쉬워진다.

　「그린 그로 더 라일락스」의 저자인 린 리그즈Lynn Riggs는 극의 초반부에서 남자 주인공 컬리가 여주인공 로리에게 마차를 소박하고 매혹적으로 묘사하게 했다. 오스카 해머스타인은 뛰어난 통찰력을 발휘해 그 대사를 잊을 수 없는 아름다운 노래 〈지붕 술이 달린 마차 *The Surrey with the Fringe on Top*〉로 승화시켰다. 해머스타인의 음악 혼을 자극한 원래의 대사와 이를 토대로 그가 써낸 아름다운 가사를 살펴보자.

　　　　지붕에 4인치나 되는 긴 술이 달린 새 마차, 야호! 그리고 마음껏 달리고 싶어 하는 백마 두 마리! 그 마차를 타고 여왕처럼 거리를 달려가는 거야! 거위알만 한 다이아몬드가 박힌 황금 왕관을 쓰고 말이야…… 그 마차에는 멋진 창문이 네 개나 있어, 비가 들이치면 안 되니까. 하얗게 조각된 유리를 통해 밖을 내다보는 거야! 대쉬보드에는 빨갛고 파란 등이 달려서 마치 반딧불처럼 반짝거리지! 그런 마차라면 정말 좋겠지? 그럼 파티도 갈 수 있고 마음만 먹으면 아침이 밝아 올 때까지 달릴 수도 있을 거야. 그러다 집으로 돌아갈 무렵이 되면 산등성이 너머로 솟

작곡했지요. 원래 대사로 구성된 장면이었습니다.〉 (이 파인애플 노래는 뮤지컬 「카바레」에서 가장 매혹적이고 경쾌한 서브 플롯 곡이었다. 영화에서는 여주인과 과일 장사 커플이 더 젊은 쌍으로 바뀌면서 빠졌지만 이 노래는 1937년 황폐한 독일을 배경으로 여주인이 신선한 파인애플이라는 믿기 어려운 선물을 받으면서 너무 놀라고 기뻐하는 내용이다.)

아오르는 해가 널 비추는 거야, 발갛고 예쁘게 말야.

When I take you out tonight with me. / Honey here's the way it's goin' to be: / You will sit behind a team of snow white horses. / In the slickest rig you ever see!
(오늘 밤 너를 데리고 나가 / 자기, 이렇게 해주고 싶어 / 눈같이 하얀 백마가 이끄는 / 한 번도 보지 못한 멋진 마차를 타는 거야!)

후렴
Chicks and ducks and geese better scurry / When I take you out in the surrey, / When I take you out in the surrey with the fringe on top.
(병아리와 오리와 거위도 종종거리겠지 / 그런 마차에 그대를 태우고 가면 / 지붕에 술이 달린 마차에 그대를 태우고 가면)

Watch that fringe and see how it flutters / When I drive them high steppin' strutters, / Nosey-pokes 'il peep thru' their shutters and their eyes will pop!
(하늘거리는 술을 바라봐 / 최고 속도로 으스대며 마차를 모는 거야 / 호기심에 차 엿보던 눈들이 놀라 튀어나오겠지)

The wheels are yeller, the upholstery's brown, / The dashboard's genuine leather. / With isinglass curtains y'can roll right down, / In case there's a change in the weather.
(환호성 지르는 바퀴, 은은한 갈색 실내 장식 / 대쉬보드는 진짜 가죽이야. / 창의 커튼을 도르륵 내리는 거야 / 날씨가 나빠질지도 모르니까)

Two bright sidelights winkin' and blinkin' / Ain't no finer rig I'm a-thinkin' / You can keep yer rig if you're thinkin' at I'd keer to swap / Fur that shiny, little surrey with the fringe on the top!*2

(사이드 라이트가 별처럼 반짝이지 / 이것보다 더 멋진 마차는 있을 수 없어 / 그대만 원한다면 그대 것이라고 생각해도 좋아 / 지붕에 술이 달린 빛나는 작은 마차)

언제나 노래가 필요한 순간을 찾아 헤매는 프랭크 로서와 같은 작곡가는 시드니 하워드Sidney Howard의 희곡 「원하는 걸 알고 있었지They Knew What They Wanted」의 대사를 보면서 분명 감동을 받았을 것이다. 그는 브로드웨이 오페라 「가장 행복한 녀석The Most Happy Fella」에 나오는 농장의 잘생긴 젊은 떠돌이에게 공전의 히트를 기록한 발라드 곡을 선사했다. 〈조이Joey〉라는 이 곡이 만들어진 것은 다음 대사에서 영감을 얻었기 때문이었다.

조이   며칠만 더 있으려고 했는데. 난 그런 놈이야, 알잖아? 벌써 여기 머문 지
      다섯 달이 다 돼 간다고.

에이미 그게 다야?

조이   한 곳에 이렇게 오래 머문 거 처음이야. 혼자서 옷을 챙겨 입을 수 있을 만
      큼 크고 나서는 말야.

에이미 계속 떠돌아 다녔잖아.

조이   안 가본 데가 없지. 워블리랑 같이, 알지. 여기 오기 전까지 그랬어.

에이미 뭘 했는데?

조이   체리도 따고, 홉도 따고, 영국에서는 멜론, 남쪽에서는 오렌지, 철도 공사,
      정유 공사 뭐 이것 저것……. 여기 오기 전에. 여기 와서는 그냥 있었지. 빈

*2 해머스타인의 가사는 음악을 만들기 전에 쓰여졌는데 이 시골풍의 가사에 작곡가 리처드 로저스가 마당에서 닭이 모이를 쪼아 먹는 소리를 넣어 더욱 멋진 노래를 만들어 내었다.

둥거리기도 지겨워진 거겠지. 이제 이런 것도 지겨워.[3]

배경과 시간이 동일하다면 극적인 장면을 노래로 변환시키는 일은 좀 더 확연해진다. 그러나 전 세계인이 공감할 수 있는 시각적 요소를 보충하면서 색다른 향취를 만들어 내는 것이 필요하다. 반대의 경우도 있을 수 있다. 〈내가 만약 당신을 사랑한다면*If I Loved You*〉은 원래 유명한 클래식 곡이었는데 페렌치 몰나르가 유럽풍의 희곡 「릴리옴」에서 이곡을 사용하면서 여기에 덧입힌 대사는 너무나 완벽하게 잘 어울리는 것이었다. 그리고 로저스와 해머스타인은 「회전목마」에서 이 연인들을 헝가리에서 뉴잉글랜드로 옮겨 놓는 멋진 상상력을 발휘하기도 했다.

릴리옴 그렇지만 나 같은 사람하고는 결혼하지 않으시겠죠, 그렇죠?

줄리   저는……전……누군가를 사랑한다면……. 저 같으면 별로 다를 게 없을 거
        같아요 ……제가 죽도록 좋아한다고 해도요.

릴리옴 하지만 저같이 거친 놈과는 결혼하지 않겠지요. 그…… 저…… 저를 사랑한
        다고 해도 말이죠.

줄리   아뇨, 할 거예요…… 사랑한다면, 릴리옴 씨.[4]

노래를 설정함으로써 대본에서 몇 페이지에 걸쳐 반복되는 이야기를 간략하게 표현할 수도 있다. 바로 이 「릴리옴」의 마지막 부분에서 몰나르는 자그마치 여섯 페이지 반

---

[3] 노래 〈조이〉의 멋진 가사는 익어 가는 곡식을 향기로운 여인들에 비유한다. 그러고는 오리건 체리, 멕시코의 아보카도, 애리조나의 사탕수수 향기를 맡으면서 익어 가는 열매들을 향해 바람을 따라가야 한다고 고백한다. 이렇게 함으로써 작사가는 이 대사에 또 다른 차원을 부여한다.

[4] 리처드 로저스는 뛰어난 작사가였지만 이런 식의 미묘한 연가를 써내는 데는 어려움을 겪어야만 했다. 〈대사가 너무 어색하고 머뭇거리고 연결도 제대로 되어 있지 않았어요. 두 주인공이 자기 느낌을 표현할 때 말이에요. (그렇지만) 오스카가 이 두 젊은이의 감정을 확실하게 표현해 주는 가사를 만들어서 분위기를 잡아냈죠.〉

에 걸쳐 릴리옴(빌리)의 죽음을 묘사했다. 그러나 로저스와 해머스타인의 감동적인 곡, 〈당신은 이제 절대 혼자가 아니에요 *You'll Never Walk Alone*〉는 열두 줄의 대사만으로 무한한 감동을 자아내게 했다.

작사를 겸하는 대본 작가들은 어디서 노래가 시작되어야 하는지 확실히 알고서 작곡가가 어디서 음악을 시작해야 할지 가르쳐 주는 경우도 많다.[*5]

그러나 대본의 그 많은 대사들 중에서 노래를 붙일 부분을 설정하고 골라 내는 일은 어려울 때가 더 많다. 대부분의 작사가들은 다람쥐처럼 경험을 통해 얻은 자료를 잘 저축해 놓았다가 그것을 써먹을 적당한 순간이 오기를 기다린다. 이런 순간들은 어쩌면 잠재 의식 속에 있다가 떠오르는 것 같다.[*6]

작곡팀이 캔더와 에브, 혹은 라이스나 웨버와 같이 이미 슈퍼스타급에 오른 사람들이라면 등장인물이 실제로 겪지도 않는 순간이나, 대본 상으로 있지도 않은 상황을 만들어 낼 수도 있다. 「카바레」에 삽입된 〈당신이 내 눈 속의 그녀를 볼 수 있다면 *If You Could*

[*5] 톰 셰퍼드는 브로드웨이 오페라였던 「몰레트」를 작업할 때의 이야기를 해주었다. 〈셸던(하닉)이 대본을 건네주었을 때 이미 거기엔 어디에서 노래가 시작되어야 할지 어떤 형식의 곡이 되어야 할지가 상당히 명확하게 드러나 있었습니다. 무대 지시문도 상당히 확실했고 아리아가 들어가야 할 부분도 금세 알 수 있었죠. 읽어만 봐도 눈에 보이는 것을 통해 금세 감을 잡을 수가 있었습니다.〉

[*6] 앨런 제이 러너가 「캐멀롯」을 쓰면서 아서 왕이 자신의 사랑을 확신시키기 위해 부르는 미묘한 연가를 만들어야 했다. 그는 당시 광폭하기로 소문난 영화 스타 폴레트 고다드 Paulette Goddard와 막 결혼했던 에리히 마리아 레마르크와 오랜 친구 사이였는데 이미 몇 년 전부터 에리히를 보면서 얻은 괜찮은 아이디어가 있었다. 〈하루는 같이 저녁을 먹으면서 제가 에리히에게 물었죠(심각하지 않게). 《어떻게 그런 거친 여자를 사귀게 됐어?》 이렇게 대답하더군요. 《우아하게 만났지. 한 번도 싸운 적 없어.》 《한 번도 안 싸웠다고?》 믿을 수 없다는 듯이 제가 되물었죠. 《한 번도》라고 하더군요. 《한번은 저녁에 약속이 있었는데, 방으로 뛰어 들어가더니 막 우는 거야. 왜 아직도 준비를 안 했어요. 만날 나만 기다리게 만들고. 당신은 왜……?! 나는 놀란 눈으로 그녀를 쳐다보면서 이렇게 말했지. 폴레트, 당신 그 머리 어디서 했어? 정말 황홀할 정도로 멋진데그래. 그랬더니 정말이에요? 정말 마음에 들어요? 네? 그러더군. 그래서 이렇게 대답했지. 당신은 그림이야. 뒤로 좀 돌아봐…… 오늘 밤에 당신…… 열여덟 살밖에 안 돼 보이는군. 그랬더니 화가 다 가라앉아 버리던데.》 전 너무 놀랍고 재있어서 이렇게 말했죠. 《에리히, 내가 나중에 그걸로 노래를 하나 만들어야겠어.》 그 노래가 바로 《여자 다루는 법 *How To Handle a Woman*》이란 곡인데 이렇게 끝나지요.
여자를 다루는 방법은 사랑해 주는 것.
그냥 그녀를 사랑하고, 마냥 그녀를 사랑하고
사랑하고 사랑하는 것.
사실 이 노래는 《화가 난 여자를 다루는 방법으론 아첨이 최고》라고 불려야 하는 거였죠.〉

See Her Through My Eyes〉이라는 곡에 대해서 작사가 프레드 에브는 이렇게 이야기한다.

꿈을 꾸었어요. 어떤 길에서 조엘 그레이가 나오고 발레복을 입은 고릴라가 있었습니다. 정말이었어요. 대사도 없고, 음악도 없고, 그 이미지만 있었어요. 그래서 할(프린스, 연출가)한테 얘기했더니…… 할은 바로크 형식이 좋겠다고 생각을 했어요…… 그러고는, 정말 바보 같지만 그 이미지에 맞는 노래를 만들려고 애를 썼어요…… 결국 노래가 완성됐죠. 조엘 그레이가 이 고릴라를 사랑하는 거였죠. 마지막 부분에서 조엘이 말하죠. 〈그리고 당신이 내 눈 속의 그녀를 볼 수 있다면, 전혀 유대인처럼 보이지 않을 거야.〉 그래서 그 노래는 반유대주의가 어떻게 퍼지게 됐나 하는 것을 보여 주죠…… 할한테 전화를 해서 그 노래를 불러 줬더니 정말 좋아하더군요. 그가 그 노래를 쓰고 싶어 했고, 그래서 실제로 그 곡을 쓰게 된 거죠.[7]

대본은 최고 권위자까지는 아니더라도 가장 유명한 작곡가들의 바람을 넘어 더욱 큰 효과를 보는 경우도 있다. 이럴 경우 슈퍼스타 배우들이 요구를 하면 이에 승복해야만 하는 경우도 있다. 앞서 이야기했듯이 에슬 머먼은 전설적인 어빙 벌린을 휘두를 만큼 엄청난 힘을 발휘해서 〈쇼처럼 즐거운 인생은 없다〉라는 노래를 거머쥐었다. 사실 이 노래는 애니 오클리Annie Oakley의 비위를 맞추어 「애니여 총을 잡아라」라는 작품의 순회 공연에 끌어들이기 위해 만들어진 노래였음에도 불구하고 말이다. 또한 넬 카터Nell Carter는 텔레비전 스타가 된 이후에 「멋대로 굴지 마라」의 1988년 리바이벌 공연에서 솔로곡 하나를 더 얻어 낼 만큼 인기를 발휘해서 앙상블을 이루는 공연을 인기 증대의 수단으로 바꾸어 버리기도 했다.

---

[7] 사실 이 곡에 대해서 고릴라와 유대인이란 단어를 그대로 쓸 것이냐 말 것이냐 하는 의견이 분분했다. 눈치 보지 말고 이것을 그대로 사용하기로 한 것은 그것이 주는 시각적인 힘과 이 뛰어난 뮤지컬에 참가했던 모든 작업자들의 겁 없는 정직함을 입증하는 것이었다.

작사를 하지 않고 대본만 쓸 경우 대본 작가는 삼두 정치식 구조에서 창조적인 영향력을 발휘하기가 힘들다. 대부분의 경우 대본을 적당하게 맞춰 주면서 복종할 수밖에 없게 된다. 그러면서도 공연이 망하면 혼자서 비난을 다 받아야 하고 저작권 사무소 외에는 이름을 기억해 주는 사람도 없게 된다. 설사 공연이 성공한다고 해도 별로 큰 목소리를 낼 수 없다.

대본 상으로 음악화될 수 있는 소지가 있는 곳마다 수많은 노래들이 만들어 넣어지지만, 정작 극장에서 관객에게 직접 들려질 때까지 살아남는 곡은 몇 안 된다. 이런 점에서 대부분의 작곡가들이 작품을 좀 더 진행하기 전까지 그 공연이 필요로 하는 컨셉을 정확하게 찾아내는 것이 참으로 어렵다는 것은 자명하다.[8] 셸던 하닉은 이렇게 고백한다.

> 한번에 딱 알맞은 아이디어를 찾아내는 요령을 터득할 수가 없었습니다. 사실 제가 보기에도 저는 다시 쓸 때마다 인물의 성격 형성이 한 단계 나아진다는 것을 알게 됐죠. 다음 원고에서 인물이 더욱 사실적이고 입체적으로 보여졌고 그러면서 차츰 전체 작품에 영향을 미치는 인물로 발전해 간다는 걸 알게 되었습니다. 그래서 늘 〈공연은 써지는 것이 아니라 다시 써지는 것이다〉라는 자명한 이치를 늘 가슴 한구석에 두고 있습니다.

「마이 페어 레이디」를 위해 처음에 작곡되었던 곡은 〈에스코트 가보트 *The Ascot Gavotte*〉, 〈그냥 기다려요 헨리 히긴스 박사님 *Just You Wait 'enry 'iggins*〉과, 〈저와 결혼하지 마

---

[8] 스티븐 손드하임은 「컴퍼니」를 작곡하면서 확실한 결말로 마무리짓기 위해서 최종곡을 두 가지로 만들었다. 결혼에 대한 냉혹한 고발이라 할 수 있는 〈이제 영원히 행복하게 *Happily Ever After*〉라는 곡과 결혼에 대해 미온적인 시인을 하는 〈조금만 결혼해 줘요 *Merry Me a Little*〉라는 곡이었다. 그러나 두 곡 다 성에 차지 않았다. 결국 그는 세 번째 노래 〈살아 있다는 것 *Being Alive*〉을 만들어 전체 뮤지컬의 주제를 명확하게 그려 내는 데 성공했다. 이 곡은 결혼이란 때로 고통스럽고 기분 나쁘고 만족스럽지 않은 것일 수도 있지만 혼자 사는 것은 불가능하다는 것을 간략하게 말해 주는 노래이다. 손드하임이 만들어 낸 명곡 중의 하나이다. 제리 복은 셸던 하닉과 함께 「지붕 위의 바이올린」을 작업하면서 마지막 탈출에 관한 곡을 여섯 번이나 썼다고 말했다. 〈꽤 감동적인 노래 《아나테프카》도 있었고 퍼칙을 위한 곡이 열네 곡 정도나 되었는데 결국 《이제 모든 걸 얻었네 *Now I Have Everything*》라는 곡으로 낙착을 보았다〉고 한다.

세요*Please Don't Marry Me*〉(독신으로 남겠다는 결심을 선포하는 헨리 히긴스 박사의 노래) 그리고 〈레이디 라이자〉(무도회에 가기 전에 긴장한 일라이자를 달래 주는 히긴스 박사의 노래), 일라이자가 자기의 걱정을 달래는 〈오늘 밤 날 위해 기도해 주세요*Say a Prayer For Me Tonight*〉 이렇게 다섯 곡이었다. 이 중에 세 곡이 버려졌다.[*9]

작곡가가 대본 작가의 완성작을 존중한다 하더라도 대본을 점검하면서 너무 글자 하나하나에 연연할 필요는 없다. 노래를 통해 작품 속의 인물이 더 입체적인 면모를 얻을 수 있기 때문이다. 우수한 작품을 만들어 내는 것은 대본 작가의 상상력과 작곡, 작사가의 상상력이 얼마나 잘 맞아떨어지느냐에 달려 있다. 「마이 페어 레이디」에서 작사가이자 각색자인 앨런 제이 러너는 버나드 쇼가 쓴 헨리 히긴스 박사의 산문적인 대사를 아주 간략하게 승화시켜 냈다.

    …… 난 그 여자가 자기 인생을 살고 싶어 한다고 생각해. 그리고 그 남자도 마찬가지지. 서로 잘못된 방향으로 상대방을 끌고 가려고 하는 거야. 한 사람은 북쪽으로, 다른 한 사람은 남쪽으로 말야. 결과는 둘 다 동쪽으로 가게 돼 버린 거야. 둘 다 동쪽 바람을 싫어하는데도 말야. 그래서 나는 여기에 있는 거야. 확실하게 독신으로 남아 있는 거지.

[*9] 〈오늘 밤 날 위해 기도해 주세요〉는 러너와 로웨의 다음 작품에서 사용되었다. 영화용 뮤지컬 「지지」였다. 베니 그린Benny Green이 『그에게 찬송을Hymn to Him』에서 말했듯이 〈이 두 작품은 비슷한 구성을 가지고 있다. 두 여주인공은 모두 미운 오리새끼로 시작해서 세련된 남자에게 발탁이 되고 결국 그 선생과 사랑에 빠지게 된다. 「지지」가 처음 공연되자 몇몇 비평가들이 이 노래가 「마이 페어 레이디」의 흔적을 너무 많이 가지고 있다고 불평을 했다. 이러한 관찰력은 상당히 사실에 근접한 것이었지만 그렇다고 해서 러너와 로웨가 버나드 쇼에서 콜레트로 옮겨 가면서 실패한 것과는 아무 관계가 없다. 〈날 위해 기도해 주세요〉의 우수성에 대해서 두 파트너는 의견 차를 보였다. 러너는 이 노래를 싫어했고 악보에서 빼버리자고 말했다고 한다. 〈없애는 걸 봐도 슬프지 않았어요. 한번도 좋아한 적이 없었으니까. 프리츠Fritz는 좋아했죠. 나는 그에게 그 곡은 첼로 솔로처럼 들린다고 말했습니다. 그는 첼로 솔로처럼 들리는 건 사실이지만 아주 훌륭한 연주로 들린다고 하더군요. 프리츠가 아니었으면 그 노래는 「지지」에 못 들어갔을 거예요. 그 나쁜 자식이 하루는 제가 없을 때 아서 프리드Arthur Freed와 빈센트 미넬리Vincente Minelli에게 그 곡을 들려주었고 그다음날 투표로 결정을 했는데 저는 3 대 1로 지고 말았죠.〉 러너는 나중에 이를 철회하고 레슬리 캐런Leslie Caron이 자기 고양이에게 그 노래를 불러 주는 장면이 〈영화에서 가장 감동적인 장면 중 하나〉라고 말했다.

〈나는 평범한 남자 *I'm An Ordinary Man*〉에서 러너와 로웨는 남자의 인생에서 여자는 필요 없다는 신랄한 주장을 더욱 강력하고 효과적으로 발전시켰다. 이 노래는 1막에서 버나드 쇼의 대사에는 없었던 코믹 효과를 제공했고 느린 대사체에서 약이 오른 듯한 빠른 노래로 옮겨 가면서 오케스트라의 연주와 템포를 이용해 일라이자에 대한 히긴스 박사의 불만을 극대화시켰다. 히긴스 박사라는 인물에 생명력을 주면서 자기밖에 모르고 다른 사람 입장에서 생각할 줄 모르는 그의 이기심에 대한 웃음을 유발한다. 또한, 그의 박학다식함과 속물 근성도 잘 드러내 준다. 그는 스스로 〈평범하다〉고 주장하고 있지만 여자에 대한 그의 지식은 매우 소박함을 알 수 있다. 그러나 히긴스의 경우에는 이러한 소박함과 더불어 신랄한 말투가 오히려 그를 매력적으로 보이게 한다.

곡명: 나는 평범한 남자
I'm an ordinary man; / Who desires nothing more / Than just the ordinary chance / To live exactly as he likes / And do precisely what he wants. / An average man am I / Of no eccentric whim; / Who likes to live his life / Free of strife, / Doing whatever he thinks is best for him.
(나는 평범한 남자 / 별로 바라는 것도 없다네 / 내 하고 싶은 대로 하고 / 내 바라는 대로 / 살고픈 것뿐이네. / 나는 보통 남자라네 / 괴팍한 변덕도 없고 / 자기 인생에 만족하며 / 다툴 줄도 모른다네 / 자기 생각대로 행동하는 것이 제일이네.)

But let a woman in your life / And your serenity is through / She'll redecorate your home / From the cellar to the dome / Then get on to enthralling / Fun of overhauling / You.
(그러나 인생에 여자를 들여놓으면 / 평화는 끝나는 거야 / 집 단장을 새로 한다고 / 지하실에서 기둥까지 들쑤시겠지 / 그러곤 신이 나서 / 남자마저 고치려 들지.)

Oh, let a woman in your life / And you are up against the wall! / Make a plan and you will find / She has something else in mind; / And so rather than do either / You do something else that neither / Likes at all.
(오, 여자를 끌어들이면 / 궁지에 몰리는 거야 / 잘 보면 알 수 있을 거야 / 그 여 잔 딴 마음을 먹고 있다는걸 / 하고 싶은 일도 못 하고 / 하기 싫은 일을 하게 되 는 거지.)

:: 대본 상의 극적인 클라이맥스 찾아내기

모든 극작가는 클라이맥스를 향해 극을 구성하고 관객이 계속 조마조마하기를 바라면서 전환점으로 이끌어 간다. 뮤지컬은 노래를 통해 긴장감이 도는 순간의 감정을 더욱 부추김으로써 더 큰 흥분을 제공할 수 있다. 슬픔, 유머, 증오, 한없는 기쁨 등의 강렬한 감정은 사실 음악을 통해 훨씬 증대된다.

흔히 독백(267페이지 참조)을 통해 중요한 변화가 관객에게 알려진다. 「회전목마」에서 빌리 비겔로가 강도 짓을 하기로 결심한다. 이것은 이제 태어날 아이를 위해 돈을 벌기 위한 것이기는 하지만 그 결과는 그를 죽음으로 몰고 간다. 전체 줄거리와 2막 전체가 바로 이 결심으로 인한 것이다. 로저스와 해머스타인은 그 유명한 8분짜리 〈독백 Soliloquy〉을 통해 이 부분을 대사보다 훨씬 감동적이고 효과적으로 표현해 냈다. 「그녀는 나를 사랑해」의 맛있는 곡 〈아이스크림〉도 극의 흐름상 멋진 전환이 되는 곡이다. 이 곡에서 여주인공 아밀리아는 일하러 가기 싫어서 아픈 척하고 누워 있는데 게오르그가 아이스크림을 사가지고 찾아온다. 게오르그는 그녀가 일하는 가게의 지배인인데 이 두 사람은 극중에서 내내 앙숙지간이다. 둘은 각자 편지를 주고받으면서 사랑을 하게 된 〈디어 프렌드〉라고 하는 애인이 있다. 서로 전혀 눈치채지 못하고 있었는데, 처음 만나기로 한 약속 장소에서 게오르그는 아밀리아가 자기를 기다리고 있는 것을 보게 된다. 이 일이 있고 나서도 게오르그는 그녀에게 차마 사실을 얘기하지 못하고, 대신 뚱뚱한 대머리 신사를 〈디어 프렌드〉로 만들어 내고 계속 자기에게 편지를 쓰는 아밀리아를 떠난다. 여기까지가 〈아이스크림〉이라는 곡이 나오기 바로 직전의 상황이다. 이제 전환 부분에서 셸던 하닉이 쓴 재치 있는 가사를 살펴보자.

Dear Friend…… / I am so sorry about last night / It was a nightmare in every way / But together you and I / Will laugh at last night some day. / (Meditating) / Ice Cream / He bought me ice cream…… / Vanilla ice cream / Imagine that! / Ice cream, /And for the first time / We were together / Without a spat. / Friendly…… / He was so friendly, / That isn't like him. / I'm simply stunned. / Will wonders never cease? / Will wonders never cease? / It's been a most peculiar day. / Will wonders never cease / Will wonders never cease / Where was I? Oh…… / (Rereading) / I am so sorry about last night, it was a nightmare in every way, but together you and I will laugh at last night some day…… I sat there waiting in that café / And never guessing that you were fat (She crosses this out) That you were near. / You were outside looking bald…… / Oh my…… / (She takes a new piece of paper)
(친구에게…… / 어젯밤 일은 유감이에요 / 모든 게 악몽 같았어요 / 그렇지만 당신과 나 / 언젠가 어젯밤 일에 대해 함께 웃을 날이 오겠죠 / (생각) / 아이스크림 / 그가 아이스크림을 사가지고 왔어 / 바닐라 아이스크림 / 생각해 봐! / 아이스크림 / 처음으로 / 우린 같이 있었어 / 싸우지도 않고. / 다정하게…… / 그는 정말 다정했어. / 그 사람 같질 않았어. / 정말 놀라웠어. / 이 놀라움이 멈출까? / 이 놀라움이 멈출까? / 참 희한한 날이었어 / 이 놀라움이 없어질까 / 이 놀라움이 없어질까 / 어디까지 썼더라? 오 / (다시 읽는다) / 어젯밤 일은 유감이에요, 정말 모든 게 악몽 같았어요 하

지만 그렇지만 당신과 나 언젠가 함께 웃을 날이 오겠죠…… 저 기다렸는데 / 그 카페에서. 생각도 못했어요, 당신이 뚱뚱할 거라곤 (이 부분을 지운다) 가까이 있을 거라곤 / 밖에 계셨죠. 대머리…… / 오 나의…… / (새 종이를 꺼낸다.))

Dear Friend…… / I am so sorry about last night…… / (Meditating) / Last night I was so nasty / Well, he deserved it…… / But even so…… / That Georg / Is not like this Georg, / This is a new Georg / That I don't know / Somehow it all reminds me / Of Dr Jekyll and Mr Hyde, / For right before my eyes / A man that I despise / Has turned into a man I like! / It's almost like a dream, / And strange as it may seem / He came to offer me vanilla / Ice cream!
(친구에게 / 어젯밤 일은 유감이에요…… / (생각한다) / 어젯밤엔 제가 좀 심했어요 / 그치만, 그 사람 그래도 싸지…… / 그렇지만 아무리 그래도…… / 그 게오르그는 / 이 게오르그랑 달랐어 / 이건 그의 새로운 모습이야 / 내가 알지 못했던 / 이건 마치 소설 같아 / 지킬 박사와 하이드 씨 / 내 눈앞에서 바로 / 내가 싫어하던 남자가 / 좋아하는 사람으로 바뀌다니! / 마치 꿈만 같았어 / 참 이상했어 / 그가 나에게 가져다준 바닐라 / 아이스크림!)

「스위니 토드」의 1막 마지막 부분도 재치 있는 전환을 이룬다. 막 목을 베어 살해한 경쟁자의 시체를 숨기려고 하는 복수심에 불타는 이발사가 나타나는 것이다. 오랫동안 토드를 사모해 온 미시즈 로베트는 그에게 이렇게 묻는다. 〈이 사람을 어떻게 할 거예요?〉 토드는 무관심한 듯 대답한다. 〈나중에, 어두워지면 으슥한 곳에다 묻어 버릴 거요.〉

〈물론 그렇게 할 수도 있겠죠, 찾으러 올 친척도 없는 것 같으니까. 그렇지만……〉 미시즈 로베트가 이렇게 이야기하고 나자 오케스트라에서 그녀의 머릿속에 반짝하고 아이디어가 떠올랐다는 신호음을 들려준다. 그러자 그녀는 이렇게 말한다. 〈절 아시죠. 가끔 아이디어가 반짝하고 떠오를 때가 있어요. 제 생각으론……〉(그녀는 노래를 시작하고 음악은 전혀 방해가 되지 않게 흘러 든다. 이것이 노래를 시작하는 최선의 방법이다. 음악적 휴지부(休止部) 대사로 자연스럽게 이어 주는 역할도 하지만 노래의 분위기를 더욱 증대시키기도 한다.) 〈안됐어요……〉

토드　Shame?

안되다니요?

미시즈 로베트　Seems an awful waste…… / Such a nice plump frame / Wot's-his-name / Has…… / Had…… / Has……. / Nor it can't be traced. / Business needs a lift…… / Debts to be erased……, / Think of it as thrift, / As a gift…… / If you get my driftÅ…… / No? / Seems an awful waste. / I mean, / With the price of meat what it is, / When you get it, / If you get it……

(너무 아까운 것 같아서. / 그렇게 통통한 사람을 / 그 사람 이름이 / 무엇인지…… / 이었든지…… / 이든지…… / 흔적도 없을 텐데 / 장사도 잘돼야 되고 / 빚도 갚아야 하는데 / 절약이라고 생각해요 / 선물이라고…… / 제 뜻을 아신다면…… / 아닌가요? / 너무 아까운 것 같아서. / 제 말은, / 그냥 고기값 정도에, / 알게 되시면, / 알고 계시면……)

토드　(Becoming aware)Ah!

(알아차리며) 아!

미시즈 로베트　Good, you got it. / Take for instance, / Mrs Mooney and her pie shop / Business never better, using only pussycats and toast / And a pussy's good for maybe six or seven at the most. / And I'm sure they can't compare / as far as taste……

(알아들으셨군요. / 잠깐만 들어 보세요. / 미시즈 무니의 파이 가게 / 장사가 잘될 리가 없지요. 고양이와 빵만 가지고는. / 고양이로는 기껏해야 예닐곱 개밖에 못 만들잖아요. / 정말 비교도 안 되죠. / 맛으로 따지면……)

섬뜩한 웃음이 계속되면서 이 둘은 갖가지 직업의 사람 고기로 만든 파이를 상상한다. 피콜로 연주자 파이는 피리소리가 나게 뜨겁고, 정치인으로 만든 파이는 너무 미끌미끌해서 여분의 냅킨이 필요하다는 식으로 계속되다가 〈작은 목사 *A Little Priest*〉라는 왈츠곡으로 분위기가 무르익으면서 막을 내린다. 이 곡부터 마지막까지 스위니는 신선한 희생자를 찾는 피의 추적을 계속한다. 결국 멜로드라마틱한 결말로 마무리되고 토드와 미시즈 로베트가 몰락하는 것으로 막이 내린다.

전환점이 늘 명확한 것은 아니다. 행복한 사건으로 전환점이 만들어질 수도 있다. 「판타스틱스」의 작곡가였던 하비 슈미트는 엘 갈로 역에 제리 오박 Jerry Orbach을 캐스팅할 당시에 대해 이렇게 이야기해 주었다. 〈우리는 바나드(콜롬비아 대학)에서 제작했을 때 사용되었던 강간에 대한 대사를 노래로 바꾸어 《레이프 송 *The Rape Song*》이란 곡을 만들었지요.〉[10]

일반적으로 플롯이 어느 정도 진행되면, 전환점은 저절로 드러나면서 확연해진다. 이런 부분은 대부분 노래로 구성되며 전체 곡들 중에서 가장 감동적인 순간을 만들어 내곤 한다.

---

[10] 그 대사를 뮤지컬화함으로써 자연스러운 장면이 될 것처럼 보였고 또 〈레이프 송〉이 충격적인 전환점으로 작용하면서 이를 중심으로 1막이 구성될 수 있을 거라고 생각했었다고 한다. 이 공연의 작사가였던 톰 존스는 이에 대해 이렇게 시인했다. 〈저희가 좀 더 아는 게 있었더라면 그런 식으로 구성을 할 수 있었겠지요. 그러나 사실 저희는 뮤지컬의 구조에 대해서는 아는 게 별로 없었어요.〉 (이 노래는 제목(강간)만큼 성적인 느낌을 가진 곡이 아니었다. 여기서 〈레이프〉란 한 소녀를 아버지로부터 빼내는 사랑의 도피 행각을 일컫는 것으로 〈강탈〉 정도의 의미밖에 없었던 것이다.)

:: 인물 만들기

〈래리 하트는 매우 뛰어났지만 극적인 작사가는 못 되었고 그렇게 되어야 할 이유도 없었다〉고 앨런 제이 러너는 이야기한다. 〈1920~1930년대의 뮤지컬에는 극적이거나 감정적인 장면이 없었고 위트도 작가의 것이지 등장인물의 것이 되지 못했다. 그러나 오스카 해머스타인은 드라마틱한 작사가로서, 연극에 관한 입문서만 봐도 알 수 있듯이,「오클라호마!」를 통해 리처드 로저스와 함께 뮤지컬계를 혁신적으로 변모시켰다. 뮤지컬 코미디를 뮤지컬로 만든 것이다.〉

이런 방향으로 계속된 발전이 있어 왔다. 이제 현대의 뮤지컬은 증류해 낸 특정한 노래가 필요한 것이 아니다. 뮤지컬이 필요로 하는 것은 가사나 뮤지컬의 사인들을 통해 인물의 아이덴티티를 만들어 내는 것이다. 이러한 본질적인 요소를 갖추지 않고서는 개연성을 확보할 수 없으며 비평의 벽을 넘지 못하고 사장되고 만다.[11]

앨런 제이 러너는「회전목마」를 만들면서 프리츠 로웨와 함께 아서 왕의 첫 곡을 구상하면서 신부를 처음 대면하는 아서 왕이 수줍고 약간 놀란 듯하게 비춰야 한다고 생각했다. 〈폐하는 오늘 밤 무엇을 하실까〉라는 곡의 가사에는 기분좋은 두려움이 가득 실려 있었다. 〈그 오싹한 아우성 / 대장장이의 망치 소리 같은 소음 / 그것은 그저 그의 무릎을 부딪히는 소리〉, 그러고는 숨찬 듯한 빠른 멜로디의 구절이 짤막짤막하게 이어진다. 〈멍해져서 / 떨고 있어 / 긴장하고 / 당황하고!〉

귀네비어가 등장하자마자 갑옷을 입은 기사가 아슬아슬한 무용담을 가지고 자기에게 구애하러 나타나길 바라는 사춘기 소녀의 낭만적 바람이 드러나기 시작한다. 그녀의 노래는 〈처녀들의 단순한 즐거움은 어디에 있는 걸까〉였다. 이 노래에서 그녀는 수호 성인에

---

[11] 1989년 런던에서 성공을 거두었던 앤드루 로이드 웨버의「사랑의 모습들」은 전체 뮤지컬을 받쳐 주는 훌륭한 구성을 가진 작품이다. 처음부터 끝까지 노래들이 모두 오페라 스타일을 가지고 있지만, 그 음악은 별로 감동적이지 않았고 뛰어난 원작에 가깝게 각색된 대본이 꼬이고 뒤틀린 음모 속으로 관객들을 이끌어 가며 긴장감을 제공했다.

게 이렇게 묻는다. 〈늙기 전에는 반드시 젊어야 하는 건가요?〉 여기에 다시 길게 이어지는 서정적인 멜로디가 미묘한 우아함을 띤 채 이어진다. 〈제게도 집안 사이의 불화 같은 게 시작될까요? / 나 때문에 친척을 죽이지는 않을까요?〉 이쯤 되면 물론 중세를 배경으로 한 것이고 연극이라는 것을 알고 있지만 작사자의 멋진 유머 감각을 칭찬하지 않을 수 없다.

랜슬롯을 표현하면서 작곡팀은 강인하면서도 프랑스 분위기를 물씬 풍기는 노래를 만들어야 한다고 생각했다. 〈C'est Moi(나요)〉 같은 허세 섞인 말투와 함께 정의와 기사도, 정숙 등에 대해 과장된 주장을 펴는 그의 모습이 코믹하게 과장되었다. 형용사를 명사 뒤에 배치해서 프랑스어의 느낌을 주도록 우스꽝스럽게 직역을 한 가사도 있었다. (해방된 프로메테우스를 프로메테우스 해방된 *A French Prometheus unbound*으로, 〈원탁의 기사〉 할 때 라운드 테이블을 테이블 라운드 *To serve at the Table Round*로 바꾸는 식으로.)

인물의 중요도에 따라 알맞게 강조를 두면서도 각 인물마다 유머가 있는 노래를 하나씩 부르게 했고 그 인물 성격에 어울리는 멜로디와 어투가 설정되었다. 그러면서도 모두 고루하지 않게 15세기 캐멀롯의 향취를 갖도록(이 부분이 제일 어려운 작업이다) 했다. 러너는 브로드웨이의 현대성과 아서 왕 시대의 고풍스러움을 잘 조화해 낸 것이다.

:: 단어와 음악을 통해 노래 완성하기

작곡팀이나 작곡자[12]는 노래 붙일 부분을 고르고 클라이맥스를 만들고 노래를 통해 인물 성격을 만들어 나가기 위해 나름대로의 방법을 택한다. 자기 작업 방식의 우수성에 대해 건전한 논쟁을 벌일 수도 있겠지만 작업 방법은 변할 수도 있다. 리처드 로저스는 오

---

[12] 토머스 셰퍼드는 〈제리 허먼 같은 뛰어난 작사·작곡가는 대본을 보고 어느 부분에 노래가 필요한지 금방 알아낸다〉고 말한다. 그는 대사로 된 부분이 연기로 표현될 때보다 노래로 표현될 때 더 효과적이라면 삭제되는 것이 당연하다고 생각한다. 그는 〈허먼의 경우 (어빙 벌린처럼) 너무 기술적이고 깔끔하고 우아하기 때문에 오히려 과소평가를 받고 있다〉고 주장한다.

스카 해머스타인과 함께 작업을 하면서 한 상황을 놓고 여러 곡의 노래를 만들고 나중에 가장 호소력 있는 곡을 하나만 골라낸다고 한다.[13]

「지붕 위의 바이올린」을 작업하면서 작사가 셸던 하닉은 이렇게 이야기했다. 〈둘 다 자료(대본)를 읽습니다. 그리고 제리(복, 작곡가)는 음악적 아이디어를 찾아내기 위해 스튜디오로 가서 작업을 하고 그런 다음에 테이프에 녹음을 하지요…… 추진력을 얻기 위해서 음악을 먼저 만드는 것이 훨씬 쉽습니다. 그러면 제가 형식에 대해 고민할 필요가 없어지죠.〉 로렌즈 하트도 리처드 로저스가 먼저 곡을 만들어 주는 걸 좋아했다. 곡이 완성되고 나서 작곡가에게 완성된 가사를 보여 주는 것이다. (같은 음악에 느낌이 상당히 다른 여러 가지 가사를 만들어서 보여 줄 때도 있었다. 하트의 예술적 재능을 보여 주는 동시에 로저스의 음악이 한 가지 가사를 강요할 만큼 명확한 성격을 갖지 못했다는 것을 뜻한다.) 나중에 로저스가 해머스타인과 함께 일하면서는 글이 더 중요한 위치를 차지하게 되었고 결국 가사가 먼저 써졌다. 그래도 대부분의 악보에는 음악이 먼저 만들어진 노래가 한두 곡쯤 있는 것이 사실이다.

요즘에도 많은 작사·작곡팀들이 곡을 먼저 쓰는 방식을 택하고 있는데 이 전통은 오래전 오페레타 형식이 프랑스와 오스트리아에서 영국과 미국으로 전해지면서 시작되었다. 이때 오펜바흐, 레하르, 슈트라우스의 작품의 경우 작사가들이 음악에 맞게 가사를 영역한 것에 불과하다는 것은 잘 알려진 사실이다. 반대로 (길버트와 설리반을 제외하고는) 영국이나 미국의 작사가들이 가사를 쓸 때는 유럽의 작곡자들이 이 가사에 맞추어 줄 것을 기대하고 작업을 했다. 그러나 결과를 보고 실망하는 경우도 있었다. 영국이나 미국으로 이민을 온 작곡가들은 영어에 익숙하지 않았기 때문에 가사를 쓰면서 우스꽝스럽고 쓸모없는 악센트를 만들어 내기도 했었다.[14]

---

[13] 저명한 작곡가인 메리 로저스는 자신의 아버지 같은 경우, 〈작업이 진행 중이거나 수정이 필요한 경우가 아니고는, 대본 상으로 필요한 것보다 더 많은 곡을 만들어 본 적이 없다〉고 말씀하셨다고 한다.

[14] 악센트를 잘못 설정해 웃음을 자아내게 했던 예로는 「마하고니 시의 흥망성쇠The Rise and Fall of Mahagonny」

가사보다 곡을 먼저 확보하는 데는 또 다른 이유가 있다. 1920년대 재즈 이후에 유행한 래그타임이 그 이유 중의 하나이다. 20세기 초반의 시작가*versifier*(산문을 운문으로 고치는 작가)들은 대부분 작곡가가 먼저 아이디어를 내서 자기들이 익숙지 않은 리듬의 세계로 이끌어 주기를 바랐던 것이다. 거기에다 춤이 연령에 상관없이 모든 사람들에게 폭발적인 인기를 얻게 되자 춤을 출 수 있는 노래를 만들어야만 했다. 작사가들은 작곡가를 따라가는 것이 훨씬 안전하다고 생각하게 되었다. 오스카 해머스타인은 음악을 먼저 쓰고 가사를 나중에 붙이는 것을 〈비논리적인 방법이지만 장점이 없는 것은 아니〉라고 했다. 〈이런 방식으로 작업을 하면 작곡가에게 가사와 아이디어를 빚지게 된다. 나로서는 도저히 느낄 수 없었던 감정이 음악에 의해 제공되기도 하는 것이다. 한 사람이 음악적인 느낌을 가지고 있으면, 물론 가사를 쓸 사람이 이런 감정을 가지게 된다면 더 좋겠지만, 멜로디를 반복해 보면서 어떤 분위기가 만들어지고 일련의 생각들이 떠오르면서 보기 드문 가사가 써지기도 한다. 이런 식으로 씌어진 가사는 대개 음악적인 느낌과 잘 어울리게 된다. 한정된 작곡가의 음표에 가사를 맞추어 넣는 일은 매우 어렵지만 이런 제한성 때문에 오히려 작가의 표현이 간결해질 수도 있다. 또한 그것이 시의 본질이기도 하다……. 같이 작업했던 동료 중에서 로저스 같은 경우는 함께 일하면서 정해진 방법이 없이 완전한 융통성을 발휘하면서 작업했다. 주제에 가장 어울릴 만한 것에 대해 그것이 무엇이 되든지 간에 노래를 만들었다. 노래는 줄거리상에 있는 것이고 노래의 목적은 최종적으로 주제를 드러내기 위한 것이니까.〉

공동 작업을 하지 않을 경우 작곡가는 일반적으로 컨셉과 제목을 먼저 잡고, 리듬의 느낌도 정하고 몇 마디 음도 만들어 보고, 그러고 나서 가장 중요한 노래의 끝 부분 작업에 바로 들어갈 것이다. 연극계에서 가장 유명한 작곡·작사가인 제리 허먼과 스티븐 손드하임도 이런 방식으로 작업을 했다. 허먼의 경우 이렇게 이야기한다. 〈저는 조각 그림 맞추듯

라는 작품이 있다. 오페라였는데 미국 어딘가를 배경으로 한 작품이었다. 베르톨트 브레히트 원작에 쿠르트 바일이 곡을 붙인 작품으로 남자 주인공에게 아일랜드계 미국 이름을 적절히 붙여 지미 마호니라고 명명했다. 쿠르트 바일은 음악적으로 늘 지-미 마-호니라고 강세를 두었는데 이는 지미가 남성적인 양키라는 원작자의 의도를 완전히 무너뜨리고 말았다.

이 노래를 만들어 나갑니다. 예를 들면 제목에 대한 아이디어를 얻고 첫 구절에 곡을 붙입니다. 그러고는 바로 끝 부분으로 넘어가는 거죠.《장미를 보내지 않겠어》라는 곡을 마지막 곡으로 택하고 《당신에게 장미가 잘 어울려요》라는 소절로 마무리를 짓겠다고 정하는 거죠. 그다음에 거기에 음악을 붙이고 나서 중간으로 돌아가 채워 나가는 겁니다. 왜 퍼즐을 맞출 때도 그렇게 하잖아요. 그게 제 방식입니다.〉

　　　손드하임의 방법도 매우 비슷하다. 〈자기 음악에 가사를 쓰겠다며 두 마리 토끼를 잡다 보면 다른 사람(작사가)이 되어 있죠. 그렇지만 한편으로 작곡가로서의 나를 망치고 싶지 않게 됩니다. 자기 자신과 일을 하면 그런 점이 좋은 거죠. 해나가는 대로 맞추어 줄 수 있으니까요. 먼저 가사가 어느 정도 형태를 갖추게 되면 음악을 맞춰 보기 전에 너무 앞서 가기가 싫어집니다. 반대의 경우도 마찬가지죠. 결국 양쪽 작업을 동시에 진행해 나가는 것이 관건이죠. 저는 대개의 경우 부분 부분으로 진행합니다. 긴 가사를 하나 만들고 노래의 여러 부분과 음들이 어떻게 연결될지, 긴 가사가 어떻게 이어질지 살펴보고 아래로 위로, 3도 화음, 5도 화음 등을 맞춰 보는 거죠. 한 번에 조금씩 맞춰 나갑니다. 조각 그림 맞추는 것처럼요. 모든 부분이 완성될 때까지 조금씩 만들어 나가는 거죠……제 생각엔 마지막 가사를 먼저 쓰는 것이 편리한 것 같아요. 뭐 꼭 마지막 줄일 필요는 없지만, 어쨌든 끝 부분을 먼저 생각합니다.〉[15]

:: 무대화

무대에서 노래가 어떻게 들릴지를 상상하면서 작사, 작곡가들은 어디까지 고민해야 되는

---

[15] 프랭크 로서도 자신만의 방식이 있다. 그는 공연곡들을 만들기 전에 팝송 작곡가였었는데, 일단 대본 상의 자료들을 모두 운문으로 바꾼다. 〈이런 식으로 운문을 만들 수 있어요.《주지사로 뽑아 주신 데 감사드리며, 보답드릴 것을 약속합니다. 약속한 일을 모두 실현할 것이니, 올바른 결정 내리신 겁니다.》 그리고 코러스를 넣는 겁니다.《나 어때요? / 헤이, 트위트위트위 트와트와》뭐 이렇게요.〉

걸까. 나는 만든 사람이 그림을 그려 볼 수 있고, 무대에서 불리는 것처럼 들을 줄 안다면 연극적인 작품이 나올 수 있다고 믿는다. 물론 작곡가가 자기만의 작사가를 가지고 있다면 전체 작품이 무대에서 공연된 것처럼 상상하기가 훨씬 쉬워진다. 연극계에서 작곡가 겸 작사가로 일하는 많은 사람들이 연극적인 감각을 가지고 있다. 실제로 공연이 시작되면 작사가-대본 작가는 무대 감독에게 무대화staging에 대해서 이야기를 하고 작곡가는 음악 감독과 상의를 하는 것이 일반적이다. 톰 셰퍼드도 이렇게 이야기한다. 〈분명 이리저리 참견하고 다니겠지만 기본적으로 나 같은 경우는 음악이 무대에서 깨끗하고 멋있게 연주되고 불려질지가 제일 걱정이 된다. 반면 셸던(하닉) 같은 경우는 드라마적 가치에 더 신경을 쓰는 것 같다.〉

작곡가에게 영감을 준 무대 컨셉이 하나의 의견이 될 수는 있겠지만 그것으로 인해 연출가나 안무가가 그 시각적 느낌을 꼭 사용하게 되는 것은 아니다. 그들은 아마도 수정을 하거나 〈향상〉시키려고 할 것이다. 이러한 융통성 때문에 미치 더글러스는 작곡가나 작사가에게 느껴지는 정신적 이미지가 〈연극적으로 자극을 준다〉고 표현했다. 〈정신적 이미지가 작가로서 당신에게 어떻게 작용하든지 간에 그것은 좋은 것이다. 언어적으로 작업을 하는 사람도 있을 수 있다. 만약 내가 모든 단어 끝에 《포트port》라는 각운을 넣어 노래를 만든다면 얼마나 우습겠는가. 누군가 이렇게 얘기할 수도 있을 것이다.《이 장면은 분장실이야, 분장실 벽에는 부채들이 많이 걸려 있어야 돼. 각각의 부채마다 다른 의미를 부여하면 어떨까?》》 그러나 미치 더글러스는 무대화에 실제적인 책임을 가진 사람들이 무대화를 하도록 맡겨 두고, 영감을 받은 장면을 나름대로 사용하도록 해야 한다고 주의를 준다.

그러나 스티븐 손드하임은 다르게 생각한다. 〈작곡을 할 때, 머릿속에서 각각의 노래를 세밀하게 무대에 올려 보아야 합니다.〉 제리 허먼은 이에 동의한다. 그는 자주 화려한 무대 장면을 머리에 그려 보곤 한다. 「미치광이의 우리」의 첫 곡인 〈마스카라를 조금 더 바르고〉에 대해 이렇게 말했다.

싸구려 목욕 가운을 입은 중년의 남자가 자자라고 하는 화려한 인물로 변신하는 모습을 관중들이 지켜보는 걸 생각했습니다. 내가 보아 온 MGM 영화식 기법을 다 사용하니까, 그 곡이 눈에 보이더군요. 앨빈이 실제로 자자로 변신하는 거죠. 화장대도 보이고 목욕 가운의 색깔까지 보였어요. 그 장면을 테오니 올드리지Theoni Aldredge(의상 디자이너)와 아서 로렌츠(연출가)에게 자세하게 묘사해 주었습니다. 〈바로 이 부분에서 가사가 시작됐다가 끝에 가서 앨빈이 한 스텝에 내려오는 게 보여.〉 모든 것이 제가 본 대로 무대에 올려졌습니다. 전 정말 운이 좋았어요. 이번에는 제 말을 존중해 주고 제가 본 것을 그대로 실행해 주는 팀과 같이 일을 했으니까요. 제가 그린 광경이 무대 위에 그대로 실현되는 것은 정말 흥분되는 일이었습니다. 음악이나 가사뿐 아니라 전체 그림이 제 머릿속에 있었던 거죠.

손드하임은 색깔과 디자인뿐만 아니라 전체의 극적인 구도까지 훌륭하게 그려 내곤 한다. 〈연출가와 안무가에게 설명해 줄 수 있어야 합니다. 《좋아, 이제 노래를 시작하는 거야, 의자에 앉아서 말이야. 그다음에 다섯 번째 소절에서 일어나 벽난로로 가서 그녀의 공책을 벽난로에 집어던지는 거야. 그러고는 아홉 번째 소절에서 관객을 정면으로 보다가 뒤로 가서 자기한테 총을 쏘는 거지. 그리고 마지막 네 소절을 부르는 거야.》》[16]

:: 작업 방법

팀이거나 혼자 작업하는 작사 겸 작곡가이거나 최고의 작품을 보장하는 창작법을 발전시켜 나가게 마련이다. 앞서도 이야기했듯이 가사가 먼저 만들어지든지 음악이 먼저 만들어지든지 간에 중요한 것은 아이디어의 결합이다. 이를 위해 셸던 하닉은 제리 복과 「지붕 위

---

[16] 노래가 무대화되는 것을 상상해 내는 창작자의 중요성은 셸던 하닉의 말을 들으면 더 확실해진다. 〈제리 복과 저는 「피요렐로」의 노래를 하나 같이 썼는데 어떻게 무대화시킬지 방법을 찾지 못했습니다. 그래서 그 노래를 포기했죠.〉

의 바이올린」을 만들면서 다음의 방법을 발전시켰다.

　　　우리는 둘 다 자료를(대본을 같이) 읽고 난 후 제리(복, 작곡가)가 스튜디오
로 가서 음악적 아이디어를 만들어 녹음을 했어요. 테이프에는 열 꼭지에서 스무
꼭지 정도의 작업된 음악적 아이디어들이 다 들어 있었죠. 테이프를 들어 보면서
제리는 〈글쎄, 이번 곡은 푸줏간 주인을 위한 게 될 수 있을 것 같아〉라든가 〈이 곡
은 누가 불러도 좋을 것 같아〉 등으로 얘기를 합니다. 제 반응은 늘 〈아니야, 이건
푸줏간 주인은 안 돼〉, 이런 식이었습니다. 가장 멋진 곡은 거의 언제나 제리가
〈이건 잘 모르겠어〉라고 말할 때 나타났습니다. 왜 그런지는 모르겠지만 그런 것
들이 늘 최고의 노래가 됐죠.

복과 하닉은 이런 식으로 합의에 이르고 음악과 가사가 매끄러운 통일성을 이루는
곡들을 만들어 냈다. 스티븐 손드하임의 경우는 더욱 가깝게 협동 작업을 하는 것이 좋다
고 믿는다. 그는 이렇게 조언해 주었다.

　　　음악과 가사를 각기 다른 사람이 만들 경우, 작사가 입장에서 작곡가와 함
께 작업하는 최선의 방법은 가능하면 같은 작업실에 자주 있는 것입니다. 가장 가
까이서 함께 작업을 하는 게 최선이죠. 우선 어떤 곡이 감정적으로나 줄거리상으
로, 또 인물의 성격 형성에 있어 어떻게 작용하는지 명확하게 말해 주어야 합니다.
서로 이야기를 많이 해서 둘이 같은 노래를 만든다는 게 확실해져야 합니다. 그러
면 함께 작업을 할 수 있고 서로 구속되지 않으며 창작력을 충분히 발휘할 수 있는
기회가 더 많아집니다.

순서 맞추기와 삭제하기
어렸을 때 좋아하는 음식을 먹던 기억이 난다. 먼저 고기를 다 먹고 난 다음에 채소를 가

지고 께적대는 것이다. 노래를 만드는 데도 이러한 규칙이 성립될 수 있다. 실제로 대본이 잘 구성되어 있다면 언제든지 다시 앞으로 돌아와서 영감이 잘 떠오르지 않았던 부분을 다시 손볼 수 있다. 사실 제일 매력적인 부분을 작업하면서 훌륭한 작품을 만들어 낼 수 있다.[17] 그러나 두 가지 조심할 점이 있다. 첫째는 공연의 시작 부분인데 제리 복의 말이 이를 잘 설명해 준다.

> 순서대로 작업을 하는 사람들도 있다. 셸던(하닉)과 나는 순서를 지키지 않는 편이지만…… 첫 곡은 예외이다…… 공연의 첫 문을 여는 음이기 때문에 첫 곡은 매우 중요하다. 그러므로 관객들에게 무슨 일이 벌어질 것인지 말해 줄 수 있는 현명함을 가져야 한다. 관객들에게 그날 저녁 공연에 대해 먼저 설명해 주어야 하는 것이다.

두 번째는 전기 뮤지컬을 만드는 경우이다. 우리들 대부분은 주인공의 삶이 자극적이라 생각하고 그런 까닭에 사건의 순서대로 작업을 한다. 채소를 먹을 때와 마찬가지로 일단 별로 아이디어가 떠오르지 않는 곡을 작업하기 시작하더라도 깊이 생각을 하게 되면 기대하지 않았던 엉뚱한 영감을 얻게 되는 경우가 많다.

본래 줄기에서 선율과 제목 이끌어 내기

거쉰 형제는 자기들이 만든 곡 〈내가 사랑하는 남자_The Man I Love_〉의 멋진 가사와 선율에 자부심을 느낄 만했다. 공연에서 이 노래가 빠지게 되면 그들은 계속해서 다시 집어넣었

---

[17] 운이 좋아서 영감을 얻었는데 그 노래가 구성상으로 매우 잘 어울리는 것이라면 순서대로 만들지 않았다고 해도 그런 곡은 악보에 계속 남는 곡이 된다. 셸던 하닉은 그런 순간을 〈필수적인 순간, 대본을 어떻게 고친다고 해도 계속 남아 있을 수 있는 순간〉이라고 말한다. 〈나 같은 경우는 「지붕 위의 바이올린」의 1막 후반부에서 그런 순간이 있었다. 테비에가 큰딸을 푸줏간 주인과 맺어 주기로 한 상태이면서도 딸이 재봉사와 결혼하겠다는 것을 허락하고, 아내를 설득하기 위해 가짜 꿈을 지어낸다. 나는 생각했다. 《이 순간이 바로 계속 유지될 수 있는 순간이야……》. 1961년 9월에 씌어진 그 꿈은(공연은 3년이 지나서야 개막했다)…… 그 이후로 한 번도 변하지 않았다.〉

고 결국 히트곡이 되었다. 컨과 우드하우스의 〈빌 *Bill*〉은 몇 번의 부활을 경험해야 했고 심지어 1달러 지폐를 일컫는 의미로 불리는 수모를 겪다가 나중에 최종적으로 「사랑의 유람선」에서 헬렌 모건 Helen Morgan이 부르는 눈물 젖은 노래로 자리를 잡았다. 톤과 느낌, 인물, 분위기가 매우 독자적인 요즘의 연극에서는 이런 경우가 드물다. 특정한 뮤지컬을 위해 만들어진 노래는 줄거리와 배경과 시대 흐름까지 유사하다 하더라도 다른 뮤지컬에서 불리는 경우가 거의 없다. 현대 뮤지컬 연극에서는 특정한 인물[18]만 부를 수 있는 〈히트송〉이나 다른 공연으로 옮겨져도 의미가 통하는 노래[19]들은 더 이상 먹히질 않는다.

셸던 하닉은 유대인들의 할렘을 배경으로 한두 개의 뮤지컬 작품의 가사를 썼는데(「지붕 위의 바이올린」과 「로스차일드」) 〈만들어 놓고 사용하지 않은 노래들을 다른 곳에다 사용할 수 없었습니다. 그럴 수 있을 것 같아도 되지가 않죠. 어떤 곡을 위해서 만들어지면 그 공연에 갇혀 있는 것처럼 보였죠〉라고 이야기한다.

「지붕 위의 바이올린」을 위해서 쓴 곡들 중에 〈마을에서 제일 가는 부자 *The Richest Man in Town*〉라는 곡이 있었는데 공연 초반부를 위해 만든 것이었죠. 굉장히 예쁜 노래였는데 재봉사 모텔이 체이텔에게 자긴 보잘것없는 놈이지만 그녀를 사랑하기 때문에 마을에서 제일 가는 부자라고 말하는 곡이었습니다. 뭐, 이런 저런 이유로 결국 「지붕 위의 바이올린」에서는 사용하지 않았습니다(분명히 또 다른 〈부자〉 노래, 엄청난 박수를 자아냈던 〈내가 부자라면〉이라는 곡 때문이었을 것이다). 「로스차일드」를 만들면서 메이어 로스차일드에게 오히려 더 잘 어울리는 곡이라는 생각이 들더군요. 연출가와 제작자한테는 이 곡이 원래 「지붕 위의 바이올

---

[18] 〈쇼처럼 즐거운 인생은 없다〉나 〈오늘 밤 나를 위해 기도하자 *Say a Prayer For Me Tonight*〉가 이런 경우라고 할 수 있다.

[19] 루더 헨더슨은 〈자기가 직접 만든 노래 중에서 저작권을 보유하고 있고 다시 작업해서 그 공연에 너무 잘 맞을 것 같은 공연이라면 가능할 것이다. 그러나 별 생각 없이 그 곡을 다시 써보려고 하다가는 스스로 한계를 만들게 될 뿐이며 공연에 어울리지도 않는 어색한 결과만을 초래한다〉고 이야기하고 있다.

린」을 위해 만들었던 곡이라는 이야기는 하지 않고 그 노랠 들려주었습니다. 연주가 끝나자 이렇게 말하더군요. 〈굉장히 예쁜 노래군요. 그런데 왠지 느낌이 이 공연에 좀 안 어울리는 것 같군요.〉

모든 작곡가들이 다 그렇게 신사적인 것은 아니다. 사이 콜먼은 스스로 〈위대한 공연〉이라고 생각하는 작품을 하나 썼었는데(엘리너 루스벨트의 전기 뮤지컬로 제목은 정해지지 않았었다) 끔찍한 딜레마에 직면했다고 생각했다. 그는 이렇게 말한다. 〈모든 사람들이 대본을 마음에 들어 하지 않았는데 작가는 작품에 전혀 손을 대지 못하게 했습니다. 그래서 그 공연은 결국 제작되지 못하고 말았죠. 그 공연에는 우리가 만든 최고의 곡이 들어 있었잖아요? (도로시 필즈 _Dorothy Fields_ 가 가사를 쓴 곡이었다.) 악보를 완전히 못 쓰게 된 건 아니었어요. 그래서 그 곡을 빼내서 「시소」의 《당신이 시작할 곳이 아니야 _It's Not Where You Start_》와 《스크림 _Scream_》 두 곡에 사용했죠. 「바넘」에서 《아웃 데어 _Out There_》에 쓴 음악은 원래 테디 루스벨트 송이었어요. 그것 말고도 많아요. 그런 짓을 하기는 싫었지만 너무 좋은 곡이어서 어떻게 써보고 싶었던 것뿐입니다.〉

:: 고생 끝에 나온 노래

영어에는 그 무엇보다 창의력을 기죽게 하는 단어가 하나 있다. 바로 〈영감 _inspiration_〉이란 단어다. 예술가들의 서툰 변명이 되기도 하지만 아이디어나 글귀나 음악이 하늘이 내려 주신 선물이라고 암시하는 이 단어는 전문적인 창작인들에게 매우 성가신 말이다. 오스카 해머스타인은 늘 자신의 글쓰기 작업을 힘든 일로 생각해 왔고 가만히 앉아서 영감이 찾아오기를 기다리는 전문가는 있을 수 없다고 믿어 왔다. 그와 마찬가지로 많은 사람들이 매일 일을 하러 가기 위해 나선다. 그는 자신의 저서 『가사 _Lyrics_』에 이렇게 썼다. 〈가끔은 일이 좀 쉽게 될 때도 있다. 그렇지만 계속 노력해야 한다. 좋은 아이디어를 얻는 기회는 아무것

도 하지 않을 때보다는 열심히 찾으려고 애쓸 때 찾아오는 경우가 훨씬 많기 때문이다.〉

　　다른 작사가나 작곡가와 마찬가지로 해머스타인도 가사를 쓰면서 애를 많이 태운다. 그는 이 과정을 가사를 상대로 한 긴 레슬링 경기 같다고 묘사했다.「왕과 나」를 작업하면서 그는 이 학교 선생의 유일한 사랑 노래를 만들 때 정말 어려운 한판 승부를 겪어야 했다. 안나와 왕에게는 일반적인 의미에서 사랑에 이를 만큼의 시간이 전혀, 조금도 주어지질 않았기 때문에 더욱 어려웠다. 처음으로 만든 곡은 〈톰 _Tom_〉이었는데 죽은 남편에 대한 안나의 사랑을 표현한 노래였다. 한 달 후에 그는 이 곡을 버리고 〈홈 _Home_〉이라는 곡을 만들었다. 그러나 결국 이 곡도 포기하고 세 번째 곡인 〈사랑을 했었어요 _I Have Been in Love_〉라는 곡을 완성했다. 그리고 마지막으로 그의 표현을 빌자면 〈사력을 다해서〉 얻은 것이 네 번째 곡 〈젊은 연인들 _Hello, Young Lovers_〉이었는데 48시간 만에 〈마지막 땀방울〉로 지은 이 곡이 그가 만든 사랑 노래 중에서 가장 성공적인 작품이 되었다.

　　가사 쓰기와 작곡은 힘든 작업이기에 아무리 기다려도 떠오르지도 않는 영감을 가지고 노래를 만든다는 것을 난 믿지 않는다. 유만스와 시저 _Youmans-Caesar_ 의 고전인 〈둘을 위한 차 _Tea For Two_〉가 20분 만에 써졌다는 것은 누구나 아는 사실이지만 그들이 이 곡을 만들기 위해 20일간 고생했다는 것을 아는 사람이 누가 있을까?

　　「판타스틱스」의 작사가인 톰 존스는 힘든 작업이 겁나지 않는다고 말했다. 〈시작하자마자 완벽한 것(노래)이 나왔다고 좋아할지도 모르지만, 전 사실 처음에 나온 것을 별로 믿지 않습니다. 그 작품의 형태를 잃지 않으면서 다시 살펴보고 계속해서 재작업을 할 수 있는 능력이 더 소중한 것이라고 생각합니다.〉 제리 허먼도 너무 쉽게 써진 노래를 신뢰하지 않는다. 〈한번은 디트로이트의 호텔방에서 《퍼레이드가 지나가기 전에 _Before the Parade Passes By_》(「헬로, 돌리」의 삽입곡)를 20분 만에 만들었죠. 그 끔찍한 환경에서 1막 마지막을 아직도 못 끝냈다고 모두들 소리를 질러 대는 가운데 말입니다. 가사가 입으로 말해지는 방식이 마음에 들었습니다. 단숨에 쏟아져 나오는 그 느낌…… 하지만 그 뮤지컬을 가지고 들쑤셔 대며 작업한 지가 1년이나 되었었지요. 솔직히 말해서 내가 《퍼레이드가 지나가기 전에》를 20분 만에 쓴 건지 1년하고 20분 만에 쓴 건지 잘 모르겠더군요.〉

:: 코미디 송

뮤지컬의 본질적인 요소 중의 하나가 코미디일 것이다. 뮤지컬 코미디를 보러 온 사람들은 대부분 그 저녁 시간 동안 신나는 한바탕의 웃음을 기대한다. 뮤지컬 코미디는 평범하게 〈뮤지컬〉이라고 불리기를 거부하는 특별한 장르이다. 그러나 뮤지컬이 현대로 접어들면서 예전에 코미디를 구성하는 요소들이 상당한 변모를 겪었다.

뮤지컬이 성장을 하던 시기에는 코미디언들이 기본 줄거리에서 벗어난 몇 마디 대사만 가지고 자기들의 독특한 유머를 발휘하기 위해 부르곤 했다. 공연의 흐름을 끊고 당시의 정치적 상황에 대해 이야기하거나(윌 로저스Will Rogers의 경우) 유괴 소동을 벌이면서(허먼 빙Herman Bing의 경우) 대본을 방해하기도 했다. 공연이 세 시간, 네 시간씩 길어지기도 했고 코미디 배우들은 일단 관객들을 사로잡고 나면 계속해서 휘어잡고 싶어 했다. 배우들은 관객들의 관심을 분산시키기 위해서 특별히 고용되었고 대부분 기본 줄거리들이 합리적인 구조를 갖고 있지 못했기 때문에 서브 플롯이랄 것도 없었다. 관객들이 개연성 있게 잘 구성된 한 편의 연극을 보았다기보다는 그저 극장에서 참 즐거운 시간을 보냈다는 느낌을 가지고 돌아가는 것이 더 중요했다.

당시 유머는 요즘에 들으면 반발을 사기 쉬운 그런 것들이었다. 흑인, 유대인, 아일랜드인, 동양인, 동성애자, 다른 소수파들이 노래나 대본 상에서 웃음을 자아내는 요소였다. 벌레스크 식의 유머를 포함해서 유머는 다른 사람의 바지를 끌어내리고 고약한 냄새가 나는 물건을 밟곤 하는 식의 것이었다. 여자 중 특히 금발의 여자는 머리가 빈 섹스 상대로 그려졌고, 남편이나 가족에게 늘 부림을 당하는 존재이거나 비서 정도로만 그려졌다. 대부분의 공연에서 여자들은 엄청나게 큰 가슴을 흔들며 코맹맹이 목소리를 내는 모습이었다.

그러나 「오클라호마!」 언저리를 기점으로 해서 모든 것이 바뀌었다. 작사가와 대본 작가들은 관객들이 노래가 재미있다고 느끼기 위해서는 무대 위에 선 사람들을 이해하고 동정하는 마음이 생겨야 한다는 것을 깨닫게 된 것이다.[20] 조셉 스타인은 이에 대해 간결하게 말한다. 〈래리 하트는 재미있는 가사를 썼어요. 그렇지만 요즘처럼 줄거리와 관계 있는 것은 아니었어요.〉 리처드 키슬란Richard Kislan은 『뮤지컬 The Musical』이라는 명저를 통해 두운까지 맞추어 이렇게 적었다. 당시에는 〈코미디가 코스메틱(화장품)같이 꾸미는 것이었지만⋯⋯ 이제 코미디는 콘텍스트(문맥)상에 있는 것이 되었다.〉

「카바레」를 쓴 프레드 에브의 가사는 감동적이면서도 신랄하다. 그러나 1막 마지막 부분인 유대인 슐츠와 집주인인 독일인 슈나이더 양의 약혼식 파티에서는 구성상으로 편안한 장면이 필요했다. 이 장면에서는 다가올 나치에 대한 공포를 암시하는 찬가가 불리고 그다음에 악의와 심술로 가득 찬 장면이 이어지기로 되어 있었다. 에브가 만든 슐츠의 노래는 즐겁고 솔직한 내용으로 동료들로부터 많은 칭찬을 받은 곡이었다. 슐츠가 자신의 약혼 파티에서 와인 한두 잔을 마시고 나서 부르기에 딱 적합한 노래였고, 대단히 효과적으로 작용했다.

슐츠 자, 이 노래를 이해하려면 알아야 할 게 하나 있습니다. 〈미스카이트〉란 단어인데 이디시어로 우습고 못생겼다는 뜻이지요. 〈미스카이트〉는⋯⋯ (노래를 시작한다.)

Meeskite, meeskite, / Once upon a time there was a meeskite, meeskite, / Looking in the mirror he would say, 〈What an awful shock, / I got a face that would stop a clock.〉

*20 윌리엄 해머스타인은 그의 아버지가 「오클라호마!」의 아두 애니 역에 불어넣었던 유머에 대해 분명한 시각을 가지고 있다. 〈린 리그즈가 연기한 아두 애니는 바보 같은 멍청이였는데 엄청난 웃음을 이끌어 냈습니다. 저희 아버님이 그녀를 뽑아서 로리의 친구로 만들었는데 저는 그 인물을 이용해서 코미디를 만든 것은 훌륭한 방법이라고 생각했습니다. 그 역을 위해서 배우 한 명을 연습시킨 적이 있는데 「오클라호마!」를 한 번도 본 적이 없는 여배우였어요. 연습 첫날 그녀가 《전 아니오라고 할 줄 모르는 여자예요》를 방종하게 부르기 시작했는데 정말 아무하고나 침대에 올라가고 싶어 하는 여자처럼 보였어요. 저는 그녀에게 아두 애니의 순진무구함을 통해 웃음을 끌어내야 한다고 납득시켰죠. 등장인물이 매력 있는 코미디가 되어야 한다고요. 마지막 부분에서 그녀가 윌 파커와 함께 헛간에서 나오는데 드레스 뒤에 지푸라기가 몇 개 붙어 있더군요. 사랑스러웠어요. 그녀는 자신도 전에 몰랐던 무언가를 발견해 낸 거였죠.〉

(미스카이트, 미스카이트, / 옛날 옛적 미스카이트가 살았습니다. / 그가 거울을 본다면 이렇게 말하겠죠, 〈이 무슨 끔찍한 일이야 / 가던 시계도 놀라 멈출 만한 얼굴이잖아.〉)

Meeskite, meeskite, / Such a pity on him, he's meeskite, meeskite / God up in his heaven left him out on a shaky limb, / He put a meeskite on him.
(미스카이트, 미스카이트, / 불쌍하기도 하지 그는 미스카이트, 미스카이트 / 하늘나라 하느님이 그를 내버려두었어요 떨고 있는 양 한 마리로, / 미스카이트로 만들어 버린 거예요.)

(대사) 그런데 그도 자랐어요. 미스카이트도 자란답니다. (다시 노래로)

And soon in the Chader, (that means Hebrew school) / He sat beside this little girl, / And when he asked her name, she replied, / 〈I'm Pearl.〉
(금방 샤다에 들어갔고 (히브리어로 학교란 뜻이죠) / 작은 여자 아이 옆에 앉았어요. / 이름을 물었더니 여자 아이가 대답했어요 / 〈나는 진주야.〉)

He ran to the Zayda (that means grandfather) / And said in that screechy voice of his, / 〈You told me I was the homeliest! / Well, Gramps, you're wrong, Pearl is! / Meeskite, meeskite, / No one ever saw a bigger meeskite, meeskite / Everywhere a flaw and maybe that is the reason why / I'm going to love her till I die. / 〈Meeskite, meeskite, / Oh, is it a pleasure, she's a meeskite, meeskite, / She's the one I'll treasure for I thought there could never be / A bigger meeskite than me.〉

(그는 자이다에게 달려가 (히브리어로 할아버지란 뜻이죠) / 쉿소리가 나는 목소리로 말했어요. /〈세상에서 제일 못난 게 저라고 그러셨죠! / 에이 할아버지가 틀렸어요, 진주예요! / 미스카이트, 미스카이트, / 그렇게 못난 미스카이트는 없을 거예요. / 누구나 결점은 있다지요, 그래서 / 저는 죽을 때까지 그녀를 사랑할 거예요. /〈미스카이트, 미스카이트 / 오, 너무 기뻐요, 그녀는 미스카이트, 미스카이트, / 그녀만을 소중히 간직할래요, 아마 이제 다시는 없을 테니까 / 나보다 더 못난 미스카이트는.〉)

So they were married. / And in a year she turned and smiled, /〈I'm afraid I am going to have······ a child.〉

(그래서 그들은 결혼을 했어요. / 1년이 지나고 그녀는 미소지으며 말했죠. /〈나 아기를 가진 것 같아요.〉)

Nine months she carried / Worrying how that child would look / And all the cousins were worried too, / But what a turn fate took!

(아홉 달이 지나자 / 걱정이 됐어요. 아기가 어떻게 생겼을까? / 사촌들도 다 걱정을 했어요. / 그러나 얼마나 신기한 운명인지요!)

Gorgeous, gorgeous, / They produced a baby that was gorgeous, gorgeous, / Crowding round the cradle all the relatives aahed and oohed, /〈He ought to pose for a baby food. / Gorgeous, gorgeous, / Would I tell a lie? He's simply gorgeous, gorgeous / Who'd have ever thought that we would see such a flawless gem / Out of two meeskites like them?〉

(곱디고운. / 아기가 태어났어요, 곱디고운, / 모두들 요람 앞에 모여 들어 / 친척들이 입을 모아 어머나 저머나 / 아기 밥을 주려면 한참을 기다려야했지요. / 곱디고운, / 거짓말 같으세요? 아기는 정말 곱디고왔어요. / 누가 생각이나 했겠어요, 티 하나 없는 보석이 나올 줄 / 그런 미스카이트들한테서요.)

Moral, moral / Yes indeed, the story has a moral, moral / Though you're not a beauty it is nevertheless quite true, / There may be beautiful things in you.

(교훈, 교훈 / 그래요, 이 이야기가 주는 교훈, 교훈 / 당신이 미인이 아니라고 해도, 이것만은 정말이에요. / 당신 안에는 아름다움이 있을 거라는 것.)

Meeskite, meeskite, / Listen to the fabel of the meeskite, meeskite, / Anyone responsible for loveliness, large or small, / Is not a meeskite at all.

(미스카이트, 미스카이트 / 동화를 잘 들어 봐요, 미스카이트, 미스카이트 / 사랑스러움을 지닌 사람은, 많든 적든, / 절대로 미스카이트가 아니랍니다.)

에브가 극작가 협회 모임에서 고백한 바에 따르면, 연출가 할 프린스가 자신에게 슐츠가 유대인임을 명백히 보여 주는 노래가 있으면 재미있지 않겠냐고 했다고 한다. 〈어머니에게 전화했더니, 그 이야기를 들려주셨지요. 어머니가 아시던 아주 못생긴 부부가 있었는데 정말 너무나 예쁘게 생긴 아이를 낳았다는 거예요. 누구나 그런 부분이 조금씩 있는 것 같아요. 글쓰는 사람들은 기억을 잘 해요. 머릿속에 잘 넣어 두는 거예요. 언제 사용하게 될지는 모르지만. 그러다가 어느 순간에 갑자기 생각이 나는 거예요. 바로 그런 경우였어요. 제가 만들어 낸 것이 아니고 들은 얘기예요.〉

창작이든 아니든 유머는 극 속의 인물을 채워 주고 나아가 극 전체를 풍성하게 만든다. 조 스타인은 코미디 송과 유머는 상황에서 비롯된다는 점을 강조한다. 〈단순한 농담은 연극에선 의미가 없다. 효과를 발휘하지 못한다. 중요한 것은 인물과 인물 사이의 관계이다. 인물과 인물 사이의 관계를 기본으로 할 때 진정한 유머를 만들어 낼 수 있다. 유머는 대개 어느 순간 갑자기 찾아오는 것이지 농담처럼 주의 깊게 계획될 수 있는 것이 아니다.〉

「링크」의 작사를 맡았던 테렌스 맥널리Terence McNally도 비슷한 의견이다. 〈단어나 말을 가지고 웃기려고 하다 보면 관객들이 인물에 대한 애정을 느끼면서 웃음을 짓도록 할 수가 없습니다.〉 줄스 파이퍼Jules Feiffer도 역시 노래 가사보다는 극의 상황이 더 중요하다고 말하고 있다. 〈극의 흐름상에서 떼어 놓아도 역시 숨이 넘어 가도록 웃음이 나는 그런 노래는 별로 없습니다.〉[21]

웃음이 나게 하는 것은 극의 상황이나 정황 때문만은 아니다. 관객들은 서로 다른 곳에서 웃음을 터뜨리기도 한다. 특히 전문가들이 많이 참석하는 시연회에서 그런 일이 많다. 십대 젊은이들이 좋아하는 유머에 노인들은 냉랭한 반응을 보인다. 일요일 밤 배우 노조 모임에 참석하곤 하는 연극 현장에서 작업하는 사람들은 대본 상의 미묘함 때문에 웃음을 터뜨리지만 노조에서 일하는 사무원들은 같은 순간에 멀뚱하게 앉아 있다.

미국의 일류 유머 작가인 러슬 베이커Russell Baker는 주위 사람들 때문에 웃게 되는 경우도 많다고 지적한다. 〈누가《몇 년 만에 본 진짜 웃기는 공연이야》라고 말해 주면 같이 표를 사서 보러 갑니다. 그리고 신나게 웃지요. 웃음이 웃음을 낳는 겁니다. 큰 극장에 관객이 조금밖에 없어서 서로 뚝 떨어져 앉아 있으면 끔찍해집니다. 서로 (혼자 웃을 때마다) 창피를 당한 것처럼 느끼게 됩니다. 같은 관객을 작은 극장에 빼곡하게 앉혀 놓을

---

[21] 내가 제일 좋아하는 작품인 「캔디드」에는 캔디드가 등장한 후에 쿠네곤드가 부르는 노래가 있다. 〈넌 죽었어, 알아 *You Were Dead, You Know*〉. 볼테르의 상상력이 만들어 낸 기묘한 이 두 주인공에 대해서 알지 못하고는 이 유머를 이해할 수가 없다. 레너드 번스타인은 재미를 더하기 위해서 일부러 위압적인 선율을 만들어 붙였다. 매우 짧은 곡이지만 이 작품에서 떼어 놓고 보면 하나도 우습지 않고 무슨 소린지 알아들을 수 없는 지루하기까지 한 노래가 되고 만다.

경우, 한 사람이 웃으면 전염이 됩니다. 다 같이 웃게 되지요.〉

그는 코미디의 본질이 예상하지 못한 것을 보게 되는 데 있다고 덧붙였다. 〈대개 웃음은 기대가 깨질 때 생깁니다. 할머니 한 분이 길을 걸어가다가 바나나 껍질을 밟고 넘어진다. 하나도 우습지 않습니다. 중절모를 멋지게 쓴 신사가 그러면 우습지요. 중절모를 쓴 신사는 넘어질 것 같지 않기 때문이죠. 당신의 예상이 갑자기 빗나간 것이지요.〉 이런 기대는 극의 흐름상에서도 있을 수 있다. 예를 들면 「오클라호마!」는 소박하고 건강한 가족 드라마이다. 처녀들은 모두 진짜 처녀이고 남자들은 모두 점잖다. 그래서 아두 애니가 〈전 아니오라고 말할 줄 모르는 여자예요〉라고 노래를 부르면 웃긴다. 가사가 재치 있고 적나라해서 그렇기도 하지만 정말로 기대하지 못한 말이기 때문이다. 아두 애니를 야한 창녀들이 가득한 홍등가에 갖다 놓고 보면 하나도 특이할 게 없을 것이다.

더불어 코믹한 순간을 어디에 배치하는가도 중요하다. 데일 와서먼Dale Wasserman은 〈작은 가십 A Lottle Gossip〉이란 노래를 「라만차의 사나이」의 마지막 부분에 배치했다. 돈 키호테의 죽어 가는 장면과 숨을 거두는 장면 사이였다. 리처드 키슬란의 말처럼 〈이러한 배치를 통해 커져 가는 슬픔이 위로되고 관객들이 이어지는 중요한 장면을 대비해 마음을 잡게 해주었다.〉 관객들은 행복, 슬픔, 행복, 슬픔이 교차하는 것을 즐기는 것 같다. 사실 이것은 옛날 레뷔에서 사용되던 전형적인 수법으로 발라드, 촌극, 발라드, 촌극의 순으로 구성되었었다. 웃음을 통해 감정이 폭발하고 뒤이어 눈물을 흘림으로써 완전한 카타르시스를 경험할 수 있는 것 같다.*22

---

*22 반대의 경우도 있다. 아서 로렌츠는 이렇게 회상한다. 〈집시」 중에서 굉장히 감성적인 곡이 하나 있었는데 바로 그전에 《미스터 골드스톤》이라고 묘기를 부리고 춤을 추는 코미디 노래가 있었기 때문에 그 영향으로 감정이 잡히질 않았습니다. 그래서 제리(로빈스)는 그 곡을 빼버렸죠. 줄(스타인)은 제리에게 《작은 양 Little Lamb》을 도로 넣자고 했지만 제리는 안 된다고 했죠. 《안 먹히잖아, 빼》 그러더군요. 극장에 있는데 줄이 무대로 나오더군요. 늘 그렇듯이 말쑥하게 차려입고요. 무대 앞으로 걸어오더니 이러는 거예요. 《미스터 로빈스. 뉴욕에 있는 극작가 조합하고 얘기했는데요, (조합이 작성한 계약서에는 연출가가 작곡가의 동의 없이 곡을 마음대로 삭제할 수 없다고 되어 있다) 《작은 양》을 도로 넣어 주지 않으면 오늘 저녁에 내 악보를 전부 철수시키겠어요.》 그래서 그 곡이 다시 들어갔습니다.〉

**「라만차의 사나이Man of La Mancha」(1965), 리처드 키레이(돈키호테 역).

:: 리스트 송

리스트 송은 오페라의 시대 이후 뮤지컬 연극에서 유용한 도구로 사용되어 왔다. 모차르트 시대의 〈히트곡〉 중에서 「돈 조반니」에 나오는 코믹 송이 하나 있다. 다 폰테의 대본은 돈 조반니의 하인으로 하여금 주인 나리가 여자를 유혹했던 나라들을 일일이 다 열거하게 했다. 이 곡은 정말 재미있었고 계속해서 나라 이름을 열거할수록 관객들의 웃음소리도 커져 갔다. 사실 리스트 송은 지난 200년간 별로 변하지 않았다. 갖가지 소재의 구절을 계속 나열해 나가면 된다.

　　1930~1940년대 뮤지컬에서 리스트 송의 거장은 이론의 여지없이 콜 포터이며 그 뒤를 이은 노엘 카워드도 있었다. 히트작으로는 자기를 지루하게 만드는 것이 무엇인지 열거하는 〈당신은 나에게 흥분을 주네 *I Get A Kick Out of You*〉와 사랑을 할 수 있는 동물의 이름을 대는 〈해보자 *Let't Do It*〉가 있다. (성적 암시가 강한 이 곡에서 잇*it*은 진한 키스 이상의 것을 의미한다.) 머큐리가 애인인 출레에게 해주는 노래인 〈체리 파이는 당신 같아야 해요 *Cherry Pies Ought to be You*〉에서는 화려한 각운까지 곁들여 사랑에 빠진 모든 인물들을 나열하고 있다. 돈 후안, 리타 칸, 벌거벗은 큐피드, 백조가 없는 레다 등등. 니키와 주노가 다투는 장면에서 이 노래가 리프라이즈될 때에는 시든 잔디, 독가스, 오래된 신 사과, 예언자 발람의 엉덩이와 같이 혐오스러운 것들을 나열했다. 포터는 몇 세기에 걸친 자질구레한 이름들을 갖다 붙이면서도, 기가 막히게 각운을 맞추어 나갔다.[23] 그가 새로운 공연을 할 때마다 새로운 리스트 송에 기대가 모아졌다. 그리고 한 번도 실망시킨 일이 없었다. 내가 특히 좋아하는 곡은 부당하게 잊힌 명곡 〈내과 의사 *The Physician*〉이다. 「님프 에런트」에서 주인공이 부르는데 의사가 사랑을 나누고 싶어 할 자신의 신체 부위를 일일이 다 열

---

[23] 그는 최고의 성공작인 「애니싱 고우즈」(1934)의 〈당신이 최고야 *You're the Top*〉에서 시대를 초월하는 각운을 만들어 내었다. 마하트마 간디-나폴레옹 브랜디, 벤델 보네트-셰익스피어 소네트, 오닐 드라마-휘슬러 마마, 타워 오브 베이블-휘트니 스테이블, 드레스 프롬 색스-넥스트 이어즈 택스 등등.

거하고 여기에서 한 차원 더 나아가 보답을 바라지 않는 사랑에 대한 나열까지 곁들임으로써 다른 어떤 리스트 송보다 큰 인기를 얻어 냈다. 아래에 한 부분만 적어 보겠다. 그러나 연극 음악이 갖추어야 할 것을 모두 가지고 있는 곡이니만큼 좀 길기는 하지만 곡 전체를 한번 훑어보는 것도 좋을 것이다. 노래를 부르는 인물과도 매우 잘 어울리고 지루한 부분이 전혀 없기 때문에 신선한 창의력을 계속 발휘하고 있는 곡이다.

> He said my maxillaries were marvels, / And found my sternum stunning to see, / He did a double hurdle / When I shook my pelvic girdle, / BUT HE NEVER SAID HE LOVED ME.
>
> (그는 내 상악골이 단단하다며 / 나선형 내 흉골을 찾아냈다며 / 이중 허들 뛰어넘기를 했지 / 내가 골반의 거들을 흔들어 댈 때, / 그렇지만 사랑한단 말은 절대 하지 않던걸.)

포터만큼이나 입심 좋은 노엘 카워드는 사회적 문제를 신랄하게 다루기도 했다. 말재주가 좋았던 그는 리스트 송을 특히 좋아했던 것 같다. 〈따님을 무대에 올리지 마세요, 미시즈 워싱턴 *Don't Put Your Daughter on the Stage, Mrs Worthington*〉에서는 나서기 좋아하는 엄마와 재능 없는 딸을 통렬하게 비난했고 〈왜 엉뚱한 사람이 여행을 하지 *Why Do the Wrong People Travel?*〉에서는 신흥 부유 계층을 공격했다. 현실을 회피하는 다른 예술가들과는 달리 전쟁이나 사회·경제적 문제에 대해서 얘기할 때 그의 독설이 더욱 신랄해졌다. 〈독일인에게 심하게 굴지 맙시다 *Don't Let's Be Beastly to the Germans*〉라든가 〈영국의 위풍당당한 고향 *The Stately Home of England*〉 등에서 이러한 진가가 발휘되었다. 진지하든 익살이 섞였든 간에 노엘 카워드는 리스트 송의 대가임에는 틀림없다. 시종일관 웃음을 자아내는 〈이것으로 뉴스를 마칩니다 *That is the End of the News*〉의 마지막 코러스 부분을 아래에 싣는다. A1, A2, 브리지, A3 형식으로 구성되어 있다는 점에 유의하면서 살펴보자.

Heigh Ho, what a catastrophe, / Grandfather's brain is beginning to atrophy / Last Sunday night after eating an apple, / He made a rude noise in the Methodist Chapel.
(헤이 호, 큰일났네 / 우리 아버지가 치매에 걸리셨습니다 / 지난 일요일 밤에는 사과를 드시고 나더니 / 감리교 교회에서 가서 망측한 소리를 내셨어요.)

Good egg, dear little Doris / Has just been expelled for assaulting Miss Morris. / Both of her sisters / Are covered in blisters / From standing about in the queues.
(잘했다, 귀여운 꼬마 도리스 / 미스 모리스한테 대들다가 퇴학되었습니다. / 게다가 언니 두 명이 모두 / 온몸이 물집으로 덮였습니다. / 차례로 줄을 서서)

We've been done in / By that mortgage foreclosure / And Father went out on a blind. / He got run in / For indecent exposure / And ever so heavily fined.
(우린 완전히 파산했습니다 / 주택 할부금 혜택이 취소되면서 집이 날아가 버렸기 때문이죠 / 아버진 눈이 뒤집혀 바로 뛰쳐나오셨다가 / 체포되셨습니다 / 공공장소에서의 음란복장으로 / 결국 벌금만 엄청 맞았습니다.)

Heigh Ho, Hi diddle diddle, / Aunt Isabel's shingles have met in the middle, / She's buried in Devon / So God's in his heaven, / And THAT IS THE END OF THE NEWS.
(헤이 호, 흔들흔들, / 이사벨 아주머니, 흔들리는 간판에 부딪쳐서 / 데본에 묻히시고 말았습니다 / 그렇게 하느님 계신 하늘나라로, / 이걸로 뉴스를 마칩니다요.)

현대 뮤지컬 연극은 무엇보다 이야기가 발전해 나가는 대본을 기대하기 때문에 리스트 송은 가벼운 장면에 삽입되는 정도여서 그 향취를 좀 잃은 듯하다. 결국 작사가가 혼자 재주를 부리게 되는 것이다(플롯의 진행이 멈춰지기 때문에 작곡가도 가사에 맞추어 단순한 선율만 이어 나간다.) 요즘 최고의 리스트 송들은 옛것보다 더 많은 역할을 한다. 즉 단순한 나열에서 벗어나 인물 성격까지 드러내는 것이다.

스티븐 손드하임의 〈리에종 _Liaisons_〉이 그러한 경우이다. 이 곡은 「리틀 나이트 뮤직」의 2막에서 마담 안펠트가 회상하며 부르는 노래이다. 나이든 전직 매춘부가 기억나는 옛 애인의 명단을 읊어 나간다. 그들이 주었던 선물도(이 부분이 바로 리스트 송의 전형을 보여 준다), 그러면서 요즘 세상에는 〈왕자들이 다 변호사가 되어 버렸고〉 치맛자락을 길게 늘인 드레스도 그냥 원피스가 되어 버렸다고 한탄을 한다. 그리고 나서 기품 있는 귀부인으로서 자신의 철학(대부분이 손드하임의 것이다)을 토로하면서 단역이긴 하지만 완전한 생명력을 가진 인물로서 자기 색깔을 가지게 된다.[24]

작곡가나 작사가는 대개 악보 상 언제쯤 리스트 송을 넣어야 할지에 대해 육감을 가지고 있다. 대본에서 비슷한 종류의 정보를 여러 가지 제공할 때가 가장 최적의 순간이다. 「컴퍼니」에 대한 노트에서 스티븐 손드하임은 이렇게 쓰고 있다. 〈친구가 어떤 것인가 하는 것을 쓰기 시작해서 그 목록을 늘려 나갔다.《사랑이란 친구를 필요로 하는 것. 친하게 지내는 사람이 친구. 좋은 친구, 이상한 친구, 결혼한 친구, 하루가 가고, 1년이 가고, 친구가 많아지고…… 전화가 울리고, 벨이 울리고, 문이 열리고, 친구, 전화를 해주고, 뭐 좀 먹고.》〉

그러자 짧은 스타카토 구절들이 주는 전체적인 느낌이 떠올랐던 것이다. 손드하임은 떠오르는 생각을 적어 나가기 시작하면서 음악적 리듬을 눈치챘다고 한다.

리스트 송은 〈어머 크럽크 경관 _Gee, Officer Krupke_〉이나 〈그 여자는 뜨내기 _The Lady is a Tramp_〉에서처럼 리듬을 이루는 일련의 짧은 구절이 될 수도 있고, 〈내 사랑이 식지 않도

---

[24] 대부분의 연극광이나 나이든 여가수들은 하나같이 지난 20년간 가장 우수한 리스트 송으로 「폴리스」에 나왔던 스티븐 손드하임의 〈나 아직 여기 있어요 _I'm Still Here_〉를 꼽는다.

록*To Keep My Love Alive*〉에서처럼 여덟 마디 정도로 구성된 일련의 소절이 될 수도 있다. 〈내 사랑이 식지 않도록〉은 로저스와 하트가 「코네티컷 양키」*A Connecticut Yankee*」를 리바이벌 하면서 만든 곡인데 각 소절마다 다른 살인을 묘사하고 있다. 총 세 번의 코러스 중 첫 번째 것을 아래에 적어 보았다. 가사가 매우 재미있고 충격적이기에 리처드 로저스는 멜로디를 단순하게 구성하여 A1, A2, 브리지, A3 형식으로 만들었다. 리듬은 가보트풍에 가까워서 살인녀가 더욱 얌전한 체하는 느낌을 주면서 재미를 더해 준다.

I married many men, a ton of them / And yet I was untrue to none of them / Because I bumped off ev'ry one of them / TO KEEP MY LOVE ALIVE
(난 많은 남자와 결혼을 했지, 한 트럭쯤 돼 / 그렇지만 진실하지 않은 적은 없었지, 단 한 번도 / 왜냐면 다 죽여 버렸거든, 한 명도 남김없이 / 내 사랑이 식지 않도록)

Sir Paul was frail, he looked a wreck to me / At night he was a horse's neck to me / So I performed an appendectomy, / TO KEEP MY LOVE ALIVE
(폴 경은 허약했어요, 제 눈엔 난파선처럼 보였죠 / 밤마다 제 눈엔 술통이나 다름 없었죠 / 그래서 맹장 수술을 해줬어요 / 내 사랑이 식지 않도록)

Sir Charles had insomnia / He couldn't sleep in bed, / I solved that problem easily, / I just removed his head.
(찰스 경은 불면증이 있었죠 / 잠을 잘 못 잤어요 / 그 문제를 간단히 해결해 줬죠 / 머리를 없애 버렸어요)

I caught Sir George with his protectoress / The rector's wife — I mean the rectoress, / His heart stood still — angina pectoris. / TO KEEP MY LOVE ALIVE

(조지 경은 딴 여자와 같이 있다 저한테 들켰죠 / 교구 목사 부인이었어요 / 심장이 멎어 버리더군요. 협심증으로 / 내 사랑이 식지 않도록)

살펴볼 만한 연극적인 리스트 송으로는 〈어머 크럽크 경관, 「웨스트 사이드 스토리」〉, 〈나 아직 여기 있어요, 「폴리스」〉, 〈그는 세련미가 있어 *He Had Refinement*, 「브루클린에는 나무가 자란다」〉, 〈우정 *Friendship*, 「뒤바리는 레이디 Du Barry Was a Lady」〉, 〈모노토노스 *Monotonous*, 「1952년의 새로운 얼굴들 New Faces of 1952」〉, 〈당신이 함께할 작은 것들 *The Little Things You Do Together*, 「컴퍼니」〉, 〈그녀는 떠돌이, 「품속의 아기들 Babes in Arms」〉 등이 있다.

:: 독백

뮤지컬의 장점 중에 연극적인 희곡보다 더 나은 것이 하나 있다. 연극적인 희곡에서는 등장인물에 대한 정보를 다른 인물로부터 전해 듣거나 다른 인물들이 그에 대해 말하는 것을 통해 알아내게 된다. 뮤지컬에서는 이럴 필요가 없다. 등장인물이 자신에 대해 직접 이야기해 주기 때문이다.

셰익스피어 이후에 대사로 된 독백은 받아들이기 어렵게 되었지만, 로저스와 해머스타인의 「회전목마」에서처럼 한 8분 있으면 아빠가 될 거라는 사람이 태어날 아기에 대한 기대와 두려움을 동시에 갖는 것을 엿들을 때면 관객들은 쉽게 그 말을 믿어 주고 잘 기억해 두기까지 한다. 뮤지컬 독백이라고 하면 바로 이 장면이 떠오르는 것은 아마 이 곡의 제목이 〈독백〉이기 때문일 것이다. 이 곡은 연극적 용어로서의 〈독백〉의 특성이 그대로 들어 있다. 등장인물이 위험한 일을 결심하는 것이다. 미치 더글러스는 독백을 통해 얻어지는 효과에 대해 다른 견해를 가지고 있다. 〈독백을 통해 꼭 결정이 내려질 필요는 없다. 결정을 내리기 위한 동기가 부여되어야 한다. 그래야 노래가 시작될 수 있다. 「마이 페어 레이디」의 《난 그녀의 얼굴에 익숙해졌어요》는 확실히 독백이다. 그러나 히긴스 박사는 자신의 딜레마에 대한 결정을 내리지 않는다. 《세상에! 그녀가 가버렸어》라는 말로 시작한다. 그녀는 이미 그의 인생에 한 부분이 되었고 그녀 없이 어떻게 살아야 할지 모르는 것이다. 그러고 나서 그는 자신의 미래에 대한 그림을 그려 보게 된다. 그녀는 프레디와 결혼을 하게 될 것이고, 지겨워질 것이다. 그는 결국 그녀를 떠날 것이고 그녀는 쓰레기가 되어 버릴 것이다. 히긴스는 시작했던 원점으로 되돌아온다. 지금뿐이다. 그는 그걸 받아들인다. 인물이 상황에 대한 결정을 내리는 것이 아니라 상황을 살펴보는 것이다.〉

랭스턴 휴즈Langston Hughes와 쿠르트 바일의 작품인 「스트리트 신Street Scene」에서 안나 모란트Anna Maurrant는 자기 인생을 얘기하고 왜 늘 일이 제대로 풀리지 않는지, 자신에게 드리워진 〈어두움〉을 떨쳐 버리기 위해 다른 남자와의 연애가 왜 필요한지 생각하느라고 많은 시간을 보낸다. 그녀의 독백은 〈왠지, 믿을 수가 없었어 Somehow I Never Could Believe〉라는 곡을 통해 이루어지는데 수 페이지에 걸쳐 써진 대사를 간략하게 해결해 주었다. 그녀는 기쁨과 웃음을 기대했었다는 것, 남편으로부터 얻은 생각, 부엌의 기름진 비눗물에 쓸려가 버린 자신의 꿈들에 대해 이야기한다. 다 펼쳐 놓기에는 너무 긴 인생 역정이지만 이 곡이 나중에 2막 뒷부분에서 아슬아슬한 클라이맥스를 제공하는 그녀의 살인에 대한 동기를 뒷받침하고, 이로 인해 공감을 느끼게 된다.

노래는 또 다른 효과를 제공한다. 뮤지컬에서는 당연한 것으로 생각되고 있지만 음악은 가사와 섞여 들면서 분위기를 만들어 준다. 말이 생각을 여과해 낸 것이라면 음악은 주인공의 가장 내면적인 성격을 표현하고 관객들로 하여금 노래하는 사람의 〈분위기〉에 젖어 들게 하는 힘이 있다.

독백은 흔히 다른 많은 연극적인 노래들처럼 리스트 송으로 만들어진다. 화자가 산만해지는 것을 막아 주고 특정한 분위기에 집중할 수 있게 하는 효과가 있기 때문이다. 뮤지컬 「바넘」 중의 한 곡인 〈내 인생의 색깔 The Colours of My Life〉에서 마이클 스튜어트의 감성적인 가사는 미시즈 바넘이 좋아하는 가을의 색깔을 나열해 간다. 그녀의 〈갈색과 회색〉은 그녀 남편의 화려한 〈빨강과 황금색〉과 대조를 이룬다. 이 독백곡은 쥐처럼 은닉 생활을 하는 그녀의 성격에 대한 여러 가지 단서를 제공하면서 통일성을 만들어 준다.[25]

「미치광이의 우리」에서 제리 허먼은 훌륭한 캐릭터 송을 선사했다. 이것을 독백과 혼동해서는 안 된다. 공연의 첫 곡이었는데 주인공 자자가 여자로 변장을 하면서 분장실 거울 앞에 앉아 공연을 준비하는 모습을 그려 내는 노래이다. 나이 들어 보이는 얼굴 때문에 속이 상한 그는 놀라운 화음으로 〈마스카라를 조금 더 바르고〉를 부른다. 실패를 할 수가 없는 곡이었다. 재치 넘치는 말장난이 가득하고 관객들의 눈앞에서 변모를 시작해 노래가 끝날 무렵이면 자자는 완전히 여자로 탈바꿈을 하는 것이다.

독백은 플롯상의 중심축으로 작용하면서 인물의 새로운 면을 보여 주기도 한다. 결국 독백을 하는 사람은 혼자 있고, 관객들만이 들을 수 있기 때문이다. 「왕과 나」에서 안나의 독백은 이제까지 보아 왔던 것보다 좀 더 생생한 그녀의 모습을 드러내 준다. 그녀가 왕의 야만주의에 대해 말할 때 관객들은 그녀가 샴을 떠나려나 보다 하고 생각한다. 그러나 (여기서 음악으로 인해 새로운 분위기가 조성된다) 그녀는 〈아이들, 나를 바라보는 그 작은 얼굴들〉을 떠올린다. 관객들은 그녀가 아이들과 떨어질 수 없다는 것을 알아챈다. 「회전목마」의 빌리의 독백에서도 우리(관객)는 존재 이유(증인)를 가지고 있다. 대부분의 등장인물들은 결말 부분에 가서야 확실한 판단에 이르는 것이다.

「집시」의 로즈처럼 2막에서 인물이 변화를 겪는다면 그 변화는 힘 있는 독백으로 발전될 수 있다. 2막으로 깊숙이 접어들면서 작사가 스티븐 손드하임은 이 독백을 통해 앞서 불렸던 줄 스타인의 노래를 다시 소개할 기회를 만들었다. 공연의 우수성을 지켜 나가면서 뛰어난 오페라 감각으로 통일성을 창조해 낸 것이다.

마지막 장면은 이제 집시 로즈 리라는 스트립 걸로 성공한 딸과 헤어지고 외로이 남겨진 로즈의 차례이다. 집시가 엄마에게 〈그걸 왜 하는데 *What'd you do it for?*〉라고 물으면 로즈는 이제 관객들과 마주한다.

---

*25 토머스 셰퍼드는 (다른 유명한 연극인들과 마찬가지로) 독백이 변화를 암시하는 것이라고 생각한다. 특히 등장인물이 내면적인 생각에 대해 이야기하는 솔로곡을 그는 〈크레도〉(신조)라고 명명했는데 그렇다면 〈죽느냐, 사느냐〉로 시작하는 햄릿의 대사 역시 크레도라고 할 수 있을 것 같다.

로즈 그걸 왜 하는지 알고 싶냐? 너무 일찍 태어났는데 너무 늦게 시작했기 때문이다. 그게 이유야! 내가 가진 재능을 가지고 너희들 중 어떤 놈보다 잘될 수 있었어. 내 속에 있는, 저 속에 눌러 둔 재능을 밖으로 꺼냈더라면, 아무리 큰 간판이라도[26] 모자랐을걸. 아무리 밝은 조명도[27] 칙칙하게 느껴졌을 거라고. (모든 사람에게 대고 소리를 지른다) 여기 그녀가 있다. 소년들이여, 여기 그녀는 우주다! 여기, 로즈가 있다! (노래한다.)[28]

〈어떤 사람들 *Some People*〉에서 나왔던 단편들을 일부 보여 주는 이 솔로곡은 또 다른 곡, 〈미스터 골드스톤 *Mr. Goldstone*〉과도 연관성을 가지고 있다. 여기서 로즈는 〈뒤에 서서 찍은 사진들만 잔뜩 모은 스크랩북〉밖에 남겨 준 게 없는 자신의 매니저 기질을 애처롭게 시험해 본다. 이번에는 〈모든 게 잘될 거야 *Everything's Coming Up Roses*〉라고 깨달으면서 진실에 찬 로즈의 독백이 마무리된다. 가장 아름다운 부분은 마지막 소절로 이번엔 가사가 살짝 바뀌었다. 〈너와 나를 위해서〉가 이제는 〈나를! 나를 위해서! 나를〉이 되는 것이다.[29]

더 살펴볼 만한 독백곡, 인물 성격 제시곡, 솔로곡이나 〈크레도〉로는 「맥 앤 메이

---

[26] 그 위대한 이름을 써넣기엔 — 역주.

[27] 그녀를 비추기엔 — 역주.

[28] 앞 장에서도 말했지만 감정이 말로 표현하기에 너무 커지면 음악을 이용함으로써 뮤지컬이 감동적으로 크게 도약할 수 있다.

[29] 스티븐 손드하임은 이렇게 회고한다. 〈원래는 로즈가 자신의 과거를 악몽처럼 보면서 무용 장면으로 시도해 보려고 했습니다……. 리허설 때까지는 계속 무용으로 갔지요. 《로즈의 차례》란 곡은 연습 중에 만들었는데 무용 아이디어가 나머지 공연과 어울리지 않는다는 게 확실해졌습니다. 너무 인위적이고 완전히 아니었어요……. 공연에서는 로즈를 나오게 해서 서른두 마디를 부르게 했습니다. 두 번 부르게 하려고 했는데 생각한 대로 안 됐죠. 그래서 제리(로빈스)가 원했던 악몽과 같은 효과를 만들어 보기로 했고 음악과 가사만으로 해보자고 얘기가 된 거죠. 《그런데, 그걸 어떻게 할 것인가? 의식의 흐름이 단절되는 테크닉을 쓴다?》 원래 무용으로 하려던 아이디어는 그녀의 인생을 시각적으로 반복시켜 보자는 것이었는데, 그걸 버리고 노래로 하려다 보니 앞서 나왔던 노래들을 악몽과 같은 느낌을 주게 만들어서 리프라이즈하는 수밖에 없었지요. 그래서 《로즈의 차례》는 기본적으로 이미 불렸던 노래들의 변형 시리즈라고 할 수 있어요. 멜로디 변형과 불협화음 반주, 약간의 가사 변형을 했고요, 내내 듣고 보았던 모든 것을 다시 보여 주는, 만화경 같은 느낌을 주는 노래로 만들었지요.〉

블」의 〈장미를 보내지 않겠어 *I Won't Send Roses*〉, 「남태평양」의 〈쌍둥이 독백 *The Twin Soliloquies*〉, 「퍼니 걸」에 나오는 파니 브라이스의 결심 서린 독백 〈내 퍼레이드에는 비를 내리지 마세요 *Don't Rain on My Parade*〉 등이 있다.

:: 연가

뮤지컬 연극이 일반 연극이나 코미디와 다르다면 그것은 감성에 호소하는 부분이 많기 때문일 것이다. 무대에서는 두 연인이 천천히 사랑을 시작하고 작사가는 대사를 만들어 나가면서 이 연인들의 느낌을 표현해 나간다. 앞서 몇 번 말했듯이, 그러다가 감정이 말로 하기에 너무 벅차지면 노래가 되는 것이다. 음악 작업을 하는 사람들은 감상적으로 느껴지는 대사를 운율이나 노래로 표현해 내는 것이다.

가사를 미화시키고 증폭시켜 내는 음악적 효과를 일일이 다 설명하기는 힘들다. 다만 음반으로 출시된 작품 중에서 자기가 모르는 노래를 몇 곡 골라서 들어 보라고 권하고 싶다.

러브 러브 송

러브 송도 나름대로 진화를 해왔다. 뮤지컬 코미디 초창기에는 사실 가사가 너무 뻔했다. 언제나 〈사랑〉이나 〈키스〉, 〈심장〉 같은 단어를 제목에 넣었고 정작 노래를 하는 사람에 대해서는 별로 말해 주는 게 없었다. 대본 작가들은 관객이 극의 상황보다는 사랑의 정신에 의해 감동받기를 원했다. 사실 극의 상황이라는 것이 그저 생명력 없는 전형적인 인물들이 만들어 나가는 것에 불과했으니까 그럴 만도 했다. 그러나 그렇다고 해서 가슴을 울리는 감동도 없었다는 것은 아니다. 절정으로 달아오르는 선율이나 감정을 따라 치솟는 높은 음, 하모니를 이루는 남성과 여성 화음의 감칠맛 나는 조화에 힘입어 많은 감동을 자아내곤 했다.

컨과 해머스타인은 「사랑의 유람선」에서 화룡점정을 이루었던 〈당신은 사랑 *You Are*

Love〉에서 매우 저음으로 노래를 시작하게 했다.

> You are love, / Here in my arms / Where you belong, / And here you will
> stay. / I'll not let you away, / I want day after day with you.
> (당신은 사랑, / 여기 내 품속에 / 바로 당신이 있을 곳이며 / 여기 당신이 머물 곳
> 에서. / 떠나 보내지 않겠소, / 매일매일 당신과 함께 하고파.)

〈당신이 나와 함께 이를 곳은, 언제나 천국이 될 거예요〉라는 마지막 가사에 이르
기까지 컨의 음악은 두 옥타브 반을 넘나들며 춤을 추는 선율을 선사한다. 마지막 소절에
이르면 소프라노는 B 플랫까지 올라가고 테너는 G까지 강렬한 고음을 내며 만나게 된
다. 이 연인들은 다른 인물로 대치되어도 상관없을지 몰라도, 관객들은 〈로맨스〉의 힘을
타고 감정이 고조되는 것을 만끽한다.

〈당신은 사랑〉은 콜 포터의 〈소 인 러브*So In Love*〉와는 사뭇 다르다. 콜 포터는 이
사무치는 발라드인 〈소 인 러브〉에서 진실함이 최고가 아닌 연극적 결혼의 변천을 이야
기하고 있기 때문에 이 가사는 풍자적인 투로 쓰였을 수도 있고 아닐 수도 있다. 어쨌든
어둡고 나지막하게 시작해서 열렬한 감정 폭발로 이어지는 이 곡은 뮤지컬 사에서 가장
중요한 러브 송으로 남아 있다. 노래는 이렇게 시작한다.

> Strange, dear, but true, dear, / When I'm close to you, dear, / The stars fill
> the sky······ / So in love with you, am I.
> (이상하지만, 그대여, 정말이에요, 그대여, / 당신 곁에 있으면, 그대여, / 하늘은
> 별로 가득해져요······ / 당신을 사랑하는 내 마음처럼.)

이 낭만적인 노래는 A1, A2, 브리지, A3 형식으로 구성되어 있는데 A부분에 이를
때마다 최고음까지 치달아 오르며, 격렬한 폭스트롯(짧고 빠르며 활발한 리듬)을 가지고

있다. 이러한 이유 때문에 노래가 절정에 닿으면 긴장이 극도로 증대된다. 비교적 긴 마지막 부분이 담배 연기의 긴 여운처럼 느껴진다.

So taunt me, and hurt me, / Deceive me, desert me, / I'm yours till I die! /
So in love, so in love / So in love with you, my love / Am I.
(그렇게 나를 놀리고, 상처 주고 / 날 속이고, 날 버려도, / 죽을 때까지 난 당신의 것! / 그렇게 사랑해요, 사랑해요 / 그렇게 사랑해요 당신을, 내 사랑 / 저는.)

옛날 오페레타 식의 구태의연한 감정이긴 하지만 1980년대 말에 나온 「레미제라블」의 〈사랑으로 가득한 마음 *A Heart Full of Love*〉이나 「오페라의 유령」에 이를 때까지도 이런 방법이 성행했다. 이렇게 감정을 솔직하게 드러내는 〈사랑밖엔 난 모른다〉는 식의 노래들은 많이 있다. 〈사랑해 *I Love You*〉(이 제목을 단 노래는 내가 아는 것만도 네 곡이 넘는다), 〈사랑해, 포기 *I Loves You, Porgy*〉, 〈다시 사랑에 빠졌어요 *I'm in Love Again*〉, 〈멋진 남자와 사랑에 빠졌어요 *I'm in Love With a Wonderful Guy*〉 등등.

반연가(半戀歌)
연인이 자신의 사랑을 부인하는 경우도 있다. 그러나 이러한 부인은 오히려 관객들에게 사랑을 확인시켜 주는 것이 된다. 전형적인 예로 〈이것이 사랑일 리가 없어 *This Can't Be Love*〉가 있다. 연인들에게 너무 과시하지 말라고 훈계를 하는 〈사람들은 우리가 사랑에 빠졌다고 말하겠죠 *People Will Say We're In Love*〉도 역시 부정적인 면을 드러낸 경우이다. 〈이것이 사랑이 아니라면 *If This Isn't Love*〉이나, 〈나는 사랑을 한 적이 없어요 *I've Never Been in Love Before*〉, 〈나는 그를 어떻게 사랑해야 할지 몰라 *I Don't Know How To Love Him*〉와 같은 경우도 불확실한 사랑을 노래한 경우이다. 앤드루 로이드 웨버의 히트작으로 1989년 공연되었던 「사랑의 모습들」의 〈사랑은 모든 것을 변하게 해요〉가 있는데, 이 곡은 낭만적인 말로 〈사랑〉이 어떻게 구체화되는지, 잘 나가다가 어떻게 뒤틀리는지 이야기한다.

** 「오페라의 유령 Phantom of the Opera」(1986). 주인공 역을 맡은 마이클 크로포드.

〈사랑에 빠진 것만 같아 *It's Almost Like Being in Love*〉와 같이 사랑의 주변을 맴도는 경우도 있다. 모두 〈사랑〉이라는 단어를 제목에 사용했지만 직설적이지는 않다. 이런 경우를 모두 〈반연가〉라고 이름 붙여 보았다.

회상 연가

뮤지컬이 가진 중요한 흥행상의 강점은 향수를 주로 다루고 있다는 것이다. 가장 크게 성공을 거두었던 뮤지컬들은 대부분 우리 이전의 시대를 다루고 있다. 이와 더불어 감상적인 면을 가지고 있는 뮤지컬은 과거를 회상하거나 추억에 잠기는 나이 든 인물들을 내세우곤 한다. 「미치광이의 우리」에는 〈모래 위의 노래 *Song on the Sand*〉가 있고 「그녀는 나를 사랑해」에는 〈지나간 나날들 *Days Gone By*〉이 있고 「왕과 나」에는 서브 플롯상의 인물들의 사랑을 보며 자신의 옛사랑을 회상하는 여주인공이 있다. 그녀는 이렇게 노래한다.

Hello, young lovers / Whoever you are, / I hope your troubles are few. / All of my mem'ries go with you tonight / I've been in love like you……
(안녕, 젊은 연인들이여 / 당신들이 누구든지, / 고민은 조금밖에 없길 바라요. / 오늘 밤 그대들을 보니 내 옛 추억이 떠오르는군요 / 나도 그대들처럼 사랑을 했었지요.)

간접적인 연가

오늘날 뮤지컬 연극은 과거를 회상하거나 사랑이라는 감정에 대해 토론하기 위해 달리고 있는 극의 흐름을 멈추지 않는다. 이제 연가는 새로운[*30] 방법으로 플롯을 진행시키면서

[*30] 「안녕 버디」, 「애니」, 「갈채」 등 많은 뮤지컬을 쓴 찰스 스트라우즈는 이러한 새로움이 놀라움을 줄 수 있어야 한다고 생각한다. 〈상상력을 사로잡는…… 그런 것 말입니다. 주인공이 사랑에 빠진 것을 안다면 《사랑해 *I Love You*》라는 노래를 부르는 것은 너무 뻔하지요. 그러나 그러기 전에 그가 신발 끈을 묶고 등에 경련을 일으킨다면 흥미롭지 않겠어요. 관객들은 그런 노래는 기대하지 못했을 테니까요…… 리(애덤스, 오랜 동료)는 노래 제목으로 《사랑해》가 아니라 《오, 내 등 *Oh, My Back*》이 좋겠다고 생각했어요. 《사랑해》라고 하면 관객들이 재미없어 할 테니까요.〉

등장인물들을 조명한다. 이런 경우에는 숨겨진 면을 살펴보기 전까지는 러브 송이라고 느껴지지 않기 때문에 〈간접적인〉이라는 다른 용어를 사용해 보았다. 현대의 연가들을 이해하기 위해서는 직접 몇 곡을 살펴보는 것이 가장 쉬운 방법일 것이다.

로저스와 해머스타인이 만든 「회전목마」에서는 줄리와 빌리가 서로 열렬한 감정을 가지고 있어서 극이 끝날 때까지 이러한 자석과 같은 끌림이 계속 발전해 나간다. 그러나 기본적으로 둘은 소심하다. 줄리는 친구인 캐리에게 자기가 만난 잘생긴 빵 굽는 청년에 대한 불확실한 감정을 얘기한다. 친구의 반응은 〈넌 이상한 애야, 줄리 조던 You're a Queer One, Julie Jordan〉으로 표현된다. 나중에 빌리가 나타나 둘만 있게 되면 뽐내는 듯한 그 청년이 실은 매우 소심하다는 것을 느낄 수 있다. 대사로부터가 아니라 〈내가 만약 당신을 사랑한다면 If I Loved You〉이라는 노래를 통해서 이 느낌은 확실해진다. (로저스는 너무나 중요한 단어 〈만약〉에다가 강한 비트를 준 다음 두 박자를 기다리게 함으로써 〈만약〉이라는 말이 매우 중요한 의미임을 느낄 수 있게 했다.) 이 단어는 거절을 당하는 것이 두려워 껍질을 깨지 못하는 부끄러움 많은 이 커플에 대한 암시이다. 그렇게 해서 이 연가를 통해 두 인물의 성격을 알게 될 뿐 아니라 감동까지 얻게 된다.

이보다 더욱 주변만 맴도는 연가로는 다소 과소평가되어 온 뮤지컬 「맥 앤 메이블」에서 제리 허먼이 작사한, 메이블 노먼드에게 불러 주는 맥 세네트의 노래가 있다. 무모한 맥은 자기 여자에게 〈난 장미를 보내지 않을 거예요 I Won't Send Roses〉를 불러 주면서 자기의 무수한 실수담을 나열한다. 요지는 자기가 얼마나 감성이 부족한가이다. 그러나 노래의 마지막 부분에 가면 그는 친근하고 다정하게 〈그리고 장미는 당신에게 잘 어울려요〉라고 노래한다. 관객들은 이 마지막 가사에서 맥이 아닌 척하지만(이것은 대사 아래 깔린 분위기, 서브 텍스트를 통해 알 수 있다) 사실 매우 부드러운 남자라는 것을 알게 되면서 노래하는 이 인물과 노래에 대한 무한한 동정을 느끼게 된다.

메이블은 자기 차례가 되면 자기 대답에 대한 맥의 용기 없음에 단념지지 않고 〈그러니까 장미가 필요한 게 누구죠? 그 사람이 아니라면?〉이라고 마지막 부분에 코러스를 넣는다. 관객들이 창조적인 접근 방식에 충격을 받는 동안 다시 한 번 노래하는 인물들의 현실성이 되살아난다.

　　내가 특히 좋아하는 방식인 간접적인 연가 중의 하나가 「그녀는 나를 사랑해」의 마지막에 있다. 아밀리아가 〈아이스크림〉에서 노래하는 달콤한 고백은 모두 그녀의 연인, 게오르그에 대한 것이다. 그가 왜 아이스크림을 가지고 왔을까를 곰곰이 생각하다가 그녀는 자기가 그를 사랑한다는 것을 깨닫는다.

　　오늘날의 연가는 〈사랑〉이라는 말을 제목에 쓰지 않는다. 그렇다고 해서 너무 낭만적이지 않을 필요는 없다. 〈마법에 걸려 괴롭고 미치겠다〉나 〈체리 파이는 당신 같아야 해요*Cherry Pies Ought To Be You*〉처럼 조금 뻔뻔스럽고 경쾌할 수도 있고 〈비처럼 똑바로*Right As the Rain*〉나 〈내 심장이 멈췄어요*My Heart Stood Still*〉나 〈당신이 사는 거리에서*On the Street You Live*〉나 〈매혹된 저녁*Some Enchanted Evening*〉처럼 편안하게 갈 수도 있다. 혹은 〈육체와 영혼 *Body and Soul*〉이나 〈살아 있다는 것〉처럼 엄청난 긴장감을 줄 수도 있을 것이다.

:: 리프라이즈

관객의 바람에 따라 2막에는 적어도 두세 곡의 리프라이즈가 준비된다. 리프라이즈를 신중하게 사용하면, 레먼 엥겔이 그의 저서 『음악이 있는 말*Word With Music*』에서 말했듯이, 〈옛날 친구를 다시 한 번 마주친 것 같은〉 반가움을 줄 수도 있다. 많은 작곡가들이 리프라이즈를 이용하고 싶어 하지만 작사가들은 대부분 그 반대다.[31]

　　대부분의 실험적인 작곡가들에 따르면(스티븐 손드하임과 그 일파에 대해 읽어 보라) 이 테크닉이 빠른 속도로 폐기되고 있다고 한다. 구식의 뮤지컬들만이 리프라이즈되기

---

[31] 스티븐 손드하임은 리처드 로저스와 함께 작업했던(「제가 왈츠를 듣고 있나요*Do I Hear a Waltz?*」) 때를 이렇게 회상한다. 〈로저스는 《이 순간을 잡아요*Take the Moment*》를 리프라이즈하고 싶어 했습니다. 이유를 물었더니 《그 선율을 다시 듣고 싶다》고 하더군요. 저로서는 그 정도면 충분했는데 말이죠.〉(최종 제작될 때 이 노래가 리프라이즈되었다.)

에 적당한 32마디 정도로 작곡을 한다고 한다. 요즈음은 오페라에서 쓰였던 전통적인 테마를 사용하는데 공연 동안 들어오고 나갈 멜로디를 분배하는 것이다. 이것이 〈라이트모티프leitmotifs〉라고 불리는 수법이다. 「사랑의 모습들」에서도 〈사랑은 모든 것을 변하게 해요〉에서 팝에 가깝게 라이트모티프를 응용해서 이 선율이 관객의 귀에 익숙해지게 만들었다. 때로는 극의 줄거리와 상관없는 것이 될 수도 있다. 이런 수법을 사용해서 휘파람 불기에 좋은 곡을 시리즈로 만들어 내기도 하는데, 사실 별로 강렬하거나 기억에 남을 만한 곡이 되지는 못한다. 그것은 무대에서 어떤 상황이 벌어지고 있는지 별로 신경을 쓰지 않고 리프라이즈를 하기 때문이다. 그저 바뀐 가사가 선율의 음표 수에 맞춰서 끼워 넣어지고 멜로디만 반복해서 관객을 공략하는 것이다. 리프라이즈가 될 때는, 기술적으로 이야기하자면, 어떠한 경우든 음악과 가사만 똑같을 수 있지 극적인 상황은 같을 수가 없는 것이다.[32]

2막은 리프라이즈를 필요로 하는 것처럼 보인다. 그러나 리프라이즈가 받아들여질 만한 곳, 혹은 바람직한 부분이 이것 말고도 있다. 〈당신 그 표정을 지워요Take That Look Off Your Face〉나 돈 블랙과 앤드루 로이드 웨버의 「송 앤 댄스」의 노래 부분에 나오는 〈레터 홈Letter Home〉은 공연의 구조와 구성상의 한 부분이 되고 있다. 특히 이 경우에는 플롯이 미국에 사는 영국 소녀가 고향의 엄마에게 쓰는 편지를 통해 진행되기 때문에 리프라이즈가 가사에 필수적이다.

완전히 다른 상황인데도 같은 가사를 사용하면서 감정적으로 호소하는 또 다른 경우가 있다. 콜 포터의 「이 세상의 밖Out of This World」에 나오는 〈체리 파이는 당신 같아야 해요〉와 같이 리스트 송은 새로운 가사나 반대되는 가사로 쓰임으로써 감정은 거의 배제되어 있지만 늘 즐거움을 준다. 이 경우에는 사랑스러운 효과보다는 오히려 끔찍한 효과를 주는 선율을 이용했다. 또 다른 예로는 「집시」에 나오는 〈당신을 즐겁게 해드릴게요〉

---

[32] 윌리엄 해머스타인은 이를 간결하게 설명한다. 〈리프라이즈는 기억을 되새겨 주어야 한다. 처음 1막에서 그 노래를 들었을 때의 느낌을 말이다……. 어떻게 시작이 되었었는지 당시의 감정을 되새기게 해서 이제 여기까지 왔다는 것을 말해 줄 수 있어야 한다.〉

** 「포럼에 가는 길에 우스운 일이 생겼네A Funny Thing Happened on the Way to the Forum」(1996). 리 짐머만과 나단 레인.

로 공연 내내 좀 유치한 방법으로 리프라이즈가 사용된다. 4분의 3박자의 왈츠 클로그 *clog* 템포로서, 집시가 스트립 걸로 데뷔할 때는 같은 곡을 완전히 다른 상황에서 부른다. 넌지시 유혹하는 듯한 야한 분위기로 불리는 것이다. 오케스트라는 백 비트(두 번째와 네 번째 박자에서 강하게 악센트를 주는 기법으로 전형적인 스트립티즈 음악)까지 넣어 주고, 〈몇 가지 기교를 써서〉, 〈기분좋게〉 같은 가사는 같은 단어를 가지고도 순진한 느낌에서 야한 느낌으로 바뀌는 확연한 변화를 주었다.[33]

　　자신의 초기 작품들(「누구나 휘파람은 불지요」, 「집시」, 「제가 왈츠를 듣고 있나요?」, 「포럼에 가는 길에 우스운 일이 생겼네」, 「폴리스」)에 자연스럽게 리프라이즈 곡들을 삽입시켰음에도 불구하고, 스티븐 손드하임은 리프라이즈 사용에 대한 반발을 보이곤 했다. 인터뷰에서 밝혔던 손드하임의 입장을 들어 보자.

　　1막에서 사용되었던 가사가 2막에 다시 사용된다는 개념에 대해 많은 의심이 들었습니다. 희곡을 쓰면서 인물이 전에 겪었던 것과 똑같은 감정을 나중에 경험한다고 가정하면 같은 대사를 리프라이즈할 수 있을 것 같습니까? 아니면 뮤지컬 작품에서 노래가 리프라이즈될 수 있을 것 같으세요? 글쎄요, 대부분 그런 경우는 생기지 않습니다. 특히 조금이라도 무게가 있는, 혹은 밀도 있는 이야기를 하고 있는 경우라면 등장인물은 계속 변화하게 마련이지요. 「컴퍼니」 같은 공연은 리프라이즈가 가능한 작품이었습니다. 늘 똑같은 상태에 있는 인물에 대한 이야기였으니까요. 그렇지만 저는 그 인물이 노래만 하는 인물이 되길 바라지 않았기 때문에 리프라이즈를 사용하지 않았습니다. 「포럼」 같은 경우에는 코믹 효과를 위해서 리프라이즈를 사용했지요. 말하자면, 전혀 다른 상황에서 한 번 들었던

---

[33] 짧은 두 개의 뮤지컬로 구성되었던 「로맨스, 로맨스」 같은 경우 첫 번째 이야기에서는 1890년 파리를 배경으로 하고 다른 하나에서는 거의 1백 년 전의 이스트 햄프턴을 배경으로 하여 같은 노래를 사용했다. 첫 번째에서는 순수한 오페레타 스타일로, 나중에 리프라이즈될 때는 록의 리듬과 느낌을 살렸다. 이런 시도는 제법 효과를 거두었다.

노래를 다시 듣는 것이었죠. 사실 가사는 달랐습니다.

리프라이즈를 사용한 경우가 있기는 합니다. 그렇지만 같은 음악적 소재를 사용했다고 해도, 제게는 무언가 발전한 것으로 보였습니다. 희곡이 주제에 대해 새로운 국면을 보여 주는 것이 아니라면 가사는 같을 수가 없는 거죠. 한 번 들려 주었던 선율을 다시 들려줌으로써 관객을 만족시키는 것이 아니라, 줄거리와 인물들을 이해하게 하고, 흥분하게 만들고, 그들의 음모에 속게 만듦으로써 더 큰 만족을 줄 수 있다고 생각합니다. 물론 가능하기만 하다면 두 가지 방법을 다 사용하는 것도 좋겠지요. 저는 음악이 리프라이즈될 만한 부분을 보았습니다. 그러나 가사가 리프라이즈될 수 있는 경우는 한 번도 본 적이 없어요.

리프라이즈를 평가 절하하는 게 아니라, 관객들의 집중력을 깨뜨리지 않도록 공연에 충실하면서, 그들이 브로드웨이 극장에 와서 리프라이즈 곡을 듣고 있다는 걸 상기시키지 않고 공연의 분위기를 유지해 나가면서 리프라이즈를 할 수 있는 방법을 찾는다는 게 너무 힘들다는 말입니다. 정말이지 그건 너무 어렵습니다.

그러나 실험적인 작사가, 미치 더글러스는 손드하임에 대해 이렇게 말했다. 〈사실 손드하임은 리프라이즈를 사용하지 않습니다만, 그렇다고 해서 리프라이즈를 효과적으로 쓸 수 있는 방법이 없는 것은 아닙니다. 손드하임도 주제 음악을 리프라이즈합니다. 모티프를 정해서 반복을 하겠지요. 그건 구식 아이디어라고 할 수 있습니다. 「가장 행복한 녀석」에 나오는 《알게 되어서 반갑습니다 *Happy To Make Your Acquaintance*》 같은 경우를 봐도 전체 장면이 반복되지요.〉[34]

아마도 가장 연극적이고 애처로운(이것은 대부분의 연극인들이 리프라이즈에 대해

---

[34] 이 노래에서 토니의 새 부인인 로사벨라는 이탈리아 이민자인 토니에게 어렵게 자기 소개 인사말을 가르치는데 그것이 바로 〈알게 되어서 반갑습니다〉이다. 이 노래는 나중에 로사벨라가 친한 친구 클리오에게 토니를 소개할 때 매혹적으로 리프라이즈된다. 결국 토니는 이 말을 쓸 줄 알게 된 것이다. 물론 그는 잔뜩 긴장한 채 이 말을 입 밖에 내게 되지만 그 모습이 더욱 사랑스럽다.

일반적으로 가지고 있는 생각을 표현한 것이다) 리프라이즈는 손드하임과 퍼스의 작품 「우리는 즐겁게 간다」에 나오는 것이 아닐까. 한 제작자의 아내가 창의적인 젊은이들이 만든 새 뮤지컬 작품을 축하하기 위하여 호화스러운 파티를 열고 있는 장면 말이다. 한껏 멋을 부려 성장을 한 이 여자는 매우 기쁜 일이 있다고 발표함으로써 파티의 흥을 깬다. 작업하고 있는 이번 뮤지컬을 위한 멋진 히트곡을 하나 선사받았다는 것이다. 사실 이 노래는 손드하임의 가장 교묘한 발라드인 〈굿 싱 고잉〉(이 책 81페이지를 보시오)이다. 여주인은 호들갑스럽게 박수를 치면서 손님들에게 과장된 표현으로 물어본다. 〈멋지지 않았어요? 다시 한 번 듣고 싶지 않으세요?〉 배우들은 마지못해 동의한다. 반쯤 노래를 불렀을 때 (대위법으로) 누군가 마실 것을 요청하자 또 다른 목소리가 함께 끼어들고 파티는 원래 분위기로 되돌아가고 노래는 흐지부지되고 만다. 배우들은 노래를 끝내려고 애를 쓰다가 깨닫게 된다. 앨런 제이 러너의 부드러운 표현을 따르자면 〈속편은 절대로 같은 효과를 낼 수 없다는 것〉을. 창의적인 뮤지컬 작품에 참가했었던 사람이면 누구나 이처럼 굴욕적인 자리에 서본 경험이 있을 것이다. 그들이 박수 치던 손을 내려놓을 때, 우리가 박수에 굶주려 있을 때, 우리는 손드하임의 이 서글픈 묘사를 잊어버리는 경우가 많다. 그러나 이것을 늘 기억한다면 박수 없이도 잘살 수 있다는 것을 직접 경험하지 않아도 알 수 있을 것이다.

:: 음반용 노래와 뮤지컬 노래

1950년대에는 록, 컨트리 송, 노벨티 송이나, R&B 등의 대중 음악들이 오늘날 우리가 알고 있는 공연 음악으로 바뀌었다. 대부분의 히트 팝송들은 모두 뮤지컬에서 나왔으며 관객들은 자기가 알고 있는 노래들을 들으려고 공연을 보러 갔고, 그 후 몇 달간은 그 노래를 흥얼거리곤 했다.[35]

　　뮤지컬 초창기와 이후 레뷔 형식이 유행할 당시에는 제작자들이 〈이식 *interpolation*〉이라고 하는 방법으로 성공을 보증하곤 했다. 음반사에서 맨해튼의 틴 팬 앨리 Tin Pan Alley

로 사람을 보내 공연에 포함시키고 싶은 곡들을 몇 곡 연주하게 하면, 뮤지컬 제작자들이 와서 들어보고 그중에서 가장 히트를 할 것 같은 곡을 골라 공연에 삽입곡으로 사용했다. 어빙 벌린이 썼던 곡 중에서 가장 큰 히트를 기록했던 작품으로 〈블루 스카이즈Blue Skies〉라는 곡이 있다. 이 곡 역시 (엄청난 반대에도 불구하고) 〈이식〉이 되어 「베스티Besty」라는 뮤지컬에 삽입되었다. 뮤지컬 전작을 만드는 훌륭한 팀인 로저스와 하트조차도 제작자의 요구에 못 이겨 성공을 보장하는 어빙 벌린에게 히트곡을 만들 기회를 내주어야 했던 적이 있었다고 한다. 히트곡을 겨냥한 뮤지컬 전통은 계속 퍼져갔고 몇 십 년 동안이나 계속되었다. 그러나 극장에 가는 사람들이 노래를 다 알고 있어서 오케스트라가 서곡에서 귀에 익은 발라드 연주를 시작하기만 해도 박수가 터져 나오던 시대는 이제 지나갔다. 최근 작품들을 살펴보면 「지저스 크라이스트 슈퍼스타」의 〈나는 그를 어떻게 사랑해야 할지 몰라〉, 「에비타」의 〈날 위해 울지 말아요, 아르헨티나Don't Cry For Me Argentina〉, 「캐츠」의 〈메모리〉, 「레미제라블」의 〈온 마이 오운On My Own〉을 빼고 나면 뮤지컬에서 이제 대히트곡이 별로 나오지 않는다는 걸 알 수 있다. 이러한 두 장르 간의 친분이 와해되어 버린 것은 참으로 안타까운 일이다. 작곡가와 작사가들의 수입이 줄어들었을 뿐만 아니라 브로드웨이나 웨스트 엔드로 공연을 보러 가는 요즈음의 관객들이 기대감을 빼앗겨 버렸기 때문이다.

　　너무 이타적으로 들릴지도 모르지만, 셸던 하닉은 마빈 햄리쉬와 나누었던 대화를 기억하며 공연 노래가 갖추어야 할 점에 대해 이렇게 이야기하고 있다.

　　그(마빈 햄리쉬)는 그전에 공연 작업을 해본 경험이 없었는데, 에드 클레반
　　Ed Kleban(「코러스 라인」)이라는 매우 재능 있는 작사가이자 작곡가와 같이 작업을

---

*35 두 장르 간의 화해가 일어났다고 할 수 있다. 1989년 공전의 히트를 기록했던 〈사랑은 모든 것을 변하게 해요〉는 「사랑의 모습들」에서 나온 곡이었고, 〈내 마음을 잃으며 Losing My Mind〉는 「폴리스」에 나왔던 곡으로 팝 순위에서 1위까지 올라갔던 노래들이다. 두 곡 모두 드럼을 사용한 무거운 노래다. 후자의 경우는 라이자 미넬리Liza Minelli가 자기 연민보다는 하드 록의 분노를 살리면서 녹음을 했다. 반대의 경우도 있었는데, 1940년대에는 팝 가수들이 히트하기 어려운 〈마법에 걸려서Bewitched〉와 같은 공연 노래들에 겁 없이 도전해서는 감성적인 창법으로 가요 순위 1위를 향해 질주하는 모습을 보이기도 했다.

하게 되었죠. 그들은 선택을 해야만 했고 그 상황을 훌륭하게 헤쳐 나갔죠. 상업적
인 레코드 시장에서 기회를 잡을 만한 노래를 만들 수도 있었고 마이클 베넷이 의
도하는 대로 맞추어서 공연을 위해 필요한 노래만을 만들 수도 있었습니다. 결국
그들은 매우 현명한 결정을 내렸습니다. 마이클을 택하지 않았다면 그렇게 잘 해
내지 못했을 거예요. 마이클이 하는 말을 잘 따라서 공연에 꼭 필요한 노래만을
만들었지요. 결국 그들은 노래가 녹음될 수도 있을 거란 걱정은 접어두고 극의 상
황이 어떠한가에 더 집중을 했던 겁니다. 극중의 인물이 어떤 말을 해야 될까? 무
대에서 효과적으로 작용하기 위해서는 무엇이 필요할까? 공연에 어떻게 맞추어

* * 「에비타Evita」(1978). 카사 로사다 신 *scene*.

나갈까? 마지막 곡인 〈사랑을 위해 내가 한 것 *What I Did For Love*〉이 히트곡을 겨냥해서 만들어진 유일한 노래였습니다. 공연은 연극적으로 모든 요소가 너무나 매끄럽게 연결되어 있는 훌륭한 작품이 되었습니다. 저는 햄리쉬와 클레반이 절대적으로 옳은 결정을 내렸다는 생각이 듭니다.

나는 이에 동의할 수밖에 없다. 「코러스 라인」이 오랫동안 공연되어 오면서 많은 음반을 냈지만 오리지널 캐스트 앨범이 가장 많이 팔려서 수백만 달러를 벌어 주었다. 공연에 충실했기 때문에 계속 관객들을 감동시키는 것이다. 「헤어」와 같이 어처구니없는 시도를 했던 경우를 빼고는 뮤지컬을 통해 히트곡을 만들어 내던 시대는 이제 지나갔다. 스티븐 손드하임이 만들어 낸 수많은 우수곡들을 다 합해 봐도 그를 지금의 위치에 올려놓은 히트곡, 히트곡의 모델이 되어 버린 감동적인 노래 〈센드 인 더 클라운즈〉[36] 한 곡을 당할 수가 없다.

뮤지컬이 인기 팝송 탑 포티(Top 40, 혹은 Top 100)의 산실이 되었던 시대는 이제 지났다. 노래가 줄거리나 대본보다 더 우위를 점하게 된다 하더라도 그런 시대는 이제 다시 오지 않는다. 그러나 마크 스타인이 말했듯이 많은 작곡가와 작사가들이 자신들에게 특별한 의미가 있는 이름이나 거리 묘사나 이야기들로 가사를 채움으로써 성공에서 멀어지는 것이 사실이 아닐까? 그는 이렇게 말한다.

잘난 척하는 것으로 들리지 않기를 바라면서, (한번도 팝송을 만든 적이 없는) 괴테의 말을 인용하고 싶다. 〈시인은 특별한 것을 포착해야 한다. 그러면서 무엇인가 시인 자신에 대한 것을 담아 낼 수 있다면 그는 우주를 표현할 수 있다.〉 셸던 하닉이 어렸을 때 시카고에서 어빙 벌린이 가사를 쓴 노래를 라디오에

---

[36] 이 곡은 1989년에 라이자 미넬리가 〈내 마음을 잃어 *Losing My Mind*〉라는 제목으로 녹음해 크게 히트를 했던 노래지만, 이러한 록풍의 시도는 대중 시장을 목표로 한 것이었기 때문에 원래 공연될 당시의 열정적인 느낌보다는 분노를 표현하는 느낌으로 불렸다고 한다.

서 들었다. 〈멋지다고들 하더군요 *They Say It's Wonderful*〉이란 곡이었다. 셸던은 정말 훌륭한 곡이라고 생각했다. 얼마나 아름다운 발라드 곡인가. 그리고 셸던은 뉴욕에 와서 그 공연을 보고 그 가사가 〈누가 한 말인지는 모르겠지만, 어디서 읽은 것은 아니었어요〉라는 전혀 다른 의미로 공연의 문맥상에서 사용되고 있다는 것을 알았다. 물론 애니 오클리는 〈그것을 읽은 적이〉 없었다. 줄거리상으로 아주 중요한 점, 애니가 문맹이라는 사실을 알게 하는 부분이었다. 그리고 그러한 것이 바로 뮤지컬 작사가가 해내야 하는 일이었다. 그 노래가 그 인물에게 특별한 것이 되도록 하는 것, 그러면서 일반인들이나 음반을 사서 들은 사람들, 나이트클럽이나 라디오에서 들은 사람들은 이해할 수 없게 하는 것 말이다.

로저스와 하트의 「품속의 아기들」은 1930년대에 상당히 성공을 거둔 작품으로 주택 할부금을 내기 위해서 공연을 하게 된 아이들 이야기였는데 상당히 지루한 줄거리였지만 관객들은 별로 신경을 쓰지 않았다. 모두들 〈마이 퍼니 발렌타인 *My Funny Valentine*〉, 〈그 여자는 떠돌이 *The Lady is a Tramp*〉, 〈어디에서 언제 *Where Or When*〉, 〈다시 사랑을 할 수 있다면 *I Wish I Were In Love Again*〉, 〈조니 원 노트 *Johnny One-Note*〉와 타이틀곡 〈품속의 아기들〉과 같은 이 공연의 삽입곡을 듣기 위해 왔던 것이다.[37]

이제 우리는 영화의 시대에 깊이 접어들어서 뮤지컬은 대본의 개연성[38]에 따라 공연을 계속하기도 하고 그만두기도 하게 되었다. 뮤지컬 연극의 발전을 위해서는 조야했던

---

[37] 비평가 마크 스타인은 할 수만 있다면 시간을 되돌리고 싶다고 한다. 최근의 새로운 뮤지컬에 대해 그는 이렇게 이야기한다. 〈그 모든 레치타티보(敍唱)와 더 많아진 노래 장면들, 이상한 불협화음을 들으면서 인상적이라고 느끼지요. 그렇지만 「애니싱 고우즈」를 보러 가서 그 타이틀 송을 듣게 되면 특히 여섯 번째, 일곱 번째 코러스에 다다를 때면, 이런 새로운 음악에서는 느낄 수 없는 짜릿한 흥분을 맛보게 됩니다. (콜 포터의 「애니싱 고우즈」에는 그 멋진 타이틀 곡 말고도 히트곡이 다섯 곡이나 된다. 〈당신은 나에게 흥분을 주네 *I Get a Kick Out of You*〉, 〈불어, 가브리엘, 불어 *Blow, Gabriel, Blow*〉, 〈당신이 최고 *You're the Top*〉, 〈저 파랑새처럼 *Be Like the Bluebird*〉, 그리고 〈이 밤이 새도록 *All Through the Night*〉.)

[38] 「캐츠」나 「오페라의 유령」과 같이 환상을 다룬 작품도 그 대본은 논리적으로 구성되어 있으며 믿을 만한 이야기로 흥미를 이끌어 가고 있다.

시대를 지나서 진보를 이루었다는 것이 다행스러운 일이다. 팝송 순위에 올라갈 만한 공연 노래를 만들어 낼 가능성은 이제 레뷔 분야밖에 없을 것이다. 지난 한 30여 년간 레뷔 형식이 오용되어 왔지만 별로 그럴 듯하질 못했다.[39] 그러나 「사랑의 유람선」이나 「남태평양」, 「회전목마」, 「마이 페어 레이디」, 「지저스 크라이스트 슈퍼스타」, 「레미제라블」, 「오페라의 유령」, 「미스 사이공」을 비롯해 오랫동안 공연되어 온 교과서적인 작품들의 캐스트 음반은 지금까지 수백만 장의 판매를 기록했다. 팝송 순위에 오르내리는 노래들이 벌어들이는 돈이나 그것들의 짧지만 폭발적인 인기와는 비교할 수 없겠지만, 그런 뮤지컬 음반들이 계속해서 팔리고 있는 것은 사실이다. 공연이 계속되는 한 말이다. 그러나 그들의 금전적인 보상은 슈퍼스타와 팝송 작곡가들이 벌어들이는 것에는 미치지 못한다. 작곡-작사가들이 가지는 제일 큰 바람은 작품에서 히트곡이 나오는 것이다. 그보다 더 큰 것을 바란다면, 아마도 공연을 망하게 할지도 모르는 상업주의를 노리는 것밖에는 안 될 것이다.

:: 대위법을 사용한 동시 합창곡

뮤지컬에서 대위법을 사용하는 가장 기본적인 이유에 대해서는 3장에서 다루었다(〈작곡가〉 부분). 대위법은 작은 앙상블과 더불어 작곡가들이(작사가는 좀 덜하다) 모든 뮤지컬에 사용할 필요가 있는 소금과 같은 중요한 존재이다. 작곡가, 작사가가 벌거벗은 대본에 노래를 입혀 나갈 때는, 솔로곡과 듀엣곡, 합창곡의 배분에 늘 신경을 쓰고 있어야 한다. (대위법을 사용한 곡이나 합창곡을 나중에 다시 다루게 될 전체 합창곡과 혼동해서는 안 된다.)

[39] 스티븐 슈워츠는 공전의 히트를 했던 록 음악 두 곡을 가지고 있다. 잭슨 파이브가 녹음을 했던 곡으로 「가스펠」의 〈데이 바이 데이 *Day By Day*〉와 「피핀」의 〈코너 오브 더 스카이 *Corner of the Sky*〉이다. 그는 이렇게 말했다. 〈대중 가요 시장에 맞는 곡이라고는 생각하지 않았습니다. 《코너 오브 더 스카이》는 피핀의 철학을 담은 곡이었지요. 그는 우주 속에 자신을 위한 공간을 찾으려고 했습니다. 「가스펠」의 경우에는 너무 빨리 쓴 곡이어서 그런 음악이 나왔다는 게 정말 행운이지요.〉

「오페라의 유령」에서 무대 뒤의 이야기를 다루면서 대위법을 사용한 곡은 연극적인 연설처럼 보인다. 「캔디드」의 〈트리오 *Trio*〉나 「피요렐로」에 나왔던 〈정치와 포커 *Politics and Poker*〉, 「리틀 나이트 뮤직」의 초반부에 주인공들을 소개하는 가사로 대위법 멜로디를 사용했던 〈곧 *Soon*〉, 〈이제 *Now*〉, 〈나중에 *Later*〉 같은 곡들은 모두 극에 필수적인 부분이었고 목소리 없이도 서로 최고음을 점령하려고 다투는 선율을 통해 대사가 없는 무대를 만들어 낼 만한 곡들이다.

훌륭한 예로는 제리 허먼의 「미치광이의 우리」 악보에 있는 〈칵테일 대위〉라고 불리는 부분을 들 수 있을 것이다. 앞으로 사돈이 될 고지식한 딘던 부부에게 조지가 자신이 동성애자라는 것을 숨기려고 애쓰는 저녁 식사 직전 장면 말이다. 제이콥은 화려한 〈하녀〉로 칵테일 음식들을 지나다니면서 일상적인 파티 잡담을 나누고 있다. 조지는 집 앞에 있는 악명 높은 나이트클럽에 대해서는 아는 바가 전혀 없다고 밝히면서 외국인 남성 연맹에 등록한 척한다. 가사를 한번 읽어만 봐도 이 곡이 갖추어야 할 것을 모두 갖추고 있다는 것을 알 수 있다. 허세를 부리며 연기를 하는 인물들, 잘 놀라는 딘던 부인과 고상한 남편, 말이 많은 시종의 마음속이 금방 들여다보인다. 이들의 감정은 오직 노래 안에서만 표현될 수 있으며 모든 사람이 자연스럽고 진실된 리듬으로 노래를 하고 제리 허먼만이 가진 재능을 통해 템포와 음악은 작곡가가 기대한 정확한 느낌을 제공하면서 활기를 띤다. 복마전이 펼쳐지는 것이다.

GEORGES:	MME DINDON:	DINDON:	JACOB:
I joined the	Oh what lovely	That is	It's appalling
Foreign Legion	Dishes	Even	To confess
With a saber	They're so	Worse	Our new
In my hand	Delicate	Than I feared	In-laws
And crawled	And frail	The son is	Are a mess.

Across the desert	Mine have	Strange	
With my belly	Naked children	The father	She's a
In the sand	I believe	Is weird	Prude
With	They're on-	To meet	He's a
Men who loved	Ly male	The wife	Prig
Their camels	Oops, I think	I'm actually	She's a
And their	They're playing	Afraid	Pill,
Brandy and	some exotic lit-	I prefer	He's a
I swear	Tle game	That	Pig.
Nobody dished	Oops	You	
Nobody swished	I think	Remain	So zis
When I was a	That	An	Zis
Foreign	Leapfrog	Old	Zis
Legionnaire……	Is its name……	Maid!……	for your papa!

　　뮤지컬 연극이 점점 오페라 형태와 비슷하게 발전하면서 동시 합창 *through-sung*[40] 부분이 늘어나게 됨에 따라 스티븐 손드하임은 「스위니 토드」의 2막 시작을 〈대위법을 쓴 합창곡 *concerted number*〉으로 만들기로 했다. 이 작품의 연출을 맡았던 할 프린스는 〈그는 미즈즈 로베트의 파이 가게를 중심으로 해서 무대에 둥그렇게 죽 늘어선 테이블 세트를 그려 냈습니다. 손님들이(스무 명의 코러스) 고기 파이를 먹으면서 맥주를 벌컥벌컥 마

---

[40] 「사랑의 모습들」이나 「스위니 토드」에 나오는 것과 같은 동시 합창곡 *through-sung*은 흔히 〈through-composed〉로 잘못 불리곤 한다. 엄밀히 말하자면 후자는 반복되지 않고 진행하는 선율을 말한다. 〈through-composed melody는 유명한 라흐마니노프의 피아노 콘체르토 제2번의 첫 번째 주제 같은 것이다. 긴 주제 선율이 67마디에 이르는 동안 한 번도 반복하는 소절이 없이 계속 진행되는 것이다.〉 반복되지 않는 부분들로 구성하거나 단지 모티프만을 다시 사용해서 〈through-composed〉 음악의 통일감을 구성한다.

셔대고 탁자를 두드리면서 《따끈따끈한 파이》를 내놓으라고 재촉하는 거죠. 그러는 동안 스위니는 이발소에서 가죽 이발 의자가 배달되기를 기다리고 있지요. 미시즈 로베트는 손님들의 아우성과 스위니와의 행복감에 달떠 정신이 하나도 없습니다. 이 모든 걸 위해서 스티브(손드하임)는 스물두 개의 다른 드라마를 만들어 냈는데 각 코러스들이 먹고 마시는 것을 계속 진행시키는 독특한 방법이었지요.〉

프린스는 무대화시키기에 거의 불가능한 이 장면을 고심하다가 결국 긴 탁자에 코러스들을 죽 앉히는 아이디어를 활용해서 관객들의 관심을 미시즈 로베트와 스위니 그리고 배고픈 군중, 이 세 곳에 집중시켰다. 이러한 대위 구조에 가까운 방법을 사용하면서 프린스는 〈그 뛰어난 가사들을 다 알아들을 수는 없겠지만 무얼 얘기하려고 하는지는 알 수 있지요〉라고 시인한다.

이러한 대위를 필요로 하는 대형 합창곡은 그렇게 많지 않다. 뮤지컬은 대개 동시에 전개되는 감정을 두세 가지 정도만 가지고 있다.

대위법이 사용되는 노래를 위해서는 특별히 작곡가와 작사가가 밀접하게 작업을 할 필요가 있다. 가사가 들리지 않는 경우가 생기는 것은 어쩔 수 없지만 우선 솔로 부분이 먼저 시작되고 나서 나중에 다른 목소리가 합쳐지는 것이 바람직하다.[41] 음악적으로 특히 두 부분밖에 없을 경우 하나는 느린 속도(한 박자 반 정도의 음표)로 진행되고 다른 하나는 좀 더 화가 난 듯한 빠른 속도(4분 음표나 8분 음표)로 진행되어 대조를 이루는 것이 일반적이다.

:: 전체 합창곡

일반 대중들은 수많은 코러스와 가수와 무용수들이 화려한 의상을 입고 값비싼 현란한 조

---

[41] 영리한 음악 감독이라면 이미 나온 리듬은 부드럽게 가고 새로 들어오는 멜로디에 강조를 둘 것이다.

명 아래서 모두 빙빙 돌고 노래하면서 장중한 소리와 볼거리를 만들어 내는 대형 뮤지컬 곡을 보는 것을 좋아한다. 이런 것을 전체 합창곡*production number*이라고 한다. 공연 중에 이러한 곡을 서너 곡쯤 집어넣지 않고서는 뮤지컬이 살아남을 수 없다. 이것이 바로 일반 연극이나 음악극과 구별되는 뮤지컬의 주요 특성이다. 「오클라호마!」나 「올리버」, 「왕과 나」, 「에비타」, 「지붕 위의 바이올린」에서 이런 장면이 연출되면 뮤지컬에 엄청난 활력과 원기가 솟아오른다. 이것이 모두 영리한 대본 작가의 배려로, 작곡가로 하여금 솔로곡과 합창곡, 대위곡, 전체 합창곡을 잘 분배할 수 있도록 만들어 준 대본 덕분이라는 것을 사람들은 알지 못한다. 그러나 「42번가」, 「지그필드」, 「세련된 여인들」이나 「체스」 같은 작품들은 너무 화려함에 치중해서 전체 합창곡 메들리로 전락하고 만 것처럼 보인다.

줄거리상으로 자연스럽게 전체 합창곡이 발생하게 된 경우로는 「마이 페어 레이디」의 무도회 장면, 「회전목마」의 파티 장면, 「오페라의 유령」의 그 유명한 웅장한 계단 장면, 「나와 내 여자」의 램버스 워크 장면이나 「지붕 위의 바이올린」의 결혼식 장면 등을 꼽을 수 있다.[42]

전체 합창곡이 일반 대중들에게 너무 사랑받게 되자 「베이비」나 「컴퍼니」, 「리틀 나이트 뮤직」과 같은 소규모 뮤지컬에서조차 전체 출연진이 다 나오는 전체 합창곡을 기대하게 된다. 물론 훨씬 작은 규모이긴 하지만.[43]

이렇게 규모상의 열세를 보상하고 관객들이 기대에 찬 가슴을 울렁이는 격정적인 효과를 얻기 위해서는 전체 합창곡을 주의 깊게 따져 보고 만들어야 한다.

---

[42] 기억에 남는 전체 합창곡으로는 「원스 어폰 어 매트리스Once Upon a Mattress」라는 작품의 〈스패니시 패닉 *Spanish Panic*〉이라고 하는 웃음을 자아내는 서투른 댄스 장면이 있다. 여기에 안무가는 메리 로저스의 아름다우면서도 어색한 음악에 힘입어 이 동화 같은 궁전을 1막 마지막에 가서 복마전으로 만들어 냈다.

[43] 가장 작은 규모의 뮤지컬이었던 「로맨스, 로맨스」는 1988년 뉴욕에서 막을 올렸다. 출연진은 겨우 네 명이었고 대부분의 대사와 노래는 두 명의 주인공에게 집중되어 있었다. 가끔 네 명의 인물을 화려하게 입혀서 모두 무대에 등장시킨 후 전체 합창곡과 유사한 효과를 내기도 했다. 제작자는 영리하게도 무대가 작은 헬렌 헤이즈 극장을 예약했다. 호화로운 의상을 입은 네 명의 배우가 그렇게 작은 무대에서 노래하고 춤을 추자 무대는 가득 채워졌고 놀랄 만큼 화려한 효과를 만들어 냈다.

코러스들이 차례로 반복 화음을 낼 수 있게, 음역을 높이거나 노랫소리를 점점 크게 하면서 증폭되는 효과를 만들어야 한다. 바로 「코러스 라인」의 마지막 곡인 〈원 One〉이 이 방법을 사용했다. 이것보다 더 효과적인 방법도 있다. 곡을 두 개로 만들어서 서로 맞물려 들어가게 하는 방법으로, 「컴퍼니」의 〈사이드 바이 사이드 바이 사이드〉라는 곡에서 사용되었다.

장난기 넘치는 신랄함으로 가득 찬 이 뮤지컬에 약간의 이완과 미소와 자비가 필요하다는 생각에서 스티븐 손드하임은 2막을 열면서 고전적인 브로드웨이 공연 선율인 ABAC 형식을 선택했다(늘 변함 없는 그의 비꼬는 듯한 삐딱함에도 불구하고). 이 곡이 주인공 바비에게 발라드가 아닌 첫 번째 노래로 주어졌고, 이 노래를 통해 바비는 결혼에 대한 방관자로서 〈나란히나란히 side by side by side〉 살아가는 자기 인생이 얼마나 편안하고 안전한지에 대해 말해 준다. 그러고 나면 작품의 분위기와 시점이 다른 다섯 쌍의 커플로 옮겨 간다. 이들이 경험하고 있는 결혼이라는 모험이 이 컨셉 뮤지컬의 주된 플롯이 되는데, 이들은 〈당신 없이 무엇을 할까 What Would We Do Without You?〉라고 묻는다. 이렇게 반대 관점이 전개되고 나면 다시 〈사이드 바이 사이드 바이 사이드〉라는 곡으로 되돌아가서 이번에는 모자도 쓰고 지팡이도 짚은 복장을 하고 확대되고 증폭된 화려한 스타일로 불린다. 관객들은 이제 이 곡에 익숙해져 버려서 그 매력을 거부할 수 없게 된다.

전체 합창곡은 흔히 제일 마지막으로 구상되고 만들어진다. 이용하기 쉬운 선율을 사용해야만 하고 안무나 연출가의 예술의 한 결과물로써 마무리되어야 하기 때문에 예술가들로서는 작업하기 어려운 부분이기도 하다. 영감을 떠올렸느냐에 관계없이, 공연 시연회를 하기 전에 전체 합창곡을 완성하고 안무를 끝내야 한다. 의상이나 무대 장면을 만드는 데도 시간이 걸리기 때문이다. 제작자들이 제일 먼저 물어보는 질문 중의 하나가 공연에 전체 합창곡이 몇 곡이나 될 것이며 얼마나 화려할 것이냐 하는 것이다. 공연을 하나로 엮어 내는 데 드는 비용이나 공연 진행비, 무대 뒤의 스태프의 규모가 모두 전체 합창곡에 달려 있기 때문이다.

:: 음역 선택과 조 옮김

노래를 불러 본 사람이라면 누구나 음이 너무 높거나 낮아서 불편해지는 느낌을 알고 있을 것이다. 발음이 흐트러지거나 목소리가 (특히 남자들의 경우) 가성으로 변해 버리면 관객들은 금방 웃어 버린다. 작곡가들에게 이보다 더 쓰라린 경우는 그런 노래를 오디션에서 선보일 때, 관객의 자리에 있는 사람들이(제작자들이 되겠지만) 노래의 의미는 듣지 않고 보기에 민망한 듯 가수로부터 고개를 돌려 버리는 것이다. 이런 경우를 피하기 위해서는 공연 준비가 잘 되어 가고 있을 때, 가사와 음악의 상호 작용에 대해 경험이 많은 전문 가수들이 부른 데모 테이프를 준비하는 것이다. 언제나 뮤지컬을 제작하는 작곡가에게 제안하고 싶은 것이 하나 있다. 노래를 완성하고 나면 프레젠테이션을 위해서 편안한 음역으로 조바꿈을 하라는 것이다. 그러면 각자 목소리에 맞는 음역으로 악보 상의 모든 노래들을 연기할 수 있는 방법을 찾게 된다.

노래를 만들면서 작곡가들은 흔히 자기가 좋아하는 코드를 선택한다. 노엘 카워드는 E플랫을 선호했다. 그는 B 플랫이나 A 플랫도 감당할 수 있지만 그럴 경우 〈샤프의 바다에서 길을 잃는〉 절망적인 느낌이 든다고 한다. 랜디 뉴먼은 E와 A를 좋아했는데 그것은 아마 기타로 연주할 때 자연스러운 음이기 때문일 것이다. 어빙 벌린은 검은 건반으로 연주한다고 말했기 때문에 G 플랫 음악을 작곡했다는 이야기가 있다. 나는 G나 F와 같이 단순한 음의 멜로디로 작업하는 것을 좋아한다. 그러나 검은 건반의 따스함을 좋아하기 때문에 D 플랫을 사용하는 경우도 더러 있다.

작곡가는 어떤 키 key로 작곡을 하든 늘 그 노래를 부르게 될 사람(한 사람이 될 수도 있고 그렇지 않을 수도 있다)에게 맞는 음역으로 다시 만들어야 한다는 것을 염두에 두고 있다.

스티븐 손드하임은 「조지와 함께 공원에서 일요일을」에서 소프라노(도트)와 바리톤(쇠라)으로 두 주인공의 노래를 만들었다. 그러나 그는 〈도트가 밝은 목소리를 가지고 있어야 한다〉고 생각했다. 그는 〈쇠라는 매우 의기소침해 있고 사색적이며 개성이 강한 인물입니다. 바리톤이죠〉라고 말했다. 이 두 사람은 선창을 하는 테너, 맨디 패틴킨과 〈누구보다 저음인〉 버나뎃 피터스와 함께 마무리를 하게 되는데 화음이 〈완벽하게 이루어졌다〉고 한다.

뮤지컬을 쓰는 데 열린 마음과 융통성이 필요하다는 것은 「웨스트 사이드 스토리」의 캐스팅을 보면 알 수 있다. 토니 역은 테너로 작곡되었지만 〈고음을 낼 수 있는 테너는 다 일하기 힘든 사람들입니다! 그래서 래리 커트Larry Kert를 선택했죠. 그를 처음에 캐스팅했을 때는 G까지밖에 못 올라갔는데 나중엔 A까지 올라가더군요〉라고 손드하임은 말했다. 마리아 역은 레너드 번스타인이 듀엣을 이룰 때의 최고음을 역시 높은 A 플랫으로 작곡을 했는데 이것은 서정적인 소프라노를 생각하고 만든 것이었다. 마리아 역으로 뽑힌 캐럴 로렌스Carol Lawrence는 저음역의 흉성으로, 편안한 상태로는 D까지밖에 올라가지 않았다. 흉성의 한계를 넘어서면 가성인 레지나 두성을 내어야 하는데 그러면 너무 가는 소리가 나게 된다. 번스타인은 악보의 음을 그대로 두기를 원했고 늘 그걸 부를 수 있는 사람이 나타나기를 바랐다. 그는 단호해서, 손드하임의 말에 따르면 〈매일 밤 그녀가 이것(높은 A 플랫)을 부르게 만들었다. 매일 밤 목소리는 더 가늘어졌고, 강한 소리가 필요한데 캐럴이 그 음을 질러 내지 못했기 때문에 공연은 매우 난황을 겪어야 했다. 개인적인 음역을 정해 놓고 작곡을 해서 가수가 거기에 맞추어 주기를 강요하는 것은 위험하다.〉

작곡을 할 때 인간 목소리의 능력과 한계를 잘 아는 것은 매우 중요하며 가수의 음역도 반드시 고려되어야 한다. 작곡가가 소프라노의 음을 중간 E 밑으로 낮추거나 높은 G를 넘어가면 가사가 들리지 않게 된다.[44] 그래서 공연 연습 중에 음악 감독이나 연습 피아니스트, 혹은 작곡가가 〈스타〉 배우들에게 맞는 새로운 음역을 찾아 주는 경우가 흔히 있다.[45]

---

[44] 물론 예외는 있다. 바바라 쿡과 크리스틴 안드레아스Christine Andreas가 대표적인 예이다. 바바라 쿡은 훌륭한 소프라노로 레너드 번스타인의 「캔디드」의 여주인공 쿠네곤드 역에 영감을 주었다. 〈화려하게 기쁘게 Glitter and Be Gay〉라는 곡에서 번스타인은 그녀의 음을 높은 C를 넘어 저 높은 E 플랫까지 올려 놓았다. 그럼에도 불구하고 그녀의 또렷한 발음은 단어 하나하나까지 알아들을 수 있었다. 크리스틴 안드레아스는 최근에 바바라 쿡의 역할을 이어받은 것 같다.

:: 악보 상의 일관성

뮤지컬에서 등장인물들이 전체 그림 속에 짜맞추어져야 한다면 뮤지컬 악보도 마찬가지이다. 몇몇 작곡가와 작사가들이 모여서 한 프로젝트를 위해 작업을 해서 통일된 공연을 만들어 낼 수 있었던 시대는 오래전에 지나갔다. 이식은 사라졌다. 모든 예술가들은 재능이 얼마나 있든지 간에 자기만의 목소리로 이야기를 한다. 그래야만 한다! 노래 제목 옆에 여러 명의 작곡가 이름이 죽 늘어서 있는 공연은 별로 믿을 만하지 못하다. 개막을 하더라도 금방 실패하기가 일쑤다. 영리한 관객이라면 그런 음악은 큰 문젯거리를 가지고 있을 것이라는, 예를 들어 원래 작곡가나 작사가가 아이디어가 바닥나서 더 이상 작업을 계속할 수 없게 되자 빈혈 환자에게 〈신선한 피〉를 수혈하듯 엉망이 된 작품을 새로운 작업자들이 고쳐 보려고 애를 썼을 것이라는 정도는 금방 눈치챌 수 있다. 제작자나 연출가가 깨닫지 못하고 있는 것이 바로 여러 스타일의 혼합보다는 하나의 목소리가 나는 작품이 훨씬 성공률이 높다는 것이다.[46]

공연이 한 10여 년 후, 혹은 한 30년 후 리바이벌될 경우 그 작곡가의 다른 공연들이 삽입되곤 하는 것은 참 한탄할 만한 일이지만 일반적인 현상이다. 「아이린Irene」, 「노, 노 나네트No, No Nanette」, 「사랑은 비를 타고Singin' in the Rain」 같은 경우에 이런 일이 일어났으며 아직도 인기를 누리고 있는 「애니싱 고우즈」를 비롯한 많은 실례가 있다. 어떤 경우에는 별로

---

[45] 작품의 정신에 따라서 손드하임이나 번스타인 같은 작곡가들은 융통성을 크게 발휘한다. 「스위니 토드」나 「웨스트 사이드 스토리」에서는 선택된 배우들이 악보에 맞춰 가야 했다. 이 말은 그 음을 낼 수 있는 가수만이 고려 대상에 올랐다는 것이다. 음악이 오페라에 가까웠기 때문이었다. 「폴리스」나 「원더풀 타운」 같은 순수한 뮤지컬 코미디에서는 미리 선택된 배우들의 역량에 맞춰 음역이 바뀌는 경우가 많다. (가수가 아닌 알렉시스 스미스Alexis Smith가 전자에, 로잘린드 러슬Rosalind Russell이 후자에 속한다.) 음악 감독은 키를 바꿈으로써 훈련되지 않은 목소리에서 최적의 소리를 얻어 낼 수 있도록 선율의 위치를 바꾸게 되는 것이다.

[46] 리처드 로저스의 눈부신 재능도 말년에 가서는 쇠퇴의 길을 걸었다. 그의 말년의 작품들 중 마틴 샤닌이 가사를 쓴 「투 바이 투Two By Two」와 「렉스Rex」, 「엄마를 기억해요I Remember Mama」가 있다. 마지막 작품의 경우에는 로저스 말고도 여러 명의 작곡가들이 함께 참여했다. 두 공연은 모두 참패를 기록했다. 작곡가－작사가 여러 명이 작업한 스타일의 다양성이 전혀 발전적으로 작용하지 못했던 것이다.

•• 「노, 노 나네트No, No Nanette」(1971). 헬렌 갤러허와 바비.

•• 「애니싱 고우즈Anything Goes」(1934). 〈불어, 가브리엘 불어〉를 부르는 에슬 머먼.

도움이 되지 않는 작업이며, 원래 작품에 익숙해 있는 순수파들에게 반감만 자초할 뿐이다.

통일성 창조

작품에 따라 다르겠지만 예를 들어 매우 심각한 스타일의 작품일 경우에는 음악도 그에 맞는 분위기이기를, 그리고 멜로디와 가사의 주동기 역시 공연 내내 반복되면서 유지되기를 기대한다.[47] 최근 성공을 거두고 있는 오페라 형식의 테크닉을 이용한 공연들, 즉 노래로 일관하는 논스톱 싱잉 뮤지컬의 경우에는 특정 인물을 소개하는 주제 선율이 처음 선보이기 전에 시간을 얼마나 배분하느냐 문제가 될 것이다. 「오페라의 유령」의 경우에는 음산한 반음계로 내려가는 방법을 사용해서 유령이 가까이에 있다는 것을 알려주곤 했다. 그러나 오페라 형식의 라이트모티프는 너무 무겁게 사용될 필요는 없다.[48] 제롬 컨이 〈올드맨 리버 Ol' Man River〉의 멜로디를 뒤집어서 「사랑의 유람선」의 시작곡인 〈코튼 블로섬 Cotton Blossom〉에서 어떻게 사용했는지 눈여겨 보라.

리드 시트 만들기

리드 시트로 알려져 있는 뮤지컬 속기는 작곡가의 아이디어를 대략적으로 구체화하는 편리한 수단이다. 초보 단계의 코드밖에 모르는 사람이나 편곡자에게 노래를 불러 주는 식

---

[47] 가사가 거의 없이 노래로만 불리는 작품들 — 역주.

[48] 스티븐 손드하임의 「폴리스」는 기본적으로 가벼운 음악이었지만 꽤 중요하면서도 우울한 주제를 다루고 있다. 〈금 간 얼굴〉의 작품 로고나 음악적 모티프를 담은 주제 선율(이 곡은 브로드웨이 개막 전에 삭제되었다)은 서곡에서부터 막이 내릴 때까지 중간중간 건전하게 문제를 제기하는 방식으로 계속해서 소개된다. 최근에 런던에서 다시 막을 올리면서 〈금 간 얼굴〉의 로고는 제목을 전광판 광고체로 적고 그중 한 글자를 삐딱하게 틀어 놓은 로고로 바뀌었다. 나이 든 폴리스의 여배우들 얼굴보다는 이미 문닫은 극장의 광고판 같은 분위기를 주면서 이 뮤지컬에 대한 첫인상을 강렬하게 만들어 주는 효과가 있다. 그러나 강렬하고 아름답고 그러면서도 사뭇 우울한 모티프는 여전히 남아 있다.

으로 멜로디를 적어 줄 전문가를 필요로 하는 사람에게는 매우 훌륭한 도구였다. 그러나 작곡가가 베이스 부분에 기본 화음보다 더 복잡한 것을 원한다거나 화음을 만들면서 3도 화음으로 올리기를 원할 경우 이런 해석을 리드 시트에 적기에는 너무 복잡해진다. 리드 시트는 전체를 표기하기에는 너무 간단하기 때문이다. 이런 이유로 최고의 작곡가라고 할 수 있는 로저스나 알렌, 거쉰, 레인, 스트라우즈 등은 주로 피아노 악보를 사용하고, 리드 시트는 구상을 스케치하는 정도로만 사용했다. 오늘날의 작곡가들은 리드 시트를 사용하면 자기가 원하는 음을 대략적으로밖에 표시할 수 없다는 것을 알기 때문에 속기 방법은 떠오른 선율을 기록하는 데만 사용한다. 방금 만든 것을 잊어버리지 않고 곧바로 피아노 악보로 옮길 수 있도록 말이다. 리드 시트는 시작하는 단계의 것으로 교육받지 않은 사람들의 피난처이다. 이에 대한 스티븐 손드하임의 생각은 이러하다.

저는 리드 시트를 사용한 적이 없습니다. 조금이라도 교육을 받은 자존심 있는 작곡가라면 누구나 그럴 거예요. 멜로디를 한 소절 줘보세요. 제가 그걸로 화음을 한번 만들어 보지요. 당신은 물론 다른 방법으로 화음을 만들겠죠. 그럼 그 두 노래는 같은 멜로디를 가지고 있다고 해도 전혀 다른 노래가 되어 버립니다. 음악은 여러 가지 요소로 이루어집니다. 그 요소들이 모두 하나로 합쳐졌을 때 그 노래에 나름대로의 향취와 색깔과 질과 무게와 질감이 만들어지는 것이죠. 리드 시트는 제가 아는 한은 이런 것들 중의 어느 하나와도 관계가 없습니다. 만약 오케스트라에게 리드 시트를 그대로 주고 세부적인 화음을 채워 보라고 한다면 그건 결국 편곡자의 작품이 되는 것입니다. 〈편곡자〉라는 게 바로 그런 의미이기도 하지요. 리드 시트를 받아서 화음을 넣고 선율을 편곡하는 사람 말입니다. 수입을 위해서도 그건 작곡자의 일입니다. 그렇지 않고서는 작곡을 한다고 할 수가 없지요. 많은 사람들이 그런 훈련을 받지 않고 편곡자를 필요로 하는데 그런 작곡자들의 작품을 저는 존중하지 않습니다.

극장에서 관객들은 오케스트라가 반주하는 노래를 듣게 된다. 그러나 독자들에게 노래가 아이디어에서부터 구체화되기까지의 과정을 한눈에 볼 수 있도록 아래에 오리지널 공연 선율을 몇 마디씩 예를 들어 보았다. 브로드웨이나 웨스트 엔드 무대에서 통용되는 (1) 리드 시트 형식, (2) 피아노 보컬 악보, (3) 콤보 어레인지먼트, (4) 관현악단 악보의 예이다.

1. 리드 시트

2. 피아노 보컬 악보

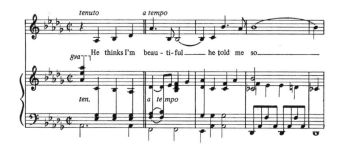

3. 콤보 어레인지먼트

4. 관현악단 악보

:: 오케스트라 연주를 예상하며

공연이 선택되고 연출이 되고 연습에 들어가서 작곡가와 관현악 편곡자가 자주 모임을
가지면서 공연의 최종 사운드에 대해서 논의를 할 때가 되어서야 피아노 악보가 관현악
단용으로 만들어지게 된다. 그다음에 여러 오케스트라 연주자들이 모여서 언제까지 끝내
야 할지를 알고 난 후 반주음과 도입부, 피날레를 추가하면서 악보를 마무리하고 거의 마

감 시간에 임박해서야 피아노 악보 복사본 위에 관현악단 연주를 위한 자신들의 아이디 어들을 음표로 적어 넣게 되는 것이다.

공연이 곧바로 워크숍이나 소규모 지방 공연용으로 만들어진다면 피아노 연주만 으로 공연이 될 수도 있다. 그러나 런던의 킹 헤드, 뉴 저지의 페이퍼밀 플레이하우스나 시카고의 드라마티스트 워크숍과 같이 공연 준비 예산에 소규모의 오케스트라를 쓸 만한 여유가 있거나 밴드의 연습료까지 지불할 정도가 되는 경우도 있는데, 이런 경우 공연이 모습을 갖추기 시작하면서부터 전체 관현악단용으로 확장된다.

조너선 튜닉은 이렇게 말한다. 〈실제로 공연 작업을 시작하기 전에 음악을 다 병합 해서 어떤 양식의 악보를 만들 것인지 결정해야 합니다. 「컴퍼니」의 경우에는 굉장히 현 대적이고 도시적인 작품으로 팝 음악의 영향이 미친 작품이었는데…… 「폴리스」의 경우 는 모든 오케스트라가 다 모인 웅장한 작품이었죠.〉

:: 저작권

대본과 가사와 음악이 완성되면 이제 공연이 하나의 자주 독립체가 된다. 완성된 시점에 서 실제 대중들에게 선을 보이는 순간까지 많은 변화를 겪게 될 것이고 원래 상태와는 상 당히 다른 모습으로 마무리가 될 수도 있지만,[49] 언제나 저작권 등록이 되어야 한다. 일 반적으로 20여 가지의 수정 대본과 수많은 악보의 복사본이 모두 인쇄된다. 공연이 하나 의 모습을 갖춘 사업으로 시작하는 순간인 것이다.

---

[49] 1989년에 개막되었다가 막을 내린 피터 앨런Peter Allen의 갱스터 뮤지컬인 「레그즈 다이아몬드Legs' Diamond」 는 5년 동안 개막날 밤 직전까지 엄청난 변화를 겪어야 했다. 인물들이 만들어졌다가 없어졌고 공연의 초점이 레그즈 의 살해와 파괴에서, 공연계에서 실패한 것에 좌절하여 범죄 인생을 살게 되는 불쌍한 반(反)영웅으로 바뀌기도 했다. 극적인 장면과 노래들이 잘리고 다시 급하게 만들어지고, 유명 배우를 캐스팅했던 주요 등장인물(레그즈의 아내 역에 크리스틴 안드레아스)이 연습 도중에 경비 문제로 없어져 버리기도 했다.

❽ ——— 작품 완성

에이전트 구하기. 데모 테이프 만들기: 악보, 가수와 반주자, 백 코러스와 이중 더빙

:: 에이전트 구하기

뮤지컬이 완성되고 다시 써지고 또 다시 써지고 나면, 모든 전문가들이 다른 공연계 사람들과 이야기를 하게 되고 제작자와 연출가를 고르게 된다. 전에 공연을 성공시킨 적이 있는 스타 연출가라면 극작팀과 전에도 같이 일을 한 사람일 수도 있고, 심지어 제작자를 설득해서 모험에 가담하라고 부추길 만한 능력 있는 사람일 수도 있다. 어느 연출가를 선택하는 이유에는 전에 함께 작업해서 성공을 했었기 때문에 혹은 편하게 같이 작업했었다는 것 등이 있을 수 있다. 할 프린스와 스티븐 손드하임 팀이 그런 경우이다. 혹은 새로운 만남이라면 (아서 로렌츠가 제리 허먼의 「미치광이의 우리」를 선택한 것처럼) 작품이 마음에 들어서일 수도 있다.

전문가들이 하는 작업을 아마추어들도 늘 할 수 있는 것은 아니다. 이 정도의 단계에 다다르려면 검증받지 않은 공동 작업자들은 연출가를 얻기 위해서, 또 나중에 제작자를 얻기 위해서 너무나 열심히 작업을 해야 한다. 데모 테이프를 만들어야 할 것이고 그 작품을 발전시키기 위해 워크숍도 해야 할 것이다. 이런 것을 하려면 연극계의 에이전트를 구하는 것이 좋다. 좋은 사람으로 하나 구해 보기 바란다. ICM 소속의 우수한 에이전트인, 미치 더글러스는 이렇게 충고를 해주었다. 일리가 있는 이야기다.

> 만약 에이전트를 두어서 성공한 사람을 알고 있다면 그에게 에이전트가 누구냐고 한번 물어보고 개인적으로 소개를 요청하라. 당신이 소도시에 살고 있고 공연계에 아는 사람이 아무도 없다면 에이전트를 알고 있을 만한 조직에 편지를 써서 에이전트 리스트를 구해 보아라. 여러 가지 방법이 있다. 작가 조합*Authors' Guild*, 극작가 조합*Dramatists'Guild*, ASCAP, BMI(영국에서는 BASCA) 등에 편지를 써서 에이전트를 가지고 있는 사람들의 리스트를 요청하라. 그러면 사무엘 프렌치*Samuel French*, 극작가 희곡 서비스*Dramatists' Play Service*나, 시어터 인터내셔널의 탬스 위터커*Tams Whitaker* 등의 이름을 얻을 수 있을 것이다. 뮤지컬을 판매하는 사람이 누구인지 물

어볼 수도 있을 것이다. 그러고 나서 상당히 확실한 답을 요하는 편지를 써라. 효과적인 방법은 〈담당자께〉라고 쓰거나 〈담당자님께, 제가 — 에 대한 뮤지컬을 만들었습니다. 완성된 원고도 있고 데모 테이프도 있습니다. 귀하께서 한번 검토하시도록 보내드려도 되겠습니까〉라고 쓰는 것이다. 그리고 당신 작품에 관한 뭔가 흥미를 일으킬 소개를 적도록 하라. 평가를 받은 적이 없다면, 없는 대로 두어라. 평가를 받은 적이 있다면 이 작품은 이러이러한 지방 극단이나 극장에서 독회를 했는데 훌륭한 작품이라는 평가를 받았다든지 이를 근거로 제작할 만한 작품이며 상업적으로도 가능성이 있을 것으로 생각된다고 써라. 상을 수상한 작품이라면 수상 내역을 밝혀라. 당신이 전에 출판한 작품들을 열거하라. 절대로, 고등학교 연극 공연을 위해 쓴 작품이라든지 친척들이 좋다고 했다든지 하는 말은 쓰지 말아라. 전혀 평가 기준이 되지 못한다. 그 업계에 종사하는 사람으로부터 추천을 받는 게 제일 좋다. 그 사람들이 작품을 검토할 수 있도록, 그 지역의 극장 명단을 열거하고 당신의 공연에 대해 충분히 이야기하라. 스티븐 손드하임 이후 최고의 작품이라느니, 아무도 나처럼 쓸 수는 없을 거라는 식의 이야기는 삼가라. 대답을 듣기 전에는 아무것도 보내지 마라. 반송되어 온다. 그 사람들은 배달을 받지 않는다.[1]

:: 데모 테이프 만들기

데모 테이프는 작곡가나 작사가가 노래를 불러서 가정용 녹음기로 녹음한 것에서부터 솔리스트와 코러스까지 다 쓴 전체 오케스트라 연주곡까지 다양하다. 대부분의 경우 가장

---

[1] 아무리 재능이 있다고 해도 신출내기들은 작품을 소개할 기회를 갖기 어렵다. 제리 허먼은 자신의 첫 작품을 위해 에이전트를 구하던 때의 일을 이야기해 주었다. 〈에이전트를 구할 수 있다면, 이것이 가장 최선의 방법이다. 나는 구하지 못했다. 작품을 무대에 올리기 전에 집집마다 일일이 찾아다니며 노크를 해야 했다.〉

복잡한 데모 테이프일수록 초점만 흐리는 쓸데없는 낭비가 될 수 있다. 공연은 어차피 바뀔 테니까. 제리 허먼이 말했듯이 〈제작자가 피아니스트와 좋은 가수(꼭 작곡가가 불러야 하는 것은 아니다)가 녹음한 것을 듣고 노래의 가치를 판단할 수 없다면 뮤지컬 제작자가 될 능력이 없는 사람이다. 그런 걸로 오케스트라를 위해 큰돈을 쓰는 것은 사치일 뿐이다. 결국 다 완성되고 나면 바뀔 테니까. (아마추어들에게 권하고 싶은 방법은) 애정과 정성을 다해 자신의 작품을 선보이면서 제작자가 음치가 아니기를 비는 것뿐이다.〉[2]

나는 〈좋은 피아니스트와 가수〉라면 전문 스튜디오에서 녹음해야 한다고 생각한다. 이렇게 함으로써 에이전트가 워크숍을 시도하게 만들기가 쉽다.[3] 뉴욕이나 런던에는 데모 테이프 전문 스튜디오들이 있다. 물론 전화 번호부를 찾아보면 녹음 스튜디오들의 명단이 잘 나와 있다.

악보

시간은 (특히 녹음 스튜디오에서는) 돈이다. 상당히 많은 돈이 들 때가 많다. 능력 있는 엔지니어와 좋은 장비를 갖춘 전문 스튜디오는 1991년 초반쯤에 시간당 100파운드, 약 200달러 정도가 들었다. 우수한 데모용 가수를 쓰는 데도 시간당 약 50파운드, 100달러 정도가 든다. 스튜디오에서 시간을 낭비해서는 절대로 안 된다는 이야기다. 가수와 반주자들은 마이크와 그들 사이에 악보밖에 없기 때문에 악보는 스튜디오에 가기 전에 반드

---

[2] 제작자가 당신 작품을 검토하기 전날 밤에 푹 쉴 수 있도록 빌 수도 있을 것이다. 정말 쓰라렸던 나의 경험으로는 유명한 제작자(여기에 이름을 밝힐 수는 없다)에게 뮤지컬을 연주하고 노래를 불러 주었는데, 곁눈으로 보니 꾸벅꾸벅 졸고 있었다.

[3] 그 공연에 스타를 출연시키게 된다거나 그 역할을 하고 싶어 하는 스타가 있다면, 데모 테이프는 필요 없다. 루더 헨더슨은 이렇게 얘기한다. 〈저는 「미스터 젤리로드」의 데모 테이프를 만들지 않아도 된다고 생각했습니다. 그레고리 하인즈 때문이었죠. 특별한 경우였는데 너무나 훌륭한 예술가들이 여럿 있었고 영화에 나왔던 너무나 훌륭한 배우도 있었고 모든 게 다 있었죠. 누구를 위해서 데모 테이프를 만들고 보여 주겠습니까? 그레고리 하인즈를 스스로 《미스터 젤리로드》라고 부르던 전설적인 재즈 연주가로 브로드웨이에 세운다면 공연을 위해 돈을 모으는 것은 아무 어려움이 없을 거라고 생각했죠. 어쨌든 난 그들이 이미 돈을 가지고 있다고 믿었습니다……. 슈베르트 재단(브로드웨이 극장의 30퍼센트를 소유한 극장주 재단 — 역주) 같은 사람들 말이죠. 공연 전에 프레젠테이션을 하지 않은 이유 중의 하나는 그 대본이 별로 말이 안 되는 거란 말을 들었기 때문이죠.〉

시 깨끗하고 잘 알아볼 수 있는 상태로 준비해야 한다. 다시 녹음을 하는 일은 발음이 좋지 않은 경우나 음악가들이 그 곡에 익숙하지 않은 경우를 제외하고는 있을 수 없다. 이것은 어쩔 수 없다. 제작자가 있건 없건 간에 악보를 해독하느라고 시간을 보내고 싶은 사람은 없다. 이것보다 더 아마추어적이고 다른 공동 작업자들을 실망시키는 일은 없다. 특히 그들이 마감에 맞춰야 하는 일을 할 때 악보를 알아볼 수 없게 쓰는 작사가-작곡가들을 신뢰할 가능성을 생각해 본다면 더더욱 그렇다.

가수와 반주자

데모 테이프를 위한 가수는 악보를 잘 읽는 사람이어야 한다. 어깨 너머로 지켜보면서 일일이 음표와 발음되는 단어를 확인하는 작곡가나 작사가라도 만나게 되는 날이면, 데모 가수는 강철같이 튼튼한 신경을 가져야 한다. 방금 불렀던 부분의 가사와 잘 이어서 부를 줄도 알아야 한다. 그래야 엔지니어가 테이프에 찍어 붙이기를 할 수 있기 때문이다. 요청에 따라 특정한 음색을(젊고, 나이 든, 피곤하고, 생생하게, 섹시하게, 한물 간 듯이) 낼 수도 있어야 한다. 소프라노라면 알토도 할 수 있어야 하고 테너라면 바리톤과 베이스까지 가능한 한 넓은 음역을 가지고 있어야 한다. 데모 가수는 〈무대에 설 수 없다〉는 말을 많이 듣는다. 데모 가수들은 대개 집을 떠나고 싶지 않아서(작품이 진행중일 때는 그래야 한다) 그렇다고 대답하지만, 그 말은 믿을 만한 게 못 된다. 확언하건대 그것은 그들의 능력이 그 이상을 넘지 못하기 때문이다. 내가 작업을 함께 해봤던 사람들은 하나같이 가사와 구절들을 일일이 알아들을 수 있게 정확히 발음하는 힘든 일을 해낸다. 대개 연습 시간도 별로 없이 해내야 한다. 그러나 그들은 절대로 무대에 선 배우들에게 필요한 개성이나 스타로서의 자질을 가지지 못한다. 그들은 일로서 노래를 한다. 무대에서 관객들이 보게 되는 아름다움을 갖지 못하는 것이다. 대부분 남자 한 명, 여자 한 명이 뮤지컬의 전곡을 다 소화해 내고 있으니까.

데모 테이프를 만들 때 이미 배우들이 다 섭외되어 있다 하더라도 대부분의 전문가들은 배우들 대신에 녹음을 위한 데모 가수를 고용하는 것을 선호한다. 그렇게 해야 노래가 연극화되지 않고 정확하게 템포에 맞추어, 항상 일정하게 들릴 수 있기 때문이다.

　　데모 녹음을 하면서 반주 트리오(피아노, 베이스, 드럼)를 쓰는 작곡가들도 있었는데 요즘엔 이런 방법이 지나친 것으로 생각되고 있다. 나는 가끔 작곡가들이 곡을 다루는 데 피아니스트로서의 역량이 모자란 경우를 보곤 한다. 물론 음표 하나하나를 잘 소화해 내기는 하겠지만, 연극성이 필요 없는 데모 녹음에 지나친 감정을 넣게 되는 경우가 많은 것이다. 연극적 감성이 풍부한 사람은 템포를 꾸준하게 지켜 나가기가 힘들어지기 때문이다. 이런 이유로 전문가들은 가장 중요한 사람, 연습 피아니스트에게 의지하게 마련이다. 더욱이, 스튜디오 컨트롤 룸에서 일하는 작곡가나 작사가들은 녹음을 하면서 모든 음을 비판적으로 평가해 주는 장점이 있다.

백 코러스와 이중 더빙

〈데모〉라는 말은 〈데몬스트레이션 *demonstration*〉(실연)이라는 말의 줄임말이다. 데모 테이프는 작품에 필요한 에이전트나 연출가, 제작자, 후원자, 그 분야의 전문가들에게 실연을 위해 들려주려고 만드는 것이다. 백 코러스 *back-up*는, 스티븐 손드하임이 「컴퍼니」의 〈당신은 사람을 미치게 할 수 있어요 *You Could Drive a Person Crazy*〉에서 사용한 것과 같이 뒤에서 화음을 넣어 주는 것을 말하는데, 사실 피할 것 중의 하나다. 가사만 흐릿하게 만들 뿐이다. 이중 더빙 *overdubbing*은 몇 명의 가수만을 가지고 웅장한 소리를 만들기 위해서 몇 번씩 겹쳐서 녹음하는 것을 말하는데, 대개는 괜히 돈 들여 시간만 낭비하는 꼴이 되는 경우가 많다.[4]

---

[4] 내가 초창기에 뮤지컬을 만들면서 전체 합창곡이 필요한 적이 있었다. 네 명의 주인공들이 각 부분을 이중 더빙을 하게 해서 전체 코러스 효과를 만들었었다. 그 곡이 완성되고 나자, 수천만 군중의 소리처럼 들리긴 했지만 가사를 알아들을 수가 없었다. 배우들은 지치고, 제작자는 노발대발했다. 천문학적인 비용이 들었으니까. 설상가상으로 그 노래는 최종 데모 테이프에서 삭제되었다.

❾ ——— 오디션

일반적인 오디션. 유명 배우와의 작업. 유명 배우를 위한 작품 쓰기.
시범 공연. 후원자를 위한 오디션

:: 일반적인 오디션

「플라잉 컬러 Flying Colors」라는 레뷔의 코미디 작가였던 하워드 디에츠 Howard Dietz는 수많은 장면과 노래들로 구성된 긴 보드빌이었던 그 작품의 오디션을 하면서 정말 암담함을 느꼈다고 한다. 〈하루는 헬렌 브로데릭 Helen Broderick과 같이 오디션을 지켜보는데 한 남자가 나오더니 과격한 폭력을 이용한 코미디를 하는 겁니다. 자기를 막 때리다가 진짜 코피까지 흘리더군요. 놀라워서 저 사람이 공연마다 저렇게 코피를 흘릴 수 있겠냐고 물었더니, 헬렌이 《아니지. 오디션이니까》라고 대답하더군요.〉

이제 예술가들이 코피를 쏟을 시간이 다가왔다. 그것이 스타를 발굴하기 위해서든 워크숍 기회나 연출가, 혹은 제작자를 찾기 위해서든 아니면 단지 작품 홍보를 위해서든 이제 작품을 선보일 때가 된 것이다. 특정한 배우를 염두에 두고 쓰인 작품이더라도 오디션은 거쳐야만 하는 관문이다. 제작자가 뮤지컬의 시작 단계에서 오디션을 한 번 하고 나서 작품이 모습을 갖춘 다음에 다시 한 번 오디션을 할 수도 있다.[1] 캐서린 헵번은 「코코」의 오디션을 받았는데, 여기에서 렉스 해리슨 Rex Harrison을 만나게 됐다. 그는 「마이 페어 레이디」에 출연하기 전이었다.

---

[1] 브로드웨이 배우였던 글로리아 레인 Gloria Lane은 임신 중에 오디션에 참가해서 처음으로 중요한 역할을 맡게 되었는데, 나중에 아이를 낳고 나서 다시 오디션을 받았다. 당시 연출가였던 잔 카를로 메노티 Gian Carlo Menotti는 출산 후에 강한 메조 소프라노 목소리가 변하지 않았는지 확인하고 싶었다고 한다. 메노티는 오히려 글로리아 레인의 음색이 출산 후에 더 좋아졌다고 말하면서 그녀에게 「영사 The Consul」라는 작품의 주요 역할인 비서 역을 맡겼다. 이를 계기로 그녀는 오랫동안 오페라 가수로 활약했다.

:: 유명 배우와의 작업

금세기 초반에 반세기 정도는 대부분의 뮤지컬들이 특정한 유명 배우를 염두에 두고 만들어진 작품들이었다. 레뷰는 대개 인기 있는 배우들에 대해 써진 작품들로 다른 사람들과 함께 출연하는 것이 지겨워진 배우들이 택하는 방법이었다. 진지한 내용의 뮤지컬들이 아직 없을 때였고, 지금은 제작자들의 예산 계산에 중요한 부분을 차지하는 무대 스태프들의 초과 근무 수당 같은 것을 무시해도 좋은 시절이었다. 그래서 무대에서 쇼맨십을 한껏 발휘하고 싶어서 안달이 난 앨 존슨Al Jolson 같은 배우들은 「신밧드Sinbad」의 허술한 줄거리 진행을 멈추고 거의 반 시간에 걸쳐 자기의 히트곡들을 불러 댔다.

버트 라Bert Lahr도 광대 연기를 통해 관객들을 일상에서 벗어나게 해주는 것에서 희열을 느꼈다. 스타로서의 자질을 갖춘 배우로서 관객들을 흥분의 도가니로 몰고 가는 힘을 발휘했던 사람들이다. 이런 사람들이 레뷰와 뮤지컬을 장악했었다. 에디 캔터Eddie Cantor, 파니 브라이스, 소피 터커Sophie Tucker, 에드 윈Ed Wynn, 아스테어 남매, 에슬 머먼[2] 등 천부의 재능을 가진 수많은 배우들은 자신이 출연한다는 사실만 가지고 공연을 성사시켜 냈다.

오늘날의 작곡가들은 스타들의 편의를 봐주기보다는, 리처드 로저스가 그랬던 것처럼 자기 작품에 까다롭게 구는 경향이 있다. 제리 허먼은 공연계의 옛 전통을 따라 스타를 배려하는 유일한 작곡가이다. 〈저는 캐럴 채닝을 위해 「돌리」의 노래들을 몇 번이나 고쳐 썼습니다. 그녀가 편안하게 부를 수 있게 하기 위해서 말입니다. 무엇보다 배우를 편안하게 하는 것이 중요합니다. 설사 가장 좋은 곡이라 하더라도 스타가 그것을 부를 때 편안한 소리를 낼 수 없다면 저는 가차없이 그 곡을 포기할 겁니다.〉

---

[2] 비평가 마틴 갓프리드는 에슬 머먼을 잊을 수 없는 이유를 이렇게 말했다. 〈그녀는 뮤지컬의 진수였습니다…… 너무나 완벽하게 관객들을 사로잡아 버렸습니다. 그녀는 무대 앞쪽으로 미끄러지거나 뒤로 자빠져도 전혀 당황하지를 않았죠. 그녀가 걸어 내려온 모습, 두 발로 당당하게 서 있는 모습, 발코니에서 서 있는 모습만 봐도 관객들은 완전히 압도당해 버리곤 했죠.〉

1930년대를 넘어서면서 메이 웨스트Mae West, 루실 볼Lucille Ball, 잭 베니Jack Benny, 로버트 프레스턴Robert Preston, 제니스 페이지Janis Paige 같은 영화 배우들이 공연계로 차출되었다. 그러나 뮤지컬이 대규모의 호화쇼로 발전해 전 세계로 퍼져 나가기 시작하면서 특정 스타를 필요로 하는 경향은 수그러졌다.[*3]

작곡, 작사가들은 특정한 스타의 이미지를 머릿속에 그리면서, 또 그 가수의 음역이나 음색을 고려하면서 작품을 만들지만 막상 무대에서는 그것이 제 효과를 내지 못하는 경우도 있다. 그렇지만 앞 장에서, 노래가 무대화되는 것을 머리에 그려 가면서 작곡을 하는 것이 바람직하다고 말했던 제리 허먼의 경우, 아직까지도 특정 스타가 노래하는 것을 상상하면서 작곡을 할 때가 많다고 이야기한다.

저는 「메임」을 준비하면서 안젤라 랜스베리Angela Lansbury를 추천했습니다. 제작자들은 제가 억지를 부린다고 생각했지요. 〈물론 훌륭한 배우고 그만한 배우도 없기는 하지만 뮤지컬 코미디에는 어울리지 않는데〉라고 하더군요. 스티븐 손드하임의 「누구나 휘파람은 불지요」 공연에서 그녀가 너무너무 멋지게 힘찬 흥성을 내는 것을 이미 목격했었던 저는 〈그녀는 뮤지컬 코미디 배우예요. 제가 원하는 건 오직 그녀를 뉴욕에 데리고 올 비행기표 한 장뿐이라니까요. 그래야 마음이 놓이겠어요〉라고 고집을 피웠죠. 제작자는 결국 제가 쓴 곡을 마음에 들어했고 그래서 안젤라를 데리고 와보라고 3백 달러를 주더군요. (오디션을 보고 나서) 두 시간 만에 그녀와 계약을 하게 됐죠.[*4]

[*3] 앤드루 로이드 웨버는 「오페라의 유령」의 크리스틴 역을 자기 아내인 사라 브라이트먼을 위해 만들었다. 런던에서 1년 반 정도 크게 성공을 거둔 후, 뉴욕 공연을 하게 되면서 브라이트먼이 다시 캐스팅되었다. 그러나 미국 배우 공정 위원회에서는 유령 역의 마이클 크로포드는 꼭 필요하지만, 크리스틴 역은 미국 여배우로 바꾸어도 별 상관없을 것이라는 입장을 밝혔다. 결국 웨버가 자기 곡을 사용하지 못하게 하겠다고 협박을 해서 위원회로부터 브라이트먼이 뉴욕 공연을 하고 싶은 만큼 해도 좋다는 동의를 겨우 받아 냈다.

[*4] 그해 안젤라 랜스베리는 토니상에서 뮤지컬 최우수 여자 배우상을 수상했다.

물론 뮤지컬은 스타만 가지고 되는 것은 아니다. 많은 극단들이 재능 있는 배우와 무용수들을 보유하고 있다. 수석 무용수들이 요즘 안무를 맡곤 하는데, 그들은 전에 같이 작품을 했었던 믿을 만한 전문가들을 알고 있게 마련이고, 지금 하고 있는 작품을 같이 하자고 불러들일 수도 있는 것이다.[5] 셸던 하닉의 경험담을 들어 보자.

「지붕 위의 바이올린」의 배역을 고를 때였습니다. 작품 배경(1915년 중부 폴란드 인의 집단 거주지)에 딱 어울리는 사람들을 찾고 있었습니다…… 제롬 로빈스(당시 연출)와 조 스타인(당시 작사가)은 연기를 잘 하는 사람을 원했고…… 테비에의 세 딸을 선정하기 위해 오디션을 했는데 조안나 멀린Joanna Merlin이 그 역할에 제일 잘 어울리는 훌륭한 배우였지요…… 연습에 들어가고 나니까 노래를 제대로 할 수 있는 사람은 둘째 딸을 맡은 줄리아 미게네스Julia Migenes[6]밖에 없는 거예요. 셋째 딸 타냐 에브렛Tanya Everett은 원래 무용수였고, 말씀드렸듯이 조안나는 배우였지요……. 원래 공연 시작곡으로 만들어졌던《안식일이 하나도 그립지 않아요We've Never Missed a Sabbath Yet》라는 곡은 그 둘에게 너무 버거웠어요. 그래서 제리(복, 작곡가)는 그 노래의 일부분을 바꿔서《중매쟁이, 중매쟁이 Matchmaker, Matchmaker》라는 곡으로 만들었습니다…… 이 세 딸들의 노래 실력에 맞게 곡을 새로 써서 문제를 해결했던 거지요.

이 〈중매쟁이〉라는 곡은 이 공연의 히트곡이 되었다고 제리 복은 덧붙였다. 〈캐스팅을 하고 나서 노래를 만든 경우였는데 오히려 더 좋은 결과가 나왔습니다.〉

---

[5] 레너드 번스타인은 「온 더 타운」의 배역을 정할 때의 일을 이야기해 주었다. 리얼리즘 형식으로 구상을 하고 있는데 〈코러스를 캐스팅하면서 예쁜 배우들보다는 진짜 카네기 홀 복도에서 볼 수 있는 음악 선생이나 피아노 선생처럼 보일 만한 배우들을 골랐죠. 정말로 노래와 춤 실력을 갖춘 사람들을 뽑았어요〉라고 한다.

[6] 줄리아 미게네스는 후에 국제적인 명성을 얻어서 메트로폴리탄 오페라, 코벤트 가든의 로열 오페라, 빈 오페라 등에서 맹활약을 한 스타가 되었다.

관객들이 열광하는 스타를 기용하는 것이 성공을 보증할 수도 있겠지만, 때로는 스타와 그 역할이 어울리지 않아서 오히려 〈실패〉의 요인으로 작용할 수도 있다. 라이자 미넬리가 맡은 역할을 위해서 존 캔더와 프레드 에브는 여러 곡을 만들었다. 「링크」라는 작품의 어머니 역할이었는데 이 역이 공연에서 잘 될 것 같지 않자 다른 스타인 치타 리 베라Chita Rivera에게 넘겨졌다. 그녀는 「안녕 버디」이후로 브로드웨이에서 크게 명성을 날리고 있던 배우였다. 두 번째로 중요한 역할은 딸 역으로 배낭을 메고 이리저리 돌아다

<hr>

** 「안녕 버디Bye Bye Birdie」(1960). 수잔 왓슨(킴 역)과 딕 고티에(콘라드 역).

니다가 집으로 돌아온 방랑기 있는 인물이었는데 특별하게 염두에 둔 배우가 없는 상태에서 만든 역할이었다. 존 캔더와 프레드 에브와 친했던 라이자 미넬리는 감정적인 문제가 좀 있었는데, 자기가 그 역을 하겠다고 나섰다. 작사를 맡았던 프레드 에브는 이렇게 이야기한다.

굉장히 친했던 라이자 미넬리가 저한테 오더니 〈그 역할 내가 하면 안 될까?〉 그러더군요. 일을 하고 싶어 했죠. 그래서 전 존(캔더)과 제작자였던 줄스 피셔Jules Fisher, 작가인 테렌스 맥넬리에게 전화를 해서 〈라이자 미넬리를 이번 공연에 쓸 수 있을 것 같다. 하지만 난 반대다〉라고 얘기했죠. 그런데 라이자가 아무것도 바꾸지 말라면서 그냥 악보에 있는 그대로 부르겠다고 그랬습니다. 아직 들어 보지도 않고서요. 〈포스터에 내 이름이 치타 다음에 두 번째로 실려도 난 괜찮아〉, 그러더군요. 사실 훌륭한 배우였지요. 배우로서 갖출 건 다 갖추고 있었습니다. 그런데 매니저들은 이것이 그녀한테 상당히 좋지 않은 후퇴가 될 거라고 생각했던 것 같아요. 무슨 수를 써서라도 방해를 하려고 들었지요. 홍보상의 이름 서열을 가지고도 협상을 한참 했습니다. 한 줄 위로 적었다가 또 한 줄 내려 적었다가. 엉망이 됐고 라이자는 역할을 맡지 못할 것 같았습니다. 그 사람들은 치타한테 노래가 더 많이 주어지거나, 관객이 좋아할 만한 곡이 치타에게 갈까 봐 노심초사했죠……. 공연은 힘들어졌어요. 라이자를 기용한 것이 치명적인 실수였던 것 같습니다……. 결국 막을 내리고 말았죠. 이 이야기의 교훈이 뭐겠습니까? 제 말은 그렇게 아끼는 친구한테, 자기보다 저한테 더 잘해 주는 친구한테 어떻게 안 된다고 하겠습니까?

일단 공연에 기용된 스타를 맞지 않는다고 해서 빼는 것도 어려운 일이겠다. 그렇지만 스타에게 조연급으로 출연해 달라고 부탁하는 것은 그보다 훨씬 어려운 일일 것이다. 「마이 페어 레이디」를 만들면서 앨런 제이 러너는 일단 주인공들을 뽑아 놓고 나서,

중요하긴 하지만 단역인, 2막에 잠깐 등장하는 헨리 히긴스 박사의 어머니 역할을 놓고 고민을 많이 했다. 앨런 제이 러너와 당시 연출을 맡았던 모스 하트는 영국의 대배우인 캐슬린 네스빗Cathleen Nesbitt을 염두에 두고 있었지만, 앨런 제이 러너가 그의 회고담인 『내가 살았던 거리 *The Street Where I Live*』에서 밝혔듯이, 캐슬린 네스빗이 그 역할을 수락하리라고는 생각지 않았다.

〈캐슬린 네스빗한테는 너무 작은 역이야〉라고 모스에게 말했더니, 〈나도 그건 알아, 그렇지만 한번 부탁은 해봐야지〉라고 대답을 하더군요. 그는 개인적으로 그녀에게 전화를 해서 사무실에 한번 와서 얘기 좀 하자고 청하더군요. 그런 그의 태도는 절 걱정스럽게 만들었습니다. 모스는 캐슬린 네스빗에게 이렇게 말했지요. 〈캐슬린, 미시즈 히긴스는 대단한 역할은 아니야. 뮤지컬로 만들면 아마 더 작아지겠지. 그리고 작품을 만들어 나가면서 그 역할이 더 커지는 일은 없을 거야. 더 작아진다면 모를까. 그렇지만 당신이 꼭 해줬으면 좋겠어. 세실(비튼)이 벌써 근사한 의상을 디자인해 놨는데, 아마 그걸 입으면 굉장히 예쁘게 보일걸. 개런티도 평소 받던 대로 줄게.〉 모스는 설득을 계속했습니다. 〈캐슬린, 한번 생각해 봐. 지난 몇 년간 굉장히 큰 역만 맡아 왔지만 사실 별로 좋은 작품들이 되지 못 했잖아. 동료들은 다 로열티를 챙겨서 나가는데 당신은 공연하느라고 고생만 했잖아. 이번 공연은 다들 굉장히 좋아할 거야. 이제 관객들한테 좋은 공연을 한번 보여 줄 때가 됐잖아.〉 캐슬린은 완전히 최면에 걸렸지요. 다음날 허먼Levin Herman(제작자)에게 전화해서 그 역할을 해보겠다고 했습니다.

:: 유명 배우를 위한 작품 쓰기

라이자 미넬리와 절친한 친구인 존 캔더와 프레드 에브가 자기들의 작품인 「액트The Act」

에 그녀를 출연시켰던 것처럼,[*7] 마음 맞는 예술가들이 만든 소중한 뮤지컬 작품이, 대개 변덕스럽게 마련인 배우들의 역량에 기꺼이 맞춰 주는 아량을 베푸는 경우도 있다. 그러나 제작자들은 거액의 투자금을 보호하기 위한 대책으로, 수십 년간에 걸쳐 작품을 먼저 만들고 그에 맞는 스타들을 찾아 헤매는 일을 계속해 왔다. 앨런 러너와 프리츠 로웨가 「마이 페어 레이디」를 만들면서 학식 있는 영국풍의 목소리로 렉스 해리슨을 마음에 둔 것도 그런 경우이다. (그들은 그의 읊조리는 듯한 노래가 일라이자의 고조되는 소프라노 소리와 대조를 이루면서 서로 경쟁하듯 펼쳐지는 효과까지 예상할 만큼 영악했다.) 렉스 해리슨은 헨리 히긴스라는 영어 교수에 걸맞는 점잖음을 가지고 영국 배우의 우렁찬 음성으로 모든 곡들을 멋지게 불렀다.

오늘날에 와서는 아무리 인기 있는 스타라 해도, 침몰 직전의 뮤지컬을 구제해 낼 수는 없다. 피터 앨런이 「레그즈 다이아몬드」로 참패를 기록한 것처럼 말이다. 그러나 스타의 부재로 인해 부상할 가능성이 별로 없는 작품이 완전히 잠수하게 될 수는 있다. 텔레비전 슈퍼스타였던 넬 카터가 「멋대로 굴지 마라」에서 빠져나가면서 재공연은 겨우 적자를 면하는 지경에 이르고 말았다.

계약이 파기돼도 상관없다면서 동의를 얻어 낼 때까지 엄청난 요구를 해대는 스타들도 있다. 천문학적인 개런티와 로열티의 일부분을 요구하면서 자기 이름을 제목보다 더 앞에 넣어 달라고, 낮 공연은 절대 하지 않겠다고 버티는 것이 그들의 전형적인 요구 사항이다.

슈퍼스타들의 이렇게 무례한 요구보다 더 가슴 아픈 일은 하루아침에 마음을 바꾸

[*7] 존 캔더와 프레드 에브는 라이자 미넬리를 위해 임명된 전용 작곡가 같았다. 하이든이 에스테르하지 공을 위해 그랬던 것처럼 말이다. 둘은 친구인 라이자 미넬리를 위해서 「플로라, 붉은 협박Flora, the Red Menace」을 만들었다. 그녀를 위해 특별히 나이트클럽 노래를 몇 곡 만들어 주기도 했고, 그녀의 목소리에 맞추어서 「카바레」를 만들기도 했다. (이 작품의 연출을 했던 할 프린스는 라이자 미넬리를 퇴짜 놓으면서, 샐리 볼즈라는 인물은 영국인이어야 한다고 말했다. 샐리 볼즈를 미국에 정착한 인물로 그린 영화의 해결책은 공연 관계자 누구에게도 떠오르지 않았던 것이다.) 라이자 미넬리는 이 영화에 출연해서 아카데미상을 받았다. 그 이후 존 캔더와 프레드 에브는 1978년에 「액트」를 썼고, 1982년에는 라이자 미넬리를 「링크」에 출연시키기도 했다.

곤 하는 그들의 변덕이다. 「웨스트 사이드 스토리」와 「집시」의 작사가였던 아서 로렌츠는 자신의 절친한 친구인 레나 혼Lena Horne을 위해서 1년 반에 걸쳐 작품을 썼다. 그러나 마지막 순간에 가서 레나 혼은 더 이상 공연을 하고 싶지 않다고 그에게 말했다.

스티븐 손드하임이 젊었을 때, 에슬 머먼이 「집시」의 작곡을 못 하게 하면서 가사만 쓰라고 했다는 것은 유명한 이야기지만, 「올해의 여인The Woman of the Year」(1980)을 만들면서, 로렌 바콜Lauren Bacall의 무리한 요구를 들어 주어야 했던, 피터 스톤Peter Stone의 아픈 기억에 비하면 그것은 아무것도 아니다.

그 작품을 만들기 전에 제작자인 데이비드 랜디David Landay와 로렌스 카샤Lawrence Kasha는 로렌 바콜에게, 대본 작가, 작사가, 작곡가를 모두 그녀가 승인하는 조건으로 출연 동의를 받아 냈고, 1년 반 동안의 장기 공연까지 계속하겠다는 언약을 받았다. 대본 작가였던 피터 스톤은 같이 작업을 했던 존 캔더와 프레드 에브를[8] 대신해서 이렇게 이야기했다. 〈정말 저희는 다시는 그런 일을 하지 않을 겁니다. 작품을 스타에게 일일이 다 맞춰 줘야 했습니다. 적대감만 늘어 갔죠.〉 이야기는 이러하다.

그 대본은 완전히 그녀를 위한 것이었다. 노래도 전부, 넓지도 않은 로렌 바콜의 음역에 맞춰서 써졌다. 결국 연습에 들어가고 난 후 로렌이 마음에 들어 하지 않는 부분이 있으면 달리 할 말이 없었다. 그저 〈어떻게 해야 마음에 드실까요?〉 하고 물어보는 수밖에. 갑작스럽게 〈안 됩니다〉라고 말할 근거가 없었던 것이다……. 뉴욕에서 개막을 할 때까지 정말 이상하고 힘든 시간이었다……. 그런 시련 속에서도 재미를 찾아냈다. 크게 보면 작품과 로렌 바콜이 경쟁을 하고 있었던 것이다. 그 덕분에 작품이 잘 만들어졌고 공연을 할 수 있었다. 우리 모두가 토니상을 하나씩 받았고, 그녀도 토니상을 받았으니, 모두가 행복해야 했다. 그런데 우리는 그렇질

---

[8] 캔더와 에브는 이런 작품에 가장 잘 맞는 팀이었다. 「액트The Act」를 만들 때도 라이자 미넬리의 특성에 맞추어 가면서 작업을 했던 경험이 있었으니까.

않았다……

　　　그러고 나서 로렌 바콜은 2주간의 휴가를 받게 됐고, 우리는 그 2주 동안 공연을 메울 사람을 찾게 됐다. 누군가 라켈 웰치Raquel Welch를 생각해 냈고 그녀가 들어와서 2주 동안 센세이션을 일으켰다. 이로 인해 우리들의 문제가 더 커졌다. 우리로서는 그 역할로 라켈 웰치가 맘에 들었던 것이다. 사실 처음에 의도했던 것과는 거리가 멀어져 버린 인물이었지만 우리는 라켈을 성공하도록 만들고 싶었다. 정말 그녀는 무대에서 너무 멋있었다. 중요한 것은 그녀가 어떻게 해내느냐가 아니라 그녀가 그걸 하고 있다는 사실이었고, 이 사실은 비평가들에게도 마찬가지였다. 그래서 좋은 평이 나왔다. 로렌 바콜은 화가 났다. 누구든 그녀 앞에서 라켈 웰치에 대해 좋은 얘기를 할 수 없었다. (계약이 끝나고 나서) 로렌 바콜이 공연을 그만두자, 라켈 웰치는 돌아와 달라는 요청을 수락했고 오랫동안 계속할 수도 있었다. 그러나, 그녀 역시 우리들에게 귀띔 한마디 없이 급하게 공연을 그만두어 버렸고, 그래서 우리는 또다시 스타에 대해 안 좋은 생각을 갖게 되었다. 우리는 다시 배역을 찾기 위해 필사적인 노력을 해야만 했다. 심지어 다른 스타를 구할 때까지 몇 주 동안 막을 내려야 되는 일까지 생겼다. 결국 찾아내질 못했고 공연은 취소됐다. 그러고는 다시는 기회가 없었다.

　　이렇게 「올해의 여인」은 토니상으로 빛나는 성공적인 공연이었지만 〈스타 신드롬〉으로 고생을 겪었다. 그러나 그 작품이 겪었던 제작상의 어려움도 유명한 고전 「왕과 나」에서 작곡가를 고생시켰던 고집스러운 한 자아의 영고성쇠와는 비교할 수 없을 것이다. 이 작품에서 영국의 대스타 거트루드 로렌스가 바로 〈나〉였는데, 이번에는 볼모가 로저스와 해머스타인 팀이었다. 리처드 로저스의 자서전 『뮤지컬 스테이지Musical Stages』에서 스타와 작품에 대해 쓴 부분을 여기에 옮겨 본다.

　　　1950년 초, 우리는 거트루드 로렌스의 변호사인 파니 홀츠만Fanny Holtzman

으로부터 전화를 받았다. 「안나와 샴 왕」을 뮤지컬로 각색하려고 하는데 작품 제작에 관심이 있냐고 묻는 내용이었다. 소설로도 영화로도 이미 크게 성공을 거둔 작품이었고, 거트루드는 자기에게 잘 어울리는 멋진 작품이 될 것 같다고 생각을 했던 것이다.

처음에는 좀 망설였다……. 배우를 미리 정해 놓고 뮤지컬을 써본 적이 없기도 했고, 그렇게 하면 우리가 하고 싶은 대로 작품을 구성할 자유가 주어지지 않을 것 같았기 때문이다. 또 걱정이 되었던 점은 우리 둘 다 거트루드를 무척 좋아하기는 하지만, 그녀의 음역이 매우 좁다는 것과, 바이브레이션을 내지 못하는 단조로운 음색을 그녀가 고칠 수 없을 것 같다는 우려였다.

로저스와 해머스타인은 작품에는 마음이 끌렸지만 특정 스타와 계약상으로 묶이고 싶지 않았던 것이다. 물론 그것은 피할 수 없는 일이었다. 리처드 로저스는 연습 첫날, 자리에 모인 출연진들에게 곡을 선보이는 자리에서, 거트루드 로렌스의 노래 실력을 믿지 못해서, 모든 여자 노래를 아름다운 목소리의 도레타 모로Doretta Morrow에게 부르게 했다. 이로 인해 거트루드가 보인 적대감에 대해, 리처드 로저스는 그의 저서에서 이렇게 적고 있다.

거트루드를 바꾼다는 것은 상상할 수도 없었다. 그렇다면 내가 할 수 있는 건 한 가지밖에 없었다. 나는 뛰어난 보컬 코치를 한 명 고용해서 그녀의 연습을 도와주게 했다……. 그 사람도 거트루드의 단조로운 음색을 고칠 수는 없었지만…… 선택의 여지가 없었고, 나는 결국 그녀의 제한된 음역에 맞추어 조심스럽게 작곡을 했다. 〈휘파람 불어요, 행복한 선율을I Whistle a Happy Tune〉, 〈안녕 젊은 연인들Hello, Young Lovers〉, 그리고 〈춤을 출까요Shall We Dance〉를 그녀를 위해 만들었고, 나머지 아리아와 듀엣곡은 제대로 노래를 하는 가수들을 위해 아껴 두었다. 〈그늘 속의 키스We Kiss In a Shadow〉, 〈섬싱 원더풀Something Wonderful〉 등이 그런 곡이다. 브로드웨이에서 개막을 하고 나서 엄청난 관객들이 모여들었다. 관객들은 그녀의 불안한 노래에 눈에 띄게 불편해 했고, 조용하긴 했지만 불편함을 표시하는 소리들이 들렸다.

잊을 수 없는 매혹적인 여인, 「왕과 나」의 안나가 세상에 나온 지 1년이 지났을 때, 거트루드 로렌스가 암으로 세상을 떠났다. 뮤지컬계의 큰 별이 떨어진 것이다. 그 후로 안나 역을 이어가기 위해 콘스탄스 카펜터Constance Carpenter, 패트리시아 모리슨Patricia Morrison, 발레리 홉슨Valerie Hobson, 데보라 커Deborah Kerr 등이 무대에 올랐다. 그러나 그들 모두 그 역할의 진가를 발휘하지 못했다. 리처드 로저스가 시인했듯이 〈모두 나름대로 특별함을 보여 주었고, 모두들 거트루드 로렌스보다 안정적인 목소리를 가지고 있는 것은 분명했지만, 언제나 안나를 생각하면 거트루드만 떠올랐다.〉

:: 시범 공연

스타를 기용하든 안 하든 모든 뮤지컬은 후원이 필요하다. 그래서 공연계 사람들에게 선을 보일 필요가 있다. 요즘 가장 선호하는 방법은 시범 공연을 마련하는 것이다. 등장인물로 캐스팅될 만한 사람들이나 최근 지방 극단에서 꾸준히 활동하는 사람들을 데리고 하는 시범 공연은 뮤지컬의 축소판이라고 할 수 있다.

　　연습실(스튜디오)을 빌리고, 저자가 시놉시스를 읽는다. 공연에 나오는 노래 몇 곡을 사이사이에 집어넣는다. 전체 길이는 길어야 한 시간 정도이다. 점심 시간에 하는 것이 가장 좋으며 연습실의 위치는 미드타운(뉴욕) 쪽이 좋다.*9 모든 작품은 실제 공연과 마찬가지로 정성을 다해 연습해야 하며, 아마추어적인 부분이 있어서는 안 된다. 그렇지 않으면 모처럼 점심 시간에 짬을 내서 들른 특별한 관객들이 그냥 자리를 뜨고 말 것이기 때문이다. 시범 공연의 중요성을 더하기 위해서는 작품에 기용된 스타가 반드시 참가해야 한다. 피아니스트도 역시 작곡가가 아닌 전문 반주자로서 악보를 잘 알고 있어야 하고, 가수들은 노래를 다 외우고 있어야 한다.

손님들은 대개 몇 주일 전에 초대장을 받게 되고, 제작 조감독은 며칠 전에 반드시 거물들의 참석 여부를 확인해야 한다. 때로 아마추어 팀들은 공연에 대해 지나치게 간단한 설명이 인쇄된 전단을 만들어서 에이전트, 제작자, 연출가들에게 보내곤 한다. 시범 공연에 초청하는 방법치고 참 프로답지 못한 방법이다.

미치 더글러스는 이렇게 이야기한다. 〈제가 받은 그 수많은 전단들이 하나같이 《제 뮤지컬의 시범 공연이, 혹은 독회가 있을 예정입니다》라고만 써 있는 걸 보고는 정말 놀라움을 금치 못했습니다. 전단에는 공연에 관한 설명이 전혀 없었습니다. 그냥 뮤지컬 「카밀 Camille」이라고만 써 있는 정도였죠. 글쎄요, 「카밀」이라…… 록큰롤인가? 카밀, 폐결핵으로 죽은 소녀인지, 여장 남자인지…… 알 도리가 없었죠. 뭔가 관심을 끌어 낼 내용이 있어야지요. 최소한 힌트라도 있어야 할 것 아닙니까. 아무것도 모르면서 무작정 보러 갈 수는 없는 일이니까요. 굉장히 수수께끼 같은 전단을 (우편으로) 받은 적도 있었지요. 전 아직도 그게 무슨 내용인지 몰라요.〉

시연이 끝나면 에이전트나 제작 조감독이 시연에 왔던 사람들에게 전화해서 이 프로젝트에 얼마나 관심을 보이는지 알아볼 것이다.

:: 후원자를 위한 오디션

제리 허먼은 전(全) 작품을 작곡할 기회를 얻기 전에 「퍼레이드」와 「나이트캡Nightcap」이

---

*9 오프 브로드웨이나 오프 오프 브로드웨이, 프린지fringe 연극들에 출연하는 배우들이 대부분 낮에는 아르바이트를 해야 하기 때문에 퇴근 시간 이후에 시범 공연을 한다. (뉴욕에서는 6시나 6시 반 정도가 일반적이며 런던에서는 조금 더 늦게 시작한다.)

라는 레뷔를 위해서 작곡했던 곡들을 가지고 커미트 블룸가든Kermit Bloomgarden에게 오디션을 받은 적이 있다고 한다. 〈정말 인상적입니다〉라고 하면서 커미트 블룸가든이 이렇게 물었다. 〈당신은 제가 1백만 달러짜리 뮤지컬의 작곡을 위해서 당신을 쓸 거라고 생각하십니까?〉 제리 허먼은 이렇게 대답했다. 〈아직까지는 저에게 그렇게 큰 관심을 보인 사람을 만난 적이 없는데요.〉

그렇게 〈큰 관심〉을 보이는 사람을 만나려면 먼저 후원자 오디션을 마련해서 거실에 그 사람들을 초청해야 한다. 일반적으로 후원자 오디션을 할 때가 되면 연출가와 제작자가 이미 정해진 다음이다. 물론 그때까지 선택을 못한 경우도 있을 수 있다.

극작가 조합의 회장인 데이비드 르바인에 따르면 거실에서 벌어지는 그런 오디션이 아직도 계속되고 있다고 한다. 우아한 거실로 모든 것을 갖추고 있는 조합의 사무실에서 바로 이런 오디션이 이루어진다. 그곳에는 멋진 그랜드 피아노도 있으며 소재지는 미드타운의 유명한 레스토랑인 사디스 위층이다. 〈저희 회원들은 그 사무실을 후원자 오디션장으로 쓰고 있지요. 겨울 동안에 1~2주간은 그런 오디션들이 있습니다. 몇 년 전에 비해서 개인들에게 후원을 받는 작품들이 줄어든 것 같아요. 요즘은 대부분 기업 투자자나 영화 회사들이 투자를 합니다.〉

오디션을 다른 방법으로 진행하는 경우도 있다. 특히 공연이 재단과 같은 특별 후원을 받아서 준비되는 경우이다. 셰퍼드와 하닉이 「몰레트」를 공동 작업할 때는 오닐 재단의 후원을 받았다. 작곡가 셰퍼드는 피아노를 연주하고 곡을 소개하는 일을 구분하고 싶지 않았다. 그는 상당히 잘 녹음된 피아노 반주 테이프를 틀어 놓고 거기에 맞춰 노래를 했고, 오닐 재단 사람들과 음반을 제작할 시어도어 프레서도 흡족해 했다고 한다. 코넷티컷에서 2주간의 워크숍을 가지면서 매일 밤 작품이 바뀌어 나갔고, 그 후에 같은 출연진 그대로 맨해튼의 극장에서 오디션을 가졌다.

요즈음은 제작상에 필요한 막대한 자금 때문에, 워크숍이나 재단들의 후원을 받아 독회를 갖는 것이 브로드웨이로 가는 전형적인 수단이 되고 있다. 〈제작자〉를 구하지 못하는 경우도 있다. 그러나 〈제작자가 여러 명〉이라면, 한 번 오디션을 할 때마다 새로 하나씩 구해 나간다면 공연은 가능해질 수 있다.[*10] 연극 전문 변호사의 말처럼 〈공연은 소규모로 해라, 그러면 많아진다.〉

[*10] 워크숍을 너무 많이 하지 않도록 주의할 필요가 있다. 워크숍들마다 이익을 분배받아 가기를 원하면 콩은 한 쪽인데 나눠 먹을 사람이 너무 많아지게 되기 때문이다. 최대 한도를 정할 줄 아는 경영 마인드를 가진 제작자라면 후원자를 잘 선택해서 결정할 것이다.

⑩ ────워크숍

워크숍 기회 마련. 다음 과정

최근에는 새로운 뮤지컬을 브로드웨이나 웨스트 엔드로 들여오는 것에 대한 위험 부담이 몇 배로 커지고 있다. 영국에서는 상황*1이 더욱 나쁘다. 일간 신문도 너무 많고, 유럽 관객들은 대개 비평가들이 뭐라고 하든 간에 자기가 좋아하는 스타를 보기 위해서 극장에 간다. 설상가상으로 제작비는 브로드웨이의 반밖에 되지 않는다. 그러나 뉴욕은 독보적인 「뉴욕 타임스」가 있고 막강한 비평가(프랭크 리치)가 있어서 공연을 살리기도 죽이기도 한다. 소규모 출연진의 연극인 경우에는 50만 달러 정도면 공연을 올릴 수 있지만, 맨해튼의 관객들이 익숙해져 있는 일류 뮤지컬을 만들려면 한 열 배 정도는 더 있어야 한다. 피곤에 지친 직장인은 야하고 화려한 엑스트라버간자 공연을 보러 가길 좋아하고 젊은이들은 「리틀 숍 오브 호러」 같은 소형 뮤지컬이나 「넌센스」 같은 코미디를 좋아한다. 공연이 시작되기도 전에 표를 사는 불특정 다수들을 겨냥하면서 오프 브로드웨이의 성공을 꿈꾸는 것은 멍청한 제작자들이나 하는 짓이다.

더구나 미국 관객들은 인기 작품에만 몰린다. 영국도 마찬가지인데, 사람들이 폭발적인 인기 공연만을 좋아하는 경향이 계속되고 있는 것 같다.*2 새롭고 참신한 시도를 하는 뮤지컬들, 특수 관객층을 겨냥한 작품들은 모두 워크숍을 거쳐야 하는 것이 통례이며, 대규모의 화려한 상업 뮤지컬들은 대개 한 사람의 제작자가 나서서 처음부터 끝까지 책임을 진다.

새로운 아이디어의 그리 크지 않은 규모의 뮤지컬이라고 해도 그 비용은 족히 1백만 달러를 넘는다. 사실 검증된 바 없는 작품에 그렇게 큰돈을 건다는 것은 어리석은 도박이다. 그래서 제작자들은 자기 판돈을 잃지 않으려고, 워크숍에서 가능성이 보이지 않

---

*1 공연의 길라잡이가 되어 주는 ― 역주.

*2 마크 스타인의 말을 빌면 〈이런 경향은 전부터 있어 왔다. 별로 새로울 게 없다……. 앤드루 로이드 웨버의 공연들을 보면 한 1백 년 전에 런던이나 뉴욕을 휩쓸었던 공연들과 별로 다를 게 없다는 생각이 든다. 화려한 무대 기술과 진보한 음악을 이용한다는 점을 제외하면 별로 특이할 만한 점이 없다. 앤드루 로이드 웨버는 레지널드 드 코븐 (Reginald de Koven, 1890~1910년까지 역사 오페레타를 작곡했던 유명한 작곡가. 주요 작품으로는 「로빈 후드」, 「스튜던트 킹Student King」, 「저지 릴리The Jersey Lily」 등이 있다)과 비슷하다. 한 50년 지나서 뒤돌아보면, 아마 왜 그렇게들 「오페라의 유령」을 보러 몰려갔을까, 「캐츠」가 뭐 그리 재미있었을까 하고 의아해 할지도 모른다〉.

는 작품은 일단 제쳐 놓는 것이다. 제작팀을 작업실로 돌려 보내면서 더 다듬어 보라고 한 뒤에 다시 한 번 검토를 하는 경우도 있다. 이것이 모두 발전의 한 과정이다. 작품의 가치를 따지는 최종 회의에서 의견이 나뉠 수도 있다.

스티븐 슈워츠는 〈워크숍은 이제는 쓸데없는 낭비〉라고 생각한다. 〈50만 달러나 들여서 움직일 공간도 부족하고 아이디어를 펼쳐 보일 방법도 너무 제한적인 워크숍을 한다는 것은 낭비다. 우리가 「가스펠」의 워크숍을 할 때는 다들 모이고 싶을 때 모여서 《자 오늘은 뭘 해볼까》 하는 식이었다. 나는 그것이 훨씬 창의적인 방법이라고 생각한다. 요즘은 워크숍이 무대 장치 없는 리허설 같다. 그냥 무대 장치만 없지, 공연과 별로 다를 게 없다!〉

이와 다른 의견도 있다. 마이클 데이비스Michael Davis는 〈발전의 과정이 없으면 그건 하룻밤을 같이 보내고 나서 아이를 낳자고 하는 거나 다를 게 없다〉고 말한다. 하지만 그도 워크숍 비용이 너무 비싸서 빛을 보지도 못하고 폐기되는 작품이 많이 있다는 사실은 부인하지 않는다.

:: 워크숍 기회 마련

아마추어가 일하는 방식과 전문가가 일하는 방식에는 차이가 있다. 그러나 어떤 작품이든지 제작자에게 검증할 데모 테이프를 만들어야만 하는 것은 마찬가지다. 데모 테이프는 에이전트가 직접 가지고 갈 수도 있지만, 대부분은 퀵 서비스나 우편으로 보내진다. 그리고 몇 주가 지나서 계약서를 손에 쥐게 되는 경우라면 곧 연출가와 음악 감독과의 회의가 마련된다.

최근 워크숍을 통해 첫 작품을 발표한 프랭크 오도넬Frank O'Donnell은 이렇게 회상한다.

처음 연출가와 만났을 때 작품이 매우 마음에 든다는 애길 들을 수 있었지만 그래도 대본에는 고쳐야 할 부분이 상당히 많았습니다. 수정 요청이 많아지면서 저는 몇 달에 걸쳐 다시 작품을 써야 했지요. 수정 대본이 완성되었을 때…… 워크숍이 정해졌습니다. 살아숨쉬는 배우들이 내 대사를 읊고 우리가 만든 노래를 부르는 것을 보고 듣는 것은 정말 큰 각성의 시간이었습니다. 한 가지 분명한 사실은 제가 웃음이 터질 거라고 확신하면서 만든 대사들은 전혀 먹히지 않고 단조롭게 들릴 뿐이고, 인물의 성격에 맞는 자연스러운 대사들이 진짜 유머를 자아낸다는 것이었죠.

프로들은 대부분 서너 번의 워크숍 경험을 가지고 있다. 나도 최근에 뉴저지, 밀번에 있는 페이퍼밀 플레이하우스에서 워크숍을 했었는데 내가 직접 가사와 노래를 쓴「원 모어 송One More Song」이라는 작품이었다. 페이퍼밀 플레이하우스는 뉴저지의 주립 극장이었는데 미국의 다른 많은 극장들처럼 주정부에서 발전 기금을 후원받고 있다. 한 가지 반가운 사실은 이런 극장들은 브로드웨이와는 달리 돈을 밝히지 않는다는 것이다!

이 경우에도 밀워키와 덴버, 기타 미국의 다른 도시와 마찬가지로 세 가지 프로그램을 가지고 있다. 그 중에 하나가 매 시즌 다섯 작품씩 워크숍을 여는 것이다. 이 다섯 작품 중에서 하나나 둘 정도는 흑인 문제나 소수 민족 문제들을 다룬 작품이다(내 작품 바로 전에 페이퍼밀 플레이하우스에서 워크숍을 올렸던 작품도 노예 제도가 있던 시대에 백인 여자와 사랑에 빠진 흑인 무용수에 대한 것이었다).

페이퍼밀과 같이 조합에 등록된 극장에서 워크숍을 하는 것은 한 가지 요령이다. 비용이 그리 싼 것은 아니다. 사실 2회 공연을 하는 데도 예상외로 많은 경비가 들었다. 극장의 연출가 중 한 명을 붙여 주는데 내 경우에는 필립 맥킨리Philip McKinley라고 하는 재능 있는 연출가였다. 최소로 줄여서 스물한 명의 배우와 작업을 했고 거기에 코러스가 추가되었다. (거기에 무대 감독들, 음악 감독, 기술 감독 등이 추가되어 총 서른한 명으로 늘어났다.) 안무가와 추천받은 관현악단장(루더 헨더슨이 추천했다)이 고용되었고, 알래

스카에서 레너드 옥슬리Leonard Oxley도 영입됐고(그때 「멋대로 굴지 마라」 순회 공연팀에 있었다), 5중주의 관현악단도 합세했다.

브로드웨이에 있는 민스코프 스튜디오에서 3주간 연습을 했다. 브로드웨이에는 개인 리허설을 위해 1년 단위로 대여해 주는 크고 작은 스튜디오들이 있다. 지역 노조 802 규약에 따라 연주자들에게 배포될 전 악보를 자격증을 가진 전문 카피스트들에게 복사시키게 되어 있는데 그 비용만 해도 1만 달러가 들었다.

3주 후에 출연진과 오케스트라와 전 스태프들이 모두 뉴저지의 밀번에 있는 극장으로 버스를 타고 가서 종일 연습을 하고 저녁을 먹고 공연을 했다. 연습 기간 내내 출연자들은 적어도 한 손에 대본을 들고 있도록 훈련받았다. 대본을 내려놓으면 독회를 하는 것으로 보일 수가 없다. 그렇게 되면 공연 진행비에 포함시킬 수 없게 되고 조합 규정 금액도 받을 수 없다. 독회 기간의 배우 임금은 매우 적게 산정될 수 있기 때문이다.

첫 번째 단계가 바로 독회reading로 의상 없이 최소한의 소품만을 가지고 페이퍼밀의 거대한 무대 위에서 진행되었다. (당시 무대에는 지금 공연하고 있는 「장난꾸러기 마리에타Naughty Marietta」의 무대 장치가 설치되어 있었다.) 월요일과 화요일 밤에 극장이 좀 어두워진 다음에 독회를 가졌는데 일반 사람들에게 공개된 자리로 무료였다. 사람들에게는 설문지가 배포되었는데, 워크숍 공연의 어떤 부분이 마음에 들고, 어떤 부분이 마음에 들지 않는지, 그리고 마지막으로, 〈이 작품이 공연되는 것을 보고 싶은지〉를 묻는 내용이었다. 우리의 경우에는 그렇다는 대답이 압도적이어서 뉴저지 주에서 두 번째 공연을 위한 지원을 얻어 내는 데 한몫을 했다. 내 친구인 극작가 로버트 앤더슨은 여러 번의 워크숍을 거치면서 이런 생각이 들었다고 한다. 〈설문지 하나하나의 내용은 사실 큰 의미가 없다. 그렇지만 전체적으로 한 의견으로 모아지면 대중의 의견이 어떤지 가르쳐 주는 시금석이 될 수 있다. 대중들의 의견을 진지하게 받아들이든지 쓰레기통에 쳐박든지는 자기 마음이다.〉 많은 전문 연극인들이 워크숍을 통해서 결점을 찾아내고 고쳐 나감으로써 완전한 형태로 만들어 낼 수 있다고 믿는다. 그렇지만 워크숍이 개최되는 지역에 따라 관객 특성이 천차만별임을 부인하는 사람은 없다. 마이클 베넷이 말했듯이 〈아이오와 사람

들이 재미있어 하는 부분이 브로드웨이에 가면 전혀 먹히지 않을 수도 있다.〉

:: 다음 과정

두 번째 단계는 대극장 바로 옆에 있는 75석의 페이퍼밀 소강당에서 진행된 6주간의 워크숍이었다. 배우들은 조합 규정에 따른 임금을 받게 되고, 이제 대본은 그들의 손을 떠난다. 제대로 된 무대 장치와 의상이 마련되고 최소한이긴 하지만 안무도 시작된다. 매일 밤 전문가들이 초청되고 대본과 노래는 점점 소위 〈걸맞은 연극적 형태〉로 다듬어져 나간다.

그리고 나면 세 번째 단계가 시작된다. 주요 극장에서 올려지는 완전한 규모의 공연이다. 남의 공연 무대 장치 앞에서 하는 것이 아니고 말이다. 공연은 지방 극장에서 올리더라도 1990년 시세로 약 150만 달러 정도의 예산이 필요했다. 페이퍼밀과 마찬가지로 모든 지역 극장들은 자기네 공연장에서 공연된 작품이 브로드웨이로 진출하기를 바란다. 자부심을 발휘할 기회를 고대하면서 미래의 브로드웨이 작품 프로그램에 〈페이퍼밀 플레이하우스 초연 작품〉이라는 한 줄을 꼭 넣어 달라고 요구하는 것이다.

뉴욕을 비롯한 미국 전역에서 수많은 워크숍 공연이 벌어지고 있다. (워크숍을 할 작품을 찾고 있는 극장들이 많이 있다.) 워크숍은 알려지지 않은 새로운 작품을 현실화시키는 몇 안 되는 방법 중의 하나이다. 물론 유명한 작품도 할 수 있다. 피터 스톤과 하워드 애쉬먼Howard Ashman은 둘 다 작사가인데(전자는 「킨Kean」, 「1776」, 「올해의 여인」, 「슈거Sugar」를 썼고 후자는 「리틀 숍 오브 호러」, 「스마일Smile」을 썼다) 봐야 할 워크숍이 너무 많다고 불평을 한다. 피터 스톤은 이에 대해서 불안정한 연극계에서 누가 언제 해고될지 모르니 그럴 때를 대비해 워크숍이라도 많이 있어야 하는 거라고 억측까지 한다.

손드하임의 후기 작품 중 대부분은 워크숍을 통해 효과적인 발전을 꾀했었다. 「숲속으로」도 그렇게 다듬어졌다. 그러나 피터 스톤을 포함한 영리한 연극인들은 〈워크숍이 별 효과가 없다〉고 말한다. 피터 스톤은 대부분의 사람들과 마찬가지로, 아직도 구식 연극 수법에 익숙해져 있는 지방 사람들을 믿지 않는 것이다.

프레드 에브도 워크숍을 좋아하지 않는 사람 중의 하나다. 〈차라리 순회 공연을 하겠어요. 지방에 가서 신문평이라도 받을 수 있게요.〉 그는 이렇게 이야기한다. 〈저는 워크숍이 작가에게 별 도움이 되지 못하는 것 같아요. 초청한 손님들이 대부분 친구들이잖아요. 배우들 친구와 작가의 친구들로 객석의 50~60석이 채워질 텐데요. 그런 관객들은 인내심을 발휘하기가 쉽지요.〉

⑪ ───공연 연습과 시연회

편곡. 관현악 편곡. 서곡. 배경 음악 작곡. 퇴장 음악. 음향 스태프. 시연회: 첨삭.
플레이 닥터. 시연회 관객. 공연 굳히기

워크숍을 거치지 않고 곧바로 브로드웨이나 런던에서 개막을 하게 되면 대개 시연회 전까지 한 6주 정도의 강도 높은 공연 연습을 하게 된다.

힘든 연습 때문에 배우들은 매일 밤 지쳐서 쓰러지게 마련이지만, 그래도 처음 몇 주간이 가장 행복한 시간이다. 할 일이 태산같이 남아 있고 맹렬한 속도로 작업을 해야 하지만 그래도 아직 시연회까지는 시간이 꽤 남아 있으니까 분홍빛 희망에 물들 수 있다. 이 동안, 연극인들은 낙관론자가 되어서 자기 작품을 완전무결하다고 생각한다. 서로서로 작은 결점이야 고치면 된다고 말해 준다. 출연진들 사이에 패가 갈리거나 시샘을 하는 일이 아직 없을 시기이고 무엇보다 다들 개런티를 모두 받게 될 거라고 서로 확신시켜 준다. 무지개 저편에 있는 개막일이 무슨 보물 단지처럼 보이는 것이다.

그동안 못다 쓴 음악을 완성하고, 무대 장치를 만들고, 의상 디자인이 스케치북에서 나와 옷감 위에 옮겨지고, 조명 디자인을 하고, 관현악을 편성하면서 서곡과 무용 배경 음악을 추가하고, 코러스와 반주가 결정된다. 이 모든 일들이 모두 동시에 일어나고 제작자가 뽑은 수많은 스태프들에 의해 검토된다. 대개는 막강한 연출가가 이 모든 것을 지휘한다.[1] 스케줄이 복잡해지고 각 분야의 감독들이 미국과 영국 노조 규정에 따라 1주일에 6일간 오전 10시부터 오후 6시까지 한 시간마다 10분간만 쉬면서 일하도록 시간표가 짜여진다. 이 즈음에 임용된 무대 감독과 조연출은 각 파트별 출석과 결석을 점검하고 전화를 건다. 스튜디오를 고르고 예약한다. 스튜디오는 시내에 위치한 것이어야 하고 큰 연습실 하나와 작은 연습실 여러 개가 있어야 한다. 본부 연습실 바닥에는 시연회를 할 공연장의 무대 크기와 똑같은 비율로 무대 각 부분의 위치를 테이프로 표시한다.

출연진들은 매일 바뀌는 스케줄에 따라 열심히 연습을 한다. 변경된 스케줄은 매일 연습이 끝날 때 스튜디오 게시판에 붙여진다. 전체 출연진 중에서 그룹별로 혹은 개인

[1] 「웨스트 사이드 스토리」를 연출하면서 제롬 로빈스는 연습 기간 내내 제트 파와 샤크 파를 갈라놓는다는 기막힌 생각을 해냈다. 밥을 먹을 때조차 진짜 깡패들처럼 패를 나누어 먹었다. 스티븐 손드하임은 그때 일을 회고하면서 〈제롬은 좀 어색하다고 생각했지만 제가 보기엔 정말 완벽했어요. 적대감은 서로 없었지만 진짜 불량배들처럼 각자 그 파의 개성을 가지고 있어서 무대에서는 정말 서로 다른 두 패거리의 불량배 집단처럼 보였어요.〉

별로 선별해서 작곡가와 연습을 하고 리허설 피아노 반주자와 노래를 익혀 나간다. 이렇게 정신 없는 수많은 부분별 연습이 모여서 인간 퍼즐처럼 전원이 참석하는 전체 연습으로 합쳐진다. 그래서 무대 감독은 경험이 많은 사람이 해야 된다.

이제 노래를 공연에 맞게 바꾸는 루티닝 *routining* 시간이 되었다. 누가 어떤 노래를 부를 건지, 코러스 중에서 솔로 부분을 누가 부를 것인지, 코러스를 몇 번이나 쓸 건지, 노래의 템포와 강약 *volume*이 정해지고,[2] 각 배우들의 음역에 맞게 키가 옮겨진다. 루티닝 과정에서 솔로곡에 백 코러스를 넣을 것인지, 반주를 어떻게 할 것인지도 모두 정해진다.

제작자와 연출가, 모든 출연자들이 이 6주 동안 그 끔찍한 데드라인을 늘 염두에 두면서 열심히 공연을 준비한다. 정확한 공연 날짜와 작품에 맞는 규모의 사용 가능한 극장 예약, 티켓 예매 등은 모두 이전에 다 확정되어 있어야 한다.

연기(延期)란 연극계에선 있을 수 없다. 엄청난 문제를 야기하는 것이다. 완성되려면 시간이 좀 더 필요한 뮤지컬을 보려고 표를 사는 사람은 없다. 연극 애호가, 특히 미국의 연극 애호가들은 인기 작품만을 보고 싶어 하고 실패작은 시작할 때부터 금방 눈치를 챈다. 영국도 점점 이러한 추세가 강해지고 있다. 졸작을 만들어 놓고 보러 오지 않는 관객들을 나무랄 수는 없는 일이다. 더욱이 요즘같이 입장권 가격이 치솟아 있는 시기에는 말이다.

「뉴욕 타임스」가 발표하는 베스트셀러 시리즈 명단은 계속해서 성공을 거두고 있는 작품이 무엇인지 가르쳐 준다. 1백 회 공연을 넘긴 공연은 롱런을 계속할 것이 틀림없다. 반면, 그저 그런 평가를 받은 작품이라면, 아무리 뛰어난 제작자라 해도 공연을 계속할 자금을 구하기가 매우 힘이 든다.[3]

---

[2] 연출가가 결정하는 템포는 관현악 편곡자의 작업에 매우 중요한 방향을 제시한다. 오케스트라 악보 작업은 매우 더디게 진행되게 마련인데, 이 템포를 근거로 관현악 편곡자는 음표를 얼마나 많이 그려 넣을 것인지 결정할 수 있고, 노래 규모에 따라 반주 악기를 얼마나 많이 사용할 것인지 결정할 수 있는 것이다.

[3] 「레미제라블」, 「오페라의 유령」, 「미스 사이공」과 같은 공전의 히트 작품을 만들어 낸 제작자가 바로 카메론 매킨토시이다. 마크 스타인은 그에 대해 매우 독특한 제작자라는 칭찬을 아끼지 않았다. 〈9월에 개막 예정이었던 작품이

:: 편곡

편곡*arranging*이란 작곡가의 음악을 손질하는 것이다. 대본에 맞게 가사와 음악의 수요와 필요성을 점검하는 것이다. 작곡자가 경험이 없어서, 관객들이 공연을 보는 동안 음악에 별 매력을 못 느끼게 되면 편곡자가 필요하게 된다. 지금처럼 세련된 화음이 요구되지 않던 시절에는, 별 경험 없는 작곡가들이 그저 화음이나 제대로 맞춰서, 숙련된 연주자들을 시켜 연주하게 하면 그만이었다. 예를 들어 해외에서 활동하던 가수를 하나 불러다 공연을 하게 되었는데 〈여기서 그걸 좋아하게 됐어요*I'm Going to Like it Here*〉라는 노래를 부르게 했다고 하자. 이 가수가 뉴욕 나이트클럽에서 일하게 된다면 해외에서 부르던 대로 이 노래를 부를 수는 없다. 미국 분위기에 맞게 반주도 넣어야 하고 백 코러스도 넣고 록 비트를 사용해서 다시 편곡을 해야만 하는 것이다.

편곡은 작곡가가 해야 하는 일이 아니냐는 질문에 루더 헨더슨은 이렇게 대답했다.

작품을 일단 다 완성하고 나서 개막이 넉 달 정도 남았을 때 편곡자가 필요해진다. 오페라 작곡가들은 1~2년을 걸려서 천천히 작업을 하지만 뮤지컬은 그런 사치를 누릴 수가 없다. 뮤지컬 작곡가는 마지막 달까지, 시범 공연에서 관객들을 별로 기쁘게 하지 못했던 곡을 빼고 대신 새 노래를 만드느라 바쁘다. 그래서 누군가 도움을 줄 사람이 필요하다. 작곡가의 무거운 어깨에서 짐을 좀 덜어 가는 것 이상으로 많은 도움이 필요하다. 줄 스타인 같은 작곡가를 예로 들면, 편곡을 할 역량이 있는 사람이지만 자기가 직접 편곡을 하지는 않는다. 작곡이란 자급자

11월이나 12월로 연기된다고 해도 그는 별로 상관하지 않았습니다. 중요한 건 언제 공연을 시작하느냐보다는 자기가 원하는 대로 공연이 만들어지는 것이었습니다. 그런데 「레그즈 다이아몬드」는 한 가지도 원하는 대로 되는 게 없는 경우였지요. 시작하고 나서 며칠 되지 않아 공연이 큰 문제에 닥쳤다느니 미친 듯이 다시 만들고 있다느니 하는 얘기가 돌았습니다. 어떻게 해야 될지 몰라 다들 막막했습니다. 대본 작가를 교체하고 안무가를 쫓아냈습니다. 점점 더 마음만 급해서 무엇을 해야 될지도 모르고 뱅뱅 돌고만 있었죠.〉

족을 요하는 작업이다. 편곡자로서 작업할 때보다 훨씬 더 경제적으로 자기 작품을 이용할 줄 알아야 한다. 작곡가가 작곡해 낸 기본 재료가 있으면 그것으로부터 본질은 같지만 다양한 다른 것들이 배어 나와야 한다. 그러나 한 사람이 두 가지 작업을 동시에 하면서 한편으로는 기본 소재를 만들어 내고, 다른 한편으로 그걸 다듬어서 환상적인 분위기로 옮기는 능력까지 발휘하는 경우는 거의 없다.

「미스터 젤리로드」의 경우 1920~1940년대까지 인기를 누린 좋은 음악이었다. 재즈풍의 가벼운 음악. 그러나 나이트클럽에서 불릴 경우, 무대 반대편에 앉아 있는 사람들을 흥분시킬 때만큼의 효과가 나질 않았다. 이 곡에 무언가 특별한 손질이 필요했다. 새로운 가사일 수도 있고 화음을 넣어 주는 백 코러스나, 춤 같은 것이 필요했던 것이다. 좋은 편곡자가 되려면 편곡된 음악이 오케스트라로 연주되었을 때 어떻게 들릴 것인가 하는 것을 늘 생각할 수 있어야 한다.

:: 관현악 편곡

현대의 프로 연극계에서는 연출가가 무대 디자이너와 첫 회의를 할 때쯤 작곡가나 작곡팀이 관현악 편곡자와의 첫 만남을 갖는다. 연출가와 무대 디자이너는 무대의 크기에 대해 얘기하는 대신 극의 분위기와 시각적인 느낌에 대해 이야기를 할 것이다. 이 두 회의에서 작품의 규모가 정해진다. 그리고 스티븐 손드하임이 말했듯이 〈악보〉 없이 음악에 대한 이야기를 하게 될 것이다.[4] 〈「리틀 나이트 뮤직」의 경우에는 향수 같은 느낌이 필요하다고 말했던 것이 기억납니다. 일반적인 이미지를 이용해서 설명하는 게 당연했어요.

[4] 「웨스트 사이드 스토리」에서 레너드 번스타인과 어윈 코스탈Irwin Kostal과 함께 오케스트라를 맡았던 시드 라민 Sid Ramin은 단장이 음악의 스타일과 오케스트라의 악기 종류를 결정하는 데 중요한 영향력을 행사한다고 말한다. 〈「웨스트 사이드 스토리」와 「집시」에서는 비올라를 쓰지 않았지요…… 「포럼Forum」에서는 바이올린을 빼고 비올라와 첼로만을 가지고 현악부를 구성했습니다.〉

제 관현악 편곡자에게 《첼로 여섯 대와 바이올린 네 대가 필요합니다》라는 따위의 얘길 해주고 싶진 않았어요. 결정은 그 사람이 해야죠. 그 사람이 저보다 더 잘 알고 있는데요.〉

스티븐 손드하임은 「스위니 토드, 플리트 스트리트의 악마 이발사Sweeney Todd, the Demon Barber of Fleet Street」를 작업하면서 당시 관현악 편곡자였던 조너선 튜닉과의 첫 미팅을 할 때는 좀 더 확실하게 말해 주었다. 〈우선 사람들을 무섭게 하는 연주가 있었으면 좋겠다고 말했어요. 그에게 전자 악기나 오르간을 이용했으면 좋겠다고 했죠…… 저는 오르간의 깨지는 듯한 큰 소리가 무서울 거라고 생각했습니다. 괴기적인 느낌도 있고요. 그래서 《불안한 느낌을 줄 수 있었으면 해요. 무서우면서도 굉장히 낭만적인 느낌 있잖아요. 이 공연은 굉장히 낭만적인 작품이거든요》라고 설명했습니다.〉

관현악 편곡도 하나의 예술 작업이며 「스위니 토드」에서 조너선 튜닉이 낭만적이면서도 무서운 연주로 공연에 기여한 바가 크다는 것은 누구나 알고 있는 사실이다. 그가 겸손하게 아무것도 아니라고 해도 훌륭한 관현악 편곡이 조너선 튜닉이 말한 달걀 요리 만드는 것[5]보다 훨씬 중요한 일이라는 것은 다 알고 있는 사실이다. 대부분의 공연에서 도입부와 종결부, 세구에 *segues*(단절 없이 다음 악장으로 이행하라는 지시), 배경 음악을 위해 관현악 편곡자의 결정적인 도움이 요청되고 있기 때문이다. 뮤지컬에서 관현악 편곡자의 기여를 더욱 중요하게 만드는 것은 오케스트라 석에서 나오는 연주가 빠질 수 없는 공연의 한 부분이기 때문이다. 기악 편성이라는 특별한 예술은 세부적인 것까지 다 신경을 써야 하는 작업이며, 관현악 편곡자는 무대 위의 목소리를 가리지 않으면서 이러한 세부적인 것들을 다 달성해야 한다.

공연 프로그램에 적혀 있다고는 해도 사람들은 관현악 편곡자의 이름은 그냥 지나친다. 사실 그래서는 안 되는 일이다. 그들이 바로 관객과 음악을 연결해 주는 사람이기 때문이다. 관객들이 듣는 음표 하나하나는 관현악 편곡자의 연필을 통해 여과된 것이다. 작

---

[5] 조너선 튜닉은 이런 설명을 했다. 〈관현악 편곡은 노래를 강화하는 방법입니다. 달걀 요리 *devilled egg* 만드는 것에 비유할 수 있습니다. 재료를 가져다가 잘 으깨서 여러 가지 양념을 하고 섞은 다음에 다시 제대로 갖다 놓는 것이죠.〉

곡가들도 이 점을 잘 알고 있기에 함께 작업하는 팀들이, 작곡가와 작사가의 관계처럼, 친형제같이 구성되어 있다. 리처드 로저스는 자기 음악의 관현악 편곡을 자신의 또 다른 자아라고 할 수 있는 로버트 러슬 베넷Robert Russell Bennett에게 맡기곤 했다. 조너선 튜닉도 손드하임의 작품 중 아홉 작품을 함께 작업했고, 빌 브론Bill Brohn은 「미스 사이공」을 위해 클로드 미셸 쉔베르그의 음악에 전자 악기, 가멜린gamelin과 풍경 wind chimes 등을 들여와, 동서양의 만남을 이룬 관현악 편곡을 해냄으로써 작품에 필요한 특별한 느낌을 불어넣었다.

우리가 처음 만난 것은 뉴욕에 있는 카메론 매킨토시의 사무실에서였습니다. 서로 의견을 교환하고 정리하는 데 한 시간이 훨씬 넘게 걸렸죠. 보통 만나는 작곡가들하고 달랐습니다. 목소리도 매우 독특했죠. 그래서 저의 질문도 매우 달라졌습니다. 대본과 데모 테이프를 들어 봤지요. 그가 직접 피아노 연주를 했고 모든 노래를 다 불렀더군요. (덧붙여 말하자면 관현악 편곡자들은 이런 걸 보기를 원합니다. 작곡가의 욕망을 파악할 수 있으니까요.) 그의 생각을 들어 봐야 했습니다. 그가 연주하고 노래하면서, 오케스트라의 연주가 어떻게 해석될 거라고 기대했는지 알고 싶었지요. 관현악 편곡자로서 피아노에 어떤 반주가 들어갈 것인지, 그걸 어떤 악기를 사용해서 연주할 건지 알아야 하니까요. 저로서는 그가 피아노를 치면서, 어떤 종류의 금관 악기 화음을, 타악기나 그가 동양을 여행하면서 들은 이국적인 아시아 악기들의 소리를 기대했는지 확실하게 얘기해 주길 바랐죠. 물론 그런 소리들 중의 일부는 이미 만들어진 음악에 포함이 되겠지요. 그렇게 작업이 시작됐고 아주 긴 과정이 있었습니다. 그냥 두어 시간 정도가 아니었죠.

빌 브론은 데모 테이프에 수록된 곡 중에서 여섯 곡을 시험적으로 관현악으로 편성해 보라는 요청을 받았다. 그의 말을 따르면, 그가 이 작품에 적격인지에 대해서는 〈찬반이 반반이었습니다. 몇 곡은 너무 무시무시해서 클로드 미셸과 알랭 부블릴이 생각했던 것과 너무 거리가 멀었지만, 다른 몇 곡은 원하던 것에 매우 가까웠습니다. 정확하게 그들이 원하던 것은 아니었지만 상당히 만족스러운 편이었어요. 제 생각엔 그 사람들이 절 쓰기로 한 것은 바로 첫 번째 곡 때문이었던 것 같아요. 서곡에서 저는 동서양의 만남을 이루는 소리를 만들어 보았습니다. 제가 한 것을 들어 보고, 클로드 미셸은 전체 작품에 필요한 모든 소리를 추출 *distillation*해 놓은 무엇이 있다고 생각했던 거지요. 그리고 나서 저희는 뉴욕과 런던에서 몇 번의 회의를 가졌습니다. 모든 곡을 하나씩 살펴보면서 《여기는 어떻게 할 건지》 또 《저기는 어떤 소리를 만들 건지》 의논을 했지요.〉 관현악 편곡자들은, 관현악 편성과 재편성의 비용에 대해 늘 불평을 늘어놓는 제작자들에 대해 고마움을 느끼는 일이 별로 없다. 그러나, 빌 브론은 예외였다. 〈본격적으로 일을 시작하면서 무엇보다 크게 도움이 되었던 것은 시간에 대한 카메론의 배려였습니다. 관현악 편곡자에게 시간이 넉넉하게 주어지는 일은 별로 없거든요. 그리고 연주 방법에 대한 해석을 해보기 위해 오케스트라를 구성해 볼 수도 있었지요.〉

빌 브론은 자기가 창의적인 팀의 중요한 일원임을 느낄 수 있었다. 그리고 다른 작업자들과 마찬가지로 관현악 편곡자로서 그는 자신의 자존심은 접어 두었다. 중요한 건 공연이 잘 되는 것이니까. 영화에서와 마찬가지로 배경 음악은 주제넘지 않는 것이 되어야 한다. 관객들이 오케스트라 연주를 의식하지 않도록 말이다. 그렇지 못하고 연주를 의식하게 한다면, 대개는 너무 지나친 것이 되고 만다. 관현악 편곡자가 스타가 될 필요는 없지만 공연의 성공에 큰 책임을 가지고 있는 것은 사실이다.

관현악 편곡자의 역할은 무시할 수 없는 것이다. 사인을 하는 것처럼, 관현악곡을 편성한 사람의 낙인이 뮤지컬 작품에 영원히 찍히게 된다. 시드 라민과 로버트 긴즐러 Robert Ginzler의 벌레스크풍 금관 악기 연주가 없는 「집시」를 생각할 수 없고, 돈 워커Don Walker의 유럽풍 슐라그*shlaag*가 빠진 「그녀는 나를 사랑해」가 있을 수 없으며, 조너선 튜닉의 기괴한 관현악 연주를 빼고는 「스위니 토드」가 있을 수 없다.[6]

그러나 관현악 편곡자가 아무리 혁신적인 아이디어를 가지고 있다 하더라도, 음악가 조합 계약서에 적힌 진부하고 불합리한 구절들에 의해 어느 정도 제한을 받을 수밖에 없다. 옛날의 빈*Alt Vien*을 소재로 한 뮤지컬에서 본격적인 규모의 세미 심포니를 시도한다거나, 나이트클럽을 다룬 뮤지컬을 위해 여섯 개 악기로 구성된 콤보를 한 사람이 연주하게 하는 날에는 제작자나 음악가 조합의 분노를 사기 십상이다. 브로드웨이의 모든 극장은 반드시 고용해야 하는 최소한의 연주자 규모가 정해져 있다. 세인트 제임스나 임페리얼 극장은 스물여섯 명이고 알빈 극장은 스무 명, 이런 식이다.[7] 설사 연주를 하지 않고, 연주자 휴게실에 앉아서 신문만 보더라도 반드시 이 사람들에게 임금이 지불되어야 한다. 물론 연기자 수보다 더 많을 수도 있다. 음악 연주자 비용은 꾸준히 상승되고 있는 추세여서, 제작자들은 음표 하나도 연주하지 않고 공연 내내 앉아만 있는 연주자를 위해 돈을 지불하고 싶어 하지 않는다.[8]

:: 서곡

클래식 음악 시대부터 오페라 하우스나 콘서트 홀의 서곡은 늘 엄격한 소나타 형식에 맞추어 작곡되었다.[9] 그러나 길버트와 설리반의 오페레타 시대부터 관객들은 자기가 듣게 될 공연 음악 모음을 듣는 것을 좋아하게 되었다. 곡에 대한 인상을 심어 주어 관객들이 공연 중에 다시 그 선율을 들을 때 편안하고 익숙한 느낌을 받도록 하는 방법이었다.

---

[6] 스티븐 손드하임은 관현악 편곡자로서 조너선 튜닉이 서브텍스트를 매우 잘 이해하고 있다는 점을 지적한다. 〈「폴리스」에 《인 버디즈 아이즈*In Buddy's Eyes*》라는 곡이 있습니다. 등장인물이 집에서는 모든 게 너무 멋지고 결혼한 게 너무 행복하다고 말합니다만, 사실은 그게 아닐 수가 있지요. 가사에서나 멜로디에서나 그게 사실이 아니라고 말해 주는 부분은 어디에도 없어요. 그러나 오케스트라 연주 부분에서 그걸 느낄 수 있죠…… 조너선이 관현악 연주를 그렇게 만들어서, 여주인공이 남편에게 하는 모든 말들이 메마르고 황량하게 들립니다. 그녀가 자기 애기를 할 때도 매번 그런 느낌의 연주가 시작되는 거죠〉

[7] 루더 헨더슨이 「멋대로 굴지 마라」의 오케스트라 편성을 하면서, 주인공 패츠 월러 시대의 진짜 재즈 밴드를 재현하고 싶어 했다. 그래서, 밴드 연주자 숫자는 브로드웨이의 롱그레이스 극장에서 지역 802 규약에 따라 요구하는 연주자 숫자를 훨씬 밑돌게 되었다. 결국 할 일 없이 고용된 연주자들은 공연 내내 극장 귀퉁이에서 담배나 피우고 포커나 치면서 시간을 때우게 되었다.

[8] 토머스 셰퍼드가 제작했던 1985년의 「폴리스」 콘서트에서는 오케스트라의 소리가 장중하게 링컨 센터의 필하모닉 홀을 가득 채웠다. 올스타로 구성된 출연진을 받쳐 주는 훌륭한 오케스트라는 바로 다름 아닌 뉴욕 필하모닉이었던 것이다.

그러나 서곡은 관객을 졸게 하거나 수다를 떨게 하는 지루한 것이 되어서는 안 된다. 지울 수 없는 공연에 대한 첫인상으로서, 고전 음악 시대와 마찬가지로 공연의 본질을 압축해서 보여 줄 수 있는 것이 되어야 한다. 「조르바Zorba」의 서곡에서 존 캔더가 바로 그렇게 했다고 한다. 〈1968년의 할 프린스가 했던 오리지널 공연에서는, 막 뒤로 그리스 악기 연주가 들리게 했습니다. (북소리와) 군중들의 소리가 들렸지요. 전 그게 참 마음에 들었습니다. 막이 열리면 안개가 자욱하고 조금씩조금씩 그 음악이 흘러나오는 겁니다…… 그리스의 나이트클럽에 있는 겁니다. 사람들이 마이크 앞으로 한 명씩 나옵니다. 전율이 흘렀지요. 그렇게 해서 분위기를 만들었습니다.〉[10]

작곡가에게 서곡은 자신을 보여 줄 기회이며 관객들이 가사나 무대 장치에 정신을 뺏기지 않고 음악에 집중할 수 있는 유일한 시간이다. 그래서 작곡가들은 서곡이 관객들에게 잘 들리고, 소중하게 간직되기를 바란다. 재담가인 줄 스타인이 이제 고전이 된 「집시」를 브로드웨이에서 처음으로 공연할 때 자신의 서곡이 겪은 일을 말해 주었다. 내가 가장 좋아하는 연극계의 일화이다.

나는 서곡을 통해서 관객들에게 이 공연이 무엇보다 벌레스크풍이라는 것을 알려 주고 싶었다. 그래서 관현악 편곡자를 맡았던 시드 라민과 로버트 긴즐러와 함께 그런 서곡을 만들었다. 다 만들고 나서 마지막에 트럼펫 연주자가 일어서서 서까래를 향해 소리를 내지르게 했다. 그게 제일 재미있는 부분이었다.

---

[9] 콘체르토와 마찬가지로 심포니의 1악장은 늘 소나타 알레그로 형식이 사용된다. 기본적으로 이 형식은 3음부로 구성되어 있다. (1) 전개-첫 번째 주제 선율(주음계에서), 두 번째 주제 선율 하속음(버금 제5음계에서), 종결부Coda. (2) 자유 형식으로 확장, (3) 첫 번째 주제 선율과(이번에는 제5음계로 돌아간다), 두 번째 주제 선율(주음계에서)의 반복, 그리고 종결부.

[10] 1970년대 후반 허셸 버나디Herschel Bernardi 대신 앤소니 퀸Anthony Quinn이 주연을 한 재공연에서는 안타깝게도 이 컨셉을 없애 버렸다. 작곡가와 작사가는 자기들의 컨셉을 지키려고 발악을 한 나머지 그 작품을 공연하지 못하도록 해버렸다. 작품에 공연 금지 명령을 내리는 것은 매우 돈이 많이 드는 위험한 조치이다. 공연을 금지하기 위해서는 약정서를 공표해야 하는데, 만약 중재 재판에서 제작자가 이기게 되면, 약정서에 따라 제작자에게 손해 배상을 해주어야만 한다.

제롬 로빈스는 안 좋아했다. 그는 〈나는 연주가 딱 2분만 됐으면 좋겠어. 그냥 두이 가지 선율만 들려주고 바로 공연으로 들어가자고〉라고 말했다. 그래서 나는 3분 반으로 줄이겠다고 했다. 사실은 4분 35초였다. 내가 거짓말을 한 거였다. 필라델피아 공연에서 그렇게 해봤는데 제리는 〈마음에 안 들어, 도무지 마음에 안 든다니까〉 하면서 계속 심통을 부렸다. 그래도 효과는 좋기만 했다. 사람들도 좋아하는 것 같았고. 그래서 그냥 놔뒀다.

그런데 뉴욕에 와서 그가 나에게 복수를 했다……. 뭐, 알겠지만, 우리는 공연 당일 오후 3시쯤이나 돼서 도착했다, 다들 노래를 부르고 춤 연습을 하고 있었는데, 다들 약간 풀어져 있었다. 밴드도 연습을 좀 해야 했다. 그래야 저녁 공연에서 썰렁하지 않게 연주를 할 수 있으니까. 어쨌든, 나는 3시쯤에 오케스트라 석으로 걸어 들어갔다. 브로드웨이 극장이었는데 오케스트라 석 깊이가 12피트나 되는 곳이었다. 자리를 올려 주겠다고 했었는데 오후 3시가 되도록 올려지질 않고 있었다. 서곡이 어떻게 들릴지 감이 잡혔다. 자리를 그렇게 내려놓고 시연회를 두 번 했었는데 전혀 소리가 들리질 않았다. 그렇게 되면 큰 일이었다. 그래서 자리를 올려 주겠다는 약속을 받아 냈었는데.

그래서 나는 르랜드 헤이워드에게 올라갔더니 그는 이렇게 말했다. 〈내가 듣기에는 괜찮던데요.〉 나는 이렇게 말했다. 〈르랜드, 당신은 훌륭한 제작자예요. 그렇지만 음악에 대해서는 아무것도 모르잖아요. 게다가 제리가 약속을 했다고요.〉 그러고 나서 나는 제롬 로빈스에게 갔다. 그는 무대에서 춤을 추고 있었다. 다들 해산했기 때문에 춤을 출 필요가 전혀 없었는데도. 어쨌든 나는 그와 얘기를 하려고 했다. 그가 작은 모자를 쓰고 있었던 게 기억난다. 그의 먹살을 잡으면서 내가 말했다. 〈제리, 널 오케스트라 석으로 던져 버릴 거야. 소리를 질러 봐도 소용없을걸. 아무도 못 들을 테니까. 아무도 내 음악을 전혀 못 듣는 것처럼 말야!〉 그는 〈알았어, 고쳐 줄게〉 하고 말했다. 그렇지만 무대 스태프들은 다 가고 없었다. 지지리 운도 없었다. 거기 앉아서 난 진짜로 울었다.

내 친구 하나가 오더니 왜 우느냐고 물었다. 나는 그에게 연주자들이 있는 오케스트라 피트를 올려놓으려고 했었다는 얘길 해줬다. 그랬더니 그는 〈그럼, 따라와 봐〉라고 했고 우리는 24번 도로와 5번가에 있는 그 친구의 의자 가게로 가서 높은 의자 스물네 개를 얻었다. 그래서 현악 연주자들이 모두 그 높은 의자에 앉아서 연주를 하게 됐다. 서곡이 끝나고 나서 제리가 나한테 오더니 말했다. 〈거 봐.〉 나는 〈무슨 소리야, 거보라고? 쟤네들이 어디 앉아 있는지나 봐!〉라고 쏘아붙였다.

서곡은 시연회를 하기 전에 마지막으로 준비해야 할 부분 중의 하나다. 노래들이 빠지고 추가되기 때문이다. 히트곡들은 공연을 하다가 만들어질 수도 있다. 한 번 이상 곡을 다시 쓰거나, 연주 파트의 악보를 만드는 데 나머지 악보를 만드는 것만큼이나 돈이 많이 든다. 참을성 없는 관객들에게는 공연에 나오지도 않는 코러스만 지켜보거나, 도무지 나오지 않는 유명 히트곡을 기다리는 것만큼 미칠 것 같은 시간이 없다. 루더 헨더슨은 이렇게 회상한다.

「도레미」의 관현악 편곡을 맡았을 때 줄 스타인이 초기 연습에 들어가면서 서곡을 만들어 달라고 했지요. 그러고 나서 지방 공연을 하면서 또 한 번 그러더니, 나중에 첫 번째 시연회 전에 또 만들라고 하더군요. 뉴욕에 입성하기 전에 서곡을 세 곡이나 만들었어요. 모두 굉장히 돈이 많이 들었죠. 「도레미」는 제가 서곡으로는 처음으로 쓴 작품이었는데, 한 번만 더 만들라고 하면 제작자에게 달려가서 〈저 사람이 저더러 또 만들라고 그러는데, 돈이 엄청나게 많이 들 겁니다〉라고 말하고 싶었죠. 하지만 그러지 않았어요. 그러면 메릭이 절 용서하지 않을 것 같아서요. 어쨌든 문제는 서곡이 막 시작할 공연의 요약이 되어야 한다는 것입니다. 공연을 해보거나 시연회를 하지 않고 서곡을 만들려고 하면, 이제까지 작업한 것이 모두 완벽하고 아무것도 뺄 게 없다고 가정을 할 수밖에 없습니다.
　서곡을 만들면서 제가 시도했던 것 중에 흥미를 느꼈던 점은 어떤 주제나 아이디어를 요약해서 사용할 수 있다는 것이었지요(「집시」에서 〈꿈을 꾸었어요*I had a dream*〉의 주제 선율이나 「폴리스」의 〈금 간 얼굴*cracked face*〉의 주제 선율 같은 것). 그렇지만, 그 요약 부분이 공연에서 잘려 나가는 날엔 끔찍한 일이 생기게 됩니다. 심각한 문제가 발생하는 거지요.〉

:: 배경 음악 작곡

서곡과 마찬가지로 대사에 깔리는 음악을 관현악으로 편성하는 배경 음악 작곡*underscoring*도 가능한 한 마지막 순간까지 늦추는 작업이다. 배경 음악은 관현악 편성의 마지막 부분으로, 공연마다 악보를 정리하는 카피스트들은 내내 끼적대다가 마지막 시연회가 끝나고 나서야 종이에 옮겨 적게 된다. 선택된 곡의 어떤 부분에 관현악 반주를 넣을 것인지, 어디에 간주를 넣을 것인지는 대개 전적으로 작곡가에게 달려 있지만 반드시 그렇지만은 않다.

리처드 로저스와 제롬 로빈스는 둘 다 「왕과 나」의 마지막 페이지에 깔릴 음악으로 〈섬싱 원더풀*Something Wonderful*〉을 골랐다. 죽어 가는 군주가 이제 문명화가 되어 가는 샴의 왕위를 큰아들에게 물려주는 감동적인 장면이었다. 이 곡은 원래 1막에서 왕의 첫 부인인, 레이디 티앙이 불렀던 노래였다. 내용상으로 〈섬싱 원더풀〉이란 남편에 대한 레이디 티앙의 사랑을 뜻하는 것으로 안나의 관용을 구하는 노래였다. 나중에 2막에서 다시 들을 때는 왕과 안나 사이에 싹트기 시작하는 사랑을 느끼게 해준다. 마지막으로 왕의 죽음 앞에서 이 노래가 배경 음악으로 깔리면 〈섬싱 원더풀〉의 진짜 의미는 그가 훌륭한 남자였다는 것을 알려 주는 것으로 작용하는 것이다. 이것은 리프라이즈와 배경 음악의 강한 힘을 보여 주는 좋은 예라고 할 수 있다.

「스위니 토드」는 계속해서 배경 음악이 깔리는 작품이었다. 스티븐 손드하임은 대사에 깔리는 모든 음악이 관객들을 집중력을 흐트러뜨릴 기회를 찾아야 했다고 고백한다. 〈노래로 불리는 것과 대사로 말해지는 것은 큰 차이가 있습니다. 무대에서 록 음악을 사용하면 끔찍하게 들리는 것이 바로 그런 이유지요. 큰 소리로 노래하는 록 음악은 대사 부분과 노래 부분 사이의 큰 대조를 만들어 버리거든요. 그 차이가 너무 심해요. 배경 음악에서도 마찬가지입니다.《어머, 노래가 시작하겠군》하고 생각하면서 무의식적으로 노래를 기다리게 됩니다. 그러나 사실은 바로 거기에서 배경 음악이 시작되는 거죠.〉

:: 퇴장 음악

서곡은 관객들이 듣는 첫 번째 음악으로 공연에 대해서 느낌이 결정되는 첫 순간이다. 마찬가지로 퇴장 음악은 마지막이기 때문에 매우 중요하다. 관객들의 귀에 남아 있을 여운이며 극장 로비로 나가면서 흥얼거리게 만들 선율이며, 그로 인해 카세트나 CD를 사게 할 수도 있다.

　　　마지막의 히트 선율 모음은 대개 원래 템포보다 빠르게 연주된다. 극장의 복도를 빨리 비우게 하기 위해서이다. 이것은 슬픈 선율로 끝을 맺은 작품일 경우에 더욱 바람직한 방법이다. 커튼 콜과 퇴장 음악이 오케스트라가 연주하는 마지막 곡이 되는 것이다.

:: 음향 스태프

뮤지컬의 악보가 완성된 후 복사해서 연습되면 관객들이 최대한으로 그 음악을 즐길 수 있을지 확인하기 위해 음향 스태프에게 넘겨지게 된다. 관객들이 가사를 알아들을 수 있는지 (가수들이 대사를 크게 강조하는 경우에), 오케스트라 소리에 먹혀 버리지는 않는지, 객석에서 소리가 안 들리는 사석은 없는지, 되울림이 되지 않는지 확인을 해서 작곡가, 작사가, 배우, 가수, 편곡자, 관현악 편곡자를 포함한 오케스트라가 모두 모여 실은 강렬한 감정을 관객들이 잘 전달받을 수 있도록 하는 것이다. 어떤 면에서는 이런 음향 스태프들이(사운드 디자이너라고 불리는 걸 더 좋아한다) 공연을 직접 제공하는 사람들이다.

뮤지컬 음악 활동을 하면서 영화 음악도 만들었던 칼 데이비스Carl Davis는 뮤지컬 연극계에 일대 혁명이 일어났었던 때를 이렇게 회상한다.

극장에 마이크와 전자 악기를 설치한 순간 혁명이 일어났습니다. 음향에 대한 생각이 바뀌었지요. 이때부터 뮤지컬 연극이 변했습니다. 새로운 직업이 탄생했지요. 매우 중요한 직업이지요. 이제 우리는 그들(사운드 엔지니어)에게 협력을 해야 하니까요. 반대로 그 사람들도 우리에게 협력을 해야 하지요. 제 말은 우리가 만들어 주지 않으면 그 사람은 관객한테 전달할 게 없지요. 전자 악기의 소개와 음악 녹음 기술의 발전과 함께 우리가 만든 음향이 상당한 변모를 겪게 되었습니다. 이제 음향은 사운드 엔지니어 영역이 되어 가고 있습니다. 작곡가가 현대 음악을 작곡할 경우, 관객들은 록 콘서트에서 들을 수 있는 음향을 기대한다는 것입니다. 오페라나 연극에서는 마이크를 쓰지 않은, 증폭되지 않은 소리가 들릴 거라고 기대되지만, 뮤지컬은 전혀 다르잖아요.

「레미제라블」, 「미스 사이공」, 「체스」의 음향을 디자인했던 앙드레 브루스André Bruce는 연출가가 원하는 음향을 이해하기 위해서, 연출가와 먼저 의견 일치를 봐야 한다고 생각한다. 허풍을 떠는 듯한 소리, 부드러운 소리, 불가사의한 소리, 금관 악기의 쇳소리, 등 갖가지 느낌의 수많은 음향효과가 각기 다른 순간에 서로 다른 곡에서 사용될 수 있기 때문이다. 그리고 극장에 따라 여러 가지 다른 문제가 발생하기 때문에 음향 작업은 쉬운 일이 아니다. 요즘에도 블록버스터 뮤지컬들이 극장에 들어가고 나서 음향이 변하곤 한다. 극장마다 구조상의 문제들이 있는 것이다.

비용은 다른 문제다. 앙드레 브루스가 말하듯이 〈음향 수준이 높아질수록 장비도 많아지고 비용도 올라간다.〉 그래도 가수들이 내는 소리를 강화하는 일은 필요하다. 그래서 몸에 다는 소형 마이크나 무대에 고정된 마이크를 이용한다. 두 가지 모두 장·단점이 있다.

음향 디자이너가 전체 뮤지컬의 소리를 바꾸어 놓을 수도 있다. 앤드루 로이드 웨

버의 「사랑의 모습들」은 원래 열여덟 명 정도의 연주자들이 필요한 실내악용으로 작곡된 작품인데, 웅장한 규모의 소리를 기대하는 관객들의 요구에 의해서인지, 혹은 극장이 너무 커서 그랬는지, 음향이 대형 심포니보다 더 큰 소리를 내도록 증폭되었다. 음향 디자이너의 책임만은 아니다. 그런 음향에 대해 작곡가와 연출가의 승낙이 있었을 테니까.

　　나로 말하자면, 과거로 돌아갈 수는 없으며, 음향 디자이너가 이미 존재하고 있다는 것을 알고 있다. 가수가 등을 돌려도 몸에 달린 마이크 덕분에 깨끗한 소리를 들을 수 있다는 것에 감사하고 있고, 데시벨을 높여서 고막에 닿을 것 같은 높은 전자음도 즐겨 듣는다. 확실히 공연에 생동감과 활기를 더 불어넣어 준다. 그러나 내가 듣는 소리가 조작되어(나쁘게 조작될 때가 많다), 인간적으로 들리지 않음으로써 저 무대에서 함께 작

**「사랑의 모습들Aspects of Love」(1989)

업하는 사람들에 대한 신뢰를 무너뜨린다는 사실을 밝히고 싶다. 신뢰가 없다고 해서 감정 이입이나 감정 전달이 불가능하다는 것은 아니다. 아마도 그것은 테크놀로지의 시대가 우리에게 떠맡긴 흥정인지도 모른다.

:: 시연회: 첨삭

공연이 일단 모습을 갖추면 시연회가 시작된다. 관객들을 더 많이 모으고 그들의 입에서 중요한 말이 나오게 하려고, 제작자들은 아직 발전 단계에 있는 공연을 보러 올 확실한 연극 애호가들을 위해 디스카운트도 해준다. 타임즈 광장이나 리스터 광장에 있는 반액 할인 티켓 박스에서는 미친 듯이 공연 전 비즈니스가 시작된다.

　　여러 도시에서 두세 달간 계속되는 시연회 투어를 통해 워크숍과 마찬가지로 공연이 손질을 당한다. 여러 장면들이 없어지고 노래가 새로 붙여진다.

　　뉴욕이나 런던에서 공연을 해서 흥행을 못 할 것 같으면, 시연회만 하고 마는 제작자들도 있다. 1989년 「집시」를 리바이벌하면서 뉴욕에서 시연회를 가졌을 때 프랜 와이즐러 Fran Weisler는 나에게 그 공연이 6개월째 공연 중이라고 했다. 훌륭한 흥행 성적을 기록하면서 기적에 기적을 거듭해 이미 투자자들에게 투자금을 다 돌려주었다고 했다. 이 리바이벌 공연은 개막을 하면서 비평가들에게 훌륭한 평을 얻어 낸 특수한 경우였다. 제작자들이 브로드웨이 시연회를 자기가 원하는 만큼 오래 끄는 경우도 많이 있다. 사실 이런 경우 공식적인 개막을 절대로 하지 않는 수도 있다.[11]

---

[11] 공전의 인기를 누렸던 록 그룹 마마스 앤 파파스의 리드 싱어이자 작곡가였던 존 필립스John Phillips는 1975년에 「달 위의 남자Man on the Moon」란 뮤지컬을 만들었다. 앤디 워홀Andy Warhol이 제작을 하고 수많은 선남선녀들이 관람했던 이 작품은 몇 달간의 시연회 기간 동안 크게 성공을 거두었다. 존 필립스는 이렇게 이야기한다. 〈저의 가장 치명적인 실수는 비평가들에게 공연을 공개한 것이었어요. 아마 연극 역사상 그렇게 처참한 평을 받은 공연은 아마 없었을 겁니다.〉

그러나 개막을 하든지 안 하든지, 첫 번째 시연회가 되면 공연에 참가한 모든 창조자들은 확실하게 자기들의 작품을 지켜볼 기회를 갖게 된다. 반성을 하기도 하고 자존심을 꺾어야 하는 결정도 내리게 된다. 참가한 모든 사람이 하루 종일 자기들이 만든 최고의 것이 무엇인지, 공연에서 가장 최악인 것이 무엇인지 찾아내기 바쁘다. 모두들 이 작업 과정을 즐기는 편이 낫다. 캐럴 베이어 사거 Carol Bayer Sager는 그녀가 가사를 쓴「조지 Georgy」공연에서 일어난 일을 얘기해 주었다. 〈모두 그 아이디어를 좋아했고, 연출가도 나중엔 배우들까지 천천히 그 생각을 받아들이기 시작했어요. 모두가 원래 컨셉을 바꾸어 버리게 된 거죠. 더 이상 제 작품이라는 생각이 들지 않더군요.〉

리 애덤스는 찰스 스트라우즈와 함께「안녕 버디」와「갈채」의 곡을 만들 때를 이렇게 회상한다. 〈뮤지컬이 뉴욕을 향하기 시작하면서 엄청난 속도로 막 굴러갔어요. 그래도 우리는 그 고문과도 같은 압력을 받으면서도 잘 해냈죠. 모두 지방 공연을 벗어나면서 최선을 다했고 계속 새로운 걸 추가해 나갔어요.〉

「온 더 타운」은 아돌프 그린과, 베티 콤든, 레너드 번스타인이 함께 만든 걸작들 중 첫 번째 작품이었다. 조지 애봇과 같은 노련한 연출가가 무대를 맡게 되자 그들은 모두 흥분했다. 아돌프 그린의 기억에 따르면, 보스턴에서 가진 시연회에서 조지 애봇이 이 애송이 트리오에게 곡과 대본, 모든 것이 마음에 든다고 말했다고 한다. 그러고는 〈딱 한 가지가 있어요. 프롤로그를 없애 주세요. 플래시백은 필요 없으니까〉라고 덧붙였다. 아돌프 그린은 그 세 명의 공동 작업자가 모두 회의를 마치면서 화를 냈고 연출가에게 가서 전체 공연의 중추가 되는 플래시백의 필요성에 대해 재론해 볼 여지가 있다는 것에 동의했다고 전한다. 〈다시 그의 사무실에 돌아가서 왜 시작 부분이 서문처럼 시작해야 하는지 설명을 했습니다. 그랬더니 조지 애봇이《알겠소. 그럼 이렇게 합시다. 나와 그 프롤로그 중에서 하나만 선택하시오.》그러더군요.〉

전설적인 연출가, 조지 애봇에 관한 이야기들은 가히 전설적이다. 그가 함께 작업했던 사람들이 모두 히트작을 제조해 내는, 연극계에서 오랜 경력을 쌓은 대가들이었기 때문에 더욱 그러하다. 조지 애봇은 늘 강한 리더십을 발휘하면서 배우건, 가수건, 지휘자이건 간에 모자란다 싶으면 가차없이 해고해 버렸고, 대본 작가나 작사가와 마찰이 생길 때마다 늘 기를 꺾어 놓았다.

어빙 벌린의 「마담이라고 불러 주세요」를 린지와 크로즈가 각색한 작품으로 연습 중일 때의 일이다. 그 둘은 이미 신참이 아니었다. 「아버지와 인생을Life With Father」, 「애니싱 고우즈」, 「레드 핫 앤 블루Red Hot and Blue」라는 작품을 통해 이미 정평이 나 있었고, 그 후에 「사운드 오브 뮤직」을 만든 사람들이었다. 그런데, 연출가 조지 애봇이 대본 작가와 상의 한마디 없이 대사를 바꾸어 버렸다. 이것을 알게 된 하워드 린지는 〈그저 제목이나 그대로 붙어 있었으면 하는 심정〉이었다고 한다. 조지 애봇은 굉장한 반발이 있다는 걸 전해 듣게 됐고, 이미 대가였던 린지를 불러다 호되게 야단을 쳤다. 사실 극작가 조합의 계약대로라면 조지 애봇은 저자의 승인 없이 대본을 마음대로 바꿀 권리가 없기는 했지만, 그는 작품에 대한 모든 책임을 혼자서 떠맡는 것으로 악명이 높았기 때문에 대본 작가들은 이를 악물면서 참을 수밖에 없었다.

어떤 식으로든 연극계에서 활동을 해본 사람이라면 비슷한 경험을 했을 것이다. 나 자신도, 번스타인, 콤든, 그린의 일화가 있을 무렵, 내가 처음으로 작곡한 작품의 공연에서 그런 일을 겪었다. 뉴욕의 57번가에, 지금은 카미 홀이 된 자리에서 1주일 동안 공연을 올리기로 되어 있었다. (오프 브로드웨이의 요지였던 곳으로, 곡과 대본이 다 이국적인 환상을 그린 작품이었다.) 빠듯한 예산으로 제작하고 있었던 탓에 피아노 두 대와 타악기만을 사용해서 내가 직접 편곡을 하고 피아노까지 직접 연주하면서 공연을 이끌어 나갔다. 연습이 막바지에 이르렀을 때였다. 연출가가(대본도 그가 썼다) 오더니 내 발라드 곡이 한창 상승세를 타며 종결부를 향해 고조되는 순간에 긴 대사를 집어넣겠다고 말하는 것이었다. 기가 막힐 노릇이었다. 노래가 공중에 붕 떠버려서, 2막이 되도록 마무리가 되지 못했다.

연극계 풍토를 잘 알고 있던 나는 리허설 동안 아무런 불만도 얘기하지 않았다. 리허설을 마치고 회의를 하면서 나는 분을 터뜨렸다. 〈제 노래를 그렇게 중간에서 끊어 버리시면 어떡합니까. 노래가 마무리가 되질 않잖아요?〉라고 항의를 했다. 〈거기서 아슬아슬한 긴장감을 만들어 내고 싶어서 그러지〉라고 그는 응수했다. 〈이제 다시 바꾸기에는

너무 늦었어. 배우들도 다 가버렸고, 공연이 이미 굳어졌는데 뭐.〉〈그럼, 음악은 빼고 굳히세요〉라고 화를 내면서 나는 악보를 다 챙겨 들었다. 내가 한 페이지, 한 페이지 직접 공을 들여 베껴 쓴 악보였다.

　　그는 〈좋아. 그럼 음악은 빼버리고 그냥 연극으로 가지 뭐〉라고 간단하게 말하면서 나에게 등을 돌렸다. 〈연극계의 전통에는 자명한 사실이 하나 있어. 대장은 하나밖에 없어. 그리고 그건 바로 연출가야. 누구나 그걸 따라야 돼, 싫으면 그만둬야지〉라고 소리를 지르면서 그는 무대 안쪽으로 걸어 들어갔고, 나는 복도 밖으로 나와 버렸다.

　　그날 밤 밤새도록 서성대며 생각했다. 내 음악을 철회한다는 것은 누구보다도 나 자신에게 상처가 되는 일이었다. 이제 다시는 세상에 들려줄 수 없게 될 것이다. 싫든 좋

――――――――――――――――

**`사운드 오브 뮤직The Sound of Music』(1959)

든, 연출가가 대장이라는 것은 맞는 말이었다! 그래서 결국 악보를 움켜쥐고 다음 날 아침에 예정된 연습 시간보다 조금 일찍 극장으로 갔다.

〈돌아올 줄 알았어. 당신 서랍에 썩혀 두기에는 음악이 너무 아깝거든. 그리고 내가 생각해 봤는데, 그 장면에서 노래를 끝까지 놔두도록 하지. 그러고 나서 대사로 들어가는 거야〉라고 연출가가 말했고 나는 안도의 한숨을 내쉬었다. 그런데 그가 이렇게 말을 이었다. 〈대신, 여기서 음악을 끊자고, 여기 춤 장면 말이야. 대사를 좀 끼워 넣어서 긴장감을 만드는 게 어때?〉 나는 그의 눈을 똑바로 쳐다봤다. 그러자 그는 〈그래, 다 그대로 놔두자고〉라고 말했다.

프로라면 누구나 연출가가 대장이라는 자명한 사실을 가슴속에 새겨 두고 있다. 그러나, 그렇다고 해서 연출가가 언제나 최고라는 걸 보증하는 것은 아니다. 엄청난 중압감을 받는 시연회 시기로 접어들면 영감이 제대로 발휘되기 어렵다. 최고의 연출가라고 하더라도 공연이 개막할 때쯤 되면 급한 대로 아무렇게나 하는 이류가 되어 버리기 쉬운 것이다. 제롬 로빈스는 이렇게 말한다. 〈내가 했던 공연 중에서 두세 달이 지나고 나서 다시 보러 갔을 때, 운이 좋아서 계속 공연이 되고 있는 경우에 말이지만,《겨우 만들었지. 시간이 조금만 더 있었으면 좋았을걸》하는 생각이 들지 않는 공연이 하나도 없었다.〉

시연회에서 완벽하지 못한 부분이 남아 있는 걸 발견하는 것보다 더 견디기 힘든 일은 작곡가나 작사가가 가장 애를 써서 만든 노래, 관객들이 좋아할 거라고 믿었던 노래를 빼버려야 하는 것이다. 이상하게 그렇게 애를 쓴 노래들이 먹히지를 않는 것이다. 「지붕 위의 바이올린」의 작사가였던 셸던 하닉은 디트로이트 공연을 개막할 때의 가슴 아픈 기억을 아직까지 간직하고 있다. 2막에서 여러 곡을 없애야 했던 것이다. 그때까지 〈관객 반응이 제일 좋았던 곡 중의 하나가《사랑스러운 재봉틀 Dear, Sweet Sewing Machine》이었습니다. 사람들은 그 곡을 좋아했어요. 하루는 리허설을 하고 있는데 제롬 로빈스가 연출을 하다가 이렇게 말하더군요.《이 노래는 뭔가 문제가 있는 것 같아. 뭔지는 잘 모르겠지만》…… 그러고는 첫 시연회를 했습니다. 오스틴 펜델턴 Austin Pendleton과 조안나 멀린이 그 노래를 불렀지요. 노래가 끝났는데 박수가 없었어요. 노래는 제대로 잘 불렀어요. 제리 복이 말한 대로 딱 한 명만 박수를 치더군요. 믿을 수가 없었습니다. 상황이 그쯤 되면 제일 먼저 나오는 얘기는 오케스트라 연주가 너무 크다는 것이지요. 그래서 다음 시연회에서는 오케스트라 소리를 죽여서 가사를 들을 수 있게 했지요. 그래도 역시 박수를 치는 사람은 한 명밖에 없었습니다. 도대체 그 곡이 왜 먹히질 않는지 알아낼 수가 없었어요. 공연을 계속하다가 결국 그 곡을 빼버리고 공연을 5분 줄였죠.〉

아끼는 곡일수록 빼버리기가 어렵다. 그러니 한 장면을 통째로 잘라 낼 때의 심정은 어떻겠는가. 이런 식의 삭제는 전체 컨셉을 완전히 바꾸어 버릴 수도 있는 위험한 짓이다. 거기서부터 공연이 원래 모습을 잃어버리기 시작하고, 관객들의 비위만 맞추게 되는 것이다. 모두를 기분좋게 하기 위해서 싫은 짓을 해야 하는 것 말이다. 그러나 「집시」 같은 작품은 필라델피아 공연에서 시작 장면과 컨셉을 완전히 없애 버려서 오히려 공연의 길이도 적당히 줄어들고 한결 간결해진 운 좋은 경우이다. 아서 로렌츠는 이렇게 회상한다.

원래 어린이 공연과 극장 뒤에서 나오는 목소리로 시작하게 만들지 않았었지요. 원래는 보드빌 극장의 리허설 같은 분위기에서 여배우가 나와서 연기를 하게 되어 있었습니다. 에슬 배리모어 Ethel Barrymore 같은 배우가 순회 공연에서 하는 것처럼 말입니다. 뒤에 벽난로와 세일러복을 입은 여자아이가 그려져 있는 대도구가 하나 있었고 작품의 주제를 말해 주는 처절한 독백이 있었습니다. 여배우가 이렇게 말을 하죠. 〈말해 두겠는데, 나는 네 언니가 아니야. 네 엄마라고.〉 그리고 그녀가 창녀이며 아이가 학교를 마치게 하려고 했다는 게 알려집니다······ 그게 공연의 주제였습니다. 엄마와 딸. 그럼 관객들이 〈내가 지금 보고 있는 공연이 무얼까?〉 하고 생각하겠죠. 그때 암전이 되고 무대 스태프들이 들어와서 그 대도구를 치우고 엉클 조코가 나온 다음 아이들의 공연이 시작되는 거죠. 그러면 이것이 보드빌 극장이라는 것을 알 수 있죠. 요즘 뮤지컬이 시작하기 전에 극중극처럼 연극적인 장면을 먼저 보여 주잖아요. 그런 식으로 표현된 것이었죠.

시연회 전의 수정 작업이 순전히 공연을 잘 만들기 위한 것이라고 생각할 수도 있겠지만, 사실 어느 한 사람 때문에 그렇게 될 수도 있다. 배우들의 정신적인 문제 때문에 작품 의도와 상관없이 수정을 하는 경우도 생긴다. 스티븐 손드하임은 〈작은 세계 *Small World*〉의 대위 선율인 〈엄마의 부드러운 이야기 *Mama's Talking Soft*〉라는 곡을 잘라 내야만 했다.[12] 그의 기억에 따르면, 아이 두 명이 〈무대 장치 꼭대기에서 내려다보면서 엄마와 한 남자가 펼치는 광경을 바라보고 있는 것이었습니다. 똑똑한 아이들로 한 일곱 살이나 다섯 살밖에 안 된 애들이었지만 벌써 세상을 아는 아이들이었죠. 그 녀석들은 무슨 일이 일어나고 있는지 잘 알고 있었어요. 런스루 리허설에서는 이 곡이 매우 매력적으로 보였습니다. 그러나 루이즈 역을 맡은 일곱 살짜리 아이에게 고소 공포증이 있었지요. 12피트에서 15피트(사람 키 두 배) 정도 되는 곳에 올라서서 잘 해보려고 했지만 겁에 질려버렸고, 그래서 다시는 그 장면을 시도하지 않았어요……. 거기 올라가지 못한다고 그 아이를 해고하는 것은 정말 잔인한 일이었을 거예요. 하지만 안 그러려면 그 노래를 빼는 것밖에는 도리가 없었습니다. 그래서 그 곡(대위 선율 곡)을 빼버렸지요……. 아마 그 어린애가 높은 곳을 무서워하지 않았다면 그 노래는 아직까지 공연에 남아 있었을 겁니다.〉

:: 플레이 닥터

수년 전에 내 친구 하나와 정말 한심한 뮤지컬을 본 적이 있다. 공연을 보고 나서 뛰어난 의상 디자이너였던 그 친구, 헬렌 폰즈 Helene Pons에게 내가 물었다. 연극 인생을 살아 온 프로라고 하는 사람들이 어떻게 저런 한심한 연극을 만들 수가 있느냐고. 〈뻔하지 않아? 신문에 지루하고 한심한 작품이라고 나겠지?〉

[12] 대위 선율곡이 공연에서 빠지긴 했지만 그 제목과 모티프는 〈로즈의 차례〉라는 곡에 계속 남아 있을 수 있었다. 그 마지막 역작을 수정하거나, 관현악으로 재편성하고, 줄이지 않기 위한 방편이었다.

헬렌은 그녀 특유의 강한 러시아 악센트로, 유럽 식으로 어깨를 들썩이면서 대답했다. 〈봐, 스티븐, 모르는 건 모르는 거야.〉 이 말을 나는 잊지 못한다.

그녀의 말은 맞는 경우가 정말 많고 그래서 수많은 뮤지컬들이 그렇게 빠른 시일 내에 자취를 감추게 되는 것이다. 그러나 겸손하고 우수한 연극인들이라면 도움을 청하는 것을 두려워하지 않는다. 흔히 시연회에서(자기들의 기본 컨셉을 잃지 않으면서) 동료들에게 도움을 청하곤 한다.

플레이 닥터는 연극계에서 늘 익명으로 존재하는 사람들이다. (작품이 곤경에 처했다는 소문이 있을 때 나타나는) 그들은 공연이 너무 심각하지 않게 병들었을 때 가장 쓸모가 있다. 실제로 작품에 참여해 달라는 요청을 받아서 급료도 받는 경우가 있긴 하지만 대부분은 우정 어린 충고의 성격이 강하다. 그러나 뮤지컬 작품이 심각하게 문제가 있을 경우에는 치료도 소용이 없고 특히 시연회 후반쯤이 되면 고칠 방법이 없다. 닐 사이먼은 〈요즘은 우정 어린 치료가 없어지고 있다〉고 한탄한다. 〈제가 다른 사람의 연극을 도와주기 위해 지방에 가려고 할 때 모스 하트에 대한 기사를 읽게 되었죠. 친구를 도와줄 수 있는 거 아닙니까. 뭐 이제는 자주 있는 일도 아니고, 그래서 공연이 나아질 수만 있다면 많이 도와주고 싶습니다.[13] 마이크 니콜스Mike Nichols도 제게 그렇게 해주었죠. 그가 「바보들Fools」이라는 작품을 도와주었는데, 정말 순전히 우정에서 우러난 것이었습니다.〉

앞서 오스카 해머스타인이 스티븐 손드하임의 선생이었다는 것을 말했었다. 손드하임이 「집시」의 음악은 작곡하지 말고 가사만 쓰라고 의뢰를 받았을 때도, 해머스타인은 경

---

[13] 닐 사이먼은 한 인터뷰에서 「코러스 라인」에 그가 참여를 했는지의 여부에 대한 연극계의 오랜 의문에 대해 시원한 답변을 해주었다. 그는 그렇다고 했다. 〈마이클 베넷은 제 친구입니다〉라고 그는 해명했다. 「약속, 또 약속」도 같이 했었지요. (이 작품은 닐 사이먼이 대본을 쓰고 마이클 베넷이 연출을 했다.) 그가 퍼블릭 극장에 와서 「코러스 라인」을 좀 봐달라고 부탁을 했습니다. 그건, 놀라운 작품이었죠. 우린 성공을 예감했습니다. 마이클이 그러더군요. 《나랑 얘기 좀 하세.》 중국 식당에 가서는 그가 이러더군요. 《알겠지만, 여기저기 좀 재미를 줄 게 필요해.》 그래서 제가 대답했죠. 《글쎄, 그건 극작가 조합 규약에 어긋나는 건데.》 그랬더니 그가 《내가 허락을 받아 낸다면 어떤가?》라고 묻기에, 저는 그럼 하겠다고 했지요. 전 그 공연에 전율을 느꼈고 무언가 기여를 한다는 게 기분좋을 것 같았습니다. 문제만 일으키지 않는다면요. 그래서 많은 대사들을 만들었습니다. 실제로 사용된 것보다 훨씬 더 많이 만들었지요. 그렇지만 저는 제 이름을 내세우지 않았고, 돈도 전혀 받지 않았습니다.〉

험에 도움이 될 것이라며 자기 제자가 그 제안을 받아들이게 했다. 해머스타인은 그 후로 「집시」를 위한 대부의 역할을 하면서 친절하고 자비로운 플레이 닥터가 되어 주었던 것으로 안다. 〈로즈의 차례〉를 만들면서 어려움을 겪었을 때의 일을 손드하임은 이렇게 회상한다.

　　　　저는 그 곡이 박수를 자아내면 안 된다고 주장했습니다. 신경질적으로 발악을 하는 여자가 갈채를 받아 내서는 안 된다고 생각한 거죠. 광란의 장면을 연출하고, 그녀가 박수를 받지 못하게 하기 위해서 저는 오스카 해머스타인이 가르쳐 준 모든 것을 생각해 봤습니다. 그는 인물과 상황에 충실해야 한다고 가르쳐 주었거든요. 그래서 저는 줄이 그 노래에 엔딩을 못 하게 만들었죠……. 필라델피아로 공연을 갔는데, 오스카 해머스타인이 그 공연을 보러 내려왔습니다…… 그리고 아주 중요한 말을 했죠. 〈에슬 머먼에게《로즈의 차례》의 엔딩을 만들어 줘야 돼.〉 전 화가 나서 〈왜요?〉라고 물었습니다. 그는 〈관객들이 머먼에게 박수를 치고 싶어서 눈치를 보다가 이어지는 다음 장면에 귀를 안 기울이잖아. 다음 장면은 전체 작품에 관한 중요한 건데, 관객들이 듣게 해야지. 그러려면 마음을 편안하게 해줘야 하잖아. 박수를 칠 수 있게 해주라고. 나도 극 상황에 맞지 않는다는 걸 알아. 하지만 그 친구들 기분좋게, 그 곡에 멋진 엔딩을 만들어 줘. 나머지 공연이 제대로 굴러가게 하려면 말야. 아니면 거기서 그냥 막을 내려 버리든가. 둘 중의 하나를 선택해야 돼.〉 그 충고를 받아들여서 정확하게 그가 말한 대로 했습니다. 그 노래에 감정상의 가짜 엔딩을 집어넣고…… 그러고 나자 관객들은 브라보를 외치고 소리를 지르고 난리를 부렸습니다. 그러고 나서 마지막 장면을 보여 줬고 관객들은 열심히 귀를 기울였지요.

이제까지 거론된 예들은 모두 플레이 닥터가 가장 바람직하게 힘을 발휘한 경우들이다. 작품이 완전히 병들지 않았을 때만 비평적인 성격의 충고가 도움이 될 수 있다. 그러나 수백만 달러를 들인 작품인 경우에는 플레이 닥터를 불러들이는 것 자체가 문제를 발생시킬 수도 있다. 1956년의 「샹그리라Shangri-La」가 그런 작품이었다. 몇 년 동안 연극계는 그 작품에 대해 수군거려 댔다. 셸던 하닉은 최근에 공식적으로 자기가 바로 〈몰래 불려 들어가 가사를 다시 썼다…… 누군가 작품을 고쳐 줄 사람이 필요했다〉고 밝혔다.[14]

「그랜드 호텔」도 비슷한 경우로 1989~1990년 시즌에 브로드웨이에서 상당한 성공을 거둔 작품이었는데 대본에 문제가 좀 있었지만 무엇보다 지루한 음악이 큰 병이었다. 수정을 할 대본 작가가 요청되었는데, 이번에는 피터 스톤과 모리 예스턴Maury Yeston이었다. 피터 스톤은 연극계에서 여러 작품을 고쳐 준 것으로 알려져 있는 인물이었고 모리 옛츤은 그 전에 작곡한 「나인」으로 토니상을 수상한 사람이었다. 이들은 라이트Wright와 포레스트Forrest의 노래에 참신함을 불어넣었고, 토미 튠Tommy Tune의 연출이 이 작품을 히트 작품 대열에 들어가게 만들었다.

플레이 닥터의 경제학은 간단하다. 계약서를 만들고 플레이 닥터가 작품에 추가한 만큼의 비율로 그 공연의 이익을 갖게 된다. 그 몫은 대개 원래 저자의 몫에서 떼어 내게 되어 있다. 극작가 조합 회원들에 대한 이야기를 앞서 했지만, 조합에서 승인한 계약서로 대본 작가, 작곡가, 작사가들이 자기 작품에 대한 예술적인 힘을 어떻게 발휘할 수 있는지, 동의가 없이 자리를 내주지 않는 방법이 무엇인지, 피터 스톤의 말을 통해 알 수 있다. 〈플레이 닥터는 작가의 동의가 있어야만 합류할 수 있습니다…… 그러나 손을 털고 나가는 것도 일종의 동의라고 할 수는 있죠…… 제가 공연을 좀 도와달라고 불려 갔을 때, 작가와 통화를 하고 싶다고 했지요. 작가가 그냥 수화기를 내려놓으면 더 이상 할 일이 없는 것이고, 작가가 수화기 건너편에 남아 있으면 물어볼 수가 있지요.《혼자 하시겠습니까? 도움이 필요하세요? 안 그러신다면 아무도 끼어들지 않을 겁니다》라고 말이에요.〉

플레이 닥터는 프로그램에 자기 이름을 밝힐 수도 있고, 피터 스톤이 「그랜드 호텔」의 수정 작업을 맡으면서 그랬던 것처럼 밝히지 않을 수도 있다. 그들은 대개 자기 공로를 숨긴다. 그러나 데이비드 르바인의 말처럼 〈엄청난 영향력을 가진 작가들이 있다.

---

[14] 이 공연은 안타깝게도 2주 반을 넘기지 못했다. 제리 복과 함께 셸던 하닉을 불러온 것이 도움이 되긴 했다. 그 둘은 1958년에 첫 번째 작품 「아름다운 육체」를 만들었고, 그 이후 「피요렐로」, 「지붕 위의 바이올린」, 「그녀는 나를 사랑해」와 같은 히트작들을 만들어 냈다.

만약 에드워드 올비 Edward Albee가 가서 작품을 고치게 된다면, 자기가 원하는 만큼 자기 공적을 크게 공표할 영향력을 행사할 수 있을 것이다.〉

:: 시연회 관객

지방에서 공연의 모습을 완성하는 것이 별로 바람직하지 않다고 생각하는 제작자들이 많이 있다. 그런 제작자들은 뉴욕에서의 시연회를 유치하게 되고, 뉴욕에서 공연이 잘 풀리지 않게 되면 좋지 않은 소문은 무시해 버린다. 이렇게 전시 위주의 공연을 하는 고집 센 제작자들은 늘 오지의 관객들은 런던이나 뉴욕에서 공연이 어떻게 될지에 대한 기준이 될 수 없다고 말한다. 맞는 말이기도 하다. 내 경우에도 보스턴이나 필라델피아와 같은 대도시의 관객들을 상대로 시연회를 하면서, 그들의 반응이 브로드웨이나 웨스트 엔드의 관객들과 상당히 다르다는 것을 목격했다. 내가 예상하지 못한 곳에서 웃음이 터져 나왔다. 뉴욕에서 크게 인기를 누렸던 「카바레」의 대본을 썼던 조 매스터로프 Joe Masteroff의 경우에도 보스턴에서의 시연회는 끔찍했다고 회상한다. 〈문제는 관객들이 그 상황에서 무엇을 기대해야 하는지를 모르고 있다는 것이었습니다. 공연 제목이 「카바레」인데 사람들은 그 공연에서 일반적인 브로드웨이 뮤지컬과 같은 것을 기대했지요. 10분도 지나지 않아 사람들은 별로 예쁘지도 않은 코러스 걸들을 보게 됐고, 공연은 점점 끔찍한 방향으로 흘러갔습니다. 사람들이 복도로 나가기 시작하더군요. 그걸 보니 정말 너무 암담해지더라고요!〉

:: 공연 굳히기

웨스트 엔드나 브로드웨이에서 개막을 하기 전까지, 지방 공연을 하는 동안 매 공연 때 공연을 고칠 수도 있겠지만, 마감일이 닥치기 시작하면 공연을 굳혀야 한다. 윌리엄 해머스타인은 이렇게 말한다.

> 조시 로건Josh Logan은 늘 제게 말했죠. 〈명심해, 개막하는 날, 막이 올라가기 전까지는 고칠 수가 있어〉라고요. 글쎄요. 그 말은 틀린 것 같아요. 배우들에게 혼란을 가져다줄 수 있거든요. 조시 로건이 무슨 말을 하려고 했는지는 압니다. 잘못된 게 있다는 걸 알았으면, 그대로 놔두지 말고, 고치라는 이야기죠. 개막하기 직전까지 고칠 수 있다는 말이지요.*15 뭐, 그럴 수도 있겠지요. 상황에 따라서는. 하지만 배우들을 초조하게 만들 위험은 각오해야 합니다. 오늘이 화요일이고 공연이 목요일인데, 배우들에게 대사나 움직임을 바꾸라고 해보세요. 다들 굉장히 짜증이 날 거예요. 그렇지만 배우들이 감당할 수 있을 때까지는 계속 수정을 해서 더 나은 작품을 만들어야겠지요. 그들은 수정 작업이 어떤 것인지 잘 알아야 합니다. 차라리 개막 공연을 한 후에 수정을 하는 게 더 낫지요.

에슬 머먼은 늘 프로답게 일을 해왔고, 대본을 외우는 데도 매우 꼼꼼했다. 일단 대본을 다 암기하고 나면 더 이상 바뀌는 걸 원하지 않았다. 마음에 준비를 할 시간이 없어지는 것이다. 「마담이라 불러 주세요」의 브로드웨이 개막을 며칠 앞두고 대본 작가인 하워드 린지와 러슬 크로즈Russel Crouse가 새 대사를 집어넣자고 했다. 그녀가 출연하는 장면을 위해 새로 썼는데 대사가 한결 좋아질 거라는 것이었다. 그녀는 거절했다. 〈이것들 봐요. 날 1950년의 미스 버즈 아이*16라고 불러요. 난 이미 꽁꽁 얼러서 굳었어요. 이제 쉼표 하나도 못 고쳐요.

---

*15 작사가 캐럴 베이어 사거Carol Bayer Sager는 「조지」 공연으로 실패를 겪었고, 「그들이 우리 노래를 연주해요」 공연에는 성공을 했다. 그녀는 「조지」 공연에서 끔찍한 경험을 한 적이 있다. 〈음악 감독은 다 괜찮다고 했어요. 보스턴에서 어땠는지는 생각하지 말고, 윈터 가든(뉴욕)에 가면 멋지게 들릴 거라고 했죠. 그런데 그렇질 않았어요. 보스턴에서와 똑같더라고요.〉

*16 버즈 아이Birds Eye는 1950년대 대표적 냉동식품 제조업체의 이름 — 역주.

⑫ ──── 개막과 평가

무대 연습: 앰프와 보디 마이크. 개막일 오후. 개막일 저녁. 공연평

:: 무대 연습

공연이 지방에서 시연회를 가진 후에 마지막 주가 되면, 배우들은 최종 목적지인 뉴욕이나 런던의 무대에 도착하게 된다. 대도시인 만큼 이곳의 관객들은 변두리보다 조금 더 세련되었을 것이고, 연출가는 그들의 취향을 예견해서 작품을 조정하게 된다.[1]

극장 크기도 바뀌기 때문에 음향과 앰프와 보디 마이크도 조절될 필요가 있다.

앰프와 보디 마이크

루더 헨더슨의 경우에는 1주일 전에 작품이 고정되어야 한다고 말한다. 오케스트라가 배우와 극장 음향 장비에 익숙해질 시간이 필요한 것이다.

그러나 공연이라는 성격상 이것이 불가능할 수도 있다. 개막을 하고 나서 2주일이 지나도록 음향과 씨름을 해야 하는 일도 많다. 물론 공연이 성공적일 경우의 이야기다. 실패할 경우에는 상관이 없다. 그전에 문을 닫을 테니까. 비평가들이나 관객들이, 심지어 연출가까지도 이렇게 말하는 경우가 있다. 〈가사를 알아들을 수가 없어〉라든가, 〈오케스트라 소리가 너무 크다〉고. 그러면 음향의 패턴을 무대와 컴퓨터로부터 조절해야만 한다. 명확한 음향을 만들어 내기 위해서는 계속해서 고쳐 나가야 할 세부적인 것들이 너무나 많이 있다. 요즘은 세계의 모든 극장에서 이런 일이 벌어지고 있다.

우리 노장 연극인들 중에 대형 뮤지컬은, 모든 사람들이 보고 싶어 하는 그런 작품

---

[1] 좀 잘난 척하는 것으로 들릴지는 몰라도, 롱런을 하는 뮤지컬들의 경우 안타깝긴 하지만 이 반대의 경우도 있을 수 있다. 꼭 연출가들이 시켜서가 아니라 이미 많은 공연을 한 뒤이기 때문에, 배우들이 좀 과장된 연기를 하는, 〈오버〉하는 경향이 생기기 때문에 공연 스타일이 좀 대담해질 수 있다.

의 경우 재정적으로 성공을 위해서 큰 극장에서 공연해야만 하는 사실에 대해 한탄을 하는 사람들이 많이 있다. 버트 바카라크는 〈뮤지컬은 모든 감각을 압도해야 한다〉고 주장한다. 뉴욕에서 그런 극장을 찾아보자면 거쉰 극장이나 민스코프Minskoff 극장이 있을 것이고, 런던의 경우에는 드루리 레인Drury Lane이나 팰리스Palace 극장이 그런 대형 극장에 속한다.[2]

이런 대형 객석에 소리를 들리게 하기 위해서 25년 전부터 모든 뮤지컬이 마이크를 사용했다. 주요 인물들은 몸에 붙이는 보디 마이크를 사용하는데 때로 너무 크게 확대시키다가 잡음을 내기도 한다. 심지어 몸에 장신구들의 딸그랑거리는 소리까지 들리는 경우도 있다. 풋라이트 쪽에 나란히 마이크를 고정시켜 놓기도 하는데 이 때문에 배우들이 솔로곡을 부를 때는 무대의 특정 지역에 묶이게 되기도 한다. 잘못하면 무대에서 죽은 공간이 생길 수도 있기 때문에 조심해야 한다.

반대 의견을 가진 뮤지컬 작가들도 몇몇 있긴 하지만, 대부분의 경우 요즘 전문가들은 사운드 맨[3]들을 환영하는 편이다. 그들은 작품을 만들어 나가는 스태프만큼 중요한 역할을 하고 있다는 점이 인정되고 있고, 1백 년 전 조명 부스를 받아들였을 때처럼 음향 부스를 수용하고 있다. 솔직하게 말하길 좋아하는 극작가인 테렌스 맥넬리는 오페라 하우스에서 가끔 대형 극장의 건축에 대해 한탄을 하곤 한다. 그의 말로 표현하면, 〈신형 괴물이 계속 생겨나고 있다〉는 것이다. 〈목소리가 극장을 채우지 못한다면 극장의 크기에 문제가 있는 것이다〉라고 그는 말한다.

그러나 록 음악을 들으며 자란 높은 데시벨에 더 익숙한 새로운 세대의 관객들

---

[2] 거쉰 극장은 거의 뮤지컬 작품만 독점적으로 대관을 해주는데 뉴욕에서 제일 큰 합법적 극장으로 객석이 1,933석이나 된다. 런던의 드루리 레인은 객석 수가 1,200석이다.

[3] 필요악이라고 하는 사람들도 있고 배우나 관객을 위해서 잘된 일이라고 하는 사람들도 있다. 이렇게 욕과 칭찬을 같이 듣고 있긴 하지만, 버트 바카라크는 음향 스태프들이야말로 연극에서 가장 중요한 역할을 하는 사람들이라고 말한다. 〈굉장히 섬세한 사람이어야 합니다. 오디오에 관한 한 매우 세심해야 되지요. 나이든 사람들도 신경을 써야지요. 노인들에게 강한 비트를 준다거나 그들의 귀를 큰 소리로 공략해서는 안 되지요.〉

때문에, 이제 과거로 되돌아갈 방법은 없어졌다.[4] 마이크를 써서 소리를 증폭시키는 것이 목소리를 단조롭게 만들 수도 있겠지만 조심해서 잘 사용하면 오히려 감정을 강화시킬 수 있고, 가수들이 조용한 곡을 부를 때도 긴장하지 않고 연기를 할 수 있게 해준다.

:: 개막일 오후

공연의 전체 과정 중에서 개막일 오후가 가장 신경이 팽팽해지는 순간이다. 출연진과 오케스트라가 모여서, 연출가의 감독 하에 의상을 입고, 워밍업으로 노래를 한두 곡 부르고 나서 리허설에 들어가게 된다. 뉴욕에서는 대개 공연 전까지 출연진들이 극장을 벗어나지 않는다.

요즘은 여자 배우들이 자기 머리를 직접 하고, 공연이 6시에 정확하게 시작하기 때문에[5] 해당되지 않는 이야기겠지만, 윌리엄 해머스타인에 따르면 과거에는 개막일의 초조함을 완화시키기 위한 방법이 있었다고 말한다.

조쉬는 배우들을 계속 정신없이 바쁘게 하면 된다고 했습니다. 물론 요즘은 헤어 디자이너에게 가기 위해서 오후 시간을 쉬게 되지만요. 왜 개막일엔 다른 날과 머리 모양이 달라 보여야 된다고 생각하는지 모르겠지만, 머리라도 하면 기분

---

[4] 헨더슨은 1975년 「로저스와 하트」라는 레뷔의 편곡과 오케스트라 편성을 했을 때를 기억한다. 〈괜찮은 소극장에서 공연을 했고, 마이크를 쓰지 않았습니다. 버트 셰블로브의 것이었지요. 공연을 보러 온 사람들이 다 공연을 즐기는 것 같았고, 신문평도 한마디로 《좋은 공연》이라고 해주더군요. 그런데 그게 가장 최악의 평이었는지 몇 주 지나지 않아서 문을 닫아야 했습니다.〉

[5] 개막 공연을 6시에 하는 것은 한 20년 전부터 관례화된 일이다. 그래야 11시 15분에 있는 텔레비전 공연평 시간에 맞추어 뉴욕 신문들이 타임 스퀘어 신문 가판대에 신문평을 가져다 놓을 수 있으니까.

이 좀 나아지긴 하겠죠. 옛날에 제가 조쉬와 같이 일을 할 때는 개막하는 날 낮 공연으로 마지막 시연회를 하고 나서 저녁에 첫 공연을 했습니다. 물론 불만들이 있었죠. 〈너무 지친다〉고 말입니다. 그러나 사실 고도로 긴장된 상태에서는 지치지를 않습니다. 오히려 앉아 있으면 걱정만 되지요. 〈전에 잊어버렸던 그 대사를 또 잊어버리면 어떻게 하지?〉 그러면 더 초조해지지요. 공연을 하면서 다음 공연이 바로 코앞에 닥쳐 있으면, 또 저녁에 나와서 공연을 하게 됩니다. 지친다고 나쁠 게 없습니다. 배우들은 언제나 공연이 닥치면, 힘이 나게 마련이거든요.

:: 개막일 저녁

비교적 세련되고 참을성이 많은 런던의 연극 관객들은 뉴욕에서처럼 개막일에 호들갑을 떨지 않는다. 웨스트 엔드의 연극계는 〈연극은 the thing(유행, 멋진 것, 올바른 것, 타당한 것, 안성맞춤, 에티켓, 필요한 것, 건강한 상태, 중요한 것)이다〉라는 셰익스피어의 명언을 따라 브로드웨이 식의 화려함에는 별로 신경을 쓰지 않는다. 브로드웨이에서는 사진 기자나 인물 동정란 기자들이 인산인해를 이루고, 일류 카페 단골 손님들인 유명 연예인들이 잔뜩 차려 입고 나와서 축제 분위기를 연출한다(대개 1막이 반쯤 지나서 도착해야 우아해 보인다고 생각한다). 이런 사람들이 박수도 안 치고 냉담하게 앉아 있다가는 1막이 끝나자마자 나가 버리기 일쑤지만. 거기에다 막강한 힘을 지닌 「뉴욕 타임스」의 신문평에 온 관심이 다 집중된다.

　　미국의 개막일이 얼마나 중요한지는 대본 작가이자 작사가인 톰 존스의 경험을 들어 보면 잘 알 수 있다. 1960년 5월 3일 저녁 「판타스틱스」가 선을 보이는 순간이었다.(이 작품은 오프 브로드웨이의 최장수 공연으로 부러움을 살 만한 대단한 기록을 가지고 있다. 아직까지도 그리니치빌리지의 설리반 스트리트 플레이하우스에서 공연이 계속되고 있으며 세계 곳곳의 아마추어 및 프로 극단에서 공연되고 있는 작품이다.)[6]

처음 별로 열의가 없는 신문평을 받고 나서 톰 존스는 집으로 향하다가 택시에서 내렸다.

센트럴 파크를 지나다가 토했습니다. 그리고 집으로 가서 진짜로 죽는가 보다 생각했지요. 다음날 정오가 다 되어 겨우 일어나서 겨우 뭘 좀 먹었습니다……오후 신문평은 좋았습니다. 둘째 날 저녁 시원찮은 평을 읽은 후원자들이 왔습니다……. 그날 손님이라곤 심기가 불편한 후원자 몇 명이 다였어요. 그 사람들은 로어 Noto Lore (제작자)가 공연을 그만두길 바랐죠. 그게 화요일 밤이었는데, 홍보 에이전트가 그러더군요. 《일요일 날 막을 내리지.》 그랬더니 로어가 이러더군요. 《절대로 안 됩니다.》 그래서 로어는 자기의 마지막 재산을 다 끌어 모으게 됐죠. 3,000달러가 있었습니다. 그게 다였죠. 그는 직장을 그만두고…… 공연에 매달렸죠. 그래서 공연이 살아남게 된 겁니다. 어떻게 살아남았냐고요? 두 가지 이유가 있었죠. 관객들의 입소문과 일요일 날 「뉴욕 타임스」에 실린 공연 사진이었습니다. 엄청난 광고를 했습니다. 한 공연에 관객이 한 스무 명밖에 안 됐지만, 그 중엔 리처드 로저스, 제롬 로빈스, 앤 밴크로프트…… 셰릴 크로포드 Cheryl Crawford 같은 거물들이 있었죠. 다들 적어도 일당백을 하는 거물들이 다녀가게 한 거죠…….

:: 공연평

런던에서는 한 회 공연만 하고 막을 내리는 경우가 별로 없지만 브로드웨이에서는 그런

---

*6 뉴욕 그리니치빌리지의 설리반 스트리트 플레이하우스에서 공연된 「판타스틱스」의 오리지널 프로덕션은 2002년에 42년간의 장기공연의 막을 내리고, 2006년 리바이벌 공연이 오프 브로드웨이의 스내플 시어터 센터에서 다시 오픈하여 현재까지 공연중임 — 역주.

경우가 허다하다. 공연평이 시원치 않은 미국 뮤지컬들은 대부분 1주일이나 2주일 만에 문을 닫는다. 런던 관객들은 참을성을 더 발휘하는데, 이는 평가 기준이 되는 신문도 여러 개이고, 공연평을 게재하기까지 며칠이 걸리기 때문이다. 이로 인해 영국 관객들은 늘 개별적인 판단을 내린다. 공연에 대해 여러 가지 상반되는 견해들을 다 수용하는 것이다. 뉴욕에는 주요 조간이 두 개, 석간이 하나 있는데, 이 중에서 「뉴욕 타임스」만이 판단 기준으로 작용한다.

런던에서는 2류급의 공연이라도 두 달 정도는 견뎌 내는데, 이것은 뉴욕의 천문학적인 비용에 비해서 공연 제작비가 적은 탓도 있다. 더구나 관객이 몰리는 공연이 모두 블록버스터형의 대형 공연일 필요는 없다. 관객들은 재미는 있지만 곧 잊어버릴 공연 한 편을 위해서 한 달치 유흥비를 탕진하려고 하지 않기 때문이다. 그래서 웨스트 엔드의 개막일 저녁은 뉴욕에서처럼 생사를 오락가락하는 법석을 피우지는 않는다. 「나는 무대에서 새로운 인생을 찾았다I'm Getting My Act Together and Taking it on the Road」의 작곡가인 그레첸 크라이어Gretchen Cryer는 이렇게 말한다.

비평가에 대해 이야기를 하면 그것은 언제나 「뉴욕 타임스」의 프랭크 리치를 두고 하는 말입니다. 오늘 프랭크 리치가 무슨 공연을 봤는지 알아내야 되죠. 뮤지컬 작품 중에서 그가 좋아하는 공연은 「조지와 함께 공원에서 일요일을」입니다. 그는 이런 작품을 바로 뮤지컬 관객들이 꼭 봐야 할 작품이라고 생각했죠. 그래서 그런 종류의 작품을 쓰지 않는 사람들은 다 긴장해야 했습니다. 그는 뮤지컬 연극이 어떤 것인지, 어때야 하는지에 대해 매우 한정된 시각을 가지고 있습니다. 프랭크 리치가 악평을 하게 되는 경우에는 거기에 대한 대비책을 강구해야 할 겁니다.[7]

---

[7] (나쁜 평에도 불구하고) 운 좋게 크게 히트를 했던 「텍사스에서 제일 좋은 작은 창녀촌The Best Little Whorehouse in Texas」이라는 작품으로 리처드 에더Richard Eder는 비평가로서의 힘을 상실했다. 그리고, 그 공연이 계속 성공가도를 달리고 있을 때, 프랭크 리치가 그의 자리를 차지하게 되었다. 오프 브로드웨이 작품에 악평을 한 이후 에더는 다른 비평가들과 마찬가지로 다시는 그 공연에 초대되지 못했다.

신경이 예민한 연극인들에게 불리한 평론이야말로 가장 견디기 힘든 일이다. 그러나 이를 직면하고 견뎌 내야 한다고 윌리엄 해머스타인은 말한다. 〈비평을 통해 배울 것이 있습니다. 비평가가 누구냐에 달려 있지만요. 보스턴의 엘리엇 노튼Elliot Norton은 매우 가르침을 많이 주는 비평가였습니다. 저희 아버님과 딕(리처드 로저스)은 보스턴에서 공연을 할 때마다 그 사람과 점심을 같이 들곤 했습니다. 워싱턴의 프레드 코Fred Coe도 그런 비평가지요. 지방 공연 중에는 얻을 게 있습니다. 그러나 지방에서 개막을 하고 좋지 못한 평을 받으면, 무얼 고쳐야 할지 잘 살펴보는 게 좋습니다. 연습 기간 내내 자기 작품에 너무 깊이 빠져 있어서, 내재된 오점들을 잘 볼 수가 없게 되는 경우가 많거든요. 잘못된 점을 알면서도 그냥 덮어 버리고, 멋진 곡들로 만회를 해보겠다고 마음을 먹을 수도 있을 테고, 잘못을 알고 있기에 개막일이 잘 지나기를 바라면서 수정 작업을 계속하고 해결점을 찾을 수도 있을 테지요.〉

　　〈해결점을 찾는 것〉은 잘못된 점이 있다는 것을 인정한다는 것이다. 흔히 창조적인 일을 하는 예술가들은 자신감이 부족하다고들 한다. 제리 허먼은 좋지 못한 평을 받으면 〈완전히 기가 죽어 버린다〉고 말한다. 그의 경우에는 자기가 존경하는 사람, 월터 커 Walter Kerr 같은 사람이 와서 작품에 잘못된 점이 있다고 말해도 별로 마음이 상하지 않는다. 그러나 별 경험도 없는 비평가가 와서 그가 쓴 곡이 엉망이라고 말할 때면 〈배짱이 필요하다. 자기가 만든 작품에 대해서 자기 자신이 훨씬 잘 알고 있다는 사실을 믿어야만 한다. 그렇지 않다고 하는 사람보다 말이다.〉

　　제리 허먼의 경우에는 음악과 가사를 다 쓰는 풍부한 감수성을 가지고 있기 때문에 더 신경이 예민한지도 모른다. 거만한 비평가들을 많이 겪어 봤으면서도 말이다. 피터 스톤의 경우에는 〈내 작품에 대한 보호막을 칠 수 있을 만큼 오랜 세월 동안 연극 작품들을 만들어 왔다. 처음에 지방 공연을 가서 관객들의 말을 들어 보면서, 한 명 한 명의 개인적인 의견들은 옳지 않지만, 관객의 전체적인 의견은 늘 맞는 얘기라는 걸 알게 됐다. 그 이후에 곧 비평가들도 관객의 일부이며 마찬가지로, 개별적으로는 그들의 의견은 옳지 않지만, 전체적으로 모였을 때는 참고할 점이 있다는 걸 알게 됐다.〉

전체적이든, 개별적이든 아무리 학식이 많은 비평가라고 해도 틀릴 때가 있고, 잔인할 때가 있다. 둘 다인 경우도 물론 있다. 앞서도 얘기한 월터 커는 「지붕 위의 바이올린」이 〈너무 형편없다. 거의 실패에 가깝다〉라는 평도 한 적이 있다고 한다. 셸던 하닉에 따르면 「뉴욕 타임스」에서는 이렇게까지 악평을 하기도 했다. 〈제리 복 대신에 어니스트 블록Ernest Bloch이나 레너드 번스타인이 곡을 썼더라면 정말 훌륭한 공연이 될 수 있었을 것이다.〉

스티븐 손드하임은 대부분의 비평가들이 음악에 대해 무지하다고 생각한다. 〈예를 들면 관현악 편성 orchestration과 편곡 arrangement의 차이도 모르는 사람들이에요. 방법이 없죠. 복잡하고 미묘한 음악일수록 더 주의 깊게 들어야 하는데 말입니다. 일반적으로 비평가들은 귀에 익은 선율만 좋아하는 경향이 있습니다. 사실 관객들도 마찬가지긴 하지만요. 가사의 경우에야 할 말들이 있겠죠. 가사야 언어로 되어 있으니까요.*8 그나마 가사도 조금씩들 알고 있는 수준이지, 많이는 알지 못해요. 제 생각에는 비평가들 중에 가사에 대해 잘 아는 사람은 한 명도 없는 것 같아요.〉

셸던 하닉도 비슷한 생각이다. 〈첫 공연부터 엄청난 파문을 일으킨 오페라는 한 2년 지나고 나면 사그라져 버리는 경우가 많습니다. 이미 관객들의 귀에 익숙한 것이기 때문이지요. 들어 본 적이 있기 때문에 반응을 하는 것입니다.〉*9

작곡가들은 대부분 비평가의 독설에 대해 일말의 동정심도 가지고 있지 않다. 그러나 스티븐 손드하임과 작곡가 버트 바카라크는 그 직업상의 어려움을 인정해 준다. 손드하임은 이렇게 항변한다. 〈저 자신이 매우 세련된 귀를 가지고 있다고 자부하지만 저라

---

*8 뉴욕의 연극 비평가들은 「웨스트 사이드 스토리」 대신에 「뮤직 맨」에게 토니상을 주고 나서 불공정하다는 비난을 면치 못했다. 「웨스트 사이드 스토리」는 기본 형식을 파괴하는 혁신적인 뮤지컬로서 비평가들이 한 번 들어서는 이해할 수가 없었다는 설명이 가능할 것이다.

*9 한 인터뷰에서 셸던 하닉은 악평에 대처하는 방법으로 니콜라스 슬로님스키 Nicholas Slonimsky의 저서 『음악 독설 사전 A Dictionary of Musical Invective』을 추천했다. 〈이 책은 베토벤 시대부터 1930년대까지 유럽과 미국의 주요 신문평들을 모아 놓은 것입니다. 「카르멘」의 당시평을 읽어 보면 상당한 위안이 됩니다. 《전혀 화음이 전혀 맞지 않는 이런 쓰레기를 누가 만들었나》라고 씌어 있습니다. 당시 비평가들은 그런 곡을 듣는 귀가 없었던 겁니다.〉

면 뮤지컬을 한 번 듣고는 절대로 평을 쓰지 않을 것입니다.〉 버트 바카라크의 의견은 이러하다.

　　　그들(비평가)은 첫날에 할 일이 너무 많습니다. 세트, 배우, 노래, 의상에다 그날 처음 들은 음악까지 다 분석을 해야 하니 말입니다. 아마 음악이 한두 달 전에 미리 카세트나 레코드판으로 나온다면 훨씬 좋겠지요. 작품에 익숙해질 시간이 있을 테니까요. 저의 경우만 해도 처음에는 마음에 들지 않았던 선율을 가지고 곡을 만들 때가 많습니다. 두 번째나, 세 번째까지도 별로라고 생각했던 것을 가지고 말입니다. 방송에서 틀어 주는 레코드판처럼요. 저는 음악을 직업으로 하는 사람인데도 그렇습니다. 「헤어」를 처음 들었을 때 그 음악이 마음에 들지 않았습니다. 공개적으로 그렇게 발표되기까지 했죠. 하지만 제가 「헤어」를 좋아하지 않는다는 얘기가 인용된 것은 정말 실수였습니다. 저도 처음 듣고서는 식별이 안 가는데, 비평가들이 그럴 수 있을 거라고는 생각지 않습니다. 그들의 귀가 저보다 더 나을 거라고는 생각하지 않거든요.

바카라크는 그래도 참을성이 있는 편이지만, 프레드 에브는 흥분을 감추지 못한다.

　　　난 그들의 태도를 이해할 수가 없다. 내 작품 중에 그들이 싫어하는 공연들이 있었는데, 솔직히 나는 그 이유를 알 수가 없다. 내 작품 중에 비평가들의 칭찬을 받은 공연으로는 「액트」가 있는데, 나로서는 적당히 만든 연습작이었다. 그 작품은 라이자 미넬리의 굉장한 에너지 덕분에 간신히 성공을 거두었었다…… 곤경에 빠진 작품이 있다면 그건 모두 〈도전을 한번 해보라〉는 비평가들 때문이다. 그렇게 도전을 한번 해보는 공연들은 관객이 없다. 희생을 보상받을 길 없는 딜레마이다. 비평가들은 뭔가 불가능해 보이는 일을 하라고 한다……〈대중들이 어리석어서 그렇다〉는 식이다. 그 사람들이 부추기는 공연은 지루하기만 하다. 공연 음악에는 이제 큰 비중을 두지 않는다. 선배 대가들이 이런 경우를 어떻게 처리했는가 하는 것을 배우는 것으로 인생을 다 보내게 된다. 하지만 거기엔 별다른 규칙도 없다.

마빈 햄리쉬는 냉정한 편으로 비평이 연극의 필수적 요소임을 인정한다. 「코러스라인」은 대부분의 음악가들이 창의적이면서도 인위적이지 않은 뛰어난 방법으로 상업성을 획득한 혁신적인 뮤지컬이라고 생각해 왔다. 그러나 마빈 햄리쉬는 이 작품이 음악적인 면에 있어서는 좋은 평을 받아 낼 수 있는 한계선을 겨우 넘었을 뿐이라고 지적한다. 〈그 작품의 음악은 몇 번이나 새로 쓰였어요. 상처가 컸죠. 정말로 그랬어요. 이 작품이 나의 《우울한 광상곡 Rhapsody in Blue》이 되기를 바랐죠. 마지막에 제가 알게 된 것은 비평가들이 처음에는 잘 모른다는 겁니다.〉

가장 큰 문제는 대중들에게 버림을 받으면서 비평가를 위해 작품을 만들어야 하는가이다. 언젠가 진가가 인정받게 되기를 기다리면서? 이에 대한 대답은 그렇지 않다로 모아진다. 「조셉 앤 디 어메이징 테크니컬러 드림코트 Joseph and the Amazing Technicolor Dreamcoat」, 「지저스 크라이스트 슈퍼스타」, 「에비타」, 「체스」의 작사를 했던 팀 라이스의 말이 이를 간략하게 요약해 준다.

비평가들의 반응을 신경 쓰지 않고서는 작곡가가 살아남기 힘듭니다. 그렇지만 저는 비평가들의 비위에 맞추어서 곡을 만든다는 개념은 받아들일 수가 없습니다. 그건 제 목표가 될 수 없죠. 그들의 비위를 맞춘다는 것은 불가능하니까요. 비평가들이 내가 만든 작품을 좋아할지 아닐지, 상관하지 않을 수는 없겠지요. 그렇지만 제 경우만 해도 모든 작품에서 악평을 받아 보지 않은 경우가 없었습니다. 제 작품이 사람들에게 인기가 없는 것은 아니었는데도 말입니다.

언젠가 해결책이 나올 것이다. 아마 뮤지컬 비평을 두 명의 비평가가 하는 방법이 있을 수도 있을 것이다. 극작가 조합에서 「뉴욕 타임스」에 건의를 할 수도 있을 것 같다. 그렇지만 신문사에서 반대할지도 모르겠다. 한 작품에 두 명의 비평가를 쓰려면 월급이 두 배로 필요할 텐데 그럴 만큼 뮤지컬이 중요하다고 생각지 않을 수도 있으니까. 하지만 혹시 이 제안을 다시 생각해 볼지도 모를 일이다.

⓭ ———공연

공연평을 받고 나서. 로열티 보류. 참신함 유지. 종연

:: 공연평을 받고 나서

일단 공연평을 받고 나면 홍보가 뒤따른다. 대부분의 경우에 뮤지컬의 결과가 아직 나오지 않았을 때이고 최소한 쓸 만한 공연평을 받았을 때는 매표 촉진을 위해 홍보 담당자(주로 제작자 사무실에서 일한다)가 불려 온다. 호평을 받았을 경우에는 문제가 없다. 성공작이라는 소문은 빠르게 퍼지고 바로 다음날 아침부터 입장권 판매소에 관객의 행렬은 꼬리에 꼬리를 문다. 더구나 앤드루 로이드 웨버나 제롬 로빈스, 옛날로 치면 로저스와 해머스타인[*1] 같은 거물들의 이름이 붙어 있으면 표를 팔려고 애를 쓸 필요가 없다. 그러나 이런 경우에조차 가능한 한 인기몰이를 계속하는 것이 바람직하다. 제작자 사무실은 모든 공연평들을 복사해서 도배를 한다.

공연평을 기차게 요약해서 전혀 엉뚱하게 해놓은 것을 보고 관객들이 놀랄 때도 가끔 있다. 나도 부정적으로 언급된 부분을 싹 빼버려서 혼란을 야기하는 공연평들을 읽은 적이 있다.

음악은 미숙하기 짝이 없고 대본은 더 유치하고 연출은 그 의도를 알 수가 없다. 출연진들과 ○○○의 탁월한 무대가 그런 실패작에 잘못 발을 들여놓은 것이 정말 유감이다.

이것이 이렇게 돌변한다.

[*1] 리처드 로저스의 자서전 『뮤지컬 스테이지 *Musical Stages*』에 보면 블록버스터 히트를 기록했던 그의 뮤지컬 「오클라호마!」를 개막한 직후의 일에 대해 이렇게 적혀 있다. 샘 골드윈이 극장으로 전화를 해서 작곡가를 만나고 싶다고 했다. 열정이 넘치는 영화 제작자, 샘 골드윈은 로저스를 만나자마자 달려와서 그의 볼에 키스를 했다. 〈정말 너무 근사한 공연입니다〉라고 흥분해서 떠들어 댔다. 〈당신을 만나서 충고를 좀 해주고 싶었어요. 이제 다음에 당신이 해야 될 일이 뭔지 아세요?〉〈뭔데요?〉〈자살해 버리세요!〉 (이 얘기는 성공작을 만드는 것이 얼마나 어려운지를 알게 해준다. 훌륭한 작품을 만들고 나서 다음에 그와 같은 수준의 작품을 다시 만들어 낸다는 것이 얼마나 어려운 일인가 하는 것을 깨닫게 해주는 이야기다.)

재능 있는 배우들의 공연을 칭찬한 구절이 있으면, 비평문에서 그 부분만 오려 내서 인용을 하는 것이다. 홍보를 하는 사람들은 반 페이지의 비평문 원문에서 한 페이지가 넘는 말을 만들어 내기도 하고, 이미 돈을 좀 만진 제작자들은 더 큰 욕심을 부리면서 모든 신문에 광고를 계속 게재한다. 이런 광고를 영리하게 잘 해내서 효과를 보게 되면, 위험한 순간을 잘 넘겨서 공연을 계속할 수 있다.

그러나 좋은 평을 받는다고 해서 홍행이 보장되는 것은 아니다. 손드하임과 래파인 팀의 「숲속으로」는 오랫동안 공연되었지만 적자를 면치 못한 것으로 알려져 있다. 브로드웨이의 경제학에 의하면 객석의 4분의 3을 겨우 채운다는 것은 곧 적자를 의미한다. 런던에서는 조금 낫다. 관객들이 찾아올 때까지, 혹은 관광철이 될 때까지만 고비를 넘기면서 공연을 끌고 갈 수가 있으니까. 영국에서는 5~9월까지가 호황기이고, 반대로 뉴욕은 이 시기가 침체기이다. 거의 모든 공연이 흑자를 내는 시기가 뉴욕에서는 12~2월까지이다. 6~8월에는 아무리 에어컨 시설을 잘 해놓는 어떤 공연도, 정말 어떤 공연이라고 해도 감히 개막할 엄두를 낼 수가 없다. 이 여름 비수기 동안에 그나마 명맥을 유지할 수 있는 것은 유명 인기 공연 몇 작품뿐이다.

:: 로열티 보류

똑똑한 제작자라면 공연이 시들해져 갈 때쯤 되면 새로운 스타를 등용시켜서 인기를 유지시켜 나간다. 가장 뛰어난 제작자라고 할 수 있는 데이비드 메릭이 블록버스터 뮤지컬 「헬로, 돌리」에서 바로 이 방법을 썼다. 몇 년 동안 캐럴 채닝이 돌리 역을 한 후에, 진저 로저스Ginger Rogers, 에슬 머먼, 펄 베일리Pearl Bailey를 차례대로 출연시켰으며, 나중에는 전원 흑인으로 출연진을 바꾸기도 하면서 「헬로, 돌리」를 당대 최장수 뮤지컬로 만들었다. 그러나 흥행이 부진해지기 시작하면 어떤 일이 일어나는가? 제작자는 적자를 내기에는 경비가 너무 많이 든다고 불평을 하기 시작하면서 종연 고지에 대해 얘기하기 시작한다. 이렇게 되면 창작에 참가한 사람들에게 자기 로열티를 포기할 것인가에 대한 문제가 발생한다. 대부분의 전문가들은 그렇다라고 대답한다. 공연이 끝나면 이제 더는 얻을 것이 없기 때문이다. 극작가 조합의 이사인 데이비드 르바인은 이렇게 조언을 한다.

> 동의를 하되 합리적인 조건으로 특정 기간에 한해서 해야 합니다. 4주, 혹은 6주, 8주 정도로 한정을 해서 제안을 하는 겁니다. 만약 그렇게 안 될 것 같으면, 다른 사람들이 다 제대로 돈을 받고 있고 제작자가 이윤을 내고 있는데도 당신만 낮은 비율의 로열티를 받게 된다면 더 받아 내야죠. 상황을 더 좋게 만들 기회일 수도 있습니다……. 로열티 감축에 대해 동의를 하게 될 때는 로열티 수혜자 모두(연출가, 안무가, 제작자)가 당신과 똑같은 퍼센트나 금액으로 감축되어야 한다는 점을 분명히 해야 합니다……. 로열티를 받는 사람 중에서 감축해 달라고 요구할 수 없는 대상은 배우들뿐입니다. 감축을 요청하는 것은 곧 모든 것이 달려 있는 *run-of-the-play* 계약서를 위반하는 것이 됩니다. 일정 급료 대신에 로열티를 받는 대부분의 배우들은 그 특정 작품에 전념하고 싶어서 그러는 것이니까요.

:: 참신함 유지

제작을 지휘하는 사람의 문제이긴 하지만, 장기 공연을 하면서 가장 유지하기 어려운 것이 바로 참신함이다. 공연에 참가한 모든 사람들이 처음에 가졌던 긴박감이 다 사라져 버리는 것은 어쩌면 자연스러운 일일 수도 있다. 늘 같은 수준의 우수한 서비스를 유지했으면 하고 기대하는 것은 레스토랑에 대해서나 구두 가게에 대해서나 마찬가지지만, 연기자들에게 그런 열정을 요구하는 것은 다소 무리한 것처럼 생각된다. 루더 헨더슨의 경우에는 리허설을 자주 하게 하는 방책을 강구했다. 새로운 배우가 들어오게 되면 리허설을 더 자주 한다고 말한다. 「멋대로 굴지 마라」 공연 때도 그렇게 했다. 〈활기를 불러일으키고 공연에 참신함을 주는 효과가 있다〉는 것이다.

리허설을 자주 하는 것에 대해 윌리엄 해머스타인도 같은 생각을 갖고 있다. 제작자로 연출가로 무대 감독으로 일하면서 그가 배운 것이 있다. 〈연기자들의 열정을 유지시키기 위해서 무슨 짓이든지 해야 합니다. 매일 밤 공연을 하면서 첫 공연과 같은 마음으로 임할 수 있도록 만들어야 합니다.〉 그는 이렇게 덧붙였다.

그게 쉽지는 않아요……. 특히 공연에서 늘 볼 수 있었던 어떤 매력적인 요소가 없어져 버렸을 때, 그런데도 새로운 방법을 제시할 수 없을 때는 말입니다. 경험을 통해서 배운 건데……「미스터 로버츠Mister Roberts」의 무대 감독을 할 때였습니다……. 1주일에 최소한 두 번씩은 객석에 나가서 전체 공연을 지켜봤습니다. 3년을 공연했는데, 당시에는 상당한 장기 공연이었지요. 요즘은 한 10년씩도 하지만. 또 요즘은 배역진들을 바꾸곤 하지만 그때는 그러지 않았어요. 어쨌든 「미스터 로버츠」를 공연한 지 2년째로 접어들면서 걱정이 되기 시작했고, 그래서 어느 장면이 제일 지겹게 보이는지 찾아보기 시작했습니다. 미스터 로버츠 역을 하고 있는 헨리 폰다에게는 전혀 그런 모습이 없었습니다. 어떻게 그렇게 할 수 있었는지 모르겠지만 어쨌든 그는 매일 밤 나와서 진짜 미스터 로버츠가 되어 버리는 것이었어요. 그는 매 공연을 처음 하는 것처럼 잘 해나갔고, 반면에 다른 사람들은 매일 똑같은 일이 되풀이되고 있다는 걸 여실히 보여 주었지요.

그래서 나는 미스터 로버츠의 오두막 장면 중 하나를 골라 놓고 이렇게 혼잣말을 했습니다. 〈배우들이 다시 생각해 보게 해야지. 도대체 작품의 리얼리티를 고려하지 않는단 말이야.〉 서무계 역을 맡았던 케이시 월터스Casey Walters의 경우에는 〈편지 여기 있습니다, 미스터 로버츠. 타이프 다 됐습니다〉라고 말하고는 편지를 테이블에 탁 내려놓고 담배에 불을 붙이게 되어 있었습니다. 그러고는 대사를 몇 줄 더 말하고 나가는 것이었지요. 이 장면이 매번 공연마다 똑같이 되풀이되면서, 그는 전쟁 중에 있는 극중 인물이어야 하는데 그냥 매일 밤 똑같은 일을 반복하는 배우 케이시 월터스가 되어 버린 것이었어요. 이 장면은 원래의 의미를 잃어버렸지요.

그래서 저는 좋은 아이디어를 하나 생각해 냈지요. 다들 불러 모아 리허설을 하면서 모두와 상의한 것입니다. 무엇이 문제인지 다들 알게 됐고 여러 가지 궁리들을 했어요. 제가 그랬습니다. 〈한 가지 방법은 매일 똑같이 되풀이하는 행동에 조금 변화를 주는 거야. 케이시, 자네는 등장해서 편지를 탁 내려놓는데, 그러지 말고 잠시 손에 들고 있는 거야. 그러고 나서 탁 던지는 거지. 대사를 말하기 위해서 그냥 담배에 불을 붙이지 마. 어느 순간에 불을 붙여야 하는지 잘 알잖아. 그러니까 좀 미리 하든가 아니면 좀 나중에 하든가, 아예 불을 붙여 가지고 등장할 수도 있겠지.〉 그랬더니 모두들 제가 해보자고 하는 것에 동의를 했습니다.

그날 밤 그 장면이 어땠을 것 같습니까? 한마디로 끔찍했습니다! 바뀐 걸 제대로 기억하는 사람이 아무도 없었어요. 다들 〈큰일났네! 이리로 가면서 하던 대사가 뭐였지?〉 하고 헷갈리기 시작하는 겁니다. 케이시를 봤죠. 그냥 서 있는 거예요. 하나도 기억을 못 하는 겁니다. 그러더니 편지를 탁 내려놓고 전에 하던 대로 그냥 나오더군요. 정말 지루하기 짝이 없었습니다. 여하튼 매일 밤 새로움을 주기 위한 묘책은 아직 저도 찾지 못했습니다. 공연마다 자기 배역에 새롭게 접근해 보는 배우들도 있고, 그냥 되풀이만 계속하는 배우들도 있지요. 요즘은 많은 연기자들이 같은 공연을 오래 하지 않는 것에서 해결책을 찾는 것 같아요. 연출가로서는 새로운 피를 수혈받아서 좀 더 신선한 맛을 발휘할 기회가 되기도 하지요.

:: 종연

어느 정도 공연을 하고 나서 공연을 끝마칠 시간은 모두에게 슬픈 순간이다. 스타들은 이미 공연에서 떠난 지 오래됐거나, 이미 딴 공연을 시작했을 수도 있다. 연출가는 새로운 출연진들이[*2] 그 공연을 할 수 있도록 연습을 시키게 될 것이다. 그러나 재능 있는 연기자들, 코러스들은 해산하게 된다. 일거리가 끝나게 되는 것이다.

무대 뒤에서 차례로 연설들을 하고, 공연이 끝나고 연출가가 무대에 올라가서 한 마디하게 될 수도 있다. 간혹 관객들 중에 눈물을 보이는 사람들도 있을 것이다. 연극계에서는, 특히 뮤지컬 연극계에서는 사람들의 관계가 금방 만들어진다. 결속력 있는 가족처럼 잘 뭉쳐진다. 작품이 지방 공연을 떠나게 되면 출연진들 중의 대다수는 도시에 그냥 남고, 새로운 배우들을 찾아내서 자리를 메운다.

오케스트라도 남게 되고, 시연회처럼 임시로 선발된 연주자들이 지방 공연을 위해 고용된다. 브로드웨이나 웨스트 엔드의 연주자들만큼은 훌륭하지는 못한 경우가 많다. 음악 감독은 이 사람들을 데리고 공연을 잘 다듬기 위해서 더 많은 연습을 해야 한다. 대개 음악 감독은 지방 공연에 따라가지 않는다. 새로운 작품이 만들어지고 있을 것이고 그도 역시 다른 새 작품에 참가하게 될 것이다.

[*2] 완전히 새로운 연기자들로 구성해서 지방 공연을 꾸리게 되는 경우라 해도, 대부분의 연출가들은 새 연기자들이 전에 공연했던 배우들이 했던 역할을 그대로 따라하길 바란다. 제롬 로빈스는 이렇게 말한다. 〈배우들은 작품에 자기 흔적을 남깁니다. 교체가 되거나 다른 극단이 공연을 하게 되더라도 그들이 남긴 이미지를 버리고 싶지 않은 경우가 많습니다. 다시 수정 작업에 들어가면서 새로운 배우와 장면 구성을 하고 싶을 수도 있고, 그렇게 해서 새로운 멋진 요소를 찾아낼 수도 있겠죠.〉 그렇지만 저희들은 다들 게으른 경향이 있어요.〉 제롬 로빈스의 경우는 별로 게으른 편이 아니다. 그렇지만 그도 한 번 한 공연은 버리고 새로운 작품에 뛰어든다.

14 ———— 새로운 방향

뮤지컬 연극은 계속해서 새로운 모습으로 탈바꿈한다. 일반인들이 보기에는 크게 두 발짝 앞으로 나갔다가 다시 한 발 후퇴하는 것처럼 보일지 몰라도. 한동안은 7번가의 의류 상가 선전 문구처럼 〈작년과 똑같음(스타일), 단지 물건만 다른〉 뮤지컬들이 뉴욕에서나 런던에서나 성공을 할 기회를 얻는 것 같았다. 이 두 도시는 전 세계에서 뮤지컬을 위한 창조적 에너지를 가진 유일한 장소이다. 20세기의 마지막 20년간을 통해 이 두 도시가 만들어 낸 작품들이 너무나 비슷한 성격이라는 것을 봐왔다.

그러나 주도권이 한쪽에서 다른 한쪽으로 넘어가면서 셰리던 몰리Sheridan Morley의 말대로 〈(영국이나 미국 배우의) 평등 문제에 관해 나쁜 감정들이 많아졌다. 사라 브라이트먼의 출연 문제와 같은 일들이 수도 없이 있었다. 미국 배우들이 스트라트포드에 잔뜩 와서 셰익스피어를 도맡아 해버리게 되면 영국 사람들은 어떤 기분이겠는가? 미국 사람들이 자기들 땅에서 자기들이 만들어 낸 분야를 우리가 와서 침해하고 있다고 생각하는 것도 이해가 간다. 우리가 길버트와 설리반이 그 원조라고 아무리 얘기해 봤자, 미국이 뮤지컬을 창조했다는 것은 사실이다.〉

영국 땅에서 뮤지컬에 불이 당겨진 이유는 무엇일까? 어떻게 그 창조력이 대서양을 건너갔다가 다시 건너와서, 이제는 브로드웨이에서 성공작들이 미국적 정신을 재현하고 있는 것처럼 보이는 것일까? 영국에서 뮤지컬뿐만 아니라 연극 작품도 많이 썼던 셰리던 몰리는 비틀즈의 성공이 그 이유를 말해 주는 것 같다고 말한다.

그들로 인해서 사람들은 영국 음악도 해외에서 돈이 된다는 것을 믿게 되었습니다. 기계적인 변화가 그들의 취향까지 바꿔 놓은 것입니다. 카세트와 CD가 나오면서 미국 뮤지컬은 죽음에 이른 거지요. 이러한 진보가 불도저처럼 밀려 들어와 소극장들까지 뭉개 버렸고 시간이 지나면서 레뷔 형식도 텔레비전에게 자리를 뺏기게 되었습니다. 「새터데이 나이트 라이브」 같은 프로그램들이 활개를 치게 되었고, 브로드웨이는 높은 입장료로 인해 스스로 목을 조르게 되어 버린 겁니다.

그러나 올해 두 편의 공연을 보고 브로드웨이 뮤지컬이 다시 일어나고 있다고 생각하게 되었습니다. 「천사의 도시」와 「그랜드 호텔」이었죠. 1990년대는 영국이 브로드웨이를 점령하고 있지 않다는 것을 보고서도 별로 놀랍지 않았습니다. 브로드웨이에 미국 연극의 시대가 다시 온 것입니다. 앤드루 로이드 웨버와 카메론 매킨토시도 기뻐할 거라고 생각합니다. 그들도 미국인들이 자기들을 별로 안 좋게 생각한다는 걸 충분히 알고 있으니까요.

미국인들이 영국의 인기 작품들을 대단히 높게 평가하고 있으며, 기꺼이 그런 공연들을 보려고 지갑을 연다는 사실은 분명하다. 지금도 대서양을 사이에 두고 「캐츠」, 「사랑의 모습들」, 「레미제라블」, 「오페라의 유령」, 「미스 사이공」이 계속 공연되고 있다. 이것만 봐도 미국과 영국이 엎치락뒤치락하면서 뮤지컬이 어떤 방향으로 발전해 나갈 것인지 좀 더 분명히 알 수 있다.

이제 브로드웨이는 기시감(旣視感)을 통해 많은 성공들을 거두고 있다. 「제롬 로빈스의 브로드웨이」, 「하프 어 식스펜스Half a Sixpence」, 「집시」 등, 리바이벌 작품이 양쪽 나라에서 모두 성공을 거두고 있다. 「세인트루이스에서 만나요Meet Me In St. Louis」는 「사랑은 비를 타고」라는 향수 어린 옛날 영화를 각색해 만든 작품인데, 사실 이 영화는 웨스트 엔드의 무대에서 테크닉을 빌려 와 제작했던 작품이다. 「그랜드 호텔」도 1930년의 절충주의 영화를 각색한 것이고, 「천사의 도시」는 1930년대 재치 있는 말재주를 가진 보가트 형사풍의 탐정에 관한 이야기이다. 이 두 작품이 모두 성공가도를 달리고 있다. 런던은 여러 가지 주제(베트남전, 인내, 소수 인종 동화 정책)를 펼치고 있는 역작 「미스 사이공」으로 진격을 계속하고 있고, 양쪽 도시 모두 록 뮤지컬과 록 스타들의 막강한 힘을 깨달으면서 이들과 뮤지컬 연극과의 간극을 없애려고 노력하는 중이다. 신기하게도 스팅이 주연을 하는 「서푼짜리 오페라The Threepenny Opera」가 링컨 센터(뉴욕)에서 공연 중이고, 윌리 러셀Willy Russell의 「의형제Blood Brothers」가 세인트 마틴 가(영국)에서 공연되고 있다. 두 공연 모두 사뭇 위험한 주변 환경을 이용하고 있는 것이다.

뮤지컬이 어디에서 끝날지는 아무도 모를 것이다. 다만 많은 사람들이 이렇게 되지는 않을 것이라는 나름대로의 주장을 가지고 있을 뿐이다. 스티븐 손드하임은 이렇게 말했다.

다음에 무엇이 올까? 미래를 예측할 수는 없습니다. 다만 제가 아는 것은 지금 어떤 일이 생기고 있느냐 하는 것입니다. 대중 음악과 연극적 음악 사이에 구별이 생기고 있다는 것은 확실합니다. 지난 20년간 그 차이가 심화되어 왔습니다. 대중 음악이라는 개념이 냉혹한 느낌과 전자 악기의 증폭과 자기들만의 주장들을 내세우면서 반 연극적으로, 좀 더 정확하게 말하자면 반 드라마적으로 발전해 온 것 같습니다. 저는 그런 음악은 등장인물을 설명해 줄 수가 없다고 생각합니다. 기본적으로 늘 똑같기 때문이죠. 그리고 늘 똑같아야 합니다. 그게 그 음악의 특성이니까요. 그런 음악도 역시 공연자의 매개물이라고 할 수 있고, 그걸 부르는 사람도 가수입니다. 그러나 그건 노래가 아닙니다. 연극이 아닌 것입니다. 팝 음악은 록 콘서트로 발전하고 있습니다. 그 록 콘서트를 「헤어」라고 부르든지 「지저스 크라이스트 슈퍼스타」라고 하든지, 그냥 〈록 콘서트〉라고 부르든지 상관은 없습니다. 그러나 인물의 성격을 규정하고 인물들을 통해 줄거리를 이야기할 때는, 다 결국은 극작과 연결이 되는 것인데요. 록 음악은 쓸모가 없습니다. 절대로 먹히질 않아요.

줄 스타인도 비슷한 생각을 갖고 있는데, 좀 더 확실한 이유를 가지고 있다.

록은 레코드로 녹음될 때에 비해서 무대에서는 크게 효과를 내지 못합니다. 이유를 말씀해 드리지요. 그것은 연주이지 노래가 아닙니다. (무대에서는) 술에 취했거나, 마약에 취했거나 뭐 그런 친구들을 위해 목을 매는 소녀들이 원하는 소리를 낼 수가 없습니다. 여전히 쿵쾅거리기는 하겠지요. 록이 제 기능을 발휘할 수 있는 유일한 방법은 원래 있어야 할 곳에서 연주될 때뿐입니다. 오늘 길거리에서 어떤 해프닝을 벌이기 위해서 록을 연주할 수도 있겠지요. 하지만 마흔댓 살 된 아

저씨가 앉아서 록 음악을 따라 부르게 할 수는 없습니다. 록이 효과가 없으면 하지 말아야지요. 그냥 배우가 피아노 반주나 하모니카 소리에 맞춰서 노래하게 하는 거예요. 쿵쾅거리는 소리를 안 내면 되는 겁니다.

캐럴 베이어 사거는 전혀 반대의 의견을 가지고 있다. 그녀는 「그들이 우리 노래를 연주해요」라는 인기작의 가사를 쓴 오늘날 가장 큰 성공을 누리고 있는 가사 작가이다. 그녀는 이렇게 말한다.

•• 「캐츠Cats」(1981)

록은 연극계에서 저항할 수 없는 힘으로 커나가고 있습니다. 점점 막강한 힘을 발휘할 겁니다. 오늘의 로큰롤 팬들이 바로 미래의 연극 관객들이기 때문입니다. 그들은 전혀 다른 감수성을 가지고 있지요. 그들은 우리 부모님들이나 우리가 들었던 것과는 전혀 다른 것을 듣게 될 겁니다. 왜냐하면 록을 들으면서 자란 그들이 바로 내일의 관객들이 될 것이기 때문입니다. 그 아이들은 셸던 하닉이나 제리 복의 음악을 듣게 되면 공연 내내 괴로워할 겁니다. 오히려 「캐츠」나 「에비타」, 「지저스 크라이스트 슈퍼스타」가 한결 수월하겠지요. 저는 새로운 것, 혁신적인 것은, 그것이 우수하기만 하다면 언제든지 환영입니다. 관습을 깨는 모험적인 것이면 저는 무엇이든지 할 겁니다. 적어도 정도가 아니지만 않다면요. 설사 그것이 정도가 아니라고 해도 바람직하고 제대로 된 방법으로라면 전 좋아할 겁니다.

캐럴 베이어 사거의 남편, 버트 바카라크도 역시 연극은 혁신적이어야 한다고 믿고 있다.

더 혁신적일수록 더 좋습니다. 모든 종류의 것이 가능하지요. 단지 돈이 좀 들 뿐입니다. 제 말은 극장 전체를 무대의 일부분으로 바꿔 버릴 수도 있다는 것이지요.[1] …… 관객에게 감동을 주고 싶으면 그들도 참여시키는 겁니다. 관객들은 MTV(뮤직 비디오)에 나오는 환상적인 장면들에 익숙해져 있습니다. 대사를 하다 말고 바로 입을 열어 노래를 시작하는 방식, 옛날에는 그렇게들 했겠지만, 저는 공연을 어떻게 그렇게 만들 수 있는지 이해가 가지 않습니다. 진실성의 문제지요. 록으로 말하자면, 「드림걸즈」가 있지요. 그 작품은 로큰롤보다는 R&B(리듬 앤 블루

---

[1] 런던에서 「스타라이트 익스프레스」를 공연할 때 실제로 이런 시도가 있었다. 미리 설치된 트랙을 따라서 스케이트를 탄 배우들이 관객들 사이로 돌아다니고, 관객들은 오케스트라 석에 앉아서 공연을 관람했다. 뉴욕 공연에서는 그 효과를 반만큼도 내지 못했다. 확장된 무대 위에만 트랙을 설치했던 것이다.

스)에 가까웠지요. 아직은 록이 연극계에 지배적인 영향을 가진 것으로 보이지는 않습니다. 물론 점점 장악해 가겠지요. 또 그렇게 되어야 하고요. 연극이 어떤 방향으로 나갈지, 그건 저도 모르겠습니다.

〈바로 입을 열어 노래를 시작하는〉 공연은 최근에 들어 구식이 되고 말았다. 뮤지컬 대본 작가들은 공연에 쓰일 음악을 목표로 한다(「카바레」의 영화 버전처럼). 혹은 대사가 전부 노래로 불리기도 한다(「사랑의 모습들」처럼). 그러나 뮤지컬은 미니 스커트와 롱스커트가 나란히 의상실에 전시될 수 있는 패션계의 절충주의에서 제 방향을 찾아낸 것 같다. 제작자들도 이제는 오페라 스타일의 뮤지컬과 노래와 가사가 겸비된 뮤지컬이 나란히 존재할 수 있다는 것을 믿는다.

존 캔더는 그의 파트너 프레드 에브와 함께 쇼 비즈니스 노래 하면 떠오르는 이름이 되었다. 〈뉴욕 뉴욕〉, 〈카바레〉, 〈시티 라이츠〉 등등. 그러나 그도 역시 미래를 점칠 수는 없다고 고백한다. 사실 연극계의 요즘 시류는 그를 당황하게 한다. 「플로라, 붉은 협박」, 「해피 타임The Happy Time」, 「카바레」, 「링크」 등을 작곡한 전자 음악 작곡가로서, 그는 손드하임 유의 지적인 뮤지컬을 만드는 것을 주저하는 경향에 대해 안타까움을 금치 못한다. 〈몇 년 전에 연극계가 가능한 여러 가지 방향으로 발전해 나갈 거라는 얘길 듣고 흥분을 금치 못했습니다. 그러나 요즘은 왠지 음악적으로 발전보다는 쇠퇴를 거듭하고 있다는 생각이 듭니다…… 작곡가로서 어떤 것이든지 시도할 수 있는 시대가 있었지요. 「리브 잇투 제인Leave it to Jane」을 본 적이 있습니다……. 훌륭했죠……. 제가 살아 본 적이 없는 시대에 대한 향수가 느껴졌습니다. 그런 곡을 쓰고 싶어서가 아니라, 그런 곡도 써볼 수 있는 자유를 갖고 싶어서 말입니다. 「퍼시픽 오버처」는 그런 풍의 지적인 작품이지요. 그게 뭐가 잘못됐다는 것이 아니라 그런 작품도 써볼 수 있었으면 하고…….〉[*2]

[*2] 1991년에 캔더와 에브는 「거미 여인의 키스The Kiss of the Spider Woman」라는 영화와 대본에 기초한 〈지적이지 않은 뮤지컬〉을 다듬었다.

연극계에 주된 경향이 없다는 것이 암담하다고 스티븐 슈워츠는 이야기한다.

> 브로드웨이 연극계에 미래가 안 보입니다. 그냥 단순히······ 어디서나 할 수 있는 좋은 작품을 공연하는 곳이죠. 연극을 만드는 사람들이 자기 작품에 딱 맞는 다른 장소를 찾을 수 있다면 얼마나 좋을까 하고 생각해 봅니다. 작품을 다 만들고 나서 누구에게 보여 주면 그 사람이 〈아, 좋은데. 이 작품은 윈터 가든에서 공연하고 싶어〉라고 말하는 겁니다. 그러면 이렇게 대답하는 거죠. 〈아 그러지요 뭐, 좋아요.〉 브로드웨이를 벗어나서 공연을 하겠다고 계획하고 윈터 가든에서 개막을 하는 것은 사실 불가능한 일이죠. 경제적인 압력이 있잖아요. 돈이 너무 많이 들어요. 일할 시간도 없고 실험을 할 자유도 없는 거죠.

그러나 스티븐 슈워츠조차 대중 음악과 레코드판을 좋아하지만 자기 재능이 연극적이라는 것, 계속해서 뮤지컬 작업을 할 것이라는 것은 시인했다. 그의 말처럼, 다행스럽게도 그는 초창기에 이미 많은 성공을 거두었기 때문에(「가스펠」,「피핀」,「매직 쇼」등이 계속해서 무대에 올려지고 재공연되고 있다), 〈식구들 먹여 살릴 걱정〉은 할 필요가 없다. 이 덕분에 그는 자기가 관심 있는 작품, 자기에게 의미가 있는 작품들을 이것저것 해볼 기회가 있는 것이다. 물론 그의 다음 히트작은 그의 〈관심〉 밖에 있는 작품들 중에서 나올 것이 분명하다.

이제까지 살펴본 바를 통해 한 가지 확실한 것이 있다. 그 방향은 아무도 점칠 수 없지만 모두들 미래의 뮤지컬이 나갈 방향에 있어서 자기에게 중요한 게 무엇일까 하는 점에 대해 열의를 가지고 있다는 것이다. 그리고 자기에게 잘못된 게 무엇인지에 더 열정적인 관심을 두고 있는 것 같다. 놀라운 것은 그중 어느 누구도 뮤지컬을 그만두겠다는 사람이 없다는 것이다.

지금 여기에 앉아서 내가 확실하게 말할 수 있는 것으로는 세 가지 방향이 있다. 첫째는 전통 뮤지컬이다. 캔더와 에브, 사이 콜먼과 제리 허먼, 피터 스톤, 마빈 햄리쉬,

찰스 스트라우즈, 줄 스타인이 이 방향으로 작업을 해왔다. 둘째는 지적인 뮤지컬이다. 그 수는 적지만 스티븐 손드하임[*3]의 지도 아래 한 흐름을 형성하고 있다(그의 유일한 문하생은 냉혹하기로 소문난 윌리엄 핀William Finn밖에 없는 것 같다). 세 번째는 낭만적인 절충 오페레타 뮤지컬이다. 그 수는 더욱 적지만 앤드루 로이드 웨버, 쇤베르그와 부블릴이 주도하고 있다.

이렇게 해서 우리는 다시 크게 한 바퀴 돌아서 옛날의 진실로 되돌아간다. 내가 빠뜨린 다른 모든 작곡가나 작사가, 음악극 대본 작가들은 형식을 바꾸기 위한 그들만의 시도에서 별 성과를 거두지 못한 사람들일 것이다. 이들 모두가 내 생각에는 다음 세기를 향해 나란히 계속 작업을 해나가면서 번영을 이루게 될 것이다. 누구도 시대에 뒤떨어지거나 지겨운 작품으로 남아 있게 되지는 않을 것이다. 그들 모두 잘 합류해서 한정된 범위 안에서라도 날개를 크게 펼치면서 레뷔를 리바이벌하고 「타임」이나 「체스」 같은 풍의 작품에서 더욱 다양한 방법을 활용해서 뮤지컬을 만들어 나갈 것이다.

20세기 중반쯤에 영화가 무대를 잠식하면서 예술적 표현의 주요 매체로 등장했다. 한 20년이 지난 뒤에는 텔레비전이 영화를 대신해서 가장 대중적인 형식으로 자리를 잡았다. 이 두 장르는 무대를 잠식했고, 특히 뮤지컬 무대는 그들의 그늘에 가려져 버렸다. 더구나 대중들의 유흥비는 레코딩 산업의 발달로 인해 더욱 잠식되어 버렸다. 이 모든 것은 뮤지컬이 설 자리를 지키기 위해서 힘겨운 싸움을 해야만 한다는 것을 의미한다. 1960년대 후반에는 과거로 돌아가는 듯했다. 연출가들이 전권을 휘두르면서 아이디어를 만들어 내고 자기들의 비전에 따라 뮤지컬의 모양을 만들었다. 1980년대에는 뮤지컬이

[*3] 뮤지컬에 대한 손드하임의 지대한 공헌을 잘 알고 있는 마크 스타인은 그의 엘리트주의 뮤지컬이 별로 대중들에게 인기도 없고 돈도 별로 안 되는 것 같다고 지적한다. 그는 영국의 언론이 캔더와 에브, 제리 허먼, 사이 콜먼 등을 무시하는 것과, 이와 마찬가지로 영국 관객들이 손드하임의 동료들을 멀리하는 것을 안타까워한다. 〈이러한 속물주의가 서글픕니다〉라고 그는 말한다. 〈지난 25년간 상업적으로 가장 성공을 거둔 작품들만이 모든 비평가들에게 크게 인정을 받았지요.〉

다시 대본 작가와 작사가, 작곡가의 손으로 넘어가는 듯했다. 이 예술가들이 아직까지도 문제를 해결하기 위해 몸부림을 치고 있다. 대형 극장이나 교회를 개조해서 만든 오프 오프 브로드웨이 극장에서나, 호화로운 웨스트 엔드의 극장들이거나 교외건 대도시건 간에 수많은 극장들에서 계속해서 작품들이 만들어지고 있다. 레코드로 먼저 출시를 하건 무대에서 선을 보이건, 계속해서 작품을 만들어 내는 것이다. 심지어 자기가 하고 있는 그 일이 평생의 직업이 될 수 있을지도 모르면서 말이다. 구세주만 기다리면서 가만히 앉아 있지 않고 창작을 계속하고 있는 것이다.

그들 중에는 할리우드나 이글 라이언에서 버려진 사람들도 많다. 그들 중에는 아직 배우들의 호흡에 맞추어 작곡과 작사를 하는 방법도 모르는 청년들도 있다. 아직 내시빌이나 애비 로드Abbey Road의 전자 음악의 세계보다 〈파이브, 식스, 세븐, 에잇〉 하는 구식 방법을 더 좋아하는 사람들도 있다. 이와 더불어 겨우 아기 털 양말을 벗으면서부터 탭 댄스 슈즈를 신고 끼를 키워 나가는 새로운 도전자들이 계속 늘어가고 있다. 그들이 앞으로의 방향을 끌고 나갈 사람들이다.

리처드 로저스는 누군가 비평가에게도 인정받는 엄청난 히트작 뮤지컬을 쓰는 사람이 나오면 그 사람이 바로 새로운 지도자가 될 것이라고 말한 적이 있다. 누구나가 다 투어 경쟁을 하고 싶은 사람이 될 거라고. 한 사람이면 된다. 그 사람이 여자든, 남자든 내가 지금 쓰고 있는 것처럼 어딘가에서 작품을 쓰고 있다면, 훌륭한 작곡가 중의 하나인 도리 프레빈Dory Previn의 말을 빌려, 이렇게 얘기해 주고 싶다. 〈내가 곧 연락할게!〉

참고 서적

Abbott, George, *Mister Abbott,* Random House: New York, 1963.

Atkinson, Brooks, *Broadway,* Macmillan: New York, 1970.

Baillet, Whitney, *Alec Wilder and His Friends,* Houghton-Mifflin: Boston, 1974.

Bergreen, Laurence, *As Thousands Cheer: The Life of Irving Berlin,* Hodder & Stoughton: London, 1990.

Billington, Michael, *Performing Arts,* QED: London, 1980.

Boardman, Gerald, *American Musical Theatre,* Oxford University Press: New York, 1986.

Boardman, Gerald, *American Musical Revue,* Oxford University Press: New York, 1985.

Boardman, Gerald, *Jerome Kern,* Oxford University Press, New York, 1980.

Bowers, Dwight Blocker, *American Musical Theater,* Smithsonian: Washington, D.C., 1989.

Brahms, Caryl (with Ned Sherrin,) *Song by Song,* Ross Anderson, Egerton, Bolton, 1984.

Castle, Charles, *Noel,* Abacus: London, 1984.

Citron, Stephen, *Songwriting: A Complete Guide to the Craft,* Morrow: New York, 1985.

Cohen, David (with Ben Greenwood) *The Buskers,* David & Charles: London, 1981.

Coward, Noël, *Autobiography,* Methuen: London, 1986.

Coward, Noël, *The Lyrics of Noël coward,* Overlook: Woodstock, New York, 1983.

Coward, Noël, *Collected Verse,* Methuen: London, 1987.

Damase, Jacques, *Les Folies du Music-Hall,* Spring Books: London, 1960.

Dietz, Howard, *Dancing in the Dark:* New York, 1974.

Edwards, Anne, *Matriarch: Queen Mary and the House of Windsor,* Hodder & Stoughton: London, 1981.

Edwards, Anne, *Early Reagan,* Hodder & Stoughton: London, 1987.

Engel, Lehman, *Words With Music,* Schirmer-Macmillan: London, 1972.

Engel, Lehman, *Getting Started in the Thater,* Collier-Macmillan: London, 1975.

Engel, Lehman, *The American Musical Theater,* Collier-Macmillan: New York, 1975.

Engel, Lehman, *Their Words are Music,* Crown: New York, 1975.

Fordin, Hugh, *Getting to Know Him: Biography of Oscar Hammerstein II,* Ungar: New York, 1977.

Fordin, Hugh, *The World of Entertainment,* Doubleday: Garden City NY, 1975.

Gershwin, Ira, *Lyrics on Several Occasions,* Viking: New York, 1973.

Gottfried, Martin, *Broadway Musicals,* Abrams: New York, 1979.

Green, Benny, ed., *A Hymn to Him: The Lyrics of Alan Jay Lerner,* Pavilion-Michael Joseph: London, 1987.

Green, Benny, *Let's Face the Music,* Pavilion-Michael Joseph: London, 1989.

Green, Stanley, *Encyclopedia of the Musical Theater,* Da Capo: New York, 1984.

Guernsey, Otis E., *Broadway Song and Story,* Dodd-Mead: New York, 1985.

Hammerstein, Oscar, *Lyrics,* Hal Leonard: Milwaukee, 1985.

Hart, Dorothy, *Thou Swell, Thou witty: The Lyrics of Lorenz Hart,* Harper and Row: New York, 1976.

Hart, Moss, *Act One,* Random House: New York, 1959.

Higham, Charles, *Ziegfeld,* Regnery: Chicago, 1972.

Hirsch, Foster, *Harold Prince and the American Musical Theatre,* Cambridge

University Press: Cambridge, 1989.

Jablonski, Edward, *Gershwin,* Simon & Schuster: London, 1988.

Kasha, Al, (with Joel Hirshorn), *Notes On Broadway,* Contemporary: chicago, 1985.

Kendall, Alan, *George Gershwin,* Harrap: London, 1987.

Kimball, Robert, ed., *The Complete Lyrics of Cole Porter,* Knopf: New York, 1983.

Kimball, Robert, (with Dorothy Hart), *The Complete Lyrics of Lorenz Hart,* Knopf: New York, 1986.

Kimball, Robert, (witth Alfred Simon), *The Gershwins,* Atheneum: New York, 1975.

Krasker, Tommy, (with Robert Kimball), *Catalogue of the American Musical,* National Institute for Opera and Musical Theater: Washington DC, 1988.

Kreuger, Miles, *Show Boat,* Oxford University Press: New York, 1977.

Lees, Gene, *The Singers and the Song,* Oxford University Press: New York, 1987.

Lees, Gene, *A Modern Rhyming Dictionary,* Cherry Lane Books: Greenwich CT, 1981.

Lerner, Alan Jay, *The Street Where I Live,* Norton: New York, 1978.

Lerner, Alan Jay, *The Musical Theatre,* Collins: London, 1986.

Logan, Joshua, *Josh,* Delacorte Press: New York, 1976.

Martin, George, ed., *Making Music,* Pan Books: London, 1986.

Morley Sheridan, *Spread a Little Happiness,* Thames and Hudson: London, 1987.

Morley Sheridan, *Gertrude Lawrence,* McGraw-Hill: New York, 1981.

Morley Sheridan, *Shooting Stars,* Quartet Books: London, 1983.

Payn, Graham, ed., (with Sheridan Morley), *The Noël Coward Diaries,* Macmillan: London, 1982.

Raymond, Jack, *show Music on Record,* Ungar: New York, 1982.

Richards, Stanley, ed., *Great Musicals of the American Theatre,* Chilton Book

Company: Rador PA, 1973.

Schwartz, Charles, *Cole Porter,* Dial Press: New York, 1977.

Stevacre, Tony, *The Songwriters,* BBC: London, 1985.

Wilder, Alec, *American Popular Song,* Oxford University Press: New York, 1972.

Zadan, Craig, *Sondheim & Company,* Harper & Row: New York, 1986.

옮긴이의 말

한국의 뮤지컬 시장이 크게 성장하고 있다. 그 증거들은 곳곳에서 보인다. 우선 이 번역서의 〈운명〉도 여러 증거들 가운데 하나로 꼽을 만하다.

이 책의 초판이 나온 것은 2001년 봄이었다. 번역자 중 한 사람으로서 책 출간은 기쁜 일이었으나, 오히려 당시 나는 미메시스의 과감한 결정을 솔직히 더 걱정했다. 너무 안 팔리면 어쩌나 하는 이유에서였다. 그래도 일말의 위안거리가 있었다면, 이 책이 한국의 뮤지컬 발전에 선도적인 기능을 조금이나마 할 수 있다는 기대감이었다. 당시 내 판단에 〈뮤지컬은 분명 뜬다〉는 현실적 예감이 강했고, 그렇다면 제대로 만들 수 있도록 도와야 한다는 의무감이 앞섰다.

당시 나는 중앙일보 기자로 공연계 현장에 있었는데, 그곳의 〈생산 공정〉이 전혀 선진적이지 못하다는 판단을 하고 있었다. 이 책 번역은 혹시 그런 선진 공정을 현장에 제공할 수는 없을까 하는 소박한 생각에서 비롯됐다. 외국 장르의 수용 과정에서 가장 중요한 것은 우선 그들의 제작 노하우를 배우는 것이다. 특히 대중 오락물로서 산업적 기대 효과가 큰 뮤지컬은 여러 면에서 연극, 무용, 음악 등 기초 예술과는 다른 접근이 필요하다고 보았다. 이런 배경에서 출간한 지 6년이 지난 지금 뮤지컬은 한국 공연계의 역동성을 상징하는 대표 장르로 성장했다.

나름대로 어려운 처지에서 출간된 이 책이 장식을 새롭게 해 다시 세상에 나온다니 참 기쁘다. 초판 때와는 달리 내 마음도 가볍다. 돌이켜보면 미메시스는 〈밑지는 장사는 없다〉는 시장의 진리를 이 책을 통해서 확인시켜 준 셈이다. 더구나 밑질 것 같으면 재출간 계획을 세웠겠는가! 아무튼 새롭고 반갑다.

이제 현장으로 시선을 옮겨 보자. 바로 이 글을 쓰는 지금 내 곁에는 어느 일간지 문화 면에 실린 뮤지컬 〈명성황후〉 제작자이자 연출가인 윤호진 씨에 관한 기사가 놓여 있다. 초연 12년 만에 관객 1백만 명 돌파를 기념하는 특집 기사다. 대단한 성과를 평가

하며, 서양 수입 뮤지컬에 견줄 만한 창작 뮤지컬 흥행작을 갖게 됐다는 자부심이 든다. 중량급 시장에서 제2, 제3의 〈명성황후〉가 나오기를, 설레는 마음으로 기다려 본다.

2006년 현재, 사단법인 한국뮤지컬협회가 추산한 한국 뮤지컬 시장 규모는 2천억 원 정도다. 게임이나 영화 시장 규모에 비하면 크게 뒤지나 연극, 무용, 음악 등 다른 공연예술의 전체를 합한 것보다 많은 급성장 시장이다. 제작 편수로 치면, 창작 뮤지컬이 수입 뮤지컬보다 거의 두 배 이상 많다. 한국 뮤지컬 시장의 몸집은 대략 이런 수준이다.

그런데 이런 외적 성장을 뒷받침할 만한 내적 성장도 이뤄졌는가? 이 물음에 대한 내 답은 〈아직 글쎄다〉이다. 뮤지컬 장르의 특성에 대한 이해 부족, 후진적인 투자 시스템, 여전히 〈하면 된다〉는 식의 저돌적인 기획 제작 풍토, 주관적 판단보다는 대세를 좇는 데 관심이 많은 관객 등 취약한 부분이 한두 곳이 아니다. 이제부터라도 이런 〈기초〉에 대한 재점검이 이뤄지지 않은 채 관성적인 생산이 계속된다면 뮤지컬 붐도 조기에 시들 수 있다는 사실을 깊이 새길 필요가 있다.

서양 뮤지컬 종주국 영국과 미국에서 뮤지컬이 문화 산업을 이끄는 대중 예술로 뿌리를 내리게 된 것은 지난 20세기 전 시대에 걸친 고민과 노력이 있었기 때문이다. 「오페라의 유령」, 「캐츠」, 「레미제라블」 등 우리에게 친숙한 이런 명작들의 성공 신화는 1백 년 이상에 걸친 선배 작품들의 시행착오를 딛고 일어선 승리의 월계관이다. 서양 사람들은 대작의 성공 가능성을 높이기 위해 일찍부터 뮤지컬의 체계와 양식을 고민했다. 일종의 〈성공 공식〉을 만들려고 노력한 것이다. 예술에 있어서도 서양식 합리주의와 실용주의를 반영한 것으로, 큰돈 들여 최대한 위험을 회피하면서 성공하려면 당연히 거쳐야 할 과정이었다.

한국 뮤지컬이 양적 성장을 뒷받침할 내적 충실도를 높이기 위해서 반드시 고민해야 할 부분이 바로 이 점이다. 대체로 음악극 형태의 공연을 좋아하는 한국인의 심성, 기업들의 입질이 계속되는 자본 환경, 밀려드는 기획 제작 인력, 에너지라면 둘째가라면 서러워할 연기자들. 다 좋다. 이런 필요충분조건들을 제대로 엮어 내는 〈공식〉을 연구하는 한편, 그 공식에 예술적인 가치를 부여하는 미학적 체계를 구축하는 게 과제다. 이런 과정이 무르익을 때 비로소 한국 창작 뮤지컬은 진정한 르네상스의 시대로 진입할 수 있다.

그럼 이 책과 한국 창작 뮤지컬이 도대체 무슨 관계가 있단 말인가. 이 책은 서양에서의 뮤지컬 제작 과정이 누구의 손을 거쳐, 어떻게 만들어지는가 등을 현장감 있게 짚은 실용서다. 그러면서도 음악극의 형태와 구조, 즉 일종의 작곡 공식을 언급한 곳에서는 상당히 전문적인 영역도 포괄하고 있다. 제작자의 역할, 연출가와 작곡가의 관계, 음악과 대사의 구성 원리, 오디션, 심지어 마케팅까지. 앞서 지적한 뮤지컬 제작 전 과정에서 놓치지 말아야 할 것 등에 대한 기초적인 지침서라고 보면 된다.

내가 이 책의 번역을 서두르게 된 것은 바로 이런 장점들 때문이었다. 모든 분야가 다 그렇듯이 외국 예술 양식의 수용 과정에서 급선무는 그게 〈무엇인가〉를 제대로 아는 것이다. 〈장님 코끼리 만지듯 한다〉는 말처럼 실체를 모르고 접근하면, 그 시행착오가 쌓여 걷잡을 수 없는 곤경에 빠지고 만다. 아무리 예술이 만드는 이들의 창조적 영감의 산물이라고 하더라도 〈부모 없는 자식이 없듯〉 근거 없는 창조는 부실 가능성이 높은 법이다. 한국 창작 뮤지컬과 이 책의 연결 지점은 바로 이곳이다.

기획 제작 실무서인 탓에 이 책의 체계와 이야기는 몹시 건조하다. 재미를 유발할 만한 개별 작품에 대한 정보, 비평, 역사, 혹은 뒷담화 등을 많이 다룬 게 아니기 때문이다. 철저히 미국, 영국의 실정과 토대 위에서 써진 고로 한국 현실과 직접 연결시키는 것도 무리가 따르는 부분이 없지 않다. 독자들에게 주문하고 싶은 말은 〈가려 읽으라〉는 충고다. 좋은 것은 취하고 좀 거리가 있는 것은 버리는 취사선택이 요구된다. 하지만 분명한 것은 타산지석의 지혜가 많다는 것이다. 이런 유의 책이 시중에 나와 있지 않은 상황에서 이 책의 〈현실적 가치〉는 여전히 유효하다.

아무리 그래도 이 번역서의 허물이 죄다 가려지는 것은 아니다. 번역하면서 가장 힘들었던 부분은 역시 〈외국 것〉이라는 한계다. 등장인물과 작품 등 생소한 게 한두 가지가 아니다. 최근에 외국 뮤지컬 소개가 부쩍 늘었다 해도 이 고질적인 한계는 여전하다. 그래서 작품은 번역명과 원제목을 나란히 써 오류 가능성을 줄였다. 또한 음악 전문가가 아니어서 음악 지식의 전달 과정에서 실수 가능성이 우려된다. 음악 전문가의 자문이 없었던 점은 아쉽다.

　아무쪼록 이 책이 제작자와 연출가, 작곡가, 작사가, 기획 제작자, 투자자 등 현장의 인력들은 물론, 미래 뮤지컬 꿈나무들인 대학 관련 학과 학생들에게 요긴하게 쓰였으면 하는 바람이다. 그래서 궁극적으로는 이 땅의 뮤지컬, 나아가 포괄적인 음악극 발전에 미력하나마 도움이 됐으면 한다. 머지 않은 미래에 우리의 독창적인 음악극 가이드 북이 나왔으면 하면 소원과 함께 말이다.

　이 책이 나오는 데 도움을 준 사람이 적지 않은데, 그 가운데 처음 원서를 뉴욕에서 구입해 전해 준 재미 연극인 이승규 씨에게 고마운 마음을 전한다. 출판 시장의 어려움에도 불구하고 재출간의 용기를 낸 미메시스에게도 감사를 드린다.

2007년 3월
옮긴이를 대표해 정재왈 씀

찾아보기

작품 제목

옮긴이 정재왈

1964년 충남 당진에서 태어나 고려대학교 영문학과를 졸업하고 동 대학교에서 언론대학원 문학 석사
학위, 문학 박사 학위를 받았다. 중앙일보 문화부 기자로 있으면서 오랫동안 뮤지컬 등 공연 예술 분야를
폭넓게 취재했다. LG아트센터 운영부장을 거쳐 서울예술단의 예술 감독을 지냈으며 전문무용수지원센터
이사장으로 재직했다. 현재는 예술경영지원센터의 대표로 있다. 1999년 제16회 관훈언론상
기획취재부문을 수상하였다.

옮긴이 정명주

부산에서 태어나 성균관대학교 영문과와 동 대학원을 수료했으며 런던대학교 골드스미스칼리지에서
예술 경영 석사와 박사 과정을 마치고 귀국하였다. 뮤지컬 「오페라의 유령」, 「캣츠」, 「미녀와 야수」,
「아이다」 등을 우리말로 옮겼으며, 서울예술단 기획팀 제작 PD로 재직했다. 공연 칼럼니스트로,
여러 국제 연극제의 프로그램 자문 및 해외 투어 공연의 프리랜서 코디네이터로 일하다 현재는
명동예술극장 공연기획팀 팀장으로 일하고 있다.

뮤지컬

지은이 스티븐 시트론 **옮긴이** 정재왈·정명주 **발행인** 홍예빈·홍유진 **발행처** 미메시스
주소 경기도 파주시 문발로 253 파주출판도시 **대표전화** 031-955-4000 **팩스** 031-955-4004
홈페이지 www.openbooks.co.kr Copyright (C) 미메시스, 2001, Printed in Korea.
ISBN 979-11-5535-040-9 03680 **발행일** 2001년 7월 15일 초판 1쇄 2003년 1월 10일 초판 2쇄
2007년 4월 20일 신판 1쇄 2010년 9월 30일 신판 3쇄 2015년 2월 25일 3판 1쇄 2021년 12월 15일 3판 3쇄

이 도서의 국립중앙도서관 출판시도서목록(CIP)은 e-CIP 홈페이지(http://www.nl.go.kr/ecip)와
국가자료 공동목록시스템(http://www.nl.go.kr/kolisnet)에서 이용하실 수 있습니다. (CIP제어번호: CIP2015002351)

이 책은 실로 꿰매어 제본하는 정통적인 사철 방식으로 만들어졌습니다.
사철 방식으로 제본된 책은 오랫동안 보관해도 손상되지 않습니다.

미메시스는 열린책들의 예술서 전문 브랜드입니다.